Gorschenek/Rucktäschel, Hrsg.   Sprachdidaktik

Kritische Stichwörter

11

1983

Wilhelm Fink Verlag München

Margareta Gorschenek
Annamaria Rucktäschel
Hrsg.

Kritische Stichwörter
zur Sprachdidaktik

1983

Wilhelm Fink Verlag München

ISBN 3-7705-1803-9

© 1983 Wilhelm Fink Verlag München
Satz und Druck: Friedrich Pustet, Regensburg
Buchbindearbeiten: Graph. Betrieb Schöningh, Paderborn

11 = BFU

Inhalt

Vorwort

Das Konzept dieses Bandes ist durch seinen Titel bestimmt und eingegrenzt. Aus dem Bereich der Sprachwissenschaft sind die für die Sprachdidaktik relevanten Fragestellungen ausgewählt worden, und zwar insofern sie für den Schulunterricht bestimmend waren oder sind. Daraus ergibt sich, daß dieses Handbuch keinen Anspruch auf lexikalische Vollständigkeit erheben will. Die kritische Sichtung der einzelnen Stichwörter impliziert neben der Information auch eine jeweils persönliche Stellungnahme des Autors.

Da davon auszugehen ist, daß die Beiträge einzeln als Informationsquelle herangezogen werden, erschien es gelegentlich notwendig, bestimmte Fragestellungen in mehreren Stichwörtern unter je unterschiedlichem Aspekt zu behandeln; dasselbe gilt auch für die Nennung von Sekundärliteratur. Die einzelnen Stichwörter enthalten, sofern sie eine eingehende Informierung über das dort Angeführte hinaus angeraten erscheinen lassen, Verweise auf andere, dafür heranzuziehende Beiträge des Bandes. (Die Manuskripte wurden 1979 bzw. 1980 abgeschlossen.)

Im Anhang des Buches sind zu jedem Artikel Hinweise für weiterführende Literatur mit einem kurzen Kommentar aufgeführt.

Hamburg im August 1980

Margareta Gorschenek
Annamaria Rucktäschel

Einleitung

So divergierend die einzelnen Beiträge in ihren Ausführungen auch sein mögen, gemeinsam ist allen ein gewisser Vorbehalt gegenüber der bisher praktizierten Applikation linguistischer Theorien im schulischen Bereich. Zweifellos sind auf diese Weise Chancen verspielt worden. Die moderne Sprachwissenschaft – so zeigen die Artikel dieses Bandes – bietet in der Tat geeignete Ansätze für den eigen- und fremdsprachlichen Grammatikunterricht. Deshalb ist es auch eine wesentliche Intention dieser Stichwörter, die bisherigen einschlägigen Versuche auf ihre Praktikabilität hin kritisch zu sichten und aufbauend auf diesen Erkenntnissen neue Möglichkeiten einer angemessenen Theorieapplikation zu finden.

Im Beitrag *Fachdidaktik, eigensprachlich* werden die Konditionen und Inhalte des Gegenstandes sowie die Betätigungsbereiche von Fachdidaktikern für den eigensprachlichen Unterricht in unserem Bildungssystem beschrieben.

Der Fremdsprachenunterricht an den Schulen, seine Methodik, Lehr- und Lernmaterialien sowie wissenschaftliche Fremdsprachendidaktik sind Schwerpunkte des Stichworts zur *fremdsprachlichen Fachdidaktik*. Ausführlich eingegangen wird hier auch auf die gesellschaftlichen Bedingungen des Fremdsprachenlernens in der Bundesrepublik Deutschland, z. B. auf den Rückgang des traditionellen Lateinunterrichts zugunsten von Fremdsprachen mit einem höheren „Gebrauchswert", also der Durchsetzung individueller und gesellschaftlicher Nachfragefaktoren.

Die unterschiedlichen Begriffsdefinitionen des Terminus *Curriculum* werden in der entsprechenden Abhandlung problemgeschichtlich diskutiert; ein Schwerpunkt liegt bei den Auswirkungen der intensiven Curriculumdiskussion der letzten Jahre auf die Unterrichtspraxis.

Grammatiktheorien und ihre Anwendbarkeit im Schulunterricht spielten in der Phase der Linguistisierung des Sprachunterrichts eine entscheidende Rolle. Das Stichwort Grammatiktheorien stellt diejenigen Theorien vor, die die meisten Anwendungsversuche im schulischen Bereich initiiert haben.

Der Beitrag zum Terminus *Syntax* behandelt unterschiedliche syntaktische Theorien unter dem Aspekt ihrer Anwendbarkeit im Schulunterricht. Alle Fragestellungen werden durch ausführliche Beispielsammlungen erläutert.

Begriffsgeschichte der *Semantik*, historische Semantik, Semantik der

Wörter, Sätze, Texte und Sprechakte sowie Semantik in Sprachbüchern sind die wesentlichsten Punkte im Stichwort Semantik.

Der Beitrag *Semiotik* zeigt auf, wie die allgemeine Zeichentheorie über die traditionellen linguistischen Fragestellungen hinausführt, indem sie einmal die zeichen- und kommunikationstheoretischen Grundlagen der Sprache erforscht und zum andern die nichtverbalen Zeichensysteme, die den Kontext der Sprachverwendung bilden, in ihre Analysen miteinbezieht.

Im Stichwort *Stilistik* wird zunächst demonstriert, wie divergierend die Versuche einer exakten Definition von Stil sind, sich jedoch aus diesen Begriffsbestimmungen einige konstante Merkmale herauslösen lassen, die man zu einer Definition von Stil vereinigen kann. Dazu gehört zum Beispiel, daß Stil als Auswahl-Phänomen erkannt wird, als Technik nämlich, die aus sprachlichen Varianten solche selektiert, die eine bestimmte Wirkung hervorbringen; weiterhin, daß Stil einerseits normbezogen ist, zum andern sich gerade erst durch bewußte Verstöße gegen die Norm konstituiert. Schwerpunkte sind außerdem stilistische Aspekte des Wortschatzes und der Grammatik sowie Methoden der Stilistik.

Mindestens ebenso zahlreich wie die Stildefinitionen sind die Versuche, den Begriff der *Kommunikation* zu umreißen. Das diesbezügliche Stichwort verzichtet bewußt auf eine detaillierte Präsentation der verschiedenen Ansätze und skizziert wesentliche Dimensionen von Kommunikationsprozessen. Dabei wird der Begriff der Kommunikation auf direkte zwischenmenschliche Kommukation (Face-to-face-Kommunikation) eingegrenzt. Ein erster Schwerpunkt sind Phänomene der nichtverbalen Kommunikation, wie z. B. Körperhaltung, territoriale und interne Organisation innerhalb einer Gesprächsgruppe, Positurwechsel. Ausführlich behandelt werden auch die sozialen Beziehungen in der Kommunikation, kommunikatives Handeln und die affektiven Qualitäten von Kommunikationsprozessen.

Die *Erziehung zur Kommunikationsfähigkeit* ist eines der meistzitierten Lernziele in der Curriculumdiskussion der letzten Jahre. Das Stichwort mit diesem Titel klärt, worin diese Kompetenz besteht, wozu sie benötigt wird und wie sie aufgebaut werden kann. Die Ausbildung der Kommunikationsfähigkeit im Unterricht wird an möglichen Kommunikationsanlässen demonstriert, wie zum Beispiel Rollen- und Planspielen.

Im Artikel *Spracherwerb* wird die Diagnostik der sprachlichen Entwicklung beschrieben und ihre Relevanz für einen Sprachunterricht, in dem die Analyse der vorhandenen Dispositionen und die Untersuchung des Spracherwerbs jedes einzelnen zum Ausgangspunkt für Information, Training und Lernkontrolle gemacht werden.

Die Verbindungen von Sprache und Formen des sozialen Handelns beschreibt die *Soziolinguistik*. In der Rezeption soziolinguistischer Ansätze für den Schulunterricht hat vor allem die von Bernstein initiierte Diskussion um die Sprachbarrieren heftige bildungspolitische Diskussionen ausgelöst, weil sie zur Erklärung des sprachlichen Defizits von Unterschichtkindern und ihren geringeren schulischen Leistungen plausibel schien. Die Darstellung dieser Defizittheorie und der kritisch dazu konkurrierenden Differenzkonzeption ist. einer der Hauptaspekte im entsprechenden Stichwort.

Der Beitrag *Psycholinguistik* behandelt Fragen des Spracherwerbs, die Kindersprache und sich daraus ergebende sprachdidaktische Konsequenzen. Ein Schwerpunkt gilt Fragen der Sprachpathologie und Möglichkeiten des Kurierens solcher Störungen. Ausführlich eingegangen wird auch auf die Beziehung zwischen Sprache/Sprechen und Denken bzw. Sprechen und Handeln unter primär psychologischen Aspekten.

Der Zusammenhang von Sprache und Praxis ist das Hauptuntersuchungsfeld der *Pragmalinguistik*. Wesentliche Untersuchungsbereiche des diesbezüglichen Stichworts sind der pragmatische Aspekt des sprachlichen Zeichens, Pragmalinguistik als Theorie der Sprechakte und Pragmalinguistik als Sprachhandlungstheorie.

Die Relevanz des sprachlichen Normbegriffs für den Schulunterricht steht in engem Zusammenhang mit den durch die Sprachbarrierendiskussion ausgelösten bildungspolitischen Diskussionen der letzten Jahre. Fragen der Normsetzung, der Normenkritik und der Normrelativierung standen im Mittelpunkt wissenschaftlicher Auseinandersetzungen. Der Beitrag *Norm* beschäftigt sich schwerpunktmäßig mit diesen Problemen.

Auswahl und Inhalt der einzelnen Stichwörter sind so angelegt, daß mit Sprachdidaktik Befaßten Hilfen zur Neuorientierung und Weiterentwicklung neuerer Ansätze gegeben werden.

Curricula

1. UNTERSCHIEDLICHE VERSTÄNDNISSE DES TERMINUS „CURRICULUM". Unter dem *pädagogischen Fachwort* Curricula (C) versteht man in der Fachdiskussion nicht nur – sehr allgemein – Lehrpläne für intendierte und institutionell organisierte Lehr-Lern-Aktivitäten, sondern Lehrpläne, die – als Ergebnis vielfältiger fachdidaktischer und allgemeindidaktischer Analysen – so differenziert ausgeführt sind, daß neben den Lernzielen und -inhalten auch Angaben zu einzelnen Lernschritten, zu den Methoden und den Medien vorzufinden sind (vgl. Müller-Michaels 1979, S. 224). Während aber dieses recht abstrakte und vage *Begriffsverständnis* durchaus allgemeine Zustimmung bei den Fachvertretern finden könnte und der Terminus C in der Regel auch in diesem Sinne benutzt wird, findet man vielfältige und das Wesen der Sache betreffende Dissense, wenn man einzelne Publikationen auf die dem Begriff C zugrundeliegenden Implikationen hin befragt. Folglich werden wir im folgenden nicht von einer allgemein gültigen Begriffsdefinition ausgehen können. Vielmehr wird versucht werden, die unterschiedlichen Verständnisse problemgeschichtlich aufzuzeigen und kritisch – das heißt auch, tendenziell im Sinne eines dieser Verständnisse – zu erörtern.

Schon ein kurzer Einblick in wichtige schulpädagogische und fachdidaktische – zumal deutschdidaktische – Publikationen der letzten zehn Jahre zeigt, daß einerseits das Stichwort C bei der Neuorientierung der Fachdidaktik Deutsch und im Zusammenhang mit dem Versuch einer *Reform des Sprachunterrichts* eine wichtige Rolle spielte, ja daß diese Neuorientierung und die Reformversuche nur verständlich sind vor dem Hintergrund einer allgemeinen „C-Diskussion". Andererseits zeigt ein breiterer Einblick in die Schul- und Unterrichtspraxis, daß C, die so differenziert aufgebaut sind, daß sie alle für den Unterricht notwendigen Ziel-, Inhalts-, Methoden- und Medienangaben enthalten und darüberhinaus auch die notwendige Sequenzenbildung aufzeigen, bisher – bis auf wenige Ausnahmen, die zumeist auf private Initiativen einzelner Lehrer und Lehrergruppen zurückgehen – nicht vorliegen. Die Frage, ob dies zu bedauern ist oder nicht, wird später aufgegriffen.

1.1. Der traditionelle Lehrplan und die Unterrichtspraxis. Die traditionellen Richtlinien und Lehrpläne, die den Schulen für ihre allgemeine Auffassung und Gestaltung des Schullebens und den einzelnen Lehrern oder Fach-Jahrgangs-Konferenzen zur Ausrichtung des jeweiligen Fach- und Sachunterrichts behördlicherseits verordnet wurden, waren in ihren

Aussagen über die *Lerninhalte* so allgemein gefaßt, daß sie einerseits einen möglichst breiten gesellschaftlichen Konsens der jeweiligen Bundesländer widerspiegeln und daß sie andererseits nur geringen oder gar keinen Einfluß auf das konkrete Unterrichtsgeschehen – von einem von Trimester zu Trimester fortgeschriebenen groben Themenplan abgesehen – haben.

Daran hat sich auch kaum etwas geändert, als infolge der C-Diskussion die einzelnen Bundesländer unter der Führung Hessens bzw. in mehr oder weniger ausdrücklicher Auseinandersetzung mit entsprechenden Publikationen und Erlassen des Hessischen Kultusministers (vgl. die Zusammenstellung bei Zabel 1979, S. 69) daran gingen, ihre einschlägigen Richtlinien und Lehrpläne zu überarbeiten und neu herauszubringen. Zwar wurden die ursprünglich vagen inhaltlichen Aussagen, im Fach Deutsch z. B., umformuliert in kommentierte *Lernziel- und -inhaltskataloge,* und es wurden in der Regel auch hier und da Aussagen über Möglichkeiten der Sequenzenbildung, alternative Methoden und mögliche Medien hinzugefügt, aber immer noch blieben diese Aussagen so abstrakt und vage, daß die Lehrer für den konkreten Unterricht kaum mehr als, den alten Themen- und Stoffkatalogen vergleichbare, Informationen entnehmen konnten.

Bei den meisten neueren *Rahmenlehrplänen* für das Fach Deutsch kam eine Schwierigkeit hinzu: Die Kommissionen, die die Texte entwickelt hatten, waren überwiegend aus jüngeren Vertretern der Fachdidaktik Deutsch und ihrer Bezugswissenschaft Linguistik zusammengesetzt, und diese Tatsache spiegelt sich in der Anlage und den Formulierungen der Lehrpläne so deutlich, daß viele Lehrer einfach Verstehensschwierigkeiten haben, wenn sie sich bemühen, die Texte zu lesen und deren Intentionen in ihrem Unterricht zu verwirklichen. Mit entsprechend größerem Unverständnis reagierten weite Teile der Öffentlichkeit, soweit sie sich überhaupt mit Schulproblemen beschäftigt.

Sind aber die Lehrer aufgrund ihrer eigenen Aus- oder Fortbildung tatsächlich in der Lage, die neuen Rahmenlehrpläne zu verstehen und in ihre eigenen Unterrichtsplanungen so umzusetzen, daß Lernziele und sogar mögliche Ergebniskontrollen erkennbar sind, so ist damit lediglich die Ebene der Grobplanung erreicht: Was der Lehrer von Lektion zu Lektion unterrichtet, wie dieser Unterricht abläuft und was die Schüler tatsächlich lernen, das bleibt so unbestimmt wie bei den traditionellen Bildungsplänen; denn bisher ist es weder gelungen, einen zwingenden Deduktionszusammenhang zwischen Groblernzielen und konkreten Arbeitsprozessen und deren Ergebnissen festzustellen oder festzulegen, noch verpflichten die Rahmenlehrpläne den Lehrer, die enthaltenen konkreten Angaben über mögliche Methoden, Medien und Ergebniskontrollen in die Tat umzusetzen. Verpflichtend sind – wenn überhaupt – lediglich die allgemeinen Angaben, also die *Richt- und Grobziele,* alles andere hat lediglich exemplarischen oder fakultativen Charakter.

Einen weitaus größeren Einfluß auf den Unterricht – und das hat sich auch in den letzten Jahren kaum geändert – haben die sogenannten *Schulbücher,* also die Fachbücher für die Hand der Schüler. Da sie auf dem freien Markt miteinander konkurrieren, sind sie mehr oder weniger konsequent ausgerichtet am tatsächlichen Bedürfnis derjenigen, die – in den entsprechenden Kommissionen oder Fachkonferenzen auf unterster Ebene – über ihre Anschaffung entscheiden, und das sind ausnahmslos Lehrer, Schulleiter und Schulräte. Das hat zur Folge, daß diese Schulbücher bis zu Vorschlägen für das konkrete Unterrichtsgeschehen und Arbeitsanweisungen für die individuelle Arbeit des Schülers durchkonstruiert sind, womit dem Lehrer die Hauptlast seiner Planungsarbeit abgenommen ist, er braucht nur bereit zu sein, seinen Unterricht dem Buchaufbau entlang zu gestalten.

In diesem Zusammenhang kommt den Lehrern die Tatsache sehr entgegen, daß die Verlage und Autorenteams streng darauf achten, ihre Schulbücher so aufzubauen, daß sie in ihrer groben *Stoffplanung* und in ihren *Lernzielaussagen* den jeweils geltenden Richtlinien und Lehrplänen genau entsprechen. Widrigenfalls wird ihnen die Anerkennung des Bundeslandes versagt, mit dessen Richtlinien sie nicht übereinstimmen, was zur Folge hat, daß diese Bücher in den Schulen dieses Landes nicht angeschafft werden dürfen.

Wenn die Sprachbücher – ähnliches gilt für andere Schulbücher –, die in einem Land zugelassen sind und somit also für die Entscheidungsgremien der Schulamtsbezirke oder Schulen zur Wahl stehen, trotz ihrer *„Genehmigung für den Gebrauch in Schulen"* zum Teil erheblich voneinander abweichen, dann ist dies ein zusätzliches Zeichen dafür, wie abstrakt und vage die behördlichen Lehrpläne formuliert sind und wie unterschiedlich sie ausgelegt und konkretisiert werden können.

Trotz ihres erheblichen Einflusses auf das konkrete Unterrichtsgeschehen sind Schulbücher – wie bereits ausgeführt wurde und auch allgemein bekannt sein dürfte – in der Bundesrepublik Deutschland keine vorgeschriebenen C, obwohl sie, jedes auf seine Weise, weitgehend den Merkmalen eines C entsprechen. Selbst wenn im Einzelfall dem Fachlehrer von der Schulamts- oder schulinternen Kommission vorgeschrieben wird, welches Schulbuch er anschaffen soll bzw. einsetzen darf, so ist er weder verpflichtet, dieses Buch überhaupt zu benutzen, noch ist ihm vorgeschrieben, wie er im Einzelfall mit dem Buch arbeiten bzw. seine Schüler arbeiten lassen will.

So mag es also nicht verwundern, wenn
- trotz einer intensiven fachdidaktischen Auseinandersetzung um die C des Sprachunterrichts der letzten zehn Jahre und
- obwohl in den Bundesländern Rahmenlehrpläne für das Fach Sprache/Deutsch erlassen wurden, die an neueren Erkenntnissen der Linguistik als Bezugswissenschaft und der allgemeinen Didaktik orientiert sind, und schließlich
- obwohl fast alle Schulbücher für den Deutschunterricht inzwischen den neuen Rahmenlehrplänen angepaßt oder ganz neu erarbeitet worden sind,

sich die *Unterrichtspraxis* nur dort verändert hat, wo Lehrer aufgrund ihrer eigenen Ausbildung oder intensiver Lehrerfortbildung bereit und in der Lage waren und sind, ihren Unterricht nach diesen neuen Erkenntnissen zu gestalten – vorausgesetzt, ihre vorgesetzten Schulleiter und -räte setzen einem möglichen Abweichen von den alten Konventionen des Fachs nicht allzu großen Widerstand entgegen.

1.2. Der Versuch, die „Variable" Lehrer auszuschalten: „Teacher-Proof-Curricula". Die Erkenntnis des großen Einflusses des *Lehrers* auf das *Unterrichtsgeschehen* und die Einsicht, daß dieser Einfluß auf der abstrakten Ebene der Richt- und Grobzielplanung nicht zu eliminieren ist, sind für die C-Forschung nicht neu. So gab es bereits relativ früh intensive Bemühungen, die C so zu differenzieren (vgl. z. B. Möller 1969), daß sie zu perfekten Lehrprogrammen für den Schüler wurden. Zu diesem Zweck mußten folgende Postulate erfüllt werden:
- Der Lernzielkanon ist so zu definieren und zusammenzustellen, daß die dem Fach gemäßen Lebenserfordernisse möglichst lückenlos berücksichtigt sind (vgl. Knab 1971).
- Die Lerninhalte sind so auf die Lernjahrgänge zu verteilen, daß insgesamt gesehen das Fach vollständig abgebildet wird.
- Die Zuordnung der Lernziele und Lerninhalte zu den Lernjahrgängen und die darauf aufbauende Sequenzbildung dürfen die Lernenden weder unter- noch überfordern.
- Den Lernzielen (Richtzielen, Grobzielen) müssen „Feinziele" (Möller 1969, S. 51) zugeordnet werden, die so definiert sind, daß eine eindeutige Überprüfung der Lernergebnisse – oder besser der „Ar-

beitsergebnisse" (Tymister 1974, S. 97) – möglich ist (Operationalisierung).

– Die Lern- oder Arbeitsanweisungen müssen so konkret sein, daß sie von jedem Schüler in die Tat umgesetzt werden können.

– Für Schüler, bei denen sich trotzdem Lernmißerfolge ergeben, müssen zusätzliche Erklärungen und Übungen eingebaut werden (Lernschleifen), damit sie – höheren Zeitaufwand in Kauf genommen – die Lernziele trotzdem erreichen können (vgl. von Cube 1970, S. 154ff.). Das bisher vorliegende Ergebnis innerhalb der Sprachdidaktik ist ziemlich gering (vgl. den Überblick bei Ingendahl 1979). Nicht nur, daß sich bei der Erfüllung der Postulate zum Teil unüberwindliche Schwierigkeiten ergeben haben – bemerkenswert sind die Ergebnisse lediglich für den *Rechtschreibunterricht* (vgl. Messelken 1975, S. 127ff.) –, der gesamte Ansatz stieß zunehmend, und dies gilt insbesondere für das Fach Deutsch, auf Kritik (siehe: Ergebnisse der Curriculumdiskussion?).

1.3. Der Versuch, Schüler und Lehrer als Subjekte ihrer Arbeit ernst zu nehmen: „Offene Curricula". Während eine empirisch-analytisch ausgerichtete C-Forschung und die Unterrichtsplaner, die mit ihrer Arbeit auf die Ergebnisse dieser Forschungsrichtung aufbauen, versuchen, den analytisch und prognostisch schwer faßbaren Einfluß des Lehrers auf Unterrichtsgeschehen und Lernergebnisse zurückzudrängen, zeichnet sich innerhalb der (sprachdidaktischen) C-Diskussion auch die gegenläufige Tendenz ab. Ausgehend von psychologisch-kommunikationstheoretischen Forschungsarbeiten (vgl. die „kommunikative Didaktik" bei Schäfer 1971, der sich auf Watzlawick 1969 beruft) und, speziell innerhalb der Sprachdidaktik, von Forschungsarbeiten im Zusammenhang mit der *„pragmatischen Wende"* in der Linguistik (vgl. Wunderlich 1970 u. H. W. Boettcher et al. 1976) wird der „schüler" als „curriculare instanz" (Schlotthaus 1975, S. 253) entdeckt und „deutschunterricht als sprachlernsituation" (Grönwoldt 1975, S. 135) ernstgenommen, die ihren Einfluß auf die „Kommunikationsfähigkeit" des Schülers (Sitta/Tymister 1978, S. 16ff.) auch dann ausübt, wenn dieser Einfluß weder intendiert war, noch als Ergebnis zur Kenntnis genommen wird (vgl. Zinnecker 1975).

In Konsequenz dieses Ansatzes rücken methodische Fragen des Sprachunterrichts wieder mehr in den Vordergrund des Interesses, weil eine Steuerung der sowieso ablaufenden Lernprozesse im Sinne der Lernziele Kenntnisse über und Fertigkeiten zu einem *„schülerorientierten Unterricht"* (vgl. Wagner et al. 1976) voraussetzen. Vor diesem Hintergrund ist das große Interesse zu sehen, das viele Didaktiker dem *„projektorientierten Deutschunterricht"* (vgl. z. B. Ingendahl 1974, Nündel 1975 u. Tymister 1975) entgegenbringen, weil der Projektansatz – und ihm verwandte Ansätze wie „Offener Unterricht" (Ulshöfer/Götz 1976) und „Kooperatives Lernen" (Nickel 1976) – es Lehrern und Schülern ermöglicht, ihre Lehr-Lern-Prozesse problem- und sachorientiert, selbstbestimmend, selbstüberprüfend und trotzdem richtlinien- und lehrplanadäquat zu gestalten (vgl. Grün/Tymister 1979, S. 84 ff.), wenn diese, wie bisher üblich, offen formuliert sind.

Fraglich bleibt, wie denn die Auswirkungen dieses Ansatzes, den man curriculumtheoretisch der Kategorie „Offene C" zuordnen kann, in der Unterrichtspraxis sind; denn bei den einschlägigen Publikationen überwiegen (sprachdidaktisch-)theoretische Erörterungen (vgl. z. B. Geisler/Scholz/Schweim 1976), bestenfalls mit Erfahrungsberichten „aus der Praxis" aktualisiert (vgl. z. B. Hölsken/Sauer/Schnell 1977), über breiter angelegte *Schul- und Unterrichtsversuche* in diesem Zusammenhang liest man nur selten (vgl. aber z. B. Ingendahl 1974, Beck et al. 1976, Ulshöfer/Götz 1976, Heinen/Heuschen/Kaiser 1979 u. die Buchreihe „projekt deutschunterricht" hg. von H. Ide, Bd. 1–5 u. B. Lecke, Bd. 6–12, Stuttgart 1971–1978).

2. ERGEBNISSE DER CURRICULUMDISKUSSION? Der Frage, welche Auswirkungen die Bemühungen um eine Neufassung und Präzisierung schulischer C bisher haben, soll im folgenden nachgegangen werden. Zu diesem Zweck werden nach einer kurzen Darstellung des Ansatzes Robinsohns, der nach Einschätzung vieler Autoren die C-Diskussion in der Bundesrepublik ausgelöst oder zumindest wesentlich beeinflußt hat (Robinsohn 1967, vgl. z. B. Knab 1971 u. Zabel 1979), die zentralen Fragen der C-Entwicklung vorgestellt und erläutert, um im Anschluß daran die *Folgerungen für die Schul- und Unterrichtsreform,* wie wir sie zur Zeit sehen, kritisch zu würdigen.

2.1. Bildungsreform als Revision des Curriculum? Robinsohn verbindet mit seiner Kritik an den traditionellen Bildungsplänen die Forderung, den vorgefundenen Kanon von Wissensgebieten, Lernfächern und Wissenschaften, wie er sich in den Bildungsplänen der Schulen und in ihrer Lehrpraxis niederschlägt, dadurch zu überwinden, daß man die Schüler ausstattet mit *Qualifikationen zur Bewältigung von Lebenssituationen,* die für den gesellschaftlichen Lebenskontext der Schüler in Gegenwart und absehbarer Zukunft typisch sind. Deshalb ist es Aufgabe der C-Forschung, Strategien zu entwickeln, mit deren Hilfe

– diese Lebenssituationen,
– die in ihnen geforderten „Funktionen" oder Anforderungen,
– die Fähigkeiten und Fertigkeiten, die zu deren Bewältigung notwendig sind (Qualifikationen) und
– die Lerninhalte, mit denen sich die Schüler auseinandersetzen müssen, um die Qualifikationen zu erreichen,

festgestellt werden können (vgl. Robinsohn 1976, S. 45).

An dieser langfristigen Aufgabe sollen in einem demokratisch legitimierten Verfahren alle gesellschaftlichen Gruppen und Institutionen beteiligt werden, deren Mitglieder über die C-Forscher hinaus als Fachwissenschaftler, Schulpraktiker und Schulpolitiker von dieser Fragestellung betroffen sind oder zu ihrer Beantwortung einen konstruktiven Beitrag leisten können. Während also Robinsohn den Fragen nach der Gewinnung eines gesellschaftlich notwendigen Qualifikationskanons und nach den Möglichkeiten seiner organisatorischen und methodischen Entwicklung sowohl wie gesellschaftlichen Legitimierung große Aufmerksamkeit schenkt, wird die diesem Programm zugrundeliegende Frage, was Schüler lernen sollen, nicht überschritten, was sich in der praktischen Schularbeit spürbar auswirkt.

2.2. Die zentralen Probleme der Curriculumentwicklung. Bevor auf diese Einschätzung näher eingegangen werden kann, müssen die wichtigsten Fragen der C-Entwicklung kurz vorgestellt und erläutert werden, damit die innere Problematik des mit ihr verbundenen Reformansatzes sichtbar wird. Wenn Entscheidungen über die *Inhalte und Ziele schulischen Lernens* bestätigt, revidiert oder neu gefällt werden sollen, dann stellen sich in einer Gesellschaft, die weltanschaulich oder ideologisch nicht einheitlich ausgerichtet ist und in der jede politisch-öffentliche Entscheidung, also auch jede schulpolitische, von dazu legitimierten Vertretern der Betroffenen gefällt und öffentlich verantwortet werden muß, folgende Fragen:

– Wer entscheidet darüber, was Schüler lernen sollen?
– Nach welchen Kriterien werden diese Entscheidungen gefällt?
– Wie laufen die Entscheidungsprozesse ab?
– Was sind die Lernvoraussetzungen bei Schülern, an die inhaltlich angeknüpft und auf die lerntechnisch aufgebaut werden kann?
– Wie müssen die Ergebnisse dieser Entscheidungsprozesse dargeboten werden, damit erfolgreiches Lernen möglich ist?

Nach traditionellem Verständnis ergeben sich die Lerninhalte eines Unterrichtsfachs aus den Forschungsergebnissen der jeweiligen Fachwissenschaft – also die des Deutschunterrichts aus der Linguistik und Literaturwissenschaft –, so daß die eigentliche Aufgabe der Fachdidaktik darin besteht, vorgegebene Inhalte jeweils nach dem neuesten Stand dieser Fachwissenschaft zu revidieren, ihre Lehr- und Lernbarkeit nach entwicklungspsychologischen Gesichtspunkten auf die Schüleraltersstufen abzustimmen und in, für die Lernvoraussetzungen der Schüler optimale, Konzepte und Kurse umzuwandeln. Gegen dieses auf die Anwendung von (Fach-)Wissenschaft reduzierte Verständnis hat sich vor allem die *Sprachdidaktik* zur Wehr gesetzt, indem sie den Charakter einer neben der Fachwissenschaft gleichberechtigten Wissenschaft reklamiert und im Unterschied zu ihr in *Sprachlernprozessen* ihr eigenes Forschungsfeld sieht (vgl. z. B. Daniels 1974, Sitta 1974 u. Tymister 1978).

Da die Fachdidaktik ihre Aufgaben – das gilt unabhängig vom Dissens über ihr wissenschaftliches Selbstverständnis – nicht ohne empirische Untersuchungen der Lernpraxis in der Schule erfüllen kann, bilden *Lernkontrollen* und ihre Auswertung zwecks Optimierung entwickelter C oder Unterrichtsmodelle einen wichtigen Bestandteil ihrer Forschungsarbeit.

Nun ist im Zusammenhang der C-Diskussion und ihres theoretischen Anspruchs, Lerninhalte nicht einfach den Schülern als anzueignendes Wissen vorzusetzen, sondern so in Lernziele umzuformulieren, daß die Schüler sich durch ihr Lernen für die Bewältigung gegenwärtiger oder zukünftiger Lebenssituationen qualifizieren können, sichtbar geworden, daß der Bezug zur Fachwissenschaft als Quelle für die notwendigen Entscheidungen nicht mehr ausreicht, bzw. daß in Entscheidungen – wie z. B. der, den Unterricht auf die Anhäufung von Fachwissen zu beschränken – auch bisher u. a. mehr (fachfremde) Voraussetzungen eingeflossen sind, als sie sich aus der Systematik der Fachwissenschaft ergeben. Die Grenzen der *Fachwissenschaft* wurden also, wissenschaftstheoretisch gesehen, immer schon überschritten, wenn *Folgerungen für den Unterricht* abgeleitet wurden. Darüberhinaus wurde sichtbar, daß die Frage nach dem Verwertungszusammenhang fachlichen Wissens prinzipiell die jeweilige Fachsystematik übersteigt, was curriculumtheoretisch bedeutet, daß sich aus einer wissenschaftlichen Fachsystematik allein prinzipiell kein ausreichendes Argument für Entscheidungen über die Frage ableiten läßt, welche ihrer Wissensbereiche für alle Mitglieder der Gesellschaft wissensnotwendig seien und welche sinnvollerweise auf die Gruppe der Fachvertreter oder gar Fachwissenschaftler beschränkt bleiben können.

Mit der *Problematisierung der Fachwissenschaft* als Legitimationsquelle für curriculare Entscheidungen wurde den Schulpolitikern der Länder für die öffentliche Legitimation der von ihnen zu verantwortenden Rahmenlehrpläne die Basis entzogen, was zur Folge hat, daß eine weitere Präzisierung und Differenzierung der jetzt vorliegenden Rahmenlehrpläne (zwar durchaus möglich, aber) zur Zeit kaum wünschenswert und öffentlich nicht vertretbar ist, weil die Entscheidungsvoraussetzungen und -kriterien nicht gegeben sind und damit nicht offen gelegt werden könnten. Zudem ist es bisher den von Robinsohns Nachfolgern propagierten öffentlichen Instituten zur C-Entwicklung – soweit sie überhaupt eingerichtet wurden – nicht gelungen, die wichtigsten Bedenken gegen das ihnen zugrundeliegende Konzept auszuräumen.

Allerdings ergeben sich aus der *Unterrichtsforschung* neue Gesichtspunkte zur (teilweisen) Lösung der hier erörterten Probleme. Vor allem sprach- und kommunikationsorientierte Unterrichtsforschungen haben gezeigt, daß einerseits die am Unterrichtsgeschehen beteiligten Lehrer und Schüler immer schon in einem höheren Maße über das tatsächliche Lernen und seine Ergebnisse entscheiden, als das curriculumtheoretisch vorgesehen war (vgl. 1.3.) und daß andererseits auch Schüler in einem höheren Maße fähig sind, sich an sie selbst betreffenden curricularen Entscheidungen verantwortlich zu beteiligen, als das traditionell angenommen wird.

Im Zusammenhang und in ausdrücklicher Auseinandersetzung mit den curriculumtheoretischen Ansätzen der *Operationalisierung* der Lernziele gerieten die Fragen nach den angemessenen Unterrichtsmethoden (vgl. z. B. Klafki 1976), nach den im Unterricht ablaufenden Unterrichtsprozessen (vgl. z. B. Tymister 1974), nach den lerntheoretischen und -praktischen Voraussetzungen beim Schüler (vgl. z. B. Fürntratt 1976) und nach der Rolle des Schülers in der Institution Schule allgemein (vgl. z. B. von Hentig 1971) immer mehr in den Mittelpunkt curricularen Interesses. Da dies in besonderem Maße für die Sprachdidaktik gilt, kommen wir im 3. Kapitel auf diesen Gesichtspunkt zurück.

2.3. Auswirkungen in der Schulpraxis. Wie immer man die unterschiedlichen Positionen der C-Diskussion einschätzen mag, sie hat erheblich dazu beigetragen, daß die Aufmerksamkeit der Allgemeinen Didaktik und der Fachdidaktiken in höherem Maße der Unterrichtspraxis zugewandt ist. Allerdings ist es bisher noch weitgehend bei dieser „Aufmerksamkeit" geblieben; denn außer den folgenden Punkten blieben alle weiteren Revisions- oder Reformansätze noch weitgehend Programm.

Die *organisatorischen Strukturen* der Schulen in der Bundesrepublik sind in folgenden Details verändert worden:

- Die Volksschulen alter Ordnung wurden aufgelöst. An ihre Stelle traten selbständige Grundschulen, die die Klassenstufen 1 bis 4 (6. bis 10. Lebensjahr) umfassen, und selbständige Hauptschulen als spezifische Form der „weiterführenden Schule" mit den Klassenstufen 5 bis 9 (11. bis 15. Lebensjahr). In einigen Bundesländern werden die Grundschulen um eine Klasse 0 (Vorschulklasse, 5. Lebensjahr) erweitert, die Hauptschulen erhalten ein 10. Schuljahr (16. Lebensjahr), was ihnen die Möglichkeit bietet, einen Teil ihrer Schüler mit einem der Realschulreife gleichberechtigten Abschluß auszustatten. Die curricularen Voraussetzungen für diese Veränderungen – z. B. Angleichung der Lehrpläne für die einzelnen Jahrgänge in den verschiedenen weiterführenden Schulen – wurden auf die oben erläuterte Weise geschaffen.

- Im Zusammenhang mit der Umwandlung der Volksschulen in Grund- und Hauptschulen wurden alle Zwergschulen, zumindest die ein- und zweiklassigen Schulen, aufgelöst, und man bemüht sich, möglichst zwei- oder mehrzügige Schulen zu errichten und zu unterhalten, damit eine optimale Ausstattung dieser großen Schulen mit Lehr- und Lernmaterialien möglichst intensiv genutzt werden kann. Außerdem erwartet man von reinen Jahrgangsklassen, daß den Richtlinien und Rahmenplänen, vor allem, wenn die Lehrer stufenbezogen über mehrere Klassen zusammenarbeiten können, besser entsprochen wird.

- In den Ländern der Bundesrepublik Deutschland wurden, neben den – zum größten Teil weiterbestehenden – weiterführenden Schulen Gymnasium, Realschule und Hauptschule, Gesamtschulen eingerichtet, die mehr Durchlässigkeit zwischen den internen Leistungsgruppen gestatten und damit etwas mehr Chancengleichheit verwirklichen. Lehrer dieser Gesamtschulen wurden an der Entwicklung und Erprobung der entsprechenden C intensiver beteiligt, als dies in den traditionellen weiterführenden Schulen üblich war.

- Die Klassenstufen 5 und 6 (11. und 12. Lebensjahr) wurden zur Beobachtungs- oder Erprobungsstufe erklärt, mit der Folge, daß die traditionellen Ausleseverfahren am Ende des 4. Schuljahres wegfallen konnten zugunsten ausführlicherer Beurteilungen durch die Grundschule und einer zweijährigen Erprobung in der gewählten weiterführenden Schule. Da die Rahmenlehrpläne der drei weiterführenden

Schulen weitgehend einander angeglichen wurden, ist ein erneuter Schulwechsel nach dieser Beobachtungs- oder Erprobungsstufe zur Korrektur einer sich als falsch erweisenden Schulwahl mit geringeren negativen Folgen verbunden, als das traditionell der Fall war.

– In der Oberstufe der Gesamtschulen und Gymnasien (Klassen 11 bis 13) wurde das Prinzip der Jahrgangsklassen zugunsten von Leistungs- und Neigungskursen aufgegeben. Auch bei dieser Reform waren einzelne Schulen an der Entwicklung und Erprobung der zur Verwirklichung dieser „reformierten Oberstufe" notwendigen neuen C beteiligt.

Wie bereits ausgeführt wurde, verblieben alle *Lehrplanrevisionen,* also auch die, die im Zusammenhang mit den genannten Strukturveränderungen an Schulen durchgeführt wurden, auf der Abstraktionsebene der Grobzielplanung in der dadurch bedingten Unverbindlichkeit „offener C"; und so haben diese C-Revisionen mit den genannten organisatorischen Strukturveränderungen eines gemeinsam, die Einflußgröße Mensch für die mit der Revision angestrebte Optimierung von Chancengleichheit und Lernerfolgen in der Schule wurde unterschätzt. Während sich aber die neu errichteten Großschulen – vor allem, was ihre erzieherischen Aufgaben anbetrifft – aufgrund ihrer zwangsweise gegebenen Unüberschaubarkeit für Schüler und Lehrer und der gesteigerten Anonymität und Unverbindlichkeit, die sich aus häufigem Lehrerwechsel (Fachlehrersystem) ergeben – als nachteilig oder zumindest problematisch für den einzelnen Schüler zu erweisen beginnen, sind die abstrakt formulierten C nur dort von Nachteil, wo differenziertere Pläne mangelnde Qualifikation von Lehrern ausgleichen müßten – was leider oft genug der Fall ist.

3. DIE PRAGMATISCHE WENDE IN DER LINGUISTIK UND DIE ROLLE DER LERNENDEN.

In den letzten Jahren zeichnet sich eine besondere Affinität zwischen dem Konzept der „offenen C" und der Sprachdidaktik ab. Zum Teil anknüpfend an die Sprechakttheorie (vgl. Wunderlich 1970a), zum Teil aufbauend auf Wittgensteins „Philosophische Untersuchungen" (Wittgenstein 1958) und in Auseinandersetzung mit der Generativen Transformationsgrammatik Chomskys (vgl. Stetter 1974) erkannten namhafte Linguisten, daß der Aufbau der Sprache (als Fachgebiet der Systemlinguistik) nur verstehbar und beschreibbar ist unter Berücksichtigung ihres Gebrauchs durch konkrete Sprecher/Hörer in konkreten Situationen und daß sich die Funktion der Sprache nur ermitteln läßt, wenn der *Lebenskontext* der Sprecher/Hörer (die gesellschaftlich und individuell vermittelte Geschichte des Idiolekts) und die gesellschafts- und gruppenbezogene Sprechhandlungssituation berücksichtigt werden (vgl. z. B. Apel 1973).

Daraus folgt, daß weder die Beschreibungssituation in der Wissenschaft noch die Sprachlehr- und -lernsituation im Unterricht herauslösbar sind aus den für alle Sprechhandlungen geltenden Faktoren, das heißt für unseren Kontext: Jegliches Sprachlernen im Deutschunterricht ist als Erweiterung und Vertiefung der *kommunikativen Kompetenz* einzelner Schüler abhängig von deren subjektiver Wahrnehmung und eingebettet in ihren rationalen und emotionalen Erlebnishorizont. Deshalb ist es nicht einfach intendierbar durch Lehrpläne und steuerbar durch Lehrer, sondern immer auch unausweichlich abhängig von der subjektiven Selektion derjenigen, die lernen oder das Lernen verweigern und dabei lernen, wie man lernen verweigert.

Damit gewinnen die *Wahrnehmungs- und Selektionsstrategien* der einzelnen Schüler den Status unverzichtbarer Bedingungen der Möglichkeit von sprachlichem Lernerfolg und werden zu nicht umgehbaren Kriterien konkreter C-Entwicklung, wenn anders vermieden werden soll, daß die Ergebnisse der Sprachlernprozesse in der Schule nach wie vor von Lehrern und Schülern unkontrollierbar sind und zum größten Teil auch den propagierten Lernzielen entgegenlaufen – auf den „heimlichen Lehrplan" wurde bereits hingewiesen.

Für die Entwicklung schülerorientierter C, also solcher C, die die Wahrnehmungsstrategien der Schüler als Sprecher und Hörer antizipieren, und zur Durchführung entsprechender Unterrichtsprojekte hat die Sprachdidaktik folgende *Kriterien* entwickelt:

1) Prinzipien für die Beteiligung der Schüler an der Konstruktion, Realisation und Revision von Deutschunterricht (vgl. auch Boettcher et al. 1976, S. 103 ff.):

– Die amtlichen Richtlinien und Lehrpläne sind so formuliert, daß ein großer Spielraum für die Konkretisierung der Lernziele in Unterrichtsvorhaben und -projekten und für die individuelle Ausgestaltung der Arbeitsprozesse bleibt.

– Außer den amtlichen Lehrplänen dürfen und können alternative C hinzugezogen werden, damit aufgrund der Alternativen echte Entscheidungen möglich sind.

– Schüler (und Eltern) werden über Lernziele und Methoden der Arbeit im Unterricht regelmäßig informiert und belehrt, damit sie selbständig mitbestimmen und mitdenken.

– Lehrer und Schüler bemühen sich um einen symmetrischen Kommunikationsstil innerhalb und außerhalb des Unterrichts, damit der in

Schulklassen übliche Machtkampf, der traditionell unter dem Stichwort „Disziplinschwierigkeiten" behandelt wird, abgebaut werden kann (vgl. Boettcher/Boettcher-Lüpges 1979).

– Notwendige Umstellungen von traditionell-lehrerzentrierten zu projektorientierten Arbeitsweisen im Unterricht geschehen schrittweise, damit ein Trainings- und Gewöhnungseffekt zur Stabilisierung des Verhaltens bei Schülern und Lehrern beitragen kann.

– Die Überprüfung der Arbeitsergebnisse und das Einschätzen der Lernergebnisse werden unverzichtbarer Bestandteil des Unterrichts, damit die Schüler sich so schnell wie möglich alle Methoden der „Lernkontrolle" aneignen und sie anwenden können.

2) Planungs- und Auswertungskategorien:

– Der Unterricht verläuft in doppelter Hinsicht zielorientiert, das heißt, den zu erreichenden Lernzielen werden unter Beteiligung der Schüler Arbeitsziele zugeordnet, die mit Hilfe der ausgewählten Methoden erreicht und deren Ergebnisse von den Schülern überprüft und auf mögliche Lernerfolge hin eingeschätzt werden können (vgl. Boettcher et al. 1976, S. 25 ff.).

– Die im Deutschunterricht aufgegriffenen oder herbeigeführten Arbeitsanlässe oder -situationen entstammen mit ihrem Anstoß zum Sprechen und Hören oder Schreiben und Lesen der unmittelbaren Lebenswelt der Schüler oder stehen ihr zumindest so nahe, daß ein Höchstmaß an Arbeitsmotivation gesichert bleibt (vgl. Tymister 1978, S. 90 ff.).

– Die Schüler bestimmen bei den Planungsentscheidungen und bei der Auswahl der Methoden und Medien mit; C, die unterhalb der Grobzielebene konkretisieren und differenzieren, sind zu diesem Zweck alternativ anzulegen.

– Die Arbeitsergebnisse und Lernkonsequenzen werden von Lehrern und Schülern soweit antizipiert, daß Ergebniskontrollen und Planungsrevisionen möglich sind.

Die praktische Verwirklichung projektorientierten Deutschunterrichts nach diesen Kriterien ist – dieser Gedanke weist über das hier zu behandelnde Stichwort hinaus – in so hohem Maße von der Bereitschaft und Fähigkeit der einzelnen Lehrer abhängig, daß – wie sich aus einem Forschungsprojekt des Deutschen Germanistenverbandes zur Lehreraus- und -weiterbildung im Fach Deutsch ergeben hat (vgl. Boettcher et al. 1979) – an die Stelle von C-Revision dringend eine Revision der Lehrerausbildung im Hinblick auf eine intensivere wissenschaftliche und projektorientierte Auseinandersetzung mit der *Schulpraxis* treten muß und die *Lehrerfortbildung* in diesem Sinne intensiviert werden muß.

→ **Erziehung zur Kommunikationsfähigkeit, Fachdidaktik (eigensprachlich), Grammatiktheorien, Kommunikation, Pragmalinguistik.**

LITERATUR

K. O. Apel: „Der transzendentalhermeneutische Begriff der Sprache" in: Ders.: Transformation der Philosophie II, Frankfurt/Main 1973, S. 330–357.

G. Beck et al.: „Lehrerausbildung im Fach Deutsch" in: Diskussion Deutsch 27 (1976) S. 2–66.

K. Behr et al.: Grundkurs für Deutschlehrer: Sprachliche Kommunikation, Weinheim 1972.

K. Behr et al.: Folgekurs für deutschlehrer: Didaktik und methodik der sprachlichen kommunikation, Weinheim 1975.

W. Boettcher et al.: Lehrer und Schüler machen Unterricht, München ²1978.

W. Boettcher/R. Boettcher-Lüpges: „Sprachtheorie und Spracherziehung aus individualpsychologischer Sicht" in: G. Brandl (Hg.): Vom Ich zum Wir, München 1979, S. 155–183.

W. Boettcher et al.: Lehren und Lernen in der Lehrerausbildung, Aachen 1979.

F. von Cube: „Der kybernetische Ansatz in der Didaktik" in: D. C. Kochan (Hg.): Allgemeine Didaktik. Fachdidaktik. Fachwissenschaft, Darmstadt 1970, S. 143–170.

K. Daniels: „Zum Verhältnis von Allgemeiner Didaktik, Fachwissenschaft und Fachdidaktik" in: Wirkendes Wort 1 (1974) S. 21–46.

K. Daniels: „Grundfragen zur Standortbestimmung der Sprachdidaktik" in: Blätter für den Deutschlehrer 2 (1975) S. 35–48.

E. Fürntratt: Motivation schulischen Lernens, Weinheim 1976.

W. Geisler/G. Scholz/L. Schweim (Hg.): Projektorientierter Unterricht. Lernen gegen die Schule?, Weinheim 1976.

P. Grönwoldt: „Deutschunterricht als Sprachlernsituation" in: K. Behr et al.: Folgekurs für deutschlehrer, Weinheim 1975, S. 135–180.

H.-R. Grün/H. J. Tymister: „Deutschunterricht als projektorientierter Unterricht" in: D. Boueke (Hg.): Deutschunterricht in der Diskussion, Bd. I, Paderborn ²1979, S. 76–104.

J. Haller/M. Schurig/H. Wolf: „Curriculum" in: E. Dingeldey/J. Vogt: Kritische Stichwörter zum Deutschunterricht, München 1974, S. 46–61.

H. von Hentig: Cuernavaca oder: Alternativen zur Schule?, Stuttgart 1971.

26

K. Heinen/H. Heuschen/B. Kaiser (Hg.): Lehrer ausbilden – aber wie?, Düsseldorf 1979.

H.-J. Heringer: „Linguistik und Didaktik" in: Linguistik und Didaktik 18 (1974) S. 119–130.

H. Ide (Hg.): Kritisches Lesen – Märchen, Sage, Fabel, Volksbuch. Sozialisation und Manipulation durch Sprache, Bde. I u. II, Stuttgart 1971, 1972.

H. Ide u. Bremer Kollektiv (Hg.): Soziale Fronten in der Sprache. Sprache und Realität. Massenmedien und Trivialliteratur. Bde. III–V, Stuttgart 1972–1973.

W. Ingendahl (Hg.): Projektarbeit im Deutschunterricht, München 1974.

W. Ingendahl: „Lehrprogramm" in: E. Nündel (Hg.): Lexikon zum Deutschunterricht, München 1979, S. 227–228.

W. Klafki: „Zum Verhältnis von Didaktik und Methodik" in: Zeitschrift für Pädagogik 1 (1976) S. 78–94.

D. Knab: „Ansätze zur Curriculumreform in der BRD" in: betrifft: erziehung 2 (1971) S. 15–28.

J. Kreft: „Affirmative Curriculum-Theorie" in: Informationen zur Deutschdidaktik 6 (1978) S. 8–11.

B. Lecke u. Bremer Kollektiv (Hg.): Kritischer Literaturunterricht. Literatur der Klassik I: Dramenanalysen. Politische Lyrik. Literatur der Klassik II: Lyrik – Epik – Ästhetik. Kommunikative Übungen – Sprachgebrauch. Kommunikationsanalyse I – Sprachbetrachtung. Kommunikationsanalyse II – Sprachkritik. Bde. VI–XII, Stuttgart 1974–1978.

H. Messelken: „Orthographie und Rechtschreibung" in: B. Sowinski (Hg.): Fachdidaktik Deutsch, Köln 1975, S. 127–146.

Ch. Möller: Technik der Lernplanung. Methoden und Probleme der Lernzielerstellung, Weinheim ⁴1973.

H. Müller-Michaels: „Lehrplan" in: E. Nündel (Hg.): Lexikon zum Deutschunterricht, München 1979, S. 224–226.

R. Nickel: Kooperatives Lernen, München 1976.

E. Nündel: „Lernzielbestimmungen und Curriculumprobleme des Deutschunterrichts" in: K. Behr et al.: Grundkurs für Deutschlehrer, Weinheim 1972, S. 241–267.

E. Nündel: „Der projektorientierte deutschunterricht" in: K. Behr et al.: Folgekurs für deutschlehrer, Weinheim 1975, S. 103–134.

E. Nündel (Hg.): Lexikon zum Deutschunterricht, München 1979.

S. B. Robinsohn: Bildungsreform als Revision des Curriculum, Neuwied ³1971.

K.-H. Schäfer: „Emanzipatorische und kommunikative Didaktik" in: K.-H. Schäfer/K. Schaller: Kritische Erziehungswissenschaft und kommunikative Didaktik, Heidelberg 1971, S. 133–166.

K.-H. Schäfer/K. Schaller: Kritische Erziehungswissenschaft und kommunikative Didaktik, Heidelberg 1971.

W. Schlotthaus: „Der schüler als curriculare instanz" in: K. Behr et al.: Folgekurs für deutschlehrer, Weinheim 1975, S. 253–288.

W. Schulz: „Unterricht zwischen Funktionalisierung und Emanzipationshilfe" in:

H. Ruprecht et al.: *Modelle grundlegender didaktischer Theorien*, Hannover ²1975, S. 170–199.

H. Sitta: *„Didaktik und Linguistik"* in: *Diskussion Deutsch 19 (1974)* S. 431–445.

H. Sitta/H. J. Tymister: *Linguistik und Unterricht*, Tübingen 1978.

B. Sowinski (Hg.): *Fachdidaktik Deutsch*, Köln 1975.

Ch. Stetter: *Sprachkritik und Transformationsgrammatik. Zur Bedeutung der Philosophie Wittgensteins*, Düsseldorf 1974.

B. Switalla: *„Kommunikation im Unterricht"* in: D. Boueke (Hg.): *Deutschunterricht in der Diskussion*, Bd. I, Paderborn ²1979, S. 31–48.

H. J. Tymister: *Konstruktion fachdidaktischer Curricula als schul- und hochschuldidaktisches Problem*, Düsseldorf 1974.

H. J. Tymister (Hg.): *Projektorientierter Deutschunterricht. Vorschläge für Lehrer und Schüler*, Düsseldorf 1975.

H. J. Tymister: *Didaktik: Sprechen, Handeln, Lernen*, München 1978.

H. J. Tymister: *„Schule – Lernzielbestimmung oder eigene Zielwahlmöglichkeit"* in: G. Brandl (Hg.): *Vom Ich zum Wir*, München 1979, S. 144–154.

R. Ulshöfer/Th. Götz (Hg.): *Praxis des offenen Unterrichts. Das Konzept einer neuen kooperativen Didaktik*, Freiburg i. B. 1976.

A. C. Wagner et al.: *Schülerzentrierter Unterricht*, München 1976.

P. Watzlawick/J. H. Beavin/D. D. Jackson: *Menschliche Kommunikation. Formen, Störungen, Paradoxien*, Bern ³1972.

L. Wittgenstein: *Philosophische Untersuchungen*, Frankfurt/Main 1971.

D. Wunderlich: *„Die Rolle der Pragmatik in der Linguistik"* in: *Der Deutschunterricht 4 (1970)* S. 5–41 (1970a).

D. Wunderlich: *„Eine Warnung vor den perfekten Unterrichtsmodellen. Am Beispiel Heringer"* in: *Linguistik und Didaktik 4 (1970)* S. 297–307 (1970b).

D. Wunderlich: *„Lernziel Kommunikation"* in: *Diskussion Deutsch 23 (1975)* S. 263–277.

H. Zabel: *Deutschunterricht zwischen Lernzielen und Lehrplänen*, Düsseldorf 1977.

H. Zabel: *„Curriculum-Diskussion-Lehrplankritik"* in: D. Boueke (Hg.): *Deutschunterricht in der Diskussion*, Bd. I, Paderborn ²1979, S. 49–75.

J. Zimmer: *„Curriculumforschung: Chance zur Demokratisierung der Lehrpläne"* in: F. Achtenhagen/H. L. Meyer (Hg.): *Curriculumrevision – Möglichkeiten und Grenzen*, München 1971, S. 178–196.

W. Zimmermann et al.: *Von der Curriculumtheorie zur Unterrichtsplanung*, Paderborn 1977.

J. Zinnecker (Hg.): *Der heimliche Lehrplan*, Weinheim 1975.

HANS JOSEF TYMISTER

Erziehung zur Kommunikationsfähigkeit

1. BEGRIFF. Mit dem Begriff der Kommunikationsfähigkeit (KF) ist die Kompetenz zu kommunizieren bezeichnet. Im Rahmen des Stichwortes ist zu klären, worin diese Kompetenz besteht (bestehen soll), wozu sie benötigt wird und wie sie aufgebaut werden kann.

Bei einer Begriffsanalyse des Stichworts Erziehung zur KF zeigt sich, daß sowohl die Klärung dessen, was mit dem Begriff *Fähigkeit* gemeint ist, als auch die Explikation des zu verwendenden Begriffs von *Erziehung* abhängig ist von einer – damit vorrangigen – Erläuterung des Begriffs der *Kommunikation*.

Da bisher keine umfassende und in sich widerspruchsfreie elaborierte Kommunikationstheorie vorliegt, ist es erforderlich, einige der vorliegenden – nicht immer miteinander kompatiblen – Theorien auf ihre Konsequenzen für die Sprachdidaktik zu befragen; dabei wählen wir angesichts der Fülle unterschiedlicher Ansätze solche Theorien aus, die einigen Einfluß auf die Sprachdidaktik gehabt haben bzw. von denen wir meinen, daß sie die Sprachdidaktik beeinflussen sollten.

Durch den *nachrichtentheoretischen Kommunikationsbegriff*, wie er z. B. dem Kommunikationsmodell von Shannon und Weaver zugrundeliegt, wird der Prozeß der Übermittlung von Informationen betont: Kommunikation wird verstanden als Übermittlung einer von einer Informationsquelle (aus einer Fülle möglicher Nachrichten) ausgewählten Nachricht an einen Bestimmungsort. Die Nachricht wird in Form von Signalen über einen Kanal geleitet, der zwischen einen Sender und einen Empfänger geschaltet ist. Im Empfänger werden die Signale in die Nachricht zurückverwandelt, um diese dem Adressaten der Nachricht zukommen zu lassen. Kommunikation ließe sich in diesem nachrichtentechnischen Kommunikationsverständnis als Übermittlung von Nachrichten, KF als Kompetenz definieren, ausgewählte Nachrichten mit möglichst hoher Erfolgswahrscheinlichkeit an einen Adressaten zu übermitteln. Die Kompetenz bestünde in den Fähigkeiten, geeignete Sender, Empfänger und Kanäle zu wählen und die Nachrichten in geeignete Signale bzw. die Signale in Nachrichten umsetzen zu können. Zu unterscheiden wären demnach eine Sender- und eine Empfänger-Kompetenz, wie sie in der Opposition von Enkodierungs- und Dekodierungskompetenz gegenübergestellt werden. Erziehung zur KF bedeutete demnach, die Enkodierungs- und Dekodierungsfähigkeit auszubilden. Bei der Nachrichtenübermittlung hat der Sender, wie z. B. Behr et al. in ihrem

Kommunikationsmodell aufgewiesen haben, den Kode des Empfängers zu berücksichtigen: Nur bei einer Wahl von Signalen, die im gemeinsamen Repertoire von Sender und Empfänger liegen, kann die Nachrichtenübermittlung gelingen.

Herrlitz unterscheidet hinsichtlich dieses Repertoires zwischen Denotaten und Konnotaten und weist auf die Abhängigkeit der bei der Übermittlung von Informationen zu treffenden Wahlentscheidungen von der kommunikativen Situation (Redekonstellation) und den sozialen Normen hin, in die die Situation eingebettet ist. Enkodierungs- und Dekodierungsfähigkeit reichen für ein Gelingen der Nachrichtenübertragung allein indessen noch nicht aus: Sie müssen ergänzt werden durch eine entsprechende Emissions- bzw. Perzeptionsfähigkeit (Behr et al.). In diesem präzisierten nachrichtentheoretischen Verständnis bestünden Möglichkeiten zur Förderung der Kommunikationsfähigkeit in einer Ausweitung der Kodes von Sender und Empfänger, in einer Qualifizierung des Senders für die fälligen Auswahlentscheidungen unter Berücksichtigung situativer Gegebenheiten einschließlich sozialer Normen, in der Qualifizierung des Empfängers für eine situations- und normenbewußte Dekodierung und schließlich in der Einübung in Emissions- bzw. Perzeptionsfähigkeiten. Diese Auflistung von Förderungsmöglichkeiten macht die Grenzen des nachrichtentheoretischen Kommunikationsverständnisses deutlich: Da es – der Nachrichtentechnik entstammend – an der Optimierung der Nachrichten*übertragung* interessiert ist, bleibt der *Inhalt* der zu übermittelnden Nachrichten *unreflektiert.*

Dieser Einwand gilt auch hinsichtlich des *informationstheoretischen Kommunikationsverständnisses* als einer besonderen Ausprägung des nachrichtentheoretischen Verständnisses, in der die zu übermittelnde Nachricht zwar auf ihren – in *bit* meßbaren – Informationsgehalt und damit auf ihre Redundanz hin analysiert wird, in ihrem materialen Gehalt aber unreflektiert bleibt. Der Beitrag der Informationstheorie zur Förderung von KF bestünde demnach in einer Hilfestellung bei der Ökonomisierung der Nachrichtenübermittlung: Die Enkodierung muß mit möglichst wenigen Signalen auskommen, muß aber so viele und solche Signale enthalten, daß die Dekodierungsmöglichkeit gewährleistet bleibt und so der durch die Kommunikation intendierte Abbau des subjektiven Informationsgehaltes in dem Sinne gelingt, daß eine Wiederholung der ursprünglichen Information keinen Informationsgehalt mehr hätte, also redundant wäre. Der informationstheoretische Kommunikationsbegriff liefert einem auf die Erziehung zur KF bedachten Sprachunterricht zwar die Möglichkeit, die Kommunikation der Schüler mit der Wirkung zu kontrastieren, die sie erzielt, und so die Adressatenbezogenheit von Kommunikation sowie die im Prozeß der Redundanzerzeugung geforderte Flexibilität zu betonen, bleibt aber insofern *technologischer Natur,* als die *Nachricht* selbst *austauschbar* bleibt.

Gleichfalls auf den En- bzw. Dekodierungsprozeß hebt das auf Bühlers Organonmodell zurückgehende *zeichentheoretische Kommunikationsverständnis* ab, insofern beide Prozesse die drei Funktionen des Zeichens (Ausdrucksfunktion, Darstellungsfunktion und Appellfunktion) zu berücksichtigen haben. Der Beitrag der Zeichentheorie zur Ausbildung von KF könnte darin bestehen, die Kommunikatoren für die Beachtung der drei Funktionen zu qualifizieren. Es ginge also im kommunikationsorientierten Sprachunterricht nicht mehr lediglich um die Ausbildung von Übermittlungsfähigkeiten, sondern auch von Steuerungskraft dem Kommunikationspartner gegenüber: Die im Enkodierungsprozeß zu treffenden Auswahlentscheidungen erfolgten nicht allein unter dem Kriterium des zu garantierenden Übermittlungserfolges – dieser wäre Voraussetzung – sondern auch unter dem Kriterium der Wirkung auf den Adressaten. Ungelöst bliebe allerdings in einer Theorie, die auf einer festen Zuordnung von Inhalt und Ausdruck basiert, das Problem unterschiedlicher Steuerungsfunktionen ein und desselben Zeichens in unterschiedlichen Kommunikationssituationen. Es fehlten somit die Kriterien, die es erlaubten, in der aktuellen Auswahl aus dem Zeichenrepertoire diejenigen Zeichen zu wählen, die der Ausdrucks-, Darstellungs- und Appellfunktion am ehesten gerecht werden. Die vermißten Kriterien ergeben sich aus der Person und der gegenseitigen Einschätzung der kommunizierenden Partner in einer bestimmten Situation. Damit werden für den Kommunikationsprozeß psychische und soziale sowie situative Faktoren ebenso relevant wie der dynamische Charakter von Kommunikation, die sich nicht in einzelnen Informationsübertragungen erschöpft, sondern *Rückkopplungen* bewirkt.

Diesen Faktoren trägt die *Interaktionstheorie* Rechnung, die Kommunikation als das wechselseitig aufeinander bezogene Verhalten von Subjekten definiert, in dem nicht nur Mitteilungen erfolgen, sondern auch das Beziehungsgefüge der Interaktionspartner geregelt wird: Unterschieden werden Inhalts- und Beziehungsaspekt von Kommunikation, wobei der Beziehungsaspekt als der den Inhaltsaspekt regulierende Faktor im Hinblick auf diesen Inhalt in einem spezifischen Sinne metakommunikativen Charakter besitzt. Auf der Inhaltsebene tritt die Verwendungsweise vornehmlich sprachlicher Zeichen in den Blick, auf der Beziehungsebene die volle Komplexion der sozialen Beziehungen, denen vor allem durch die Verwendung paralinguistischer und extralinguistischer Zeichen Rechnung getragen wird.

Erziehung zur KF kann sich deshalb bei Unterstellung eines Interaktionsbegriffs von Kommunikation nicht auf die Ausbildung der Sprachkompetenz beschränken, sofern mit dieser die Kenntnis sprachlicher Zeichen und der Regeln zu deren Verknüpfung gemeint ist, sondern muß in die Möglichkeiten der Kommunikation bei unterschiedlichen Beziehungsgefügen in unterschiedlichen Situationen einüben. Eine der Möglichkeiten besteht in der Thematisierung der Beziehungsebene auf der Inhaltsebene, also in der – wiederum in einem spezifischen Sinne verstandenen – Metakommunikation.

Ein entscheidender Punkt der Interaktionstheorie ist in der Erkenntnis zu sehen, daß die Metakommunikation als Thematisierung der Kommunikation ihrerseits vom Gefüge der sozialen Beziehungen beeinflußt wird, also nur in dem Freiraum erfolgen kann, den das Beziehungsgefüge läßt. Ein Überschreiten dieser Grenzen wird möglich durch den Diskurs, der es übernimmt, unreflektierte soziale Normen zu reflektieren (Habermas). Erziehung zur KF hieße deshalb auch *Erziehung zur Diskursfähigkeit*. Die Erziehung zur Diskursfähigkeit als Versuch der Ausbildung einer idealen Kompetenz unterliegt indessen einschränkenden Bedingungen, die den Begriff des Diskurses als einen kontrafaktischen Begriff ausweisen (Mollenhauer). Für die Sprachdidaktik stellt sich darüberhinaus das Problem, daß in der Interaktionstheorie keine Unterscheidung von Verhalten und Kommunikation erfolgt, weil jedes Verhalten in einer sozialen Situation Mitteilungscharakter habe und somit Kommunikation sei, so daß es für den Menschen unmöglich sei, nicht zu kommunizieren (Watzlawick).

Schließlich sei an das *handlungstheoretische* Verständnis erinnert, das Kommunikation als von Intentionen gesteuertes symbolisches Handeln versteht. Eine diesem Verständnis folgende Erziehung hätte eine Kompetenz sozialen Handelns auszubilden, die all den Faktoren Rechnung trägt, die für das Handeln und dessen Erfolg relevant sein können. Mit dem Relevanzbereich träte das komplexe Gefüge sozialer Beziehungen und situativer Faktoren wiederum in den Blick.

Angesichts der Fülle von Verständnismöglichkeiten von Kommunikation, aus der wir an dieser Stelle nur eine – durchaus subjektive – Auswahl bieten konnten, läge der Versuch nahe, eine Kommunikationstheorie zu elaborieren, die in der Lage wäre, die verschiedenen Verständnismöglichkeiten widerspruchsfrei zu integrieren und deren spezifischen Beitrag im Rahmen der Theorie herauszustellen. Solange eine solche Theorie nicht einmal im Ansatz erkennbar ist, sieht sich die Sprachdidaktik, die ihren Anspruch auf Praxisrelevanz einerseits und Verantwortbarkeit ihrer Aussagen andererseits nicht aufgeben will, in die Situation gestellt, die einzelnen Theorieansätze auf ihre Fruchtbarkeit für die Zwecke einer Erziehung hin zu befragen, die sich der Ausbildung von KF verpflichtet sieht. Dabei hat die *Erziehung zur KF* einen großen Vorteil vor der *Kommunikationstheorie:* Sie kann vom Begriff der KF ausgehen und damit von einer Kompetenz zu intentionsgesteuertem Handeln; denn für die Erziehung zur KF ist es zunächst z. B. unerheblich, welche Phänomene in welcher Weise und mit welcher Wirkung Mitteilungscharakter haben, weil von der Erziehung nicht die Phänomene unmittelbar beeinflußbar sind, sondern nur die Adressaten der Erziehung und deren Kompetenz zu handeln.

Aufgabe einer sich als emanzipatorisch verstehenden Erziehung muß es demnach sein, solche Qualifikationen zu vermitteln, die es den Edukanden erlauben, in sozialen Situationen selbstbestimmt zu handeln oder die Grenzen des selbstbestimmten Handelns aufzudecken und ggf. auszuweiten. Ob diese zu vermittelnde *Handlungskompetenz* dann als *KF* bezeichnet wird, wie dies im folgenden geschehen soll, oder als *Sozialkompetenz*, ist angesichts der Unverzichtbarkeit solcher Qualifikationen für die Emanzipation des Individuums zweitrangig. Daß die Ausbildung einer so verstandenen Handlungskompetenz Aufgabe anderer Fächer sein kann, bleibt unbenommen. Daß sie (auch) *Aufgabe des Sprachunterrichts* sein muß, ergibt sich aus der Tatsache, daß sprachliche Kommunikation nur in sozialen Situationen erfolgt und deshalb sowohl von diesen Situationen beeinflußt wird als auch ihrerseits auf diese Situationen Einfluß nimmt. Eine Reduktion des Sprachunterrichts auf die Ausbildung der Sprachkompetenz nähme dieser den Raum, in dem sie sich zu bewähren hätte. Andererseits konfrontiert der Raum, in dem kommunikativ gehandelt wird, den Sprachunterricht mit der Komplexion der sozialen Situation. Diese bekommt ihren Platz im Sprachunterricht nicht als unmittelbarer Gegenstand des Unterrichts, sondern als für kommunikatives Handeln und dessen Erfolg relevanter und damit mittelbarer Gegenstand.

2. MITTELCHARAKTER DER KOMMUNIKATIONSFÄHIGKEIT.

Noch unbeantwortet ist die Frage nach den *Zwecken* der Erziehung zur KF. Die Frage stellen, heißt den Mittelcharakter der KF unterstellen: Die KF wird nicht als Selbstzweck gesehen, sondern bedarf der *Legitimation.* Im Hinblick auf den legitimierenden Zweck erhält die

KF den Charakter eines Mittels, das geeignet ist, das Erreichen des legitimierenden Zweckes zu fördern. Die Angabe von Zwecken einer Ausbildung von KF fehlt in der fachdidaktischen Literatur weitestgehend: Fast alle Autoren halten die Berechtigung dieses Ziels offensichtlich für so evident, daß sich die Angabe weiterer Zwecke erübrigt. Dabei kann gerade der Zwang zu einer Begründung eine ideologisierende Vereinnahmung der Erziehung zur KF verhindern, weil in der Begründung das jeweilige Verständnis des Begriffs Kommunikation zutage tritt, andererseits die Funktion angegeben werden muß, die der Kommunikation jeweils zugewiesen wird. Insofern stellt sich die Angabe des legitimierenden Zweckes als eine Verschränkung des spezifischen Verständnisses von Kommunikation und KF mit einer mit jeder Erziehung zwangsläufig verbundenen pädagogischen Intentionalität dar.

Unterstellt man nun einmal die – theoretisch unbestrittene – emanzipatorische Aufgabe von Erziehung, dann erweist sich der Versuch, Zwecke von Kommunikation mit dem Anspruch auf Allgemeinverbindlichkeit anzugeben, dann als unzulässig, wenn die Zwecke mehr sind als Tautologien des jeweiligen Kommunikationsbegriffs: Die Entscheidungen über die Zwecke, für die Kommunikation als Mittel Funktion bekommen soll, muß bei den kommunizierenden Personen verbleiben. Aus der Sicht einer einem *emanzipatorischen Interesse verpflichteten Sprachdidaktik* läßt sich nicht mehr über die Zwecke der Erziehung zur KF aussagen, als daß diese es ermöglichen soll, selbstbestimmt zu handeln, was voraussetzt, daß auch implizite Geltungsansprüche in kommunikativen Prozessen erkannt und kommunizierbar gemacht werden. In diesem Sinne kommt der *Ausbildung kommunikativer Kompetenz* nicht nur eine *technologische,* sondern auch eine *kritische* und im Hinblick auf die Herstellung repressionsfreier Kommunikationsbedingungen auch eine *konstruktiv-emanzipatorische Dimension* zu, die erst die Diskursfähigkeit ermöglicht und die Grenzen sichtbar werden läßt, die dem Diskurs angesichts faktischer Geltungsansprüche gesetzt sind.

Wozu und in welcher Weise die zu erwerbende KF jedoch in der jeweiligen sozialen Situation Verwendung findet, ob z. B. von der Kommunikation zur Metakommunikation übergegangen wird, ist nicht aus fachdidaktischer Sicht, sondern lediglich von der Situation und den Interessen der Kommunikatoren in dieser Situation her zu entscheiden, ohne daß dadurch der Mittelcharakter der KF in Frage gestellt würde. Die Erziehung hat lediglich zu garantieren, daß die jeweils benötigten Mittel bereitstehen, so daß je nach Situation und individueller Situationsdefinition z. B. verschleiernder Sprachgebrauch sowohl entlarvt als auch verwendet werden kann. Die Entscheidung, zu welchem Zweck die KF verwendet wird, muß für eine emanzipatorisch gedachte Erziehung tabu bleiben. Ihre Aufgabe ist es, die möglichst *freie Wahl der Zwecke* angesichts je spezifischer Bedingungen *durch Bereitstellung der benötigten kommunikativen Kompetenz* zu garantieren einschließlich des Zweckes, gegen diskurseinschränkende Bedingungen vorzugehen.

Nun könnte und möchte man argumentieren, daß es doch wohl nicht im Interesse eines emanzipatorischen Sprachunterrichts liegen könne, die Schüler zu einer Kommunikation zu befähigen, die ihre eigenen Motive zu verschleiern weiß, weil diese Verschleierung identisch wäre mit der Nicht-Aufklärung des Kommunikationspartners und damit dessen Emanzipation zuwiderliefe; wenn der Diskurs überhaupt Funktion haben solle, dann doch die, daß in der Kommunikation selbst noch nicht explizierte Geltungsansprüche aufgedeckt werden, was nichts anderes heißt, als daß die jeweiligen Situationsanalysen und die daraus gezogenen Folgerungen offengelegt werden.

Hier manifestiert sich deutlich der *kontrafaktische Begriff* des *„Diskurses":* Er unterstellt die Möglichkeit herrschaftsfreier Kommunikation angesichts faktischer Geltungsansprüche. Mit dieser Kontrafaktizität muß die Erziehung zur KF leben: Sie muß *im Interesse individueller und gesellschaftlicher Emanzipation* versuchen, die Schüler diskursfähig zu machen; sie muß sie wappnen gegen manipulative, auf die Durchsetzung von Geltungsansprüchen bedachte kommunikative Handlungen. Aber muß sie sie auch befähigen, ihre eigenen Intentionen zu verschleiern, um sie besser durchsetzen zu können? B. Kochan scheint da keinen Zweifel zu haben: Die Lebenspraxis erfordere es, daß man etwas verschleiere; es komme auf die Umstände an, ob man etwas wahrheitsgemäß erzählen solle (S. 139). Diese Aussagen erscheinen plausibel, wenn man z. B. an Einstellungsgespräche denkt, bei denen es darauf ankommt, sich möglichst gut zu „verkaufen". Also doch Erziehung zur Fähigkeit, kommunikative Mittel zum Zwecke der Verschleierung, des Sichherausredens, des Aus-schwarz-weiß-machens zu benutzen? Oder doch besser nicht, weil man Gefahr läuft, daß die vermittelten Fähigkeiten, von einem Individuum besser und rigoroser genutzt, die Möglichkeiten des anderen Individuums einengen und so lediglich eine Umverteilung der Chancen unter Fortbestand der chanceneinengenden Bedingungen erfolgt?

Sucht man nach einem Ausweg aus diesem Dilemma, könnte man in Abwandlung eines zentralen Gedankenganges von Adorno argumentieren, daß der Druck der Realität allein schon ausreiche, um entsprechende realitätsgerechte, den eigenen Chancen dienliche Fähigkeiten auszubilden, und daß es deshalb eher darauf ankomme, zum Widerstand gegen diskurseinschränkende Bedingungen zu erziehen. Eine Erziehung im Sinne Adornos bestünde in erster Linie in der *Aufklärung* über solche Bedingungen und in der *Ausbildung der Bereitschaft und Fähigkeit,* gegen diese anzukämpfen. Eine solche Erziehung scheint im Interesse emanzipatorischen Unterrichts unverzichtbar zu sein. Dagegen widerspräche eine *Festlegung* des Individuums auf den Kampf gegen die einschränkenden Bedingungen in jeder Situation dem Gedanken individueller Emanzipation.

Die Faktizität geltender Ansprüche kann zu *Widersprüchen* zwischen individueller und gesellschaftlicher Emanzipation führen, die erst in der Unterstellung einer idealen Kommunikationsgemeinschaft aufgehoben werden. Solange jedoch angesichts ungleicher Ausgangsbedingungen die Chancen der Individuen, sich den eigenen Interessen förderliche Fähigkeiten anzueignen, ungleich verteilt sind, würde ein Verzicht des Sprachunterrichts, den Schülern solche Praktiken zu vermitteln, die Hinnahme und Befestigung bestehender Chancenungleichheit bedeuten. Der *Ausweg* liegt deshalb u. E. in der *Aufklärung* über die unterschiedlichsten Ziele kommunikativen Handelns und die Kommunikationsmittel sowie die Bedingungen kommunikativer Prozesse, die allein schon in einem passiven Sinne erforderlich ist, um das Individuum möglichst weitgehend gegen die Gefahr manipuliert zu werden zu wappnen, ferner in der *Ausbildung der kommunikativen Kompetenz*, also der Fähigkeit, sich unter gegebenen Bedingungen Ziele zu setzen und diese unter Einsatz kommunikativer Mittel zu verfolgen, sowie in der Aufklärung über mögliche Konsequenzen des kommunikativen Handelns. Wie sich das Individuum dann jeweils entscheidet, ob es sich den bestehenden Bedingungen anpaßt oder diese zu verändern sucht, muß in das Ermessen des Individuums gestellt bleiben mit dem Vorbehalt, daß die Entscheidung eine im vollen Bewußtsein der Konsequenzen für sich und andere erfolgende Entscheidung ist.

3. VORAUSSETZUNGEN DER KOMMUNIKATIONSFÄHIGKEIT. Die als Inventar von sprachlichen Zeichen und Verknüpfungsregeln verstandene *Sprachkompetenz* bildet eine unumstrittene und für den Sprachunterricht vorrangig zu berücksichtigende *Voraussetzung* der KF. Ergänzt werden muß sie durch ein Inventar paralinguistischer und extralinguistischer Zeichen. Ferner sind ein von der jeweiligen Situation abhängiges Potential an *Sachwissen*, das vor allem mit Hilfe der Sprachzeichen kodierbar sein muß, und ein entsprechendes Potential an *Wissen*

über die sozialen Beziehungen und deren Bedingungen erforderlich, das für die individuelle Definition des sozialen Gefüges fruchtbar gemacht werden kann. Beide Potentiale zusammen sind Voraussetzung für die Bestimmung der Situationskonstituenten und der für die Situation relevanten Faktoren.

Erforderlich ist ferner die Kenntnis *alternativer Handlungsmöglichkeiten*. Dieses Repertoire unterschiedlicher Kenntnisse, sei es noch so differenziert, nutzt wenig, wenn das in ihm enthaltene Wissen nicht zur Anwendung kommt. Zunächst muß es für die *Situationsanalyse* in Dienst genommen werden, die aus der eigenen, aber auch aus der Perspektive anderer an der Situation Beteiligter oder von ihr Betroffener erfolgen muß. Die Situationsanalyse schließt eine Beurteilung daraufhin ein, ob die Situation wünschenswert ist oder nach einer Modifizierung verlangt. Die geforderte Kritik kann als eine situationsimmanente Analyse (z. B. auf Widersprüche hin) und als eine an situationsunabhängigen Gütemaßstäben orientierte Bewertung erfolgen, die das Vorhandensein relativ stabiler Gütekriterien voraussetzt. Die Gütekriterien dürfen in einem auf die Selbstbestimmung des Individuums ausgerichteten Sprachunterricht nicht vorgeschrieben werden; wohl aber ist die Kenntnis möglichst vieler und heterogener Werte zu vermitteln, damit die Auswahlmöglichkeit vergrößert wird. Genügt die Situation den individuellen Gütekriterien, die ihrerseits gesellschaftlich vermittelt sind, nicht oder verlangen innere Widersprüche nach einer Umstrukturierung der Situation, werden Entscheidungen erforderlich, die sich an der Ist-Situation und den die Reflexion leitenden Gütemaßstäben orientieren und zugleich einen mit den Gütekriterien kompatiblen Soll-Zustand antizipieren. Diese Antizipation verlangt, wenn sie nicht nur auf Reproduktion traditioneller Situationen zielt, Kreativität in der Weise, daß in einem objektiven oder subjektiven Sinne neue Soll-Zustände entworfen werden.

Entworfen werden müssen ferner *Handlungsmöglichkeiten*, die als geeignet erachtet werden, die Veränderung vom Ist-Zustand zum Soll-Zustand zu bewirken. Da die Zahl sozialer Situationen größer ist, als daß für jede Situation geeignete Handlungsmöglichkeiten bekannt sein können, ist wiederum eine – diesmal als Kompetenz zur Generierung neuer Handlungsmöglichkeiten verstandene – *Kreativität* erforderlich. Die antizipierten Situationsveränderungen sind auf ihre Konsequenzen hin zu befragen, bevor eine bestimmte Handlungsmöglichkeit gewählt werden kann. Um die Entscheidungsfreiheit zu gewährleisten, ist es nötig, dem Handelnden die Fülle der *Enkodierungsmöglichkeiten* (sprachlich: mündlich/schriftlich, paralinguistisch, extralinguistisch) zur Verfügung zu stellen. Das sprachlich oder nichtsprachlich Kodierte ist schließlich zu realisieren, wodurch eine Situationsveränderung eintritt. Zu prüfen ist, ob die Veränderung im intendierten Sinne erfolgt. Dazu ist eine erneute Analyse der jetzt gegebenen Situation erforderlich: Der dargestellte Prozeß beginnt von neuem.

Auf der Seite des Adressaten, auf den der Handelnde zielt, ist eine analoge Prozedur erforderlich, die – abgekürzt formuliert – in einem Vergleich der Anfangs- und der Endsituation besteht und es ermöglichen soll, einerseits auf die Intentionen zurückzuschließen, die den Handelnden geleitet haben, andererseits selbst im eigenen Interesse aktiv zu werden.

Für die Ausbildung der KF reicht die Ausbildung einer sprachlichen Enkodieruhgs- bzw. Dekodierungskompetenz demnach keinesfalls aus: Hinzukommen muß die Fähigkeit, auch paralinguistische und extralinguistische En- bzw. Dekodierungen vorzunehmen. Diese komplexe – als Kenntnis von Zeichen und deren Verwendbarkeit verstandene – *semiotische Kompetenz*, die im sprachlichen Bereich die semantische, grammatische und phonetische Kompetenz umfassen muß, bildet einen zentralen Faktor der kommunikativen Kompetenz, erschöpft diese aber insofern nicht, als die kommunikative Situation von den Kommunikatoren eine je spezifische Aktualisierung des Zeichenrepertoires verlangt; die *Aktualisierung* hat alle Konstituenten der Situation und alle für die Situation relevanten Faktoren zu berücksichtigen und unterliegt zugleich dem Einfluß dieser Faktoren, wobei zu unterscheiden ist zwischen für die Situation stabilen, durch das kommunikative Handeln aktuell nicht veränderbaren (z. B. anthropogenen) und solchen Faktoren, die durch Kommunikation veränderbar sind (z. B. Wissensstand des Gesprächspartners).

Voraussetzungen der KF sind deshalb neben der – im umfassenden Sinne verstandenen – semiotischen Kompetenz die Fähigkeit zur Analyse, zur Entscheidung, zur Realisation der Entscheidung und zur Evaluation, die der Analyse der durch das kommunikative Handeln veränderten Situation im Vergleich zur Ausgangssituation und zur intendierten Veränderung entspricht. Bei den genannten Kompetenzen handelt es sich um hochkomplexe Kompetenzen, die ihrerseits die Fähigkeit zum Vollzug einer Fülle von Operationen voraussetzen. Untereinander stehen die Kompetenzen insofern in einem hierarchischen Verhältnis, als jede Kompetenz die vorgenannten Kompetenzen voraussetzt. Eine weitere Voraussetzung bildet die Bereitschaft, die Kompetenzen auch zu aktualisieren, d. h. die fälligen Situationsanalysen vorzunehmen, selbstbestimmte

Entscheidungen zu treffen und die getroffenen Entscheidungen dann auch zu realisieren. Das Ausmaß der Bereitschaft hängt von den Erfahrungen des Individuums ab, die es in sozialen Situationen mit seinem eigenen Handeln und den Reaktionen auf dieses Handeln gemacht hat: Nur wer aus entsprechenden Erfahrungen heraus von der Leistungsfähigkeit seiner kommunikativen Potenz überzeugt sein kann, wird es riskieren, auch dort kommunikativ zu handeln, wo der Erfolg nicht von vornherein feststeht oder sogar Sanktionen zu befürchten sind; nur wer erlebt hat, daß zunächst mißlingende Kommunikationsprozesse durch Thematisierung dieser Prozesse und ihrer Bedingungen doch noch gelingen können, wird bereit sein, die Kommunikation zeitweise auf die Ebene der Metakommunikation zu heben, usw.

So hängt die KF nicht nur vom *Ausmaß der Kompetenz* ab, über die ein Individuum in einem objektiven Sinne verfügt, sondern in genauso entscheidendem Maße von der *subjektiven Einschätzung der eigenen kommunikativen Potenz.*

4. DIAGNOSE DER KOMMUNIKATIONSFÄHIGKEIT.

Jedes Individuum verfügt von Geburt an über ein gewisses Maß an KF. Der Versuch, zur KF zu erziehen, kann deshalb nicht bedeuten, KF erst zu effizieren, sondern, eine bereits vorhandene KF zu optimieren. Dazu ist es erforderlich, eine *Diagnose der* bereits vorhandenen *kommunikativen Kompetenz* vorzunehmen, um Defizite erkennen und beseitigen zu können.

Um die kommunikative Kompetenz des Edukanden beurteilen zu können, bedarf es geeigneter Kriterien. Damit stellt sich das *Normproblem:* Wann ist eine kommunikative Handlung akzeptabel, wann nicht? Im Rahmen der von der Soziolinguistik aufgestellten *Defizithypothese* gilt eine am elaborierten Kode der Mittelschicht orientierte Sprachverwendung als normen-konform, eine Abweichung von diesem Kode als Normverstoß. Anders stellt sich das Problem aus der Sicht der *Differenzhypothese* dar, in der keinem Soziolekt normierende Funktion zuerkannt wird. Stattdessen orientiert sich die Beurteilung der Sprachverwendung an deren Verständlichkeit: Wird der subjektive Informationsgehalt im gewünschten Maße abgebaut, gilt die gewählte Enkodierung als angemessen. Das nachrichtentheoretische Verständnis von Kommunikation steht hier ebensowenig vor Problemen wie das informationstheoretische Verständnis.

Anders bei einem *handlungstheoretischen Kommunikationsbegriff:* Das kommunikative Handeln ist erfolgsorientiert. Der Erfolg hängt indessen nicht allein vom Handeln ab: Noch so qualitätvollem kommunikativen Handeln kann der Erfolg versagt bleiben. Die Schwierigkeit ergibt sich aus dem Mittelcharakter von Kommunikation: Sie ist nicht Selbstzweck, sondern dient anderen Zwecken, die selbst dann unerreichbar bleiben können, wenn es an der Form der Kommunikation nichts auszusetzen gibt. Argumentierte man in entgegengesetzter Richtung, setzte man sich dem Vorwurf eines hochkarätigen Positivismus aus, der bestehende Interessengegensätze prinzipiell für kommunikativ auflösbar hielte.

Als *Maßstab* für die Qualität kommunikativen Handelns kommt deshalb nur der Gesichtspunkt *erwarteter Funktionalität des Handelns* im Hinblick auf das Handlungsziel in Frage: Erst aus einer Zusammenschau der Situation, der in ihr entstehenden oder an sie herangetragenen kommunikativen Intention und des in ihr erfolgenden kommunikativen Handelns läßt sich ein Urteil über dieses Handeln gewinnen. Kriterien sind dabei die Sachgerechtigkeit der Analyse, die Kreativität beim Entwurf von Handlungsalternativen, die Rationalität der getroffenen Entscheidung sowie die Angemessenheit der Realisation. Keine Kriterien dürfen die dem Handeln zugrundeliegenden Normen sein, weil sonst eine Festlegung der Schüler auf bestimmte Handlungsmuster erfolgte. Die Erwartbarkeit größtmöglicher Effizienz ist deshalb nur unter dem Vorbehalt als Kriterium für die Qualität kommunikativen Handelns tauglich, daß es dem Handelnden überlassen bleiben muß, auf durchaus effiziente Handlungsmöglichkeiten zu verzichten, weil sie mit seiner – deduktiv aufhellbaren – normativen Basis kollidieren.

Die Diagnose ist nur möglich, wenn der Edukand *in einer ausreichend präzisierten sozialen Situation* zu kommunikativen Handlungen veranlaßt wird. Da der Sprachunterricht eine – wenn auch als pädagogische Situation spezifische – soziale und für alle Schüler hinreichend definierte Situation ist, können ihm erste Informationen über das Ausmaß der bereits vorhandenen Kompetenz entnommen werden. Diese ersten Aufschlüsse sind jedoch mit Vorbehalt zu bewerten, weil die dem Leistungsdruck unterliegende Unterrichtssituation Fehlinformationen liefern kann: Das Zutrauen bzw. Mißtrauen gegenüber der eigenen Kompetenz wird sich im Unterricht stärker auswirken als in anderen sozialen Situationen, die nicht so sehr auf Kontrolle und Beurteilung angelegt sind.

Deshalb ist es erforderlich, die Schüler vor *Kommunikationsaufgaben* zu stellen, bei deren Bewältigung sie sich relativ frei vom Leistungsdruck fühlen können. Die Aufgaben müssen so gestaltet sein, daß von ihnen *Handlungsimpulse* ausgehen: Realiter gegebene und als durchaus möglich empfundene fiktive Situationen ermöglichen es dem Schüler, Situationsanalysen vorzunehmen, alternative Handlungsmöglichkeiten heranzuziehen oder zu entwerfen, sich für eine Handlungsmöglichkeit zu entscheiden und die getroffene Entscheidung zu realisieren und in ihrer Wirkung zu überprüfen. Erst solche Situationen ermöglichen, wenn man vom Spezialfall der schriftlichen Kommunikation absieht, neben der sprachlichen auch die paralinguistische und extralinguistische Kodierung und damit eine ausreichende Berücksichtigung der Beziehungsebene.

Verzichtet man dagegen auf die *Konstituierung einer möglichst lebensnahen sozialen Situation,* reduziert man die Diagnosemöglichkeiten auf die Überprüfung eines spezifischen Sachwissens und einer adressatenunabhängigen sprachlichen Enkodierungsfähigkeit: Der an einen Schüler gerichtete Auftrag, schriftlich zu erklären, warum er Briefmarken sammele, kann den Schüler lediglich dazu veranlassen, eine – beliebige – sprachliche Enkodierung vorzunehmen, die dann nur auf ihre Übereinstimmung mit bestimmten (welchen?) schriftsprachlichen Normen überprüft werden kann. Häufig wählen Sprachlehrer in solchen Fällen illegitimerweise ihre eigenen Verständnismöglichkeiten als Beurteilungskriterium, obwohl es durchaus denkbar ist, daß der Schüler, dem kein Adressat seiner kommunikativen Handlung vorgegeben wurde, die gestellte Frage für einen versierten Philatelisten in einer Weise beantwortet hat, die dem weniger kompetenten Lehrer unverständlich bleiben muß. Der gestellte Auftrag ist auch insofern ungeeignet, weil er die kommunikative Intention bereits vorgibt und so die Entscheidung des Schülers auf die Wahl der Enkodierungsform reduziert. Sorgfältige Situationsanalyse, Kreativität bei der Suche nach Handlungsmöglichkeiten in einer sozialen Situation, Eigenverantwortlichkeit für die zu treffende Entscheidung haben bei der Erfüllung dieses Auftrags keinen Raum und entziehen sich folglich der Diagnose. Die Erziehung zur KF reduziert sich so auf eine – formaliter mehr oder minder beliebige – *Realisation fremdbestimmter Intentionen.* Zu retten ist dieser Auftrag als Beispiel für einen kommunikationsorientierten Sprachunterricht nur in dem besonderen Glücksfall, daß der Schüler die Auftragserteilung als soziale Situation begreift und mit dem Lehrer über den Auftrag kommuniziert: Die soziale Situation ist da. Der Schüler analysiert sie, sucht nach Handlungsmöglichkeiten, entscheidet sich und erklärt dem Lehrer z. B., daß und weshalb es ihm unmöglich ist, die Aufgabe zu lösen. Da jetzt kommuniziert wird, stehen auch die vollen Diagnosemöglichkeiten zur Verfügung.

Für die Diagnose der KF wird es oft erforderlich sein, den *Sprachunterricht* zu *differenzieren* oder gar zu *individualisieren,* damit die Schüler

Situationen vorfinden, in denen ihnen kommunikatives Handeln möglich wird. So wird für den einen Schüler die Briefmarkentauschaktion, für den anderen das Betakeln eines Segelbootes den geeigneten Rahmen für kommunikatives Handeln abgeben können. Allerdings kann sich die Diagnose nicht darauf beschränken, den Schülern Möglichkeiten zur Entfaltung ihrer kommunikativen Potenz zu bieten. Die Schüler müssen auch an die Grenzen ihrer KF geführt werden, damit ihnen und dem Lehrer Defizite sichtbar werden, sei es bei der Analyse von Situationen, sei es beim Entwurf von Handlungsmöglichkeiten, bei der Entscheidung und deren Realisation, sei es bei der Evaluation. Mit dem Aufweis der Defizite mündet die Diagnose in die Therapie ein.

5. AUSBILDUNG VON KOMMUNIKATIONSFÄHIGKEIT. Aufgabe eines die kommunikative Kompetenz fördernden Unterrichts ist es, *Kommunikationsanlässe* zu *schaffen*, die dem Schüler unterschiedliche Analysen, Entscheidungen, Realisationen und Evaluationen abverlangen: Das Kommunizieren als ein Gefüge ihrem formalen Charakter nach konstanter, materialiter aber variabler Operationen kann durch Variierung der Situationen geübt werden.

Für die Übung stehen inzwischen erprobte Arbeitsformen zur Verfügung, die sich im Ausmaß ihrer Realitätsnähe unterscheiden: *Simulationsspiele,* in denen Realität simuliert wird, und die *Projektarbeit,* in der kommunikatives Handeln als Mittel zur Lösung eines realiter gegebenen Problems erforderlich wird. Daneben bieten sich *exkursartige Unterrichtsphasen* an, in denen über bestimmte Sachverhalte, Handlungsmöglichkeiten und deren mögliche Konsequenzen informiert wird, sowie *Analyseübungen,* in denen fremdes oder mittels technischer Medien reproduziertes eigenes kommunikatives Handeln zum Gegenstand der Analyse gemacht wird. Wichtig ist, daß diese Exkurse und Analysen Funktion für die Ausbildung der KF bekommen: Sie sollten sich aufgrund diagnostizierter Defizite als notwendig erweisen, sich aber nicht verselbständigen. Die im Exkurs erworbenen Kenntnisse und Fähigkeiten müssen wieder eingebracht werden in – nun verbessertes – kommunikatives Handeln.

Auch *Theoriephasen* behalten also ihre Bedeutung für die Ausbildung von KF, insofern sie dazu beitragen, kommunikatives Handeln zu verbessern. Sie tragen dazu bei, wenn die Schüler nicht nur die Theorie selbst, sondern auch deren adäquate Umsetzung in kommunikatives Handeln lernen; denn die Umsetzung kann in durchaus unsachgemäßer, dilettantischer Weise erfolgen, wenn sie nicht geübt wird.

Die *Einübung in das kommunikative Handeln* selbst ist u. a. deshalb geboten, weil erst im Handeln eine Integration der kognitiven, der affektiven und der psychomotorischen Dimension menschlichen Verhaltens erfolgt: Selbst ein Unterricht, der auch die affektive Seite der Kommunikation betont, tut dies, solange er Theorie bleibt, mittels kognitiver Operationen. In den aufgrund von Situationsanalysen getroffenen Entscheidungen mögen beide Dimensionen bereits berücksichtigt sein; deren tatsächliche Integration im kommunikativen Handeln ist damit noch nicht gewährleistet. Erst das Kommunizieren selbst verlangt die Integration. Der Unterricht muß aber auch deshalb bis zum Handeln selbst vorstoßen, weil – im Sinne Deweys – bildende Erfahrung erst möglich wird, indem eine Einwirkung erfolgt, die Reaktionen hervorruft. Die Wirkung einer kommunikativen Handlung ist indessen nicht theoretisch bestimmbar, weil sie, solange die Handlung nicht vollzogen ist, eine unter vielen Wirkungsmöglichkeiten bleibt. Erst die Handlung selbst ermöglicht, indem sie Wirkungen produziert, Erfahrung.

Wenn *Erfahrung* Voraussetzung für handlungsrelevantes Lernen und Erfahrung nur über Handeln möglich ist, dann muß als die der Ausbildung von KF angemessene Arbeitsform die *Projektarbeit* gelten, unter der wir den Versuch verstehen, ein in der Lebensrealität bestehendes und von den am Projekt Beteiligten aufgegriffenes Problem gemeinsam zu lösen und die Lösung zu realisieren. Am Anfang der Projektarbeit steht die Wahrnehmung von Problemen, die den Schülern lösungsbedürftig erscheinen. Nach einem gemeinsam erstellten Arbeitsplan wird – in der Regel arbeitsteilig – eine Lösung erarbeitet, die dann realisiert werden muß, wobei zu Beginn des Projekts unklar ist, ob sich eine angemessene und realisierbare Lösung finden läßt. Den Abschluß bildet die Projektkritik, aus der sich eine Lösungsrevision und ein erneuter Realisationsversuch ergeben können. Es ist evident, wie kommunikationsintensiv diese Arbeitsform ist: Projektfestlegung, Erstellung des Arbeitsplans, Lösungserarbeitung und Projektkritik erfordern intensive zielgerichtete Kommunikation. Besonders geeignet für den Sprachunterricht sind solche Projekte, in denen auch die *Lösungsrealisation mittels kommunikativen Handelns* erfolgt. Die Projektkritik kann, insofern sie nicht nur Lösungs- und Wirkungskritik ist, metakommunikativen Charakter bekommen.

Der Vorteil der Projektarbeit gegenüber den Simulationsspielen besteht in der *Realitätseinbettung:* Alle Beteiligten agieren in ihren tatsächlichen und nicht in bloß fiktiven Rollen und machen in diesen Rollen Erfahrungen. Ihre kommunikativen Handlungen erfolgen mit vollem

Risiko einschließlich des Risikos, daß das Projekt scheitert, was insofern lehrreich sein kann, als so die Unzulänglichkeit des erfolgten kommunikativen Handelns wie auch die Grenzen deutlich werden können, die kommunikativem Handeln durch faktische Bedingungen gesetzt sind. Insofern kann das Scheitern eines Projektes die Schüler vor einer idealisierenden Einschätzung kommunikativer Möglichkeiten bewahren. Wichtiger scheint aber, ihr Vertrauen in die Möglichkeiten kommunikativen Handelns zu stärken. Dazu ist es sinnvoll, auch solche Projekte zu wählen, die einige Erfolgsaussichten versprechen.

Der der Projektarbeit eigene Vorteil der Realitätseinbettung begrenzt zugleich ihre Einsatzmöglichkeiten: Es kommen nur Projekte in Frage, für die die Schüler aus ihrer gegenwärtigen Position heraus Lösungen anstreben können. Dagegen verbietet sich die antizipierende Wahrnehmung fremder Rollen, da diese die *Transzendierung der Realität* und damit *Fiktion* erfordert. Antizipation und Fiktion sind zwar auch innerhalb der Projektarbeit erforderlich, um die Reaktion abschätzen zu können, die das eigene kommunikative Handeln bewirken könnte. Hierzu können sogar Rollen- und Planspiele Verwendung finden, die aber lediglich der Situationsanalyse und Entscheidungsfindung dienen. Bei der Lösungsrealisation agieren die Schüler dagegen aus ihrer eigenen gesellschaftlichen Position heraus.

Zur Einübung in die Wahrnehmung künftiger Rollen ist es erforderlich, soziale Situationen und die Rollenwahrnehmung in diesen Situationen zu simulieren. Hierfür eignen sich *das Rollen- und das Planspiel*. Beide Spielformen werden in der Literatur mal als unterschiedlich komplex, mal im Hinblick auf unterschiedliche Steuerungsmöglichkeiten durch den Lehrer, mal unter dem Aspekt unterschiedlicher Offenheit der Spielsituation voneinander abgegrenzt. Wir verzichten auf einen vergleichbaren Versuch zugunsten der Feststellung, daß der Einsatz von Simulationsspielen von den realiter gegebenen Planungsbedingungen abhängt und dementsprechend variiert werden muß: Die Komplexität der Spiele wird allmählich zunehmen, die Steuerung durch den Lehrer abnehmen können. Wichtiger erscheint uns der Hinweis, daß das Simulationsspiel nicht auf das Ausprobieren der Wirkung unterschiedlicher Kommunikationsmittel im Hinblick auf vorgegebene Intentionen reduziert werden darf, sondern den Spielpartnern auch die Wahl von Handlungszielen überlassen muß, weil sonst die Spielteilnehmer auf fremdbestimmte Normen festgelegt würden, wie dies etwa in ökonomischen oder militärischen Planspielen die Regel ist. Nur die *Disponibilität der Handlungsziele* garantiert die Autonomie der Kommunikatoren; nur sie ermöglicht die Heranbildung einer KF, die sich nicht in Kommunikationsgeschicklichkeit erschöpft, sondern es erlaubt, in sozialen Situationen selbstbestimmt zu handeln.

Der *Vorteil der Simulationsspiele* besteht darin, daß ohne das Risiko von Sanktionen in dem Sinne experimentiert werden kann, daß unterschiedliche – auch nonkonformistische – Handlungsziele gesetzt und Wege – auch neue Wege – ihrer Verwirklichung mit Hilfe kommunikativen Handelns ausprobiert werden. Insofern bieten die Simulationsspiele Vorbereitungsmöglichkeiten auf die Wahrnehmung gegenwärtiger und künftiger Rollen, nicht nur in Form der Aneignung traditioneller *Handlungsmuster*, sondern auch in Form von *Probehandlungen*, die sich den realiter gegebenen Bedingungen nicht von vornherein anpassen, sondern diese zu verändern suchen. Simulationsspiele verlangen deshalb eine als Fähigkeit, alternative Handlungsmöglichkeiten zu entwerfen, verstandene Kreativität und tragen zugleich zur Ausbildung dieser Kreativität bei. Darüberhinaus erlauben sie durch den ihnen eigenen fiktionalen Charakter sogar die Unterstellung von Bedingungen, die einer selbstbestimmten Kommunikation förderlich sind, und damit die Einübung in eine Kommunikation, die realiter (noch) nicht möglich zu sein braucht, die als Ideal aber im Bewußtsein der Kommunikatoren verankert sein sollte.

Diese Fiktion mit einer realitätsgebundenen Projektarbeit in dem Interesse zu verbinden, einschränkende Bedingungen offenzulegen und abzubauen, heißt zu einer KF zu erziehen, die gleichermaßen der individuellen und gesellschaftlichen Emanzipation zugute kommen kann.

→ **Curricula, Fachdidaktik (eigensprachlich), Grammatiktheorien, Kommunikation, Normen, Semantik, Semiotik, Soziolinguistik, Syntax.**

LITERATUR

Th. W. Adorno: Erziehung zur Mündigkeit. Vorträge und Gespräche mit Hellmut Becker 1959–1969, hg. v. G. Kadelbach, Frankfurt/Main 1970.
Arbeitsgruppe kommunikativer Unterricht: Handbuch zum kommunikativen Sprachunterricht. Dokumentation von Lerneinheiten für den Sprachunterricht in Vorschule und Primarstufe, nach Lernzielen geordnet, Weinheim/Basel 1978.
D. Baacke: Kommunikation und Kompetenz, Stuttgart 1973.
B. Badura/K. Gloy: Soziologie der Kommunikation, Stuttgart 1972.
K. Behr et al.: Grundkurs für deutschlehrer: Sprachliche kommunikation. Analyse

45

der voraussetzungen und bedingungen des faches deutsch in schule und hoch-schule, Weinheim/Basel [6]*1978.*

K. Behr et al.: *Folgekurs für deutschlehrer: Didaktik und methodik der sprach-lichen kommunikation. Begründung und beschreibung des projektorientierten deutschunterrichts, Weinheim/Basel* [2]*1978.*

K. Beyer/H.-D. Kreuder: *Lernziel: Kommunikation. Linguistik für die Schule, Stuttgart 1975.*

W. Boettcher et al.: *Lehrer und Schüler machen Unterricht, München 1976.*

B. S. de Boutemard: *Schule, Projektunterricht und soziale Handlungsperfor-manz. Eine wissenssoziologische und handlungstheoretische Untersuchung mit einem Vorwort von Joachim Matthes, München 1975.*

W. Buddensiek: *Pädagogische Simulationsspiele im sozio-ökonomischen Unter-richt der Sekundarstufe I. Theoretische Grundlegung und Konsequenzen für die unterrichtliche Realisation, Bad Heilbrunn 1979.*

K. Bühler: *Sprachtheorie. Die Darstellungsfunktion der Sprache, Stuttgart* [2]*1965.*

J. Dewey: *Demokratie und Erziehung. Eine Einleitung in die philosophische Pädagogik, Braunschweig* [3]*1964.*

W. Eichler: *Sprachdidaktik Deutsch. Ein kommunikationswissenschaftliches und linguistisches Konzept, München 1974.*

W. Einsiedler/H. Härle (Hg.): *Schülerorientierter Unterricht, Donauwörth 1976.*

W. Eisermann: *Verhalten – Entscheiden – Handeln. Grundzüge einer pädagogi-schen Ethik der Gegenwart, Bad Heilbrunn 1979.*

K. O. Frank: *Sprachförderung durch Unterricht. Grundlagen und Analysen. Fallbeispiele und praktische Vorschläge, Freiburg 1977.*

D. Freudenreich: *Das Planspiel in der sozialen und pädagogischen Praxis, München 1979.*

P. Grönwoldt: *„Unterricht als Sprachlernsituation. Symmetrische Kommunika-tionsbeziehungen und Identitätsbalance im Unterricht"* in: H. C. Goeppert (Hg.): *Sprachverhalten im Unterricht, München 1977, S. 344–356.*

A. Gutt/R. Salffner: *Sozialisation und Sprache. Didaktische Hinweise zu eman-zipatorischer Sprachschulung, Frankfurt/Main* [5]*1973.*

J. Habermas: *„Vorbereitende Bemerkungen zu einer Theorie der kommunikati-ven Kompetenz"* in: J. Habermas/N. Luhmann: *Theorie der Gesellschaft oder Sozialtechnologie – Was leistet die Systemforschung? Frankfurt/Main 1971, S. 101–141.*

E. Haueis/O. Hoppe: *Aufsatz und Kommunikation. Zwei Untersuchungen, Düsseldorf 1972.*

W. Ingendahl (Hg.): *Projektarbeit im Deutschunterricht. Theorie und Praxis ei-ner lebenspraktisch orientierten Spracherziehung, München 1974.*

W. Ingendahl: *Sprechen und Schreiben. Studienbuch zur Didaktik der sprachli-chen Äußerung, Heidelberg 1975.*

A. Kaiser/F.-J. Kaiser (Hg.): *Projektstudium und Projektarbeit in der Schule, Bad Heilbrunn 1977.*

F.-J. Kaiser: Entscheidungstraining. Die Methoden der Entscheidungsfindung, Bad Heilbrunn ²*1976.*

B. Kochan: „Ziele und Methoden mündlicher Kommunikationsförderung in der Grundschule" in: D. C. Kochan/ W. Wallrabenstein (Hg.): Ansichten eines kommunikationsbezogenen Deutschunterrichts, Königstein/Ts. ²*1978, S. 137– 163.*

D. C. Kochan/W. Wallrabenstein (Hg.): Ansichten eines kommunikationsbezogenen Deutschunterrichts, Königsstein/Ts. ²*1978.*

J. Kraft: „Entschultes lernen durch projekte? Zur kritik der projekt-methode" in: Westermanns Pädagogische Beiträge 12 (1974) S. 680–694.

J. Lehmann (Hg.): Simulations- und Planspiele in der Schule, Bad Heilbrunn 1977.

Th. Lewandowski: „Sprachtraining – Sprachförderung: Entwicklung der kommunikativen Kompetenz" in: D. Boueke (Hg.): Deutschunterricht in der Diskussion. Forschungsberichte, Paderborn 1974, S. 114–132.

S. Maser: Grundlagen der allgemeinen Kommunikationstheorie, Stuttgart 1971.

W. Pielow/R. Sanner (Hg.): Kreativität und Deutschunterricht, Stuttgart 1973.

J. R. Pierce: Phänomene der Kommunikation. Informationstheorie, Nachrichtenübertragung, Kybernetik, Düsseldorf/Wien 1965.

M. Reimann: „Das Planspiel – eine Methode im Lernfeld ‚Politik'. Aufgezeigt an einem Unterrichtsversuch" in: Westermanns Pädagogische Beiträge 12 (1974) S. 368–375.

P. M. Roeder/G. Schümer: Unterricht als Sprachlernsituation. Eine empirische Untersuchung über die Zusammenhänge der Interaktionsstrukturen mit der Schülersprache im Unterricht, Düsseldorf 1976.

S. J. Schmidt: „Sprachliches und soziales Handeln. Überlegungen zu einer Handlungstheorie der Sprache" in: Linguistische Berichte 2 (1969) S. 64–69.

C. E. Shannon/W. Weaver: The mathematical theory of communication, Urbana ⁴*1969.*

H. J. Tymister (Hg.): Projektorientierter Deutschunterricht. Vorschläge für Lehrer und Schüler, Düsseldorf 1975.

P. Watzlawick/J. H. Beavin/D. D. Jackson: Menschliche Kommunikation. Formen, Störungen, Paradoxien, Bern/Stuttgart/Wien ³*1973.*

B. Weisgerber: Elemente eines emanzipatorischen Sprachunterrichts, Heidelberg 1972.

KLAUS BEYER

Fachdidaktik, eigensprachlich

1. SPRACHDIDAKTIK ZWISCHEN ERZIEHUNGSWISSEN-
SCHAFT UND SPRACHWISSENSCHAFT. Die Ausbildung der
Deutschlehrer aller Schulformen und Schulstufen muß auf wissenschaftli-
cher Grundlage *und* an der Unterrichtspraxis orientiert erfolgen.

Diese Forderung erscheint eigentlich als eine Selbstverständlichkeit.
Ihre Erfüllung durch die gegenwärtige Lehrerausbildung in der Bundesrepublik Deutschland ist aber aufgrund der historischen Entwicklung von
Schul- und Hochschulwesen sowie aufgrund der Kulturhoheit der Bundesländer leider nur mit Einschränkungen gegeben.

Noch heute versteht sich der an einer Universität forschende und
lehrende Germanist in der Regel ausschließlich als Fachwissenschaftler,
obwohl ihm bekannt ist, daß der größte Teil seiner Studenten Lehrer
werden wird. Er sieht seine Aufgabe in der wissenschaftlichen Analyse
und Beschreibung des Untersuchungsgegenstandes Sprache, nicht in der
Reflexion über Ziele und Methoden eines Sprachunterrichts. Sprachdidaktik erscheint im Sinne einer in der Schule *„angewandten Sprachwissenschaft"* sachlich und rangmäßig der „reinen Sprachwissenschaft" nachgeordnet und kann deshalb offenbar auch zeitlich nachgeordnet und
anderen Institutionen zugewiesen werden: den Studienseminaren. Der
Fachwissenschaftler an der Universität fühlt sich für eine Berufsausbil-
dung zukünftiger Deutschlehrer nicht verantwortlich und nicht kompetent. Er hat außerdem oft Angst vor einer „Pädagogisierung" und Ver-
schulung der Hochschullehre, die mit einem Vordringen der Fachdidaktik (FD) in die Universität (Assistenten und Akademische Räte sind hier
meist aufgeschlossener und experimentierfreudiger als·die Lehrstuhlin-
haber) verbunden sein könnten. So studiert der zukünftige Deutschlehrer
an Gymnasien bis zu seinem 1. Staatsexamen mindestens acht Semester
Deutsche Philologie und Linguistik, bis er als Studienreferendar Schulpraxis und FD kennenlernt. Bei einer solchen Trennung der Ausbildungs-
bereiche liegt es nahe, daß FD als Anhängsel an die Fachwissenschaft
erscheint, als Lehre von der Anwendung fachwissenschaftlicher Forschungsergebnisse in der Schule, daß sie zur bloßen Vermittlungslehre,
zur Methodik verkümmert.

Anders sieht die Entwicklung an den Pädagogischen Hochschulen und
damit die Ausbildung von Grund- und Hauptschullehrern aus. Einzige
Aufgabe der Pädagogischen Hochschulen war und ist die Lehrerausbildung. Deswegen hat sich dort die Erziehungswissenschaft, insbesondere

die Schulpädagogik als zentrale Disziplin etablieren können. Die ihr zuzurechnende *Allgemeine Didaktik* ist zu verstehen als Theorie des Unterrichts, d. h. des Lehrens und Lernens, und beschäftigt sich mit den Aufgaben der Schule, mit Zielen und Inhalten des Unterrichts einschließlich ihrer Voraussetzungen und Begründungen, mit der Systematik der Schulfächer und ihrem Zusammenhang mit verschiedenen Fachwissenschaften. Die Allgemeine Didaktik umgreift auch eine Allgemeine Methodik als Theorie der Verfahrensweisen, mit denen die Unterrichtsziele erreicht werden sollen.

Widmet sich also die Allgemeine Didaktik ganz der Schulwirklichkeit und Unterrichtspraxis, so darf doch die jeweilige FD auch nicht zu ihrem Anhängsel werden, zu einer rein erziehungswissenschaftlichen Disziplin. *Sprachunterricht* kann nicht einfach allgemeine Regeln des Lehrens und Lernens übernehmen, sondern muß die allgemeindidaktischen Modelle und Prinzipien daraufhin prüfen, ob sie auch im Blick auf die fachspezifischen Ziele und Inhalte anwendbar sind. Sprachunterricht macht eine eigenständige Sprachdidaktik erforderlich.

Eine solche Sprachdidaktik als Theorie der Ziele, Inhalte und Methoden (Fachmethodik) des Sprachunterrichts steht in einem zweiseitigen Begründungszusammenhang: Sie stützt sich zugleich auf den *Gegenstand Sprache* (und die gesellschaftliche Funktion von Sprache) und auf die *Bedingungen des Unterrichts* (mit den Bedürfnissen und Interessen der Schüler).

Von daher gibt es enge Beziehungen zwischen Sprachdidaktik und einer ganzen Reihe wissenschaftlicher Disziplinen, auf der einen Seite: Sprachwissenschaft, Kommunikationswissenschaft, Informationstheorie, Zeichentheorie, auf der anderen Seite: Erziehungswissenschaft, Allgemeine Didaktik, Psychologie, Soziologie, Medientheorie u. a. In Kooperation und vielfältiger Verflechtung mit ihnen hat die Sprachdidaktik auf dem Weg über empirische Unterrichtsforschung und Theoriebildung ein Eigensprach-Curriculum für Hochschule (Ausbildung von Sprachlehrern) und Schule (Sprachunterricht für Schüler) zu entwickeln, Lehrpläne mit Beschreibung organisierter Folgen von Lernprozessen aufzustellen und einer ständigen Revision zu unterziehen, Voraussetzungen des Unterrichts zu überprüfen, sich auf Ziele und Inhalte zu einigen, Organisationsformen weiter zu verbessern, Unterrichtsmodelle und Unterrichtsmedien bereitzustellen und zu erproben.

Wie schwierig es für die Sprachdidaktik ist, sich zwischen Sprachwissenschaft und Erziehungswissenschaft zu behaupten, zeigt die jüngste Entwicklung an den Pädagogischen Hochschulen. Mit Statusveränderungen, nämlich mit der Entwicklung von Fachhochschulen zu wissenschaftlichen Hochschulen bis hin zur Angliederung an oder Integration in benachbarte Universitäten, verbunden mit dem Erwerb der Promotions- und z. T. der Habilitationsrechte, ging eine „Verwissenschaftlichung" der *Lehrerausbildung* einher, die so aussah, daß viele Fachdidaktiker sich in Forschung und Lehre immer stärker ihrer Fachwissenschaft zuwandten, weil sie im Gesamthochschulbereich ein höheres Ansehen genoß und Publikationen auf diesem Gebiet mehr Anerkennung unter den Fachkollegen versprachen als solche aus dem Bereich der Didaktik.

Das hatte zwangsläufig Folgen für das Theorie-Praxis-Verhältnis der Lehrerausbildung. Die Kluft zwischen stärker fachwissenschaftlich orientierter und auch in der FD immer theoretischer werdender Ausbildung und der tatsächlichen Schulwirklichkeit wurde breiter, Junglehrer erlebten zunehmend einen „Praxisschock", sobald sie zum ersten Mal mit vollem Deputat unterrichten mußten, ältere Lehrer und Schulverwaltung beklagten die zunehmende *Praxisferne* der Hochschulausbildung. So ist es sehr zu begrüßen, daß in allerjüngster Zeit eine Besinnung stattgefunden hat: Fachdidaktiker blicken wieder mehr auf die Schule und lehren praxisnäher; novellierte Prüfungsordnungen beschneiden den fachwissenschaftlichen Studienanteil zugunsten der schulpraktischen und fachdidaktischen Anteile; die FD gewinnt als eigenständige wissenschaftliche Disziplin an Profil und Anerkennung.

Für die Sprachdidaktik bedeutet das: Die laute Klage über eine *„Linguistisierung"* des Deutschunterrichts hat dazu geführt, daß die nach 1965 einsetzende, meist übereilte und wenig reflektiert erfolgende Übernahme strukturalistischer Sprachtheorien, vor allem in Form der Generativen Transformationsgrammatik und der Dependenzgrammatik, in den Grammatikunterricht und die Anfang der 70er Jahre beginnende Übernahme angelsächsischer Sprechakttheorie und allgemeiner, pragmatisch orientierter Kommunikationslehre in die Unterrichtsbereiche mündlicher und schriftlicher Verständigung heute sehr viel behutsamer und weitaus besser für den Unterricht „aufbereitet" erfolgen als vor wenigen Jahren.

Die anfängliche Begeisterung für die Methoden und nachprüfbaren Ergebnisse neuerer Linguistik bei vielen Lehrern ist der Ernüchterung, ja weitgehend einer überzogenen Skepsis gewichen. Jedenfalls hat man eingesehen, daß man nicht den alten, unfruchtbaren *Formalismus* traditionellen Grammatikunterrichtes durch einen neuen, für die Schüler ebenso langweiligen und unnützen Formalismus der „Stammbaum"skizzen, komplizierten Regeln und unanschaulichen Spezialterminologie ersetzen darf, daß aus der Nachrichten- und Informationstheorie übernommene Sender-Empfänger-Modelle den Vorgang verbaler Interaktion zwischen Menschen nur sehr unvollkommen beschreiben, daß schließlich die Untersuchung einzelner, aus dem sprachlichen und situativen Kontext herausgelöster Sprechakte der sprachlichen Wirklichkeit nicht gerecht wird.

Will man Schülern tatsächlich zu besserer Einsicht in Bau und Funktion von Sprache und zu ihrer wirkungsvollen Beherrschung in *Kommunikationssituationen* verhelfen, so genügt es nicht, ihnen die Ergebnisse der neuesten Sprachtheorie in simplifizierter Form, sozusagen „in kleiner Münze" zu verabreichen. Linguistische Forschungsergebnisse müssen danach befragt werden, was sie nach ihrer Vermittlung im Unterricht denn zur Bewältigung gegenwärtiger und zukünftiger Sprachsituationen der Schüler beitragen können. Sie müssen sich weiterhin gefallen lassen, in eine auch Schülern verständliche Sprache übersetzt und in eine möglichst anschauliche Form gebracht zu werden.

So darf eine Schulgrammatik auch nicht etwa eine nur reduzierte *Grammatik* (Sprachbeschreibung) einer bestimmten sprachwissenschaftlichen Richtung sein. Beide verfolgen etwas andere Ziele, unterscheiden sich dadurch, daß es bei der wissenschaftlichen Grammatik allein um die Sachangemessenheit des Beschreibungsmodells geht: Es soll den gesamten Korpus möglicher Erscheinungen einer Sprache erfassen, die relevanten Eigenschaften dieser Sprache aufführen und einen in sich stimmigen theoretischen Rahmen für Beschreibung und Erklärung der sprachlichen Erscheinungen geben. Eine möglichst leichte Verständlichkeit des Beschreibungsmodells ist dabei, wenn überhaupt, von untergeordneter Bedeutung.

Anders verhält es sich bei einer pädagogisch, didaktisch konzipierten Grammatik. Hier spielt die Forderung nach einer lehrbaren, rasch einleuchtenden und möglichst einprägsamen Darstellungsform eine entscheidende Rolle. So wird in der Schule nicht dem Grammatikmodell, das auch die Feinheiten des sprachlichen Regelsystems mit komplizierten mathematischen Formeln zu erfassen vermag, der Vorzug vor anderen gegeben, sondern dem, das sich dazu eignet, Schülern in anschaulicher und unkomplizierter Weise Einsicht in die Grundregeln des Sprachsystems und sprachlichen Handelns zu vermitteln.

Oft lehnt man sich dabei nicht an ein einziges wissenschaftliches Modell an, sondern entnimmt, einem Methodenpluralismus folgend, mehreren Modellen didaktisch geeignet erscheinende Elemente: *Schulgrammatik* wird zur *„Mischgrammatik"*. Das birgt freilich die Gefahren eines Eklektizismus und eines Dilettantismus in sich, denn natürlich will jede Aussage einer wissenschaftlichen Sprachtheorie im Kontext dieser Theorie verstanden sein. Isoliert oder in einen anderen Zusammenhang gestellt, kann sie mißverständlich werden. Sprachdidaktiker und Sprachlehrer gehen dennoch mit Rücksicht auf die Schüler dieses Risiko ein, bemüht, in ihren „Grammatiken ad usum Delphini" jedenfalls keine falschen Aussagen zu machen.

2. AUSBILDUNG UND FORTBILDUNG DER DEUTSCHLEHRER (ALS SPRACHLEHRER).

Die Ausbildung und Weiterbildung von Deutschlehrern ist in allen Bundesländern in der Regel in drei Phasen gegliedert. Diese sind verschiedenen Institutionen zugeordnet. Ausbildungsinhalte und Organisation sowie Zuordnung unterscheiden sich in den Bundesländern sowie nach Zugehörigkeit der Lehrer zu Schularten und Schulstufen.

2.1. Ausbildungsstätten und Ausbildungsphasen. Die *erste Ausbildungsphase* besteht aus einem 6semestrigen (Grund-, Haupt- und Realschullehrer) oder 8semestrigen (Gymnasial-, Sonderschul- und Berufsschullehrer) Studium an einer wissenschaftlichen Hochschule, sei es Universität, Gesamthochschule oder Pädagogische Hochschule. Der Stadtstaat Hamburg bildet sämtliche Lehrer an der Universität, an einem dort eingerichteten Pädagogischen Institut aus. Die meisten der übrigen Bundesländer haben der Universität nur die 8semestrigen Studiengänge sowie das Studium für Realschullehrer zugewiesen, während die angehenden früheren „Volksschullehrer", also die Grund- und Hauptschullehrer Pädagogische Hochschulen besuchen, soweit diese nicht in jüngster Zeit aufgelöst und/oder in Gesamthochschulen oder Universitäten integriert wurden. In anderen Ländern bestehen auch die Studiengänge für Realschullehrer und Sonderschullehrer an Pädagogischen Hochschulen (z. B. in Baden-Württemberg).

Die erste Phase der Ausbildung schließt mit einer wissenschaftlichen Prüfung ab, Staatsexamen oder 1. Dienstprüfung für das Lehramt an der jeweiligen Schulart genannt, die zugleich ein Studienabschluß ist wie auch berufsqualifizierende Voraussetzung für die Übernahme in den Staatsdienst und für die Aufnahme in die *zweite Ausbildungsphase*.

In der zweiten Phase wird der ehemalige Student einer Hochschule zum Beamten auf Widerruf oder zum Angestellten im öffentlichen Dienst ernannt und ist als Studienreferendar oder Lehrer z. A. (zur Anstellung) bereits mit einem Teillehrauftrag an Ausbildungsschulen tätig. Dort hospitiert er bei erfahrenen Kollegen und führt unter Anleitung eines Ausbildungslehrers (Mentor) erste eigene Unterrichtsversuche durch, bis hin zu selbständigem Unterricht in einer Schulklasse. Einen komplementären theoretischen Teil seiner Ausbildung genießt der Studienreferendar an speziell zu diesem Zweck von der Schulverwaltung eingerichteten Studienseminaren, der Junglehrer (Lehrer z. A.), bei dem der unterrichtspraktische Teil stark dominiert (bis hin zu einem vollen Lehrauftrag mit nur wenigen Stunden Nachlaß), in Seminarveranstaltungen, die von der Schulaufsicht organisiert und von nebenamtlichen Seminarleitern durchgeführt werden.

Studienseminare als feste Institutionen mit hauptamtlichen Lehrkräften gibt es in allen Bundesländern für die Ausbildung von Lehrern an Gymnasien und an beruflichen Schulen. Im Grund- und Hauptschulbereich werden in fast allen Bundesländern zur Zeit die Kandidaten noch als Lehrer z. A. in den Schuldienst übernommen und dort angeleitet. Im Realschul- und Sonderschulbereich sind die Regelungen unterschiedlich. Hamburg bildet seit Jahren sämtliche Lehrer als Studienreferendare im Studienseminar aus. In vielen Bundesländern gibt es starke Bestrebungen, entsprechend zu verfahren und Studienseminare auch für Grund- und Hauptschullehrer einzurichten.

Solche Bestrebungen sind vor einem bildungspolitischen (und beamtenrechtlichen wie besoldungspolitischen) Hintergrund zu sehen. Im Blick auf eine optimale Ausbildung für den Lehrerberuf spricht eigentlich alles gegen eine Trennung von Theorie und Praxis, also gegen eigene Unterrichtsversuche erst in der zweiten Phase, und für eine enge Verflechtung über die ganze Ausbildungszeit hin. Bei früher Unterrichtserfahrung kann der Student seine Eignung für den Lehrberuf überprüfen, wenn es noch nicht zu spät ist, den Studiengang zu wechseln. Vor allem aber öffnet ihm frühe Unterrichtserfahrung die Augen für die Funktion von fachwissenschaftlichen und fachdidaktischen Theorieveranstaltungen der Hochschule im Rahmen seiner Ausbildung. Sensibel für die *Unterrichtsrelevanz* vermittelter Kenntnisse und Fähigkeiten studiert er zielbewußter und mit mehr Gewinn als bei einem in der Theorie, vielleicht sogar in der Fachwissenschaft verharrenden Studium. Umgekehrt profitiert auch die schulpraktische Ausbildung davon, wenn sie kontinuierlich von theoretischen Lehrveranstaltungen begleitet, untermauert und kritisch in Frage gestellt wird. Sie kann auf diese Weise nicht zu einer bloßen „Handwerkslehre" oder „Rezeptologie" entarten.

Hochschuldidaktisch wünschenswert wäre deshalb eine *einphasige Ausbildung*, bei der fachwissenschaftliche, fachdidaktische, schulpraktische und erziehungswissenschaftliche Teile vom ersten bis zum letzten Semester an im Studiengang enthalten sind, stets nebeneinander oder in Blöcke zerlegt, die mit Dominanz bestimmter Teile einander folgen. Modellversuche mit solcher einphasigen Ausbildung gibt es tatsächlich (z. B. in Niedersachsen). Gegen eine einphasige Ausbildung sprechen handfeste Gruppeninteressen: die Beharrungskraft der traditionellen Gymnasiallehrerausbildung wie der standespolitische Gesichtspunkt, daß alle Lehrergruppen laufbahnrechtlich „höhere Beamte" (mit Besoldungs-Eingangsstufe A 13) bleiben oder werden wollen, Voraussetzung für diese Einstufung aber bei allen Beamten neben einem wissenschaftlichen Studium auch ein Vorbereitungsdienst (Referendariat) mit anschließendem zweiten oder „großen" Staatsexamen (2. Dienstprüfung für das Lehramt an der jeweiligen Schulart) ist.

Die traditionelle Grund- und Hauptschullehrerausbildung kommt einer einphasigen Ausbildung strukturell sehr nahe. Sie enthält die vier oben genannten *Studienelemente,* so auch mehrere über sechs Semester verteilte Schulpraktika. Sie ist mit drei Jahren freilich zu kurz, um fertig ausgebildete Lehrer zu entlassen. Der Junglehrer mit fast vollem Stundendeputat nach der 1. Dienstprüfung ist vielfach überfordert. Insofern gibt es auch sachliche Gesichtspunkte für die Forderung nach einem Referendariat. Unglücklich wäre allerdings eine Entwicklung nach dem Muster der Gymnasiallehrerausbildung, bei der mit Einführung eines Vorbereitungsdienstes die schulpraktischen Anteile des Hochschulstudiums stark reduziert oder gar beseitigt werden würden.

Mit Bestehen der 2. Lehrerprüfung/der pädagogischen Prüfung für das Höhere Lehramt ist die Ausbildung abgeschlossen. Der Lehrer kann Beamter auf Probe, bei endgültiger Anstellung Beamter auf Lebenszeit werden und führt die Amtsbezeichnung Lehrer bzw. Studienassessor oder Studienrat. Im Hinblick auf eine im Laufe der Dienstjahre notwendig werdende Weiterbildung und Auffrischung älterer Kenntnisse können wir von einer *dritten Phase der Fortbildung* sprechen. Sie wird von den Schulverwaltungen der Länder (Kultusministerien, Oberschulämter und Schulämter) in sehr verschiedenen Formen gestaltet. Meist gibt es Institute für Lehrerfortbildung oder Pädagogische Akademien, an denen Fachdidaktiker der Hochschulen und erfahrene Schulpraktiker zu den vielfältigen Themen des Unterrichts in allen Fächern einzelne Vorträge halten oder Kurse und Seminare durchführen. Veranstaltungskataloge werden regelmäßig in den Schulen ausgelegt, so daß interessierte Lehrer sich für die Teilnahme anmelden und auch vom Unterricht beurlauben lassen können.

2.2. Studienordnungen, Lehrveranstaltungen und Lehrinhalte. Studenten der Germanistik an Universitäten, des Faches Deutsch an Pädagogischen Hochschulen entscheiden sich nicht nur nach ihren persönlichen Interessen und Neigungen für den Besuch bestimmter Vorlesungen, Seminare und Übungen. Sie richten sich auch nach mehr oder weniger detaillierten *Studienordnungen*, die von den Hochschulen als Orientierungshilfen erlassen worden sind und für die einzelnen Studiengänge eine feste Anzahl von obligatorischen und empfohlenen Studienleistungen vorsehen. Bei Studiengängen, die mit einer Lehramtsprüfung abschließen, ist in staatlichen Prüfungsordnungen festgelegt, welche Studienleistungen (meist durch „Scheine" nachzuweisen) Voraussetzung für die Zulassung zur Prüfung sind und welcher Art die inhaltlichen und formalen (Examensarbeit, schriftliche Prüfungsteile, mündliche Prüfungsteile) Prüfungsanforderungen sind. Studienordnungen müssen also Wege aufzeigen, über ein sinnvoll aufgebautes Studium die in den Prüfungsordnungen genannten Voraussetzungen und Anforderungen zu erfüllen.

Die wissenschaftliche *Prüfung für das Lehramt an Gymnasien* setzt im Fach Deutsch ein 8semestriges Studium der deutschen Sprache und Literatur voraus, außerdem den Besuch einiger Veranstaltungen in Philosophie und Erziehungswissenschaft (meist aus der Geschichte der Pädagogik) zum Ablegen einer Vorprüfung, des „Philosophicums". Geprüft wird ausschließlich in den Gegenstandsbereichen der Sprach- und Literaturwissenschaft, in FD auch dann nicht, wenn an der Hochschule einschlägige Lehrveranstaltungen angeboten werden, was in jüngster Zeit zunehmend geschieht.

Im *sprachwissenschaftlichen Grundstudium* der ersten drei bis vier Semester (oft durch eine Zwischenprüfung abgeschlossen) werden neben Vorlesungen vor allem Einführungsveranstaltungen (Pro- oder Unterseminare) besucht, die dem Studienanfänger entweder einen Überblick über die Teildisziplinen seines Faches sowie deren Grundbegriffe, Arbeitsweisen und Ergebnisse verschaffen sollen oder ihn exemplarisch mit einem Teilbereich in Berührung bringen.

Vor einigen Jahren dominierte in der Germanistik noch die historische Sprachwissenschaft: Es wurden Grundkurse und Lektürekurse für das Gotische, das Althochdeutsche und das Mittelhochdeutsche besucht, so daß in den höheren Semestern (Hauptstudium mit Haupt- und Oberseminaren) historische Grammatik des Deutschen und insbesondere Erforschung mittelalterlicher Literatur und Kultur (Mediävistik) betrieben werden konnten.

Seit Ende der 60er Jahre drängte die synchronische, zunächst strukturalistische, dann stärker sozialwissenschaftlich ausgerichtete Linguistik die Mediävistik immer mehr in den Hintergrund. Heute gibt es in Grund- und Hauptstudium mehr Veranstaltungen über Kommunikationstheorie, Pragmalinguistik, Soziolinguistik, Psycholinguistik, Textlinguistik, Syntax, Morphologie, Phonologie und Semantik als über Geschichte der deutschen Sprache und mittelhochdeutsche Literatur.

Der sprachwissenschaftliche Anteil im Studium der Grund- und Hauptschullehrer an Pädagogischen Hochschulen ist damit durchaus vergleichbar. Nur ist er wegen der kürzeren Studiendauer und der anderen obligatorischen Studienanteile bei weitem nicht so umfangreich. Die notwendige Beschränkung zwingt zur Auswahl, und unter die Auswahlkriterien mischen sich sprachdidaktisch ausgerichtete Überlegungen: Die Beschäftigung mit welchem Teilgebiet der Sprachwissenschaft verspricht mir nicht nur tiefere Einsicht in Bau und Funktion der Sprache, sondern auch Erkenntnisse, die mittelbar oder unmittelbar meinen zukünftigen Sprachunterricht fördern, die in die Nähe eines wichtigen Arbeitsbereiches des Deutschunterrichtes führen? Entsprechend legt auch der Hochschullehrer, meist *Sprachwissenschaftler und Sprachdidaktiker* in Personalunion (in einigen Ländern gibt es freilich getrennte Lehrstühle für beide Bereiche), die Themen seiner Veranstaltungen für das sprachwissenschaftliche Studium nicht ohne didaktische Rechtfertigung fest und nutzt bei der Durchführung der Veranstaltungen Gelegenheiten, auf die sprachdidaktische Bedeutung bestimmter Ergebnisse hinzuweisen und Anknüpfungsmöglichkeiten für den Unterricht aufzuzeigen.

Im *Studiengang für Realschullehrer* an Pädagogischen Hochschulen nimmt der sprachwissenschaftliche Anteil einen etwas größeren Raum ein (mit einem Pflichtkurs in Mittelhochdeutsch) als der sprachdidaktische, im Studiengang für Grund- und Hauptschullehrer sind beide Teile quantitativ eher gleichgewichtig.

Lehrveranstaltungen zur Sprachdidaktik sollen die Studenten bereits in den ersten Semestern zusammen mit gleichzeitigen Einführungen in die Schulpraxis und dem pädagogischen Grundstudium mit den auf Sprache bezogenen Lehr- und Lernzielen sowie planmäßigen und erfolgversprechenden Vorgehensweisen im Unterricht vertraut machen. Welche sprachlichen Fähigkeiten benötigt man zur Bewältigung welcher Art von Lebenssituationen? Was leistet Sprache? Wie stattet man Schüler sicher und schnell mit den benötigten Qualifikationen aus?

Wenn man von den drei curricularen Grundfragen ausgeht:
– Was braucht der Schüler?
– Was fordert die Gesellschaft von ihren Mitgliedern?

- Was bieten die Bezugswissenschaften?
und wenn man als wichtigste Funktionen von Sprache folgende annimmt:
- kognitive oder referentielle Funktion (Informationen speichern, geben oder empfangen)
- phatische Funktion (Partnerkontakt knüpfen und unterhalten)
- emotive oder expressive Funktion (Gefühle, Meinungen ausdrücken oder vernehmen)
- konative, appellative oder direktive Funktion (in Denken, Fühlen, Handeln beeinflussen oder beeinflußt werden)
- metasprachliche Funktion (über Sprache und Sprachgebrauch informieren oder informiert werden)
- ästhetische oder poetische Funktion (künstlerische Organisation von Sprachzeichen mit ästhetischer Superstruktur vornehmen oder nachvollziehen),

dann kann man vier fundamentale sprachliche Fähigkeiten (Kompetenzen) unterscheiden, die im Unterricht entwickelt bzw. ausgebaut werden müssen:
- *Kognitive Kompetenz:* Mit Hilfe sprachlicher Begriffe und syntaktischer Verknüpfungsmuster können Sinneswahrnehmungen geordnet, Erfahrungen gespeichert und bei Bedarf wieder abgerufen, Erkenntnisse gewonnen werden (Sprache als Mittel des Denkens).
- *Linguistische Kompetenz:* Die Beherrschung der Regeln der Grammatik und des Lexikons (Wortschatz) ermöglicht es, Äußerungen zu verstehen und verständliche Äußerungen hervorzubringen.
- *Kommunikative Kompetenz:* Erst die Beachtung situationsangemessener, intentions- und partnerbezogener sprachlicher Gebrauchsregeln (Bewußtsein des eigenen ICH-JETZT-HIER, richtige Einschätzung der Partner, Kontaktaufnahme und Herstellung sozialer Beziehungen, Entwurf, Erprobung und ständige Korrektur von Handlungsstrategien) führt zu gelingender Kommunikation.
- *Metakommunikative Kompetenz:* Besonders bei gefährdeter oder mißlingender Kommunikation (Unverständnis, Mißverständnis) ist ein Sprechen über Sprache erforderlich, das die Fähigkeit zur angemessenen Beschreibung, Beurteilung und aktiven Veränderung sprachlicher Ausdrücke wie sprachlicher Verständigungsprozesse voraussetzt.

Die genannten vier Kompetenzen stehen in einem wechselseitigen Abhängigkeitsverhältnis zueinander. Zusammen ergeben sie eine umfassende *Sprachhandlungsfähigkeit.* Sie über Sprachtraining (Übungen in aktuellem Sprachverhalten, mündlich und schriftlich) und Sprachreflexion (analysierende Betrachtung aktuellen Sprachverhaltens, der dieses Verhalten bestimmenden Regeln sowie produzierter sprachlicher Texte) zu fördern, ist oberstes Ziel des Deutschunterrichtes. Das gilt für produktives und rezeptives Sprachhandeln, auch für nonverbale und durch nonverbale Elemente begleitete (z. B.: Gestik, Mimik) Kommunikation. Zeigen Spracherwerbs- bzw. Sprachentwicklungsforschung, welche Bereiche der *Sprachbeherrschung bei Schuleintritt* bereits gut entfaltet sind und welche vorrangig ausgebaut werden müssen, so hat der Sprachunterricht die Schüler bei ihrem jeweiligen Sprachkönnen und Sprachwissen „abzuholen" und in Form eines „Spiralcurriculums" die Anforderungen an das Niveau sprachlichen Handelns von Schuljahr zu Schuljahr auf allen Ebenen kontinuierlich zu steigern (Auseinandersetzung mit komplizierteren Wirklichkeitsausschnitten und Kommunikationssituationen, z. B.: wechselnde Partner- und Informationsvoraussetzungen, immer anspruchsvollere Aufgaben hinsichtlich der Tiefe des Erkennens, Erlebens, Beurteilens, der Sozialbeziehungen und Interaktionen).

Dabei sollen die Schüler freilich nicht zu technisch perfekten „Kommunikationsathleten" gemacht werden, die möglichst viele Handlungsmuster beherrschen und rücksichtslos in jeder Situation die für die Durchsetzung ihrer Interessen geeignetsten verwenden. Vielmehr hat der Unterricht auch eine „kommunikative Ethik" zu lehren, die Schüler dazu anzuhalten, sprachliches Können überzeugend in ihre Persönlichkeit zu integrieren, sich verantwortungsbewußt zu verständigen und dabei zu einem befriedigenden Zusammenleben mit anderen Menschen zu kommen.

Die dominierenden *sprachdidaktischen Konzeptionen* haben in der Bundesrepublik Deutschland mehrfach gewechselt. Bis etwa 1965 gab es vor allem eine Spracherziehung, die den Theorien „inhaltsbezogener Grammatik" (Weisgerber u. a.) folgte und bei der durch gestalts-, inhalts-, leistungs- und wirkungsbezogene Sprachbetrachtung sprachliches Wachsen, Können, Wissen und Wollen gefördert werden sollte. Die Neuansätze danach kamen einerseits von der strukturalistischen Linguistik her, vor allem aber von den bildungspolitischen Konsequenzen, die man aus Ergebnissen soziolinguistischer, psycholinguistischer und pragmalinguistischer Forschung ableitete. Man entdeckte das gesellschaftliche Problem der „Sprachbarrieren": Mit Eintritt in die Schule ergibt sich für Kinder aus der „Unterschicht", in der ein „restringierter Kode" gesprochen wird, und für Dialektsprecher ein sprachlicher „Milieubruch", da die Verständigung im Unterricht über das mittelschichtenspezifische Sprachverhalten der Lehrer („elaborierter Kode") abläuft. Die Kinder sind bei gleicher Intelligenz den Mitschülern unterlegen, haben weniger Erfolg in der Schule und damit geringere berufliche und soziale Aufstiegschancen.

Eine Möglichkeit, mehr Chancengleichheit herzustellen, sah man zunächst in der Einrichtung vorschulischer *Sprachtrainingsprogramme* (Kindergarten, Fernsehen) und im „kompensatorischen Sprachunterricht": Um vorhandene Defizite (Defizithypothese) zu beseitigen und die Kinder an die Standardsprache (Mittelschichtnorm) heranzuführen, sollten besonders auditive und visuelle Wahrnehmungsfähigkeit und korrekte Artikulationsfähigkeit gefördert werden, sollten Übungen zur Wortschatzerweiterung, zur komplexen Satzbildung und zur Bewältigung von Verständigungssituationen durchgeführt werden.

Kritik am *kompensatorischen Sprachunterricht* erfolgte von verschiedenen Seiten: Eine Anpassung an fremde Sprachnormen führe zur Entfremdung der Kinder von ihrem Elternhaus und diene, ohne Veränderung der sozio-ökonomischen Lage, nur den Interessen der herrschenden Klasse (Deckung des Bedarfs an höherer Qualifikation am Arbeitsmarkt). Es gebe überhaupt keine zu kompensierenden Defizite, sondern nur Unterschiede („Differenztheorie") bei funktionaler Gleichwertigkeit („Äquivalenz") der Sprachvarianten. Eine Förderung zur besseren Beherrschung von Aussprache, Lexikon und Syntax greife zu kurz; es müßten die komplexeren Fähigkeiten zum intentionalen, partnertaktischen und situationsangemessenen Sprachhandeln verbessert werden.

So folgte das Programm eines „*komplementären Sprachunterrichts*": An die Stelle einseitiger Anpassung einer Schülergruppe an das Sprachverhalten einer anderen tritt die differenzierte Förderung aller Kinder. Ziel ist die Beherrschung möglichst vieler Sprachvarianten und ihr flexibler Einsatz, je nachdem welches Sprachverhalten Situation und Partner verlangen oder nahelegen (Fähigkeit zum „Kode-Wechsel", zur situativen „Mehrsprachigkeit").

Nicht scharf davon abzugrenzen ist der recht unterschiedlich definierte und interpretierte „*emanzipatorische Sprachunterricht*" als kritische Weiterführung der Ansätze des kompensatorischen Unterrichts. Die Schüler sollen lernen, eine kritische Distanz gegenüber allen Sprachnormen und den ihnen zugrundeliegenden ökonomischen und politischen Verhältnissen einzunehmen, gesellschaftliche Zusammenhänge zu analysieren, sich von nicht gerechtfertigten Zwängen zu befreien, eigene Bedürfnisse und Interessen zu verbalisieren und durchzusetzen, zu Mündigkeit und Selbstbestimmung zu gelangen. Bescheidener ist das Bemühen, über die Förderung sprachlicher Kreativität zur Mündigkeit zu führen, oder gar der Ansatz, unter Emanzipation die Entwicklung einer besonderen Sprachsensibilität zu verstehen, die befähigt, Sprache als Herrschaftsinstrument zu begreifen und sprachliche Manipulation zu durchschauen, sich ihr vielleicht zu entziehen.

Methodisch ist all diesen neuesten Ansätzen gemeinsam, daß sie bei ihren Sprachübungen von komplexen Sprachhandlungs-Situationen ausgehen, verstanden als Gesamtheit der das *Sprachhandeln* bestimmenden Faktoren:

– Sprecher (bzw. Schreiber) und Angesprochene(r) als Person mit bestimmten Voraussetzungen (Wissen, Fähigkeiten, Beweggründe), Voreinstellungen (Annahmen, Erwartungen, Emotionen, Rollenverständnis) und Absichten,
– Kommunikationsmedien (sprachliche und außersprachliche Zeichen, akustisch, visuell oder taktil wahrzunehmen),
– Kommunikationsgegenstand (Thema),
– Ort, Zeit und äußere Handlungszusammenhänge.

Die Schüler sollen lernen, die Situationen richtig einzuschätzen und sich angemessen in ihnen zu verhalten.

Unterschiedliche Auffassungen gibt es freilich zu der Frage, woher man die Situationen für die Sprachübungen bekommt. Auf der einen Seite stehen die „Ernstfall"-Didaktiker, die davon ausgehen, daß nur in realen Situationen erprobtes Sprachhandeln erfolgreiches Lernen verspricht. Sie empfehlen deswegen den Lehrern, ungeplante natürliche Situationen im Schulalltag (etwa Streit in der Pause oder Vorwurf des Diebstahls u. a.) spontan aufzugreifen, in den Unterricht einzubeziehen und verbal zu bewältigen.

Da der Lehrer sich im Unterricht natürlich nicht auf solche von allein ergebenden Sprechanlässe beschränken kann, wird ihm von den Anhängern eines *„projektorientierten Unterrichts"* geraten, schulisches und außerschulisches Leben in der Weise zu verbinden, daß Schüler und Lehrer gemeinsam größere, den Raum der Schule überschreitende Arbeitsvorhaben mit vielfältigen sprachlichen Betätigungsformen planen, durchführen und auswerten (Phasen der Bedürfnisermittlung, Zielentscheidung, Planung, Durchführung, Reflexion). Innerhalb eines Projektes ergeben sich dann Sprachsituationen, die nicht nur gespielt sind, sondern eine erkennbare Funktion für das Gelingen des Vorhabens haben (z. B. Interview zur Informationsbeschaffung, mündliche und schriftliche Berichte über Beobachtungen, Erfahrungen, Absichten, Beratungen, Beschlußfassungen, Ansprechen verschiedener Adressaten durch Brief, Plakat, Flugblatt).

Den Vorteilen eines solchen Unterrichts (starke Motivation der Schüler, Verbindung von Einsicht und Handeln, Transfer des Lernerfolgs durch echte Lebenssituationen) stehen freilich auch erhebliche Schwächen gegenüber: direkte Betroffenheit der Schüler in Ernstsituationen kann zu unangenehmen Konsequenzen führen (man muß für die Folgen seines Tuns einstehen), Planung kontinuierlichen Lernfortschritts beim Einzelschüler und individuelle Leistungsmessung sind kaum möglich, eine systematische Vermittlung von Kenntnissen und Fähigkeiten ist zumindest sehr erschwert.

Projektorientierter Deutschunterricht kann deshalb nicht den gesamten Unterricht beherrschen, sondern nur bisweilen neben einen stärker lernzielorientierten Unterricht treten. Es müssen in erheblichem Maße *fiktive Sprachlernsituationen* im Unterricht geschaffen werden, Schonräume für sprachliches Probehandeln ohne Gefahr von negativen Sanktionen bei Mißlingen der Versuche. Über sprachliche Impulse und Bilder werden die Schüler zu Simulations- und Rollenspielen angeregt, in denen sie die Begrenztheit ihrer Möglichkeiten überwinden (so tun „als ob") und sich verstehend und verständlich machend mit der Welt ihrer Erfahrung auseinandersetzen (Rollendistanz, Rollenflexibilität, Identitätsdarstellung).

2.3. Lehr- und Lernmaterialien. Für ihre sprachwissenschaftlichen und sprachdidaktischen Studien stehen den Studenten neben Papieren, Skizzen und ähnlichen von Hochschullehrern veranstaltungsbegleitend eingesetzten Medien vor allem *Fachbücher* und *Fachzeitschriften* zur Verfügung.

Mit besonderer Rücksicht auf die Bedingungen des Lernenden sind solche Schriften verfaßt, die sich an den Studienanfänger wenden. Da gibt es zahlreiche *Einführungen* in die neuere Sprachwissenschaft (Bünting 1971, Lyons 1971) und in die Didaktik des Deutschen als Eigensprache (Sowinski (Hg.) 1975), die als Grundlagen für Einführungskurse oder Überblicksvorlesungen gedacht sind und wichtige Fragestellungen, Arbeitsformen, Teilbereiche und Untersuchungsergebnisse erläutern. Daneben gibt es Textsammlungen zur Einführung in einen Teilbereich oder in den Gesamtbereich, einerseits Reader mit bedeutenden wissenschaftlichen Beiträgen (Schödel 1972, Abels/Frank/Kern (Hg.) 1978), die sonst in Zeitschriften verstreut schwer zugänglich sind, zum anderen Sammlungen mit geeigneten Textbeispielen, die von den Studenten selbst mit sprachwissenschaftlichen Methoden untersucht werden sollen, also interessante Primärtexte, eventuell mit beigefügten Arbeitsanweisungen und Aufgabenstellungen (Ulrich [2]1980). Schließlich gibt es für die Sprachdidaktik auch Zusammenstellungen von Unterrichtsmodellen, die Anregungen zu eigenen Unterrichtsentwürfen vermitteln wollen.

Als *Nachschlagewerke* für Anfänger und Fortgeschrittene sind schon früh mehr oder weniger umfangreiche Wörterbücher mit der sprachwissenschaftlichen (Ulrich [3]1981) und der sprachdidaktischen Fachterminologie (Ulrich 1979) unentbehrliche Helfer, zunehmend dann auch gewaltige Handbücher, in denen der Wissensstand einer ganzen Disziplin ausgebreitet ist (Althaus/Henne/Wiegand (Hg.) 1973). Ebenfalls als nützliche Nachschlagewerke dienen Grammatiken der deutschen Sprache (Der große Duden, Erben [11]1972) und einsprachige Wörterbücher, seien es nun sprachgeschichtlich konzipierte oder nur die Gegenwartssprache erfassende, seien es etymologische (Kluge [20]1967), bedeutungsgeschichtliche (Grimm/Grimm 1854–1960), stilistische (Duden), idiomatische (Friederich 1966) Synonymie- (Duden) oder Antonymiebeziehungen (Agricola/Agricola 1977) darstellende Lexika oder auch die stärker normativen Aussprache- (Siebs [19]1969) und Rechtschreibwörterbücher (Duden).

Gesamtdarstellungen zu einem Teilbereich der Sprachwissenschaft (z. B.: Syntaxtheorien, Deutsche Wortbildung der Gegenwartssprache, Psychologie der Sprache) oder Sprachdidaktik (z. B.: Reflexion über Sprache im Deutschunterricht, Aufsatzerziehung in der Grundschule) wenden sich eher an Studenten höherer Semester, die bereits Studienschwerpunkte bilden und spezielle Seminare für Fortgeschrittene besuchen. Sie, wie natürlich auch die ausgebildeten Kollegen in Hochschule und Schule, greifen dann auch zu Forschungsberichten, die den jeweiligen Stand der Forschung in einem Bereich skizzieren und kommentieren, zu Fachzeitschriften und Periodika, in denen von laufenden Forschungsvorhaben berichtet, in denen über Forschungsprobleme diskutiert und über methodische Neuansätze referiert, in denen über Lehrplanentwicklungen und Vorschläge für eine motivierende und effektive Unterrichtsgestaltung reflektiert wird. Im übrigen wird den Studenten im Laufe der Zeit natürlich der Zugang zur ganzen Breite der Fachliteratur leichter, zu vielfältigen Spezialuntersuchungen und Detailbeschreibungen.

In der zweiten und dritten Phase stützen sich Ausbildung und Fortbildung der Sprachlehrer vor allem auf *schulpraktisch orientierte Materialien.* Neben unmittelbarer Unterrichtsbeobachtung bei Hospitationen und in Unterrichtsmitschauanlagen erlauben Lehrfilme und Tonband- wie Videobandaufzeichnungen von Unterrichtsstunden und Unterrichtsszenen eine kritische Analyse und Auswertung von Lehrprozessen. In Seminar- und Privatbibliotheken stehen die wichtigsten Zeitschriften zum Sprachunterricht: Praxis Deutsch, Der Deutschunterricht, Diskussion Deutsch, Linguistik und Didaktik, Wirkendes Wort, Blätter für den Deutschlehrer. Neben Büchern zur sprachdidaktischen Theoriebildung und konzeptionellen Diskussion treten jetzt verstärkt Unterrichtshilfen für den Lehrer in den Vordergrund: methodische Anleitungen zu den einzelnen Lernbereichen, Materialsammlungen für den Unterricht (z. B.: Diktatsammlungen), Lehrerkommentare zu Schulbüchern, Lehrplananalysen und Sprachbuchbesprechungen, Lernprogramme und Tests, Vorschläge zur Leistungsmessung und Schülerbeurteilung.

3. DEUTSCHUNTERRICHT (ALS SPRACHUNTERRICHT) AN DEN ALLGEMEINBILDENDEN SCHULEN.

Der Deutschunterricht an Grund-, Haupt-, Real- und Sonderschulen wie an Gymnasien gliedert sich traditionellerweise in zwei Bereiche, den Lese- oder Literaturunterricht und den Sprachunterricht im engeren Sinne. Die bereits vor der Einschulung erworbenen Fähigkeiten mündlicher Rede sollen ausgebaut werden, Lese- und Schreiblehrgang führen in die Beherrschung des sekundären Sprachsystems Schrift ein, Rechtschreiben und Aufsatzerziehung setzen diese Einführung fort, Grammatikunterricht leitet an, eine objektivierende Distanz zur Sprache einzunehmen, Sprache und Sprachhandeln beurteilen und über sie reden zu können.

3.1. Lehrpläne und Lernbereiche. Um den neueren Entwicklungen in der Sprachdidaktik Rechnung zu tragen, sind in den letzten Jahren die von den Kultusministerien erlassenen und für die Lehrer verbindlichen Lehrpläne und Arbeitsanweisungen aller Bundesländer für den Deutschunterricht überarbeitet und stark verändert worden, allerdings im Detail nicht in einheitlicher Weise.

Man kann immerhin eine Übereinstimmung in den Tendenzen feststellen. So wird der Sprachunterricht mehrheitlich in *vier Lern- oder Arbeitsbereiche* gegliedert, die spezifische Aufgaben haben:
– Mündliche Verständigung / Mündliche Kommunikation
– Schriftliche Verständigung / Schriftliche Kommunikation / Aufsatzerziehung / Textbildung
– Rechtschreiben
– Reflexion über Sprache / Grammatikunterricht und Kommunikationsanalyse.
Kommunikation findet primär über gesprochene und gehörte Sprache statt. Dieser „Primat des Mündlichen" hat zu einer erheblichen Aufwertung des *Lernbereiches „Mündliche Verständigung"* geführt, der früher

als Lernbereich gar nicht existierte, sondern nur als „mündliche Beteiligung am Unterricht" oder als Sprecherziehung (lautreine hochsprachliche Artikulation und Vortrag poetischer Texte) in Erscheinung trat. Heute findet Förderung der Sprachhandlungsfähigkeit nicht nur nebenher im freien oder gelenkten Unterrichtsgespräch, bei Partner- und Gruppenarbeit, bei kleineren oder größeren Vorträgen statt, sondern in einem speziellen Sprachtraining, das die Sprechbereitschaft gehemmter Schüler entwickelt, zum Hinhören und Aufeinandereingehen erzieht, wichtige Sprachhandlungsmuster einübt und anleitet, Informationen anderen zusammenhängend und folgerichtig mitzuteilen, sich selbst darzustellen, im Widerstreit der Interessen und Meinungen den eigenen Standpunkt zu vertreten, partner-, sach- und intentionsangemessen zu formulieren, sich überhaupt situationsangemessen zu verhalten.

Der *Lernbereich „Schriftliche Verständigung"* oder „Textbildung" hat die frühere Aufsatzerziehung abgelöst, die formalistisch einen Kanon z. T. wirklichkeitsfremder Stil- oder Darstellungsformen (Erzählung, Beschreibung, Bericht, Schilderung, Erörterung) mit Unterscheidung von Erlebnissprache und Sach- oder Zwecksprache einübte und im Ringen um den richtigen Ausdruck („innere Sprachbildung") zum Gestaltungserlebnis mit Bindung an die Gesetzmäßigkeiten von Sache und Sprache (Einheit von Inhalt und Form) führen wollte. Heute sollen Schüler „Texte für Leser" (wenn schon nicht reale, dann wenigstens vorgestellte Leser) schreiben, d. h. adressatenbezogen und funktional, je nach Verwendungszweck und Schreibsituation mehr expressiv-kundgebend, appellativ-bewegend, informativ-darstellend oder spielerisch-fabulierend. Dabei kann der Schreiber gelegentlich auch sein eigener Adressat sein (Stichwortzettel, Tagebuchnotiz) und seine Gedanken beim Schreibvorgang zur Klärung kommen lassen (Schreiben als Mittel der Selbstreflexion; Gedachtes wird beim Niederschreiben objektiviert, präzisiert, kontrolliert). Sprache erscheint dabei also nicht einseitig in ihrer kommunikativen Funktion, sondern auch in ihrer welterschließenden (Verhältnis Individuum – Umwelt). Viele Gebrauchstexte und Zweckformen werden im Blick auf effektives Funktionieren gebildet, daneben aber auch sprachspielerische und ästhetische Texte (z. T. nach poetischen Anregungen) im Blick auf sprachschöpferisches Handeln (Verbindung von Textanalyse oder Interpretation im Literaturunterricht mit Textproduktion).

Der *Lernbereich „Rechtschreiben"* hat sich in den letzten Jahren am wenigsten verändert. Allenfalls hat er an Wertschätzung eingebüßt (aufgrund der in sich widersprüchlichen und mit „Ausnahmen" durchsetzten deutschen Orthographie ist der Unterricht in Rechtschreiben sehr arbeitsintensiv und verschlingt Zeit, die man lieber anderen Bereichen widmen würde; eine die Arbeit erleichternde Rechtschreibreform kommt nicht voran; schlechte Rechtschreibleistungen sind nicht einfach als Indiz für geringe Intelligenz zu werten). Ziel ist die Sicherung normgerechten Schreibens eines altersgemäßen Gebrauchswortschatzes sowie die Beherrschung von Nachschlagetechniken (Rechtschreibwörterbuch), beides im Dienst einer möglichst schnell und reibungslos funktionierenden schriftlichen Verständigung.

Ausgehend von einem ziemlich unreflektierten Einprägen von Wortgestalten (Wortbildtraining) in der Grundschule (von der Anschauungsstufe über die Vorstellungsstufe zur automatisierten Rechtschreibung der Schemastufe), vermittelt man allmählich Einsichten in Regelhaftigkeiten und Regeln. Dabei folgt man nach Abschreiben (Übertragung von einer Vorlage, aber nicht rein mechanisches Kopieren), Aufschreiben (von auswendig gelernten Texten aus der Erinnerung) und Nachschreiben (nach Diktat) über vielfältige möglichst reizvolle (Motivation durch Spiel- und Rätselcharakter) und effektive Übungsformen (nach Möglichkeit mit Differenzierung und Individualisierung) den drei orthographischen Grundprinzipien: Lauttreue, nach der ein gesprochener Lauttypus (Phonem) durch ein Schriftzeichen (Graphem) repräsentiert wird (leider ständig durchbrochenes Prinzip); morphologisches Prinzip, nach dem identische Wortbildungselemente (Morpheme) in verschiedenen Wortformen und Wortbildungen (z. B. einer Wortfamilie) gleich, verschiedene Morpheme dagegen anders geschrieben werden (z. B. Homonyme wie Moor und Mohr); grammatisches Prinzip, nach dem insbesondere die Groß- und Kleinschreibung (je nach Wortart bzw. am Satzanfang) und die Zeichensetzung sich richten. Der Lese-Rechtschreib-Schwäche (Legasthenie) sind besondere Maßnahmen zu widmen (diagnostische Tests, spezielle Übungen, Eingreifprogramme u. a.).

Der Lernbereich „Reflexion über Sprache" umgreift mehr als der traditionelle Grammatikunterricht, nämlich außer der analysierenden Betrachtung von Sprache als einem System sprachlicher Zeichen und Regeln zu ihrer Verknüpfung (Ziel: Einsicht vermitteln in die Strukturen des Systems, in Bau, Leistung und geschichtliche Entwicklung sprachlicher Ausdrücke) auch Untersuchung von Sprache als einer Form sozialen Handelns (Ziel: Einsicht vermitteln in die Bedingungen und Regeln kommunikativer Prozesse).

Mit dem Hinweis darauf, daß bisher empirisch nicht nachgewiesen werden konnte, daß Sprachwissen das Sprachkönnen verbessert, ist die

Daseinsberechtigung von Grammatikunterricht angezweifelt worden. Es konnte freilich auch das Gegenteil nicht bewiesen werden. Auch darf man aus der Tatsache, daß der Spracherwerb des Kleinkindes weitgehend unbewußt erfolgt, nicht ohne weiteres schließen, dies gelte für den weiteren Prozeß des Spracherlernens ebenso und die einzig sinnvolle Sprachlehrmethode sei das Einschleifen von Sprachmustern („pattern drill"). Besonders wenn man statt einer syntax-orientierten eine semantisch-pragmatische Sprachauffassung vertritt und statt einer formalen Grammatik eine funktionale Sprachbetrachtung durchführt, besteht berechtigte Aussicht, daß Erkenntnisse von der Einbettung sprachlicher Äußerungen in den Kontext von Handlungsmotiven, Absichten, Erwartungen und anderer situativer Gegebenheiten auch außerschulisches Sprachverhalten positiv beeinflussen, mehr als das spontan mündliche vielleicht das durch größere Bewußtheit gekennzeichnete schriftliche Sprachhandeln.

Überhaupt soll Sprachwissen den naiven Sprachgebrauch durch einen bewußteren ablösen, Vorstellungen und ihren sprachlichen Ausdruck möglichst übereinstimmen lassen, unterschiedliche (eigene und fremde) Ausdrucksvarianten gegeneinander abwägen helfen, Kommunikationsprobleme klären und beseitigen helfen, Resistenz gegenüber sprachlicher Manipulation stärken, allgemein: das Sprachhandeln durchsichtiger und erfolgreicher machen.

Unterschiede zwischen den einzelnen Lehrplänen gibt es hinsichtlich der Zuordnung der Lernziele zu bestimmten Schuljahren, der Zuordnung zu Inhalten und Stoffen, der methodischen Anweisungen oder Vorschläge und nicht zuletzt hinsichtlich der Terminologie. Neigt man in der FD heute dazu, auf scheinbar „durchsichtige" deutsche Grammatik-Begriffe zugunsten der lateinischen frühzeitig zu verzichten oder sie allenfalls als vorläufige Arbeitsbegriffe in den ersten Grundschuljahren zu verwenden, so schreiben manche Lehrpläne verbindlich, aber voneinander abweichend, den Gebrauch bestimmter Grundbegriffe vor, was in bundesweit gebräuchlichen Unterrichtsmaterialien zu einem bunten Nebeneinander oder Durcheinander führen muß (z. B.: Nomen, Substantiv, Namenwort, Hauptwort, Dingwort; Verb, Tuwort, Tunwort, Tätigkeitswort, Zeitwort).

3.2. Unterrichtsmaterialien. Mancherlei Medien haben in den letzten Jahren Einzug in den Sprachunterricht gehalten. So verwendet man Tonträger (Tonbänder, Kassetten, Schallplatten) besonders bei Übungen zur mündlichen Kommunikation (natürliche Redetexte, Aufnahme gespielter Gesprächsszenen zum Zweck anschließender Auswertung), Bilder, Dias und Filme ebenfalls (als Sprech- und Spielimpulse; vgl. Ulrich 1976), Bilder und Bildfolgen aber auch als Schreibanlässe bei schriftlicher Kommunikation (z. B. „Bildergeschichten" schreiben). Außerdem gibt es Tests und Lernprogramme besonders für das Erstlesen, Rechtschreiben und den Grammatikunterricht sowie zahlreiche Textsammlungen für Diktate und Nacherzählungen.

Das Hauptarbeitsmittel für den Sprachunterricht aber ist das „Sprachbuch" geblieben. Seine Bedeutung rechtfertigt es, der Entwicklung dieses Schulbuches ein wenig nachzugehen. Das soll über eine (idealtypische) Beschreibung von vier Sprachbuchtypen erfolgen, die von bestimmten sprachdidaktischen Ansätzen her in den letzten Jahren entwickelt worden sind.

Unterrichtswerke für einen verbundenen Sach- und Sprachunterricht hat man besonders für die Grundschule schon seit der Jahrhundertwende, aber auch in den 50er und 60er Jahren konzipiert (eins der jüngsten: „ergründen – verstehen – mitteilen. Sprachbuch zum Sachunterricht in der Grundschule". Herder Verlag, Freiburg i. B. 1974). Für eine solche Konzeption spricht, daß die Versachlichung erlebter, erfahrener Welt, die Sachbegegnung und Sachbewältigung mit Hilfe von Sprache erfolgen (Benennung, Ordnung über Begriffsbildung, differenziertere Wahrnehmung). So sind entsprechende Sprachbücher nach Sachgebieten als „Lebensgebieten" gegliedert (z. B.: Hausbau, Bäckerei, Zeit, Markt, Post, Straße, Landwirtschaft, Bahnhof im 2. Schuljahr), deren Wirklichkeit die Schüler geistig verarbeiten sollen (ein Sachverhalt wird über den definierten Begriff verfügbar). Kernstück der Spracharbeit ist dabei die Wortschatzerweiterung (Klärung von Wortbedeutungen, Einbau in Wortfelder, Erarbeitung von Sammel- und Oberbegriffen, von Arten der Wortbildung). Gegen eine solche Konzeption spricht, daß der Sprachunterricht mit seinen spezifischen Zielen zu sehr in Sachunterricht aufgeht, daß es in der Praxis zu einer bloßen Mitbeteiligung des Sprachlichen an der Erarbeitung der Sachen kommt.

Ein *Sprachbuch als Grundlage für einen Projektunterricht* ist eigentlich ein Widerspruch in sich, denn Projekte schließen fächerübergreifendes Arbeiten sowie ein Höchstmaß an Selbstbestimmung und Selbstbeteiligung der Schüler an der gesamten Planung und Durchführung ein (Berücksichtigung von Erfahrungen und Bedürfnissen), während ein Arbeitsbuch Unterrichtsschritte und Lernprozesse vorstrukturiert und dabei die individuellen Voraussetzungen und Wünsche von Schülern nicht berücksichtigen kann. Dennoch sind zur Blütezeit des Projektunterrichts

Anfang der 70er Jahre aus zunächst locker gefügten Materialsammlungen Sprachbücher dieser Richtung entstanden („Sprachprojekte 2–4". Westermann Verlag, Braunschweig 1975/76). Dabei ergab sich das Problem der Lehrplananforderungen, und es mußten neben die eigentlichen Projektvorschläge (z. B.: Klassenraum einrichten, Klassentier, Elternnachmittag, Geburtstag in der Klasse, Meckerkasten-Geschichten) umfangreiche Hilfskapitel „Für Projekte lernen" sowie zur mündlichen Verständigung, Sprachuntersuchung und Rechtschreibung treten. Die Projekte (man mußte für die Grundschule den Begriff auch schon sehr weit fassen) verwandelten sich dabei unversehens vom Kernstück einer Materialsammlung zur interessanten, aber wenig integrierten Randerscheinung eines ansonsten ganz anders konzipierten Sprachbuches.

Das *lernzielorientierte, Lernbereiche trennende Sprachbuch* ist der gegenwärtig am meisten verwendete Typus. Fast alle neueren Sprachbücher richten sich so stark nach den umfangreichen Lernzielkatalogen der Lehrpläne und nach deren Systematik, daß sich die Großkapitel bei leicht variierenden Formulierungen mit den vier (oder fünf, wenn die Textrezeption dazugenommen wird) Lernbereichen decken (z. B.: Miteinander sprechen. Texte lesen und verstehen. Texte schreiben. Über Sprache nachdenken. Richtig schreiben. So in: „Wir sprechen – wir schreiben – wir lesen 2–4". Herder Verlag, Freiburg i. B. 1978/79). Das hat für die Lehrer den nicht zu unterschätzenden Vorteil der Durchsichtigkeit und Klarheit. Sie können ohne Schwierigkeit einen Vergleich mit den Lehrplananforderungen und Stoffverteilungsplänen vornehmen und gezielt einzelne Lektionen für den momentanen Unterricht auswählen. Die Konzeption hat auf der anderen Seite den Nachteil, daß sachlich und von den realen Lernprozessen her Zusammengehörendes durch die Lernbereichsgliederung auseinandergerissen wird (z. B.: „Um Auskunft bitten" als mündliche Sprachhandlung und „Fragesätze" als Grammatikthema). Auch kann man im Unterricht nicht einfach der Reihenfolge der Lektionen folgen, denn es ist den Schülern natürlich nicht zuzumuten, jeweils viele Wochen hintereinander nur mündliche Verständigung zu trainieren, nur Grammatik oder nur Rechtschreiben zu betreiben. Die Lehrer müssen also selbst (meist von Hinweisen in den Lehrerhandbüchern unterstützt) Querverbindungen zwischen den Lernbereichen herstellen und aus den Lektionen sinnvolle Lernsequenzen zusammenstellen.

Einen jüngsten Versuch, solche Nachteile zu vermeiden, stellt das Experiment eines *lernzielorientierten, Lernbereiche integrierenden Sprachbuches* dar („Sprachbuch Deutsch 2–4". Westermann Verlag, Braunschweig 1979/80). Ausgangspunkt jeder Lerneinheit oder Lektion ist nicht ein Lernziel oder ein Lernzielbündel, sondern ein Erfahrungsraum der Schüler (z. B.: Schwimmbad, Zoo, Heimtiere, Schulweg, Spielen auf der Straße). Nach Erfahrungsräumen ist das Sprachbuch gegliedert. Sie stellen auch den inhaltlichen Zusammenhang zwischen allen Teilen und Übungen einer Lerneinheit her. Das geschieht so, daß über Bilder und/oder kurze Texte sprachhandlungsträchtige Situationen aus dem Erfahrungsraum den Schülern vergegenwärtigt werden. Aus dem Bemühen, diese Situation zu bewältigen, erwachsen vielfältige Sprachhandlungen (z. T. vorgeführt und deshalb zu analysieren, z. T. nur angedeutet und deshalb zu erproben) und lassen sich Lernziele aus allen Lernbereichen des Deutschunterrichts ableiten. Keine Lernzielsystematik, sondern die vorgestellte, nachvollziehbare und nachspielbare Situation fordert also bestimmte Sprechhandlungen, bietet Schreibanlässe mit Hintergrundinformationen, regt zum Nachdenken über bestimmte grammatikalische Erscheinungen an, die in dieser Situation besonders häufig auftreten und/oder eine deutlich erkennbare Funktion haben, legt durch ihre inhaltliche Ausrichtung Wortmaterial und Texte nahe, die zur Behandlung bestimmter Rechtschreiberscheinungen auffordern. Die zwei-, manchmal vierseitigen Lerneinheiten bauen dabei aufeinander auf und erfüllen über allmähliche Progression der Anforderungen sämtliche Lehrplanauflagen, so daß der Lehrer guten Gewissens der Reihenfolge der vorgegebenen Lernschritte folgen kann.

Eine Lerneinheit „Wo sollen wir spielen?" wird z. B. mit einer Zeichnung eröffnet, auf der Schüler (vermutlich auf dem Heimweg nach der Schule) vor der großen Schaufensterscheibe eines Gemüseladens Fußball spielen und der Besitzer aus dem Laden kommt und sich ihnen zuwendet. Nach Bildbetrachtung und ersten Gesprächen kann der abgedruckte Dialogtext erarbeitet werden, in dem der Besitzer die Kinder mehrfach auffordert, woanders zu spielen (Einführung des Aufforderungssatzes und des Ausrufezeichens), die Kinder aber in korrespondierenden Sätzen ihre Erklärungen und Fragen äußern. In einem zweiten Abschnitt wird die Szene durch einen Text fortgesetzt, der viele Wörter mit rr, ff, ll enthält (Ball, Herr Müller, wollen, sollen; Rechtschreiben, Doppelkonsonanten). Auch der dritte Abschnitt setzt das Geschehen fort: Bildfolge (Mädchen folgt dem Ball auf die Straße, Herr Müller reißt es vor einem Auto zurück) und Text fordern zum Gespräch auf. Aus vier Überschriften ist eine passende auszuwählen (Textverständnis), und mit dieser Überschrift ist die Geschichte abzuschreiben (dabei Ausrufezeichen setzen und auf Wörter mit Doppelkonsonanz achten).

Ein zusätzlicher Grammatikanhang in dem Sprachbuch erlaubt außerdem eine systematische und zusammenfassende Wiederholung des grammatikalischen Grundwissens (kann eventuell auch für einen lehrgangsmäßigen Grammatikunterricht genutzt werden), ein entsprechender Rechtschreibanhang bietet viele zusätzliche motivierende Übungen (auch zur Differenzierung zu verwenden).

→ Curricula, Erziehung zur Kommunikationsfähigkeit, Grammatiktheorien, Kommunikation, Normen, Pragmalinguistik, Psycholinguistik, Semantik, Spracherwerb, Soziolinguistik, Syntax.

LITERATUR

K. Abels/K. O. Frank/P. Kern (Hg.): Sprachunterricht, Bad Heilbrunn 1978.

A. Agricola/E. Agricola: Wörter und Gegenwörter. Antonyme der deutschen Sprache, Leipzig 1977.

H. P. Althaus/H. Henne/H. E. Wiegand (Hg.): Lexikon der Germanistischen Linguistik, Tübingen 1973.

K.-D. Bünting: Einführung in die Linguistik, Frankfurt/Main [3]1972.

Der große Duden, insbesondere die Bände: Rechtschreibung (1), Stilwörterbuch (2), Grammatik (4), Etymologie (7), Synonymwörterbuch (8), Mannheim 1954ff.

W. Friederich: Moderne deutsche Idiomatik, München 1966.

J. Grimm/W. Grimm: Deutsches Wörterbuch, 32 Bde., Leipzig 1854–1960.

J. Lyons: Einführung in die moderne Linguistik. Aus dem Englischen übertragen von W. und G. Abraham, München 1971.

F. Kluge: Etymologisches Wörterbuch der deutschen Sprache. Bearbeitet von W. Mitzka, Berlin [20]1967.

S. Schödel: Linguistik, München 1972.

Th. Siebs: Deutsche Aussprache, hg. von H. de Boor, H. Moser, Ch. Winkler, Berlin [19]1969.

B. Sowinski (Hg.): Fachdidaktik Deutsch, Köln und Wien 1975.

W. Ulrich: Wörterbuch linguistischer Grundbegriffe, Kiel [3]1981.

W. Ulrich: Das Bild als Sprech- und Schreibimpuls, Frankfurt/Main 1976.

W. Ulrich: Linguistik für den Deutschunterricht, Braunschweig [2]1980.

W. Ulrich: Wörterbuch. Grundbegriffe des Deutschunterrichts. Sprachdidaktik und Literaturdidaktik, Kiel 1979.

WINFRIED ULRICH

Fachdidaktik, fremdsprachlich

1. FREMDSPRACHEN. Der besondere Begriff von Sprache, der den Bereich der Fremdsprachendidaktik (FSD) im Rahmen der Sprachdidaktik eingrenzt, wird definiert einerseits in Hinblick auf den spezifischen Kontext des Spracherwerbs, andererseits unter Hinweis auf die Reihenfolge beim Lernen und die Gewichtung von verschiedenen Sprachen. Das Gegensatzpaar „Muttersprache" (vgl. Fachdidaktik, eigensprachlich) und „Fremdsprache" (Gegenstand der FSD) spiegelt die „Natürlichkeit" bzw. „Künstlichkeit" (durch speziellen Unterricht) des Spracherwerbs wider; dem Begriff „Zweitsprache" kommt in diesem Zusammenhang eine vermittelnde Position zu, insofern er sich sowohl auf den natürlichen Zweitsprachenerwerb (das Lernen in einer zielsprachigen Umgebung ohne formale Unterrichtung – z. B. Einwanderer, Gastarbeiterfamilien) als auch auf das Lernen einer Sprache, die in einer zumindest teilweise bilingualen Gesellschaft unterrichtet wird, beziehen kann. Dagegen wird bei Berücksichtigung der Sprachenfolge und der relativen Bedeutung (politisch, gesellschaftlich, individuell) einer Sprache unterschieden zwischen Erst- oder Primärsprache, Zweit- oder Sekundärsprache und Dritt- oder Tertiärsprache, wobei in der FSD die erste und zweite Fremdsprache (FS) bisweilen als Sekundärsprachen, die weiteren FSen gewöhnlich als Tertiärsprachen bezeichnet werden.

2. FREMDSPRACHE UND GESELLSCHAFT. In der Bundesrepublik Deutschland haben sich insbesondere seit 1945 die modernen FSen gegenüber den klassischen Sprachen im Unterricht durchgesetzt; abgesehen von wenigen Ausnahmen (z. B. Humanistisches Gymnasium, gewisse regionale Unterschiede) hat sich *Englisch* mehr und mehr zur ersten FS in allen Typen des Schulsystems entwickelt, während *Französisch* meist, wenn auch mit Abstand, den Platz der zweiten FS einnimmt. Die traditionell erste oder zumindest zweite FS des gymnasialen Unterrichts, *Latein*, wurde im gleichen Zeitraum tendenziell auf den Status einer Tertiärsprache reduziert. Eine Sonderstellung nimmt der Unterricht in *Deutsch* als Zweitsprache ein, der für die ausländischen Arbeiter in der BRD vorgesehen ist, um auf dem Wege über die sprachliche Integration die soziale und ökonomische Gleichberechtigung zu fördern; er ist allerdings weitgehend noch ein Desideratum.

In dem bedeutsamen Wandel der fremdsprachlichen Situation nach 1945 zeichnen sich gesellschaftliche Entwicklungen ab, die auf den Bezug zwischen dem Sprachunterricht und dem gesellschaftlichen Reproduktionsprozeß verweisen. In neuerer Zeit werden verstärkt solche Zusammenhänge zwischen Gesellschaft und Fremdsprachenunterricht auch auf seiten der FSD gesehen und zum Gegenstand von wissenschaftlichen Untersuchungen gemacht (vgl. Schröder (Hg.) 1977, S. 56–63; Hunfeld (Hg.) 1977, S. 226–232; Kramer (Hg.) 1976, S. 3–68). Ein Blick auf die historische Entwicklung des Fremdsprachenunterrichts in Deutschland und speziell die unterschiedliche Situation in der BRD und DDR verdeutlicht ferner, welche unmittelbare Wirkungen von gesellschaftspolitisch motivierten Entscheidungen der politischen Gremien ausgehen (vgl. z. B. die verschiedenen Abkommen der Bund-Länder-Kommissionen seit Bestehen der BRD). Diese eher historisch ausgerichteten Forschungsschwerpunkte werden neuerdings ergänzt durch empirische Untersuchungen zum heutigen *Gebrauchswert* von FSen und zum *Fremdsprachenbedarf* in der modernen Arbeitswelt (vgl. Hunfeld (Hg.) 1977, S. 213–225); zusätzlich wird das tatsächliche schulische Angebot an FSen empirisch zu ermitteln versucht, um es mit individuellen und gesellschaftlichen Nachfragefaktoren zu vergleichen.

Daß die FSD sich gegenwärtig intensiver mit Fragen der *gesellschaftlichen Rahmenbedingungen* des Fremdsprachenunterrichts auseinandersetzt, hat mehrere Gründe; zwei seien insbesondere hervorgehoben:

1. Es reflektiert sich darin ein bestimmtes Entwicklungsstadium der FSD als eigenständiger und kritischer Wissenschaft; denn durch die Hinwendung zur Geschichte und zu Fragen der gesellschaftlichen Funktion von FSen wird die FSD sich auch ihrer eigenen gesellschaftlichen Rolle bewußt (vgl. Kramer (Hg.) 1976, S. 3–45) (siehe: FSD als *Wissenschaft*).

2. Der faktisch bestehende Fächerkanon des Schulunterrichts (insbesondere die Fremdsprachenfolge) wird in zunehmendem Maße von Vertretern der FSD hinterfragt, wobei vor allem der Fachverband Moderne Fremdsprachen (FMF) aktiv für eine *Sprachenpolitik* eintritt, um die gegenwärtige Situation durch eine Ausweitung des bestehenden Fremdsprachenunterrichts, eine größere Vielfalt der Wahlmöglichkeiten und durch die Diversifikation der FSen zu verändern (vgl. Hunfeld (Hg.) 1977, S. 226–231; Die Neueren Sprachen 2 (1979)). Danach würde die bisher erreichte Vereinheitlichung des Bildungssystems für die Mehrzahl der Schüler zwar nicht aufgegeben; aber die angestrebte freiere Wahl der ersten FS (darunter auch heutige Tertiärsprachen), die unterschiedliche Länge (z. B. Intensivkurse) und Zielsetzung (z. B. Sprachrezeption als primäres Lernziel) fremdsprachlicher Kurse, die Verbreiterung des

fremdsprachlichen Angebots auf bis zu vier FSen (beschränkt auf ein Leistungsniveau wie „Threshold Level") würde zu erheblichen Modifikationen des bestehenden Fremdsprachenunterrichts führen.

Kontroversen zwischen Vertretern verschiedener fremdsprachlicher Fächer an Schule und Hochschule und Diskussionen über die pädagogische Zielsetzung und gesellschaftliche Funktion des Fremdsprachenunterrichts bleiben unter diesen Umständen nicht aus. Vor allem der *Bildungswert* und der *Gebrauchswert* der FSen gerät dabei auf dem Hintergrund der europäischen Integration in das Zentrum fachdidaktischer Überlegungen; ein altes Thema des Fremdsprachenunterrichts lebt in einem veränderten gesellschaftlichen und schulischen Kontext wieder auf (siehe: Fremdsprachenunterricht – *Curriculum* . . .). Die europäische Dimension der Problematik zeigt sich schon allein darin, daß im Auftrag des Europarats das „Council of Europe" in Straßburg mit seinen Forschungen zu einem Unit/Credit – System (Baukastensystem) des Fremdsprachenunterrichts (bisher erschienen: Threshold Level, Waystage English, Un niveau-seuil) selbst einen Beitrag zur europäischen Sprachenpolitik leistet.

Die derzeitige Entwicklung des europäischen Fremdsprachenunterrichts in Richtung auf ein Leitsprachen-Prinzip, wie es sich im Vordringen des Englischunterrichts nicht nur in der BRD oder in der Beschränkung auf die zwei internationalen Sprachen, Englisch und Französisch, andeutet, reduziert die übrigen europäischen National- und Regionalsprachen langfristig auf den Status regionaler Dialekte; die politischen Folgen sind aufgrund der Kenntnis bereits existierender Sprachenkonflikte in Europa prognostizierbar. In der FSD wird daher zunehmend über das skizzierte Modell einer Diversifikation, das der Vielsprachigkeit Europas Rechnung trägt, nachgedacht; die bildungspolitischen Implikationen sind noch nicht überschaubar.

3. FREMDSPRACHENDIDAKTIK ALS WISSENSCHAFT. Die Erforschung der *Geschichte* des Fremdsprachenunterrichts, die einen Teil des Forschungsgebietes der FSD darstellt, fördert Erkenntnisse über die Rolle der FSD im gesellschaftlichen Rahmen und in der Wissenschaft zutage, die dazu beitragen, daß die FSD sich ihrer wissenschaftstheoretischen Voraussetzungen und ihres gesellschaftlichen Eingebundenseins bewußt wird. Nicht zufällig findet seit ungefähr 1970 die FSD als wissenschaftliche Disziplin verstärkt Zuspruch von seiten der Universitäten, zu einem Zeitpunkt, da die FSen an den Schulen ihren elitären Bildungswert verlieren und die enge Verbindung zwischen Philologie und Fremdspra-

chenunterricht hinterfragt zu werden beginnt (vgl. Kramer (Hg.) 1976, S. 282). Vor allem mit der verbindlichen Einführung der englischen Sprache an der Hauptschule verlagern sich die Lernziele allgemein deutlich zugunsten des Gebrauchswerts der FSen; an den Hochschulen gewinnt das sprachpraktische (Einrichtung von Sprachenzentren) und fremdsprachendidaktische (Einrichtung fremdsprachendidaktischer Lehrstühle) Angebot zu dieser Zeit an Bedeutung.

Im Gefolge des Einzugs der FSD in die Hochschulen auf breiter Ebene entwickelt sich eine rege Diskussion über das Verhältnis zwischen der jungen Wissenschaft und einerseits den etablierten *Fachwissenschaften* und andererseits der *Erziehungswissenschaft*, speziell der allgemeinen Didaktik.

In dieser Diskussion ist zunächst auffallend, daß die FSD im Gegensatz zu den *Fachdidaktiken* anderer Wissenschaften als eine Gruppe von Fachdidaktiken auftritt, die so viele Gemeinsamkeiten aufweisen, daß von einem übergreifenden Gegenstand der FSD gesprochen werden kann. Sicherlich bestehen Unterschiede zwischen den fremdsprachlichen Fachdidaktiken; sie ergeben sich nicht nur aufgrund der Tatsache, daß verschiedene Sprachen vertreten werden, sondern auch in Hinblick auf die unterschiedliche gesellschaftliche Bedeutung der Sprache (siehe: FS und *Gesellschaft*) und die damit verbundenen spezifischen Lernziele und unterrichtlichen Probleme (z. B. Englisch in lernschwachen Gruppen der Hauptschule). Insofern gibt es die FSD nur auf der Basis der Fachdidaktiken. Die Gemeinsamkeiten sind jedoch von so grundsätzlicher Natur, daß von einem Konzept *„Fremdsprachendidaktik"* ausgegangen werden kann, ohne damit in Konkurrenz zu den einzelnen Fachdidaktiken zu geraten.

So ist das Bezugsfeld *Wissenschaft – Schule – Gesellschaft* für die FSD wie für jede Fachdidaktik konstitutiv: Bezogen auf Unterricht beschäftigt sich die FSD mit Problemen der Lernziele, der Auswahl, Strukturierung und Progression fachlicher Inhalte, mit Problemen der Vermittlung und der Evaluation, mit Fragen des Lerners, der Lerngruppe, soweit sie nicht rein fachspezifische Lösungen verlangen.

Ein mehr oder weniger allgemeiner Konsens besteht über die Beziehung zwischen FSD und der *allgemeinen Didaktik*, auch wenn dies nicht impliziert, daß Einigkeit darüber bestünde, auf welche didaktische Theorie der Fremdsprachenunterricht sich berufen soll, wie gerade die Diskussion über fremdsprachliche Curricula gezeigt hat; in der Praxis der Unterrichtsvorbereitung zeichnet sich allerdings eine tendenzielle Bevorzugung des Didaktik-Modells der Berliner Schule ab. Die allgemeine

Didaktik wird demnach verstanden als Metatheorie der FSD, sofern der Fremdsprachenunterricht zu planen ist in Einklang mit den allgemeinen Zielen des Bildungssystems; insofern der Fremdsprachenunterricht aber die empirischen Daten für eine Evaluation der Theorie der allgemeinen Didaktik und der pädagogischen Ziele liefert, wirkt die FSD ihrerseits auf die allgemeine Didaktik ein: Das Verhältnis zwischen FSD und der allgemeinen Didaktik ist daher als *interdependent* zu bezeichnen (vgl. Piepho 1976, S. 24 ff.).

Daß von FSD als einer fachübergreifenden Disziplin ausgegangen werden kann, hängt auch damit zusammen, daß die Art des Bezugs zu den etablierten *Fachwissenschaften* den einzelnen fremdsprachlichen Fachdidaktiken gemeinsam ist. Im Fremdsprachenunterricht werden im Unterschied zu anderen Fächern nämlich nicht primär der Stoff oder die Methoden einer Wissenschaft gelehrt – eine Ausnahme bildet in dieser Hinsicht allerdings der Literaturunterricht auf der Sekundarstufe II, ferner der landeskundliche Projektunterricht (siehe: Fremdsprachenunterricht – *Stufen* . . .) –; im Mittelpunkt steht vielmehr grundsätzlich die *Sprachvermittlung,* welche übergeordneten Ziele auch immer verfolgt werden. Das Medium des Fremdsprachenunterrichts ist zugleich eines seiner wichtigsten Lernziele. Das Verhältnis der FSD zu den übrigen Wissenschaften, die sich mit Sprache beschäftigen, hat nicht zuletzt deswegen zu heftigen Kontroversen Anlaß gegeben, wobei sich im wesentlichen drei Positionen herausgebildet haben:

1) Es wird für eine *Trennung* von Fachwissenschaft und FSD plädiert; der FSD fällt die Aufgabe zu, die fachwissenschaftlichen Inhalte in Hinblick auf eine lehrende Vermittlung im Unterricht zu rezipieren und methodisch aufzubereiten. Diese These wird aufgrund der veränderten Situation des Fremdsprachenunterrichts theoretisch nur für begrenzte Bereiche (z. B. Literatur, Landeskunde) vorgetragen, dürfte aber in der Praxis ohne Differenzierung weit verbreitet sein.

2) FSD wird als eine *angewandte Wissenschaft* aufgefaßt, die die traditionellen Wissenschaften des FS-Lehrerstudiums zu Grund- oder Hilfswissenschaften werden läßt (vgl. Lorenzen (Hg.) 1977, S. 30 ff.). Von manchen Vertretern der FSD wird sie auch als eine „*Metawissenschaft*" (Piepho 1976, S. 25) der Fachwissenschaften bezeichnet. Nach dem Vorbild beispielsweise der Medizin wird FSD konsequenterweise zum Hauptbestandteil des Studiums. In Deutschland gibt es bisher nur Ansätze der Verwirklichung einer solchen Konzeption; ähnliche Tendenzen lassen sich aber auch in Großbritannien und den USA (unter der Bezeichnung „applied linguistics") feststellen.

3) FSD wird verstanden als eine *praktische Wissenschaft zwischen* den Fachwissenschaften und der Erziehungswissenschaft, wobei von manchen Vertretern der FSD die *Interdependenz* von FSD und Fachwissenschaft betont wird (vgl. Schröder (Hg.) 1977, S. 44). Meist bleibt es allerdings unklar, ob die FSD damit als Fachwissenschaft, Teil einer Fachwissenschaft oder eine besondere pädagogische Disziplin angesehen wird. Der Begriff „Integrationswissenschaft" (Piepho 1976, S. 25) dürfte von den meisten Befürwortern dieser Position akzeptiert werden. Auch eine Kombination verschiedener Positionen (vgl. Piepho 1976, S. 25) ist als eine Bestimmung des theoretischen Ortes der FSD ins Auge zu fassen. Eine abschließende Bewertung ist zum gegenwärtigen Zeitpunkt nicht möglich, zumal da das Verhältnis der FSD zu den einzelnen Fachwissenschaften nicht einheitlich ist. Zwar gibt es bezogen auf die einzelnen Wissenschaften oder ihre Teilbereiche eine Literaturdidaktik, eine Didaktik der Landes- oder Kulturkunde, Textdidaktik, Pragmadidaktik, kommunikative Didaktik einer FS. Nur vereinzelt oder überhaupt nicht wird dagegen von einer Didaktik der Phonetik oder der Linguistik (in der FSD bisher nicht) gesprochen; hier ist vielmehr zu verweisen auf Ansätze einer Aufarbeitung fachwissenschaftlicher Erkenntnisse unter didaktischen Gesichtspunkten oder auf neue Forschungszweige, die von der FSD angeregt oder in Kooperation mit den betroffenen Fachwissenschaften ins Leben gerufen wurden: Praxis der Aussprache einer FS, didaktisch/pädagogische Grammatik (Zimmermann 1977, S. 32 ff., Detering (Hg.) 1978, S. 86), Fremdsprachenlernpsychologie (Heuer 1976); gerade diese Entwicklung erlaubt es, Querverbindungen zur Sprachlehrforschung an Sprachenzentren zu ziehen.

Tendenziell lassen sich demnach zwei *Typen* von Fachwissenschaften, die für die FSD relevant sind, entdecken: Einmal Fachwissenschaften wie Literaturwissenschaft, Landeskunde, Teilbereiche der Linguistik und Kommunikationswissenschaft, deren wissenschaftliche Ergebnisse und Methoden selbst wesentliche Momente von Lernzielen, gerade auch übergreifenden, bildungspolitisch motivierten Zielen werden können. Zweitens Fachwissenschaften, deren wissenschaftliche Ergebnisse primär zur Effektivierung des unterrichtlichen Spracherwerbsprozesses eingesetzt werden und die sich nicht für übergreifende Bildungsziele oder Lernziele überhaupt eignen, wie Phonetik, weite Bereiche der Linguistik und die Fremdsprachenlernpsychologie. Auf wissenschaftlicher Ebene findet die Diskussion um den Bildungswert und den Gebrauchswert von FSen ihre Entsprechung (siehe: FS und Gesellschaft).

Allen Vorstellungen von FSD liegt die Idee zugrunde, daß die *Praxis* des Fremdsprachenunterrichts Maßstab des Erfolgs und Ziel fremdsprachendidaktischer Forschung ist. „Die Fremdsprachendidaktik als Wissenschaft ist verpflichtet, ihre Arbeitsergebnisse auf Verwendung in der Schulwirklichkeit zu prüfen und sie in Form von Methodiken zu formulieren." (Detering (Hg.) 1978, S. 95). FSD richtet sich dementsprechend gegen jede methodische Rezeptologie und ermöglicht eine kritische *Methodik* des Fremdsprachenunterrichts, der es um „Stundenwirklichkeit, Stundenaufbau, Stundenverlauf, kommunikative Prozesse" (Nissen 1974, S. 41) geht, eine Methodik, die kritisch ist, da sie die Theorie an der Praxis und die Praxis an der Theorie mißt, eine Methodik, die selbst zum Bestandteil fremdsprachendidaktischer Forschung wird.

4. FREMDSPRACHENUNTERRICHT – BESONDERE FORSCHUNGSSCHWERPUNKTE.

Die Forschungsschwerpunkte der FSD im Bereich des Fremdsprachenunterrichts sind sehr vielfältig (vgl. Hunfeld (Hg.) 1977, S. 240f.); eine Übersicht vereinfacht das Bild notwendigerweise und führt zu Verkürzungen. Die folgende Auswahl ist daher so strukturiert, daß das oft unübersichtliche Feld der Einzelergebnisse und Forschungsrichtungen auf dem Hintergrund des Faktorengefüges Unterricht in seinen Bezügen erkennbar wird.

4.1. Curriculum/Lehrplan/Lernziele.

Im Mittelpunkt der Curriculum-Diskussion am Ende der 60er Jahre stehen einerseits Lernzielfragen – vor allem Fragen der Verknüpfung von fachspezifischen und allgemeinen Zielsetzungen der Schule wie Emanzipation, Selbstbestimmung, soziales Lernen –, auf der anderen Seite Überlegungen zur Durchsetzung der Lernziele durch Operationalisierung. Der primär auf Inhalte ausgerichtete traditionelle Lehrplan wird revidiert. Es stellt sich bald heraus, daß das gewohnte Verfahren, Lernziele aus den Teilsystemen der Sprache abzuleiten, nicht geeignet ist, fachlegitimierende und fächerübergreifende Lernziele des Fremdsprachenunterrichts zu entwickeln, die mit den allgemeinen Lernzielen der Schule in Verbindung gebracht, geschweige denn von ihnen deduziert werden können. Zu diesem Zeitpunkt eröffnet die Entwicklung in der Soziolinguistik neue Möglichkeiten: Der Begriff der *„kommunikativen Kompetenz"* wird in die FSD übernommen und wird zum Kristallisationspunkt der fremdsprachlichen Curriculumforschung und -entwicklung, da er sich sowohl für eine sprachlich-handlungsorientierte (Pragmalinguistik) als auch eine pädagogisch-bildungspolitische (im Anschluß an Habermas; Neuner (Hg.) 1979, S. 14–16) Interpretation eignet. Mit dem Erstellen der ersten Fassungen der curricularen Richtlinien Anfang der 70er Jahre erreicht die fremdsprachliche Curriculumforschung ihren vorläufigen Höhepunkt. Dabei bleibt die Operationalisierung des Richtziels der „kommunikativen Kompetenz" mehr Wunsch als Wirklichkeit.

Zeitlich fällt die Rezeption des Begriffs der „kommunikativen Kompetenz" zusammen mit dem Vordringen der *audiovisuellen Methode* und dem Einzug technischer Medien in den Unterricht (insbesondere Sprachlabor, Tonband, Overhead-Projektor). Nicht zufällig wird infolgedessen eine Verwirklichung des kommunikativen Ansatzes zunächst auf dem Weg über die AV-Methode gesucht, da sie geeignet erscheint, die gewünschte Sprechfertigkeit optimal zu fördern. Die weitere Diskussion wendet sich deshalb zwei an sich verbundenen Problemkreisen zu, einerseits der Konkretisierung von „kommunikativer Kompetenz" als wissenschaftlichem Begriff der FSD, in deren Gefolge die Textdidaktik, Pragmadidaktik, kommunikative Didaktik sich etablieren (vgl. Piepho 1979, Neuner 1979), andererseits der methodischen Umsetzung mit Hilfe der AV-Methode, die in diesem Prozeß weiterentwickelt wird (vgl. Firges (Hg.) 1976), bis die Kritik am Behaviorismus und der strukturellen Linguistik schließlich auf die Ebene der Methodik durchschlägt (vgl. Kramer (Hg.) 1976, S. 180–201). Die zweite Fassung der curricularen Richtlinien (z. B. Nordrhein-Westfalen, Hessen) trägt der veränderten Lage zu Ende der 70er Jahre dadurch Rechnung, daß Prinzipien der kommunikativen Didaktik und der Textdidaktik übernommen werden, die AV-Methode ihren Einfluß auf das Curriculum dagegen verliert, ohne daß diese Entwicklung als abgeschlossen gelten kann. Die Mitwirkung des FS-Lehrers an der Weiterentwicklung der Lehrpläne und Richtlinien ist gefordert.

Die Auseinandersetzung mit dem Richtziel der „kommunikativen Kompetenz" und mit der kommunikativen Didaktik berührt den augenblicklichen Kernpunkt der curricularen Diskussion in der FSD, nämlich die Prinzipien der *Auswahl* und die *Sequenzierung* der *Lernziele*. Großer Einfluß geht von den Arbeiten des „Council of Europe" (siehe: FS und *Gesellschaft*) (vgl. Lorenzen (Hg.) 1977, S. 111–118) aus, da hier der kommunikative Ansatz bis hin zu einer konkreten Auswahl von Sprachfunktionen, Notionen und ihren entsprechenden formalsprachlichen Beständen durchgeführt ist. Bestimmend für die kommunikative Didaktik ist, daß die kommunikative Funktion von Sprache den arbiträren Regelungen des Sprachsystems gegenüber als vorrangig betrachtet wird, infolgedessen die kommunikativ wirksame Mitteilung (auch wenn formal fehlerhaft) höher eingeschätzt wird als die nur formalsprachlich richtige, ferner einer pragmalinguistisch ausgerichteten Progression der Lernziele der Vorzug gegeben wird gegenüber der traditionellen grammatischen Sequenzierung des sprachlichen Materials (vgl. Piepho 1979, S. 31; Neuner (Hg.) 1979, S. 69–94).

Kritische Hinweise zum kommunikativen Ansatz der FSD werden von Befürwortern wie auch Skeptikern gegeben. Einerseits wird betont, daß der Fremdsprachenunterricht in seinen Zielen nicht zu kurz greifen sollte, da Kommunikationsfähigkeit, verstanden im Sinne einer Kulturtechnik, die weiterführenden Ziele des Fremdsprachenunterrichts nicht berücksichtigt, eine Kritik, die gerade auf „Threshold Level" oder die ersten Lehrwerke auf kommunikativer Basis (z. B. das Lehrwerk „Strategies") zielt; von daher verstehen sich die Versuche, sowohl die *Diskurstüchtigkeit* als weiterführendes Lernziel zu konkretisieren (vgl. Kommunikativer Englischunterricht 1978, S. 40) als auch *textdidaktische* Gesichtspunkte hervorzukehren. Andererseits wird eine eher grundsätzliche Kritik angemeldet, die darauf verweist, daß der Schwerpunkt der fremdsprachlichen Arbeit auf der Ausbildung der linguistischen Kompetenz (im weiten Sinne), dem Lernen der arbiträren Regelungen der Sprache liegen müßte (vgl. Christ (Hg.) 1977, S. 109ff.), da aufgrund des Erwerbs der Muttersprache die kommunikativen Strategien und Diskursregeln größtenteils vorausgesetzt werden können; d. h., das fremdsprachliche Curriculum sollte den formalsprachlichen Aspekt (grammatischer Syllabus) über den kommunikativen stellen, gerade auch in Hinblick auf die damit verbundene Lernerleichterung (systematische Sequenzierung des sprachlichen Materials).

Eine Lösung der angesprochenen Problematik wird in der Vermittlung zwischen dem formalsprachlichen und kommunikativen Aspekt gesucht; es spielen aber auch die Zielsetzung der verschiedenen Schultypen und die Länge oder Adressaten eines Kurses (z. B. „English for special purposes", Fremdsprachenunterricht in der Erwachsenenbildung, Tertiärsprachen) eine Rolle.

4.2. Stufen/Schultypen/Abschlußprofile. Die Probleme, die sich aus der horizontalen Gliederung des Schulwesens ergeben, beschäftigen die FSD ebenso wie die der vertikalen Gliederung. Die Versuche mit dem Fremdsprachenunterricht auf der *Primarstufe* bilden inzwischen ein eigenes Feld fremdsprachendidaktischer Forschung. In den vergangenen Jahren wurden Fragen der Sprachenwahl, des Anfangsalters, der Teilnehmer (Stellungnahme gegen die selektive Wirkung des Fremdsprachenunterrichts), des Curriculum, der Methodik und des Medieneinsatzes (z. B.

imitative/kognitive Verfahren, Grammatikarbeit überhaupt, Stundendauer), der Lehrerauswahl (Fachlehrerprinzip?) und Fragen der Effektivität des Unterrichts untersucht. Die grundsätzlich positiven Ergebnisse täuschen nicht darüber hinweg, daß die Periode des Aufbruchs zu Ende ist, da aufgrund der gesellschaftlichen Rahmenbedingungen Skepsis gerechtfertigt erscheint. Untersuchungen über die Motivation der Schüler und Tests der Schülerleistungen (vgl. Preibusch 1979, S. 31, 163 ff.) zeigen, daß der Frühbeginn sinnvoll ist, wenn er entweder generell eingeführt (wie in Schweden) oder auf der Sekundarstufe I fortgeführt wird (positive Auswirkung auch auf lernschwache Schüler). Preibusch verweist auf das prinzipielle Problem: „Die Behandlung von Problemen eines früher als üblich beginnenden Fremdsprachenunterrichts wird erfolgreicher sein, wenn sie als ein ernsthaftes Angehen der überkommenen, ungelösten Probleme von Fremdsprachenunterricht überhaupt verstanden wird." (Preibusch 1979, S. 274).

Die *Sekundarstufe I* bietet ein reiches Forschungsfeld für die FSD, wie gerade die curricularen Neuansätze belegen. Die Auseinandersetzung mit dem kommunikativen Ansatz der FSD erklärt sich zu einem Teil aus der Erkenntnis, daß die modernen Fremdsprachen auf der Sekundarstufe I wie früher Latein eine Auslesefunktion (häufig schichtenspezifische Selektion) haben, die vor allem im Bereich der *Orientierungsstufe*, an den Gesamtschulen und der Hauptschule Kritik herausfordert. Die FSD begegnet dieser Situation mit Untersuchungen zum Curriculum, zur Motivierbarkeit des Schülers (vgl. Solmecke 1976) und zu den Gründen des Leistungsversagens (Lernschwäche), ferner mit Überlegungen zur inneren/äußeren Differenzierung und zu speziellen Bereichen der Methodik (z. B. Übungsformen). Unlösbar scheint das Problem zu sein, gemeinsame *Abschlußprofile* für die Sekundarstufe I aller *Schultypen* (vgl. DFU Heft 50, 2 (1979)) zu entwickeln, um den Übergang zur Sekundarstufe II (Gymnasium und berufsbildende Schulen) zu gewährleisten; hier bilden die besonderen Bedingungen der Hauptschule ein Hindernis, das durch Differenzierung der Lernziele beseitigt werden könnte (vgl. Walter 1979, S. 62–79), wobei einem Teil der Hauptschüler Englisch als qualifizierendes Leistungsfach mit der Möglichkeit des Übergangs zur Sekundarstufe II angeboten würde, während der lernschwächere Teil Englisch fertigkeitsorientiert ohne Leistungsdruck lernen würde. Es bleibt zu fragen, ob damit der Hauptschule aus dem Restschuldasein geholfen werden kann.

Die Abschlußprofile der Sekundarstufe I machen in einer zweiten Hinsicht noch weitere Untersuchungen notwendig: Die Frage ist zu klären, ob alle FSen oder zumindest die Sekundärsprachen das gleiche Leistungsniveau zu Ende der Sekundarstufe I erreichen sollten, um die Sprachenwahl auf der Sekundarstufe II nicht von vornherein auf die erste FS festzulegen (siehe: FS und *Gesellschaft*). Dies würde außerdem voraussetzen, daß es ein Lernziel des Fremdsprachenunterrichts in der ersten FS ist, das Sprachenlernen zu lernen; auch die Ausbildung von „study skills" wäre einzuplanen. Ein breites Forschungsfeld tut sich auf.

Die neugestaltete *Sekundarstufe II* stellt dem Fachdidaktiker die Aufgabe, nicht nur organisatorische Probleme (Erstellung von Grundkursen und Leistungskursen), sondern auch curriculare zu lösen. Über fachspezifische Ziele hinaus sind im gymnasialen und berufsbildenden Zweig je spezifische Curricula zu entwickeln, die trotz unterschiedlicher Lernziele im einzelnen dennoch zumindest für Teilbereiche des berufsbildenden Zweigs vergleichbare Anforderungen (Hochschulreife) stellen. Diese Aufgabe ist noch nicht befriedigend gelöst.

Im gymnasialen Bereich kann auf eine gewisse Tradition zurückgegriffen werden, da Literatur und Landeskunde den Stoff bieten, auf dessen Grundlage die curriculare Zielsetzung der Sekundarstufe II, Wissenschaftspropädeutik, verwirklicht werden kann, wobei als weitere Komponente die sprachpraktische Arbeit hinzutritt, die außerdem die Einsicht in den Spracherwerbsprozeß weiter vorantreiben soll (vgl. Bliesener 1977, S. 26). Die fachdidaktische Diskussion wendet sich hauptsächlich fünf Problemkreisen zu: 1) Wie lassen sich die Lernziele der Sekundarstufe II ohne einen stofflichen Kanon alter Prägung durchsetzen? 2) Wie können die Lernziele für die Grund- und Leistungskurse qualitativ differenziert werden? 3) Wie sollen die mündlichen und schriftlichen Leistungen (Bewertungsbogen, Test, Facharbeit) überprüft und gewichtet werden? 4) Wie können die Kurse geplant und organisiert werden? 5) Wie können die Anforderungen der Reifeprüfung harmonisiert werden? (Frage der Normenbücher) Gegenwärtig sind die Antworten der FSD auf die gestellten Fragen noch sehr uneinheitlich; weitere praktische Erfahrungen sind notwendig. Vor allem aber sind die Querverbindungen zum berufsbildenden Teil noch herzustellen, soweit dies bildungspolitisch gewünscht wird.

Der *tertiäre Bereich* ist erst seit kürzerer Zeit in den Forschungsbereich der FSD integriert. Schwerpunkte liegen in der Hochschuldidaktik (siehe: *Ausbildung* . . .); insbesondere der sprachpraktische Anteil des Studiums ist zum Brennpunkt von Forschungsprojekten (Sprachlehrforschung) geworden. Aber auch die Volkshochschulen werden im Zuge der Betonung eines lebenslangen Lernens vermehrt zu einem Forschungsfeld der FSD (vgl. VHS-Zertifikat). Im Gefolge von Bedarfsanalysen wird auch der betriebliche Fremdsprachenunterricht zu einem Teilgebiet der FSD (vgl. Schröder (Hg.) 1977, S. 269f.; Hunfeld (Hg.) 1977, S. 213ff.).

4.3. Lerner/Lernersprache/Fertigkeiten. Typologien des Lerners und Analysen des Lernprozesses stellen ein Gebiet fremdsprachendidaktischer Forschung dar, das in Kooperation mit anderen Wissenschaften untersucht wird. Psychologische und psycholinguistische Erkenntnisse sind von der FSD hinsichtlich ihrer Relevanz für den Fremdsprachenunterricht zu prüfen und in praktische Entscheidungshilfen umzusetzen. Die FSD gibt aber auch selbst der Forschung Impulse, die zu neuen Forschungsrichtungen (bezüglich des Spracherwerbs) führen/geführt haben.

Der Anteil von *Imitation und Kognition* im Lernprozeß (vgl. DfU Heft 43, 3 (1977)) stellt einen solchen Fragekomplex dar. Im Gefolge der Transformationsgrammatik ist auch in der FSD eine Hinwendung zu kognitiven Lehrverfahren zu verzeichnen, die jedoch noch nicht ausreichend auf der Basis empirischer Forschung beurteilt werden können; es ist in Erfahrung zu bringen, ob/welche Teilbereiche der Sprache sich eher für das eine oder andere Verfahren eignen und/oder ob nach unterschiedlichen Lernertypen im Fremdsprachenunterricht stärker methodisch differenziert werden müßte.

Ein zweites Forschungsfeld gruppiert sich um Fragen der *Motivation* (vgl. Solmecke 1976). Die Einstellung von Schülern (interne/externe, primäre/sekundäre Motivation) zum Fremdsprachenunterricht ist als ein wichtiger Faktor des Lernprozesses erkannt worden, so daß affektive Lernziele wieder stärkere Beachtung finden. Die unterrichtspraktischen Konsequenzen werden im Rahmen der kommunikativen Didaktik überdacht (z. B. im Zusammenhang mit Überlegungen zum Rollenverhalten: gespielte Rolle, Schülerrolle), ohne als abgeschlossen gelten zu können.

Mit dem Problem der Lernprozesse und der Motivation hängt indirekt auch die Diskussion über *Lernschwäche* zusammen, die von Fachdidaktikern bezüglich ihrer Ursachen unterschiedlich bewertet wird (vgl. Walter 1979, S. 35). Lösungsmöglichkeiten für die Praxis werden auf dem Weg über eine Differenzierung der Lernziele (siehe: Fremdsprachenunterricht – *Stufen* . . .) und methodische Maßnahmen (Stützkurse, kognitive Lernhilfen, eine erneuerte hauptschulgemäße Arbeitsweise) gesucht, nicht zuletzt um einer Zurücknahme des Prinzips „Fremdsprachenunterricht für alle", die von Politikern erwogen wird, entgegenzuwirken.

Die Entwicklung der kontrastiven Linguistik und Psycholinguistik hat maßgeblichen Einfluß auf die Untersuchung der Sprache des Lerners gehabt; die *Fehlerkunde* (vgl. Language Teaching 1978, S. 60ff.) und die

Analyse der *Lernersprache* (vgl. Heuer 1976, S. 27 ff.) haben als Forschungsgebiete sowohl der angewandten Linguistik als auch der FSD sich inzwischen etabliert und sind im Begriff, Einfluß insbesondere auf die Lehrwerkgestaltung (Modellierung der Zielsprache, Differenzierung der Fertigkeiten) zu nehmen. Ein weites Feld für Forschungsarbeiten (z. B. Diskurstüchtigkeit des Lerners) tut sich auf.

Die Analyse des Erwerbs von *Fertigkeiten* und ihrer Rolle im Fremdsprachenunterricht stellt seit Jahren für die FSD ein wichtiges Forschungsgebiet dar. Es liegen Untersuchungen vor zu den speziellen Anforderungen beim Erwerb der Fertigkeiten, zur Abfolge der Fertigkeiten im Lernprozeß, zum Bezug der Fertigkeiten aufeinander, zur Gewichtung im Gesamtcurriculum (in neuerer Zeit verstärkte Betonung der rezeptiven Fertigkeiten) und in einzelnen Zweigen oder Kursen der Sekundarstufe I und II. Die Kritik an der AV-Methode rückt die bisherige Forschung in ein neues Licht. Das Verhältnis zwischen Kognition und Fertigkeiten ist für den Fremdsprachenunterricht neu zu bestimmen; eine flexiblere Methodik dürfte angezeigt sein. Die Auswirkungen eines verstärkt auf Sprachrezeption ausgerichteten Fremdsprachenunterrichts (z. B. pädagogische Implikationen) und die Konsequenzen aus der geforderten Diversifizierung des Fremdsprachenunterrichts (siehe: FS und *Gesellschaft*) lassen überdies verstärkte Forschungsanstrengungen geboten erscheinen.

4.4. Methodik/Unterrichtsforschung/Tests. Die *audiovisuelle Methode* stellt eine Entscheidungshilfe der FSD vergangener Tage dar, die inzwischen nicht mehr unbesehen angenommen werden kann. Zwar ist die Brauchbarkeit der Methode in einer Reihe von empirischen Untersuchungen durchaus nachgewiesen worden; die theoretischen Prämissen (die Verwandtschaft mit Behaviorismus und Strukturalismus) aber rufen im Lichte neuerer Erkenntnisse der Linguistik und Lernpsychologie deutlich Kritik hervor (vgl. Kramer (Hg.) 1976, S. 202–246).

Die Diskussion um die *Einsprachigkeit* des Fremdsprachenunterrichts *(bilinguale Methode)* (vgl. Lorenzen (Hg.) 1977, S. 119–146) knüpft indirekt an die kritische Auseinandersetzung mit der AV-Methode an; ohne breitere empirische Basis sind hier weitere Überlegungen zur Theorie nicht sinnvoll. Da ein Methoden-Purismus sich in der Praxis des Fremdsprachenunterrichts bisher nicht bewährt hat, sollte geprüft werden, ob die zumindest in Teilbereichen bewährten Verfahren beider Methoden (z. B. Dialoglernen, Pattern Practice, zweisprachige Drills) nicht in den größeren Rahmen der *kommunikativen Didaktik* eingebettet werden können; in diesem Fall müßte ihr Stellenwert im gesamten Lernprozeß entsprechend den theoretischen Prämissen genauer bestimmt werden; dies würde aber auch eine Modifizierung des theoretischen Ansatzes der kommunikativen FSD bedeuten.

Von seiten der kommunikativen FSD lassen sich inzwischen erste methodische Neuansätze erkennen (vgl. Kommunikativer Englischunterricht 1978; Piepho 1979), die die semantisch-pragmatische Ebene der Sprache, ferner die Kreativität und Eigeninitiative des Lerners sowohl in den verschiedenen Phasen als auch bei bestimmten methodischen Verfahren (z. B. Übungen) stärker in den Vordergrund stellen. Eine wesentliche Neuerung ist auch von fremdsprachlicher *Gruppenarbeit* (vgl. Schwerdtfeger 1977) zu erwarten; die gewohnten Sozialformen des Fremdsprachenunterrichts sind betroffen. Die klassischen Gebiete methodischer Forschung in der FSD, Wortschatzarbeit, Grammatikunterricht und Textbearbeitung, treten zur Zeit hinter den Grundsatzfragen (kommunikativer Fremdsprachenunterricht) etwas zurück, werden allerdings ständig auf dem Hintergrund der allgemeinen Tendenzen in der FSD weiterentwickelt (vgl. Detering (Hg.) 1978, S. 97–156).

Die im Fremdsprachenunterricht ablaufenden kommunikativen Handlungen werden in einem neuen Forschungsgebiet, einer Verbindung von *Unterrichtsforschung* und *Sprachlehrforschung,* derzeitig zum Gegenstand von Untersuchungen. Da „Classroom Discourse Analysis" (vgl. Language Teaching 1978, S. 23–38) den linguistischen Hintergrund dieser Forschungsrichtung darstellt, sind wichtige Erkenntnisse bezüglich der kommunikativen FSD zu erwarten.

Die Entwicklung im Bereich der *Sprachtesttheorie* und *-praxis* verläuft analog zu der in der FSD allgemein. Die Epoche der psychometrisch-strukturellen Tests (vgl. Davies 1978, S. 148) ist abgelöst worden durch neue integrative/globale Testverfahren, die die kommunikative Wirkung einer Mitteilung, nicht mehr so sehr Einzelaspekte der Form in den Mittelpunkt rücken. Die Probleme, die sich daraus für die Validität und Reliabilität ergeben, bestimmen die gegenwärtige Praxis der Testerstellung und die Forschung.

5. LEHR- UND LERNMATERIALIEN

Lehrwerk/Medienverbund/Lehrwerkunabhängige Materialien. *Lehrwerksysteme* des Fremdsprachenunterrichts (technische Medien, Lehrbuch, Zusatzmaterialien) hängen von curricularen, linguistischen, lernpsychologischen und schulorganisatorischen Variablen ab. Da sie in der Praxis das faktische Curriculum bilden, bedürfen sie der *Lehrwerkkritik* und der *Lehrwerkforschung* (Schröder (Hg.) 1977, S. 131). Die heutigen fremdsprachlichen Lehrwerksysteme sind in ihrer Mehrzahl ein Produkt dieser Forschungstätigkeit zu Anfang der 70er Jahre; sie reflektieren infolgedessen in hohem Maße die Forschungslage zu einer Zeit, als das Richtziel der „kommunikativen Kompetenz" noch nicht konkretisiert war. Es gibt daher Neuansätze einer Lehrwerkkritik aus der Sicht der kommunikativen FSD. Wünschenswert wäre aber auch eine Intensivierung der vergleichenden Lehrwerkforschung, die gegenwärtig in begrenztem Umfang mit Mitteln der Datenverarbeitung und der empirischen Sozialforschung vorangetrieben wird (vgl. Christ (Hg.) 1977, S. 169ff., 182ff.).

Ein Hauptschwerpunkt gegenwärtiger Forschung liegt auf der Neuentwicklung von kommunikationsorientierten Lehrwerksystemen und *Medienverbundsystemen;* erstere (z. B. das Lehrwerk „Mainline Beginners") kennzeichnet die Progression nach pragmadidaktischen Gesichtspunkten (siehe: Fremdsprachenunterricht – *Curriculum*), letztere die Betonung der Authentizität der Sprache/Texte/Textsorten und die mediale Übermittlung in ihren tatsächlichen Erscheinungsformen (vgl. Kommunikativer Englischunterricht 1978, S. 58). Die bisher vorliegenden Medienverbundsysteme (z. B. „Challenges") haben außerdem Projektcharakter. Die Beurteilung dieser Medienverbundsysteme ist gegensätzlich: Verteidigen die einen die Medienverbundsysteme mit dem Hinweis auf die Möglichkeit der Erfahrung der modernen Informationswelt und die Natürlichkeit der Rede, kritisieren andere die ungenügende sprachliche Systematisierung und eine zu erwartende Überforderung des Lerners in sprachlicher Hinsicht (vgl. Christ (Hg.) 1977, S. 162). Bezüglich kommunikationsorientierter Lehrwerksysteme liegen noch zu wenige Erfahrungen vor; erste Anzeichen deuten darauf hin, daß die allgemeinen Lernziele der Schule möglicherweise vernachlässigt werden und Lernprobleme durch die Art der Progression nicht ausbleiben. Wissenschaftliche Untersuchungen sind erforderlich.

Hinsichtlich der Erforschung eines didaktisch vertretbaren *Medieneinsatzes* läßt sich das Bestreben erkennen, das Sprachlabor und andere auditive und visuelle Medien einerseits in ein Gesamtkonzept des stufen- und phasengerechten Einsatzes zu integrieren, andererseits zur Individualisierung des Fremdsprachenunterrichts und zum kreativen Umgang des Lerners mit der Sprache beizutragen (vgl. Lorenzen (Hg.) 1977, S. 228ff.; Kommunikativer Englischunterricht 1978, S. 58ff.). Gerade auch vom Medienverbundsystem sind hier neue Anstöße zu erwarten (z. B. Medieneinsatz in Selbst- oder Gruppenarbeit).

Lehrwerkunabhängige Materialien (vor allem literarische und landeskundliche Texte) spielen traditionell eine wichtige Rolle im Fremdsprachenunterricht. In Hinblick auf die kommunikative Wende der FSD werden mehr oder weniger authentische Texte zu Hörverstehens- und Leseverstehensübungen zusammengestellt, das Angebot an literarischen Texten und landeskundlichen Projektmaterialien wird erweitert.

6. AUSBILDUNG UND FORTBILDUNG VON FREMDSPRA-CHENLEHRERN
AUSBILDUNGS- UND FORTBILDUNGSSTÄTTEN

Die Frage der Ausbildung und Fortbildung des Fremdsprachenlehrers hat zu einer neuerlichen Diskussion in der FSD und den beteiligten Fächern geführt, die in der Form von „Überlegungen zu einem Curriculum" der Ausbildung und Fortbildung, vorgelegt von der FMF-Kommission in Heft 3 (1978) der Neusprachlichen Mitteilungen, einen vorläufigen Höhepunkt erreicht hat. Die gemachten Vorschläge sind nicht nur an sich von weitreichender Bedeutung, sie sind auch bildungspolitisch aus zwei Gründen brisant: Einmal bezieht ein Verband, der Repräsentanten aus Hochschule und Schule vereint, zu einer Zeit, da die Berufsspezifität des FS-Studiums in Frage gestellt wird, Stellung zugunsten der Professionalisierung des Lehrberufs; ferner plädiert er für die im wesentlichen bestehende Dreiteilung der Ausbildung und Fortbildung und berührt damit die Interessen der Hochschulen, Studienseminare und Akademien/Institute der Fortbildung. Einig sind sich alle Beteiligten, daß die Ausbildung und Fortbildung koordiniert werden müssen; so konkretisiert der FMF-Vorschlag auf der Basis der institutionellen Dreiteilung ein koordiniertes Curriculum. Um das ungelöste Theorie-Praxis-Verhältnis besser lösen zu können, wird von manchen Vertretern der Hochschulen und der Studienseminare eine institutionelle Integration verlangt, wobei der Schwerpunkt der Ausbildung je nach Interessenlage entweder an die Hochschule oder an das Studienseminar gelegt wird. Hinsichtlich der Fortbildung bestehen ähnliche Divergenzen.

Die inhaltliche Gestaltung des Curriculum der Ausbildung und Fortbildung ist mindestens ebenso bedeutsam wie die institutionelle Gliederung. Hier wird das Selbstverständnis der Fächer an den Hochschulen und der Fachleiter an Studienseminaren berührt, da die erste Phase der Ausbildung praxisbezogener und die zweite Phase theoriebezogener werden soll. Die Forderung nach Professionalisierung der Ausbildung verschiebt nach den Vorstellungen der FMF-Kommission das Angebot der Hochschulen zugunsten einer intensiveren, wissenschaftlich betreuten Sprach-

praxis und eines vergrößerten fachdidaktischen Anteils für alle Lehramts-
typen, so daß Literaturwissenschaften und Linguistik einen veränderten,
lehramtsspezifischen Stellenwert im Rahmen des sechs- oder achtseme-
strigen Studiums erhalten. Das Wissenschaftsverständnis der FSD wirkt
auf die Praxis ein, indem es sowohl die Lehre als auch ihren institutionellen Rahmen festlegt; die Kontroversen bleiben (siehe: FSD als *Wissenschaft*).

Die Fortbildung von FS-Lehrern ist bisher gekennzeichnet durch institutionelle, materielle und inhaltliche Mängel (vgl. Bliesener 1977,
S. 257 ff.). Das Problem des inhaltlichen Angebots ist aber nicht so
schwierig zu lösen wie die institutionelle Regelung der Fortbildung
(zentrale und/oder regionale Akademien/Seminare, Multiplikatorensy-
stem, Fachleute aus Schule und/oder Hochschule). Einigkeit besteht
darüber, daß jeder Lehrer in regelmäßigen Abständen an Fortbildungs-
Veranstaltungen (auch sprachpraktischen) teilnehmen sollte; die dienst-
rechtliche Seite ist aber umstritten. Als zusätzliche mediale Komponente
wird die Fortbildung durch Fernstudienlehrgänge empfohlen. In der
derzeitigen Lage sollten verschiedene Modelle der Fortbildung unter
wissenschaftlicher Begleitung entwickelt werden.

→ **Curricula, Erziehung zur Kommunikationsfähigkeit, Grammatiktheorien, Pragmalinguistik, Psycholinguistik, Soziolinguistik.**

LITERATUR

*U. Bliesener/K. Schröder: Elemente einer Didaktik des Fremdsprachenunterrichts
in der Sekundarstufe II, Frankfurt/Main 1977.*
*H. Christ/H.-E. Piepho (Hg.): Kongreßdokumentation der 7. Arbeitstagung der
Fremdsprachendidaktiker Gießen 1976, Limburg 1977.*
*A. Davies: „Language Testing" in: Language Teaching & Linguistics: Abstracts,
Survey article 3 (1978) S. 145–159.*
K. Detering/R. Högel (Hg.): Englisch auf der Sekundarstufe I, Hannover 1978.
R. Dirven (Hg.): Hörverständnis im Fremdsprachenunterricht, Kronberg/Ts. 1977.
*J. Firges/M. Pelz (Hg.): Innovationen des audiovisuellen Fremdsprachenunter-
richts, Frankfurt/Main 1976.*
H. Heuer: Lerntheorie des Englischunterrichts, Heidelberg 1976.
*H. Hunfeld (Hg.): Neue Perspektiven der Fremdsprachendidaktik, Kronberg/Ts.
1977.*
Kommunikativer Englischunterricht, hg. G. F. E., München 1978.
J. Kramer (Hg.): Bestandsaufnahme Fremdsprachenunterricht, Stuttgart 1976.

Language Teaching & Linguistics: Surveys, Cambridge 1978.

K. Lorenzen (Hg.): *Theorie und Praxis des Englischunterrichts*, Bad Heilbrunn 1977.

G. Neuner (Hg.): *Pragmatische Didaktik des Englischunterrichts*, Paderborn 1979.

R. Nissen: *Kritische Methodik des Englischunterrichts*, Heidelberg 1974.

H.-E. Piepho: *Einführung in die Didaktik des Englischen*, Heidelberg 1976.

H.-E. Piepho: *Kommunikative Didaktik des Englischunterrichts Sekundarstufe I*, Limburg 1979.

W. Preibusch: *Frühbeginn des Englischunterrichts als didaktisches Problem*, Weinheim 1979.

W. M. Rivers: *Der Französisch-Unterricht – Ziele und Wege*, Frankfurt/Main 1978.

K. Schröder/T. Finkenstaedt (Hg.): *Reallexikon der englischen Fachdidaktik*, Darmstadt 1977.

I. C. Schwerdtfeger: *Gruppenarbeit im Fremdsprachenunterricht*, Heidelberg 1977.

G. Solmecke (Hg.): *Motivation im Fremdsprachenunterricht*, Paderborn 1976.

G. Walter: *Englisch für Hauptschüler*, Königstein/Ts. 1979.

G. Zimmermann: *Grammatik im Fremdsprachenunterricht*, Frankfurt/Main 1977.

GÜNTER NOLD

Grammatiktheorien
und ihre Relevanz für die Fachdidaktik

1. FACHWISSENSCHAFT UND FACHDIDAKTIK. Im Zuge der – nicht immer freundlich aufgenommenen – *„Linguistisierung"* des Sprachunterrichts wurden auch moderne Grammatiktheorien (GT) in die Diskussion eingebracht. Das lag zunächst daran, daß die Linguistik – von Amerika und England erst spät in die Bundesrepublik kommend – sich vornehmlich mit der Theorie des Systems der Gegenwartssprache befaßte und später auch andere Disziplinen, die für den Sprachunterricht interessant sind, entwickelte, z. B. die Psycholinguistik („gegründet" 1955), die Pragmalinguistik (als Theorie der Sprachverwendung) oder die Textlinguistik und die Kontrastive Linguistik.

Die zunächst begeisterte Übernahme lag weiter daran, daß Sprachwissenschaft in Deutschland bis in die 50er Jahre überwiegend als Sprachgeschichte bekannt war und daß sich deutsche Vertreter neuerer Sprachtheorien – vor allem Glinz und die Schule um Weisgerber – nur in Nordrhein-Westfalen auf Dauer in der Fachdidaktik etablieren konnten.

Die Entwicklung lief für den *Fremdsprachenunterricht* und den *Deutschunterricht* verschieden. Während der Fremdsprachenunterricht, besonders in den lebenden Sprachen, mehr und mehr die direkte Methode des Einübens von Sprachpatterns der kognitiven Unterrichtung über Grammatik und grammatische Regeln vorzog, konnte der Deutschunterricht neuere Ansätze der Sprachbetrachtung direkt aufgreifen und in Sprachbüchern, insbesondere im Lernbereich „Reflexion über Sprache – Grammatik" verarbeiten. Während die Fremdsprachendidaktik sich besonders auf die Psycholinguistik berief und eine funktionelle Teildisziplin, die Kontrastive Linguistik, schuf und sich ansonsten nur indirekt auf GT bezog, kam es im Deutschunterricht zu direkten Umsetzungen.

Außerdem ist die Linguistisierung des Deutschunterrichts und auch die Kritik an ihr im Zusammenhang mit tiefgreifenden Veränderungen im Selbstverständnis der Fachdidaktik Deutsch zu sehen. Diese hatte sich früher – d. h. bis in die 60er Jahre – überwiegend um die Methodik des Deutschunterrichts gekümmert – man erinnere sich an die bekannten Methodiken von Ulshöfer, Essen und anderen. Jetzt wird der Bezugsrahmen sowohl fachwissenschaftlich um die Pädagogik, Psychologie, Soziologie, Kommunikationstheorie, allgemeine Curriculumtheorie erweitert, als auch die eigentliche *„Didaktik"*, die Wissenschaft von der Auswahl und Legitimation von Lerngegenständen, begründet – pädagogisch begründet im wesentlichen von der *Göttinger Schule* (Weniger, Klafki) mit der Auswahl von Lerngegenständen nach ihrem Bildungswert und der *Berliner Schule*, die vor allem lerntheoretische Gesichtspunkte und die genannte Erweiterung der Bezugswissenschaften propagierte.

Niemals aufgehört hat im Deutsch- wie im Fremdsprachenunterricht die fachwissenschaftliche – hier sprachwissenschaftlich-linguistische – Legitimation neuer Konzepte, wobei jeweils die „neuesten Ergebnisse" der Fachwissenschaft herangezogen wurden. Wir beobachten das im Augenblick für die Pragma- und Psycholinguistik. Die weitere Verbreitung neuer sprach- und grammatiktheoretischer Ansätze mit dem Schwerpunkt Gegenwartssprache beginnt in Deutschland mit den frühen 50er Jahren.

Ich gebe im folgenden einen kurzen Überblick über die entsprechenden Ansätze bei Glinz und Weisgerber und danach einen Einblick in die neueren GT und diskutiere jeweils ihre Relevanz für den Sprachunterricht, so wie sie sich heute darstellt.

2. DIE OPERATIONALE GRAMMATIK. Lediglich deutschdidaktisch relevant geworden ist die sogenannte operationale Grammatik. 1954

hat Glinz, selbst als Lehrer ausgebildet, mit seinem Buch „Die innere Form des Deutschen" eine Tradition der Volksgrammatik wiederaufzunehmen versucht, die mit dem Lehrer Becker bereits an der Wiege der Sprachwissenschaft begonnen hatte.

Er versuchte, nur mit deutschen Begriffen und mit „Sprachproben", *operationalen Entdeckungsprozeduren*, der *Umstellprobe* (in Sätzen werden Satzglieder umgestellt) der *Ersatzprobe* (es wird durch Ersetzen geprüft, was wo stehen kann), der *Streichprobe* (was muß ein Satz mindestens enthalten?) und der *Klangprobe* (wo sind satzmelodische Grenzen?) – so etwas wie einen natürlichen Zugang des Sprachteilhabers zur deutschen Grammatik aufgrund von Entscheidungen aus dem Sprachgefühl zu schaffen.

An sich handelt es sich bei den Proben um Entdeckungsprozeduren, wie sie im linguistischen Strukturalismus im Zuge des Segmentierens und Klassifizierens (s. unten 4.) auch angewendet werden. Allerdings stand Glinz mit seinen deutschen Begriffen für die grammatischen Kategorien und Funktionen – z. B. mit *Grundgröße* für die finite Verbform, *Zuwendgröße* für Dativobjekt, *Zielgröße* für Akkusativobjekt u. a. – außerhalb der strukturalistischen Denkkategorien; diese Begriffe schuf er unter dem Einfluß der inhaltsbezogenen Sprachtheorie um Weisgerber.

In einer Reihe von Arbeiten zur praktischen Anwendung seiner Ideen und bei der Mitarbeit an einem Sprachbuch („Deutscher Sprachspiegel", Pädagogischer Verlag Schwann, Düsseldorf, für Gymnasien und Realschulen) hat er den didaktischen und schulmethodischen Nutzen seines Modells aufzuzeigen versucht. Seine Schüler – z. B. Brinker, Sitta, Switalla – setzen seine Gedanken z. T. bis heute fort. Wenn auch die deutsche Begrifflichkeit von Glinz selbst wieder aufgegeben wurde (vgl. H. Glinz et al.: Deutsche Grammatik, 4 Bde. 1970ff. und E. und H. Glinz: Schweizer Sprachbuch, Zürich 1976 ff.), so sind die Proben Allgemeingut des Sprach- und Grammatikunterrichts geworden.

3. DIE INHALTSBEZOGENE GRAMMATIK.
Glinz steht im Umfeld der *inhaltsbezogenen* Sprachwissenschaft, die bereits vor dem 2. Weltkrieg von Weisgerber grundgelegt und in seinem vierbändigem Werk „Von den Kräften der deutschen Sprache" (Düsseldorf 1950) näher ausgeführt wurde. Weisgerber bezieht sich auf Wilhelm von Humboldt, der ausgeführt hatte: „Wenn in der Seele wahrhaft das Gefühl erwacht, daß die Sprache nicht ein bloßes Austauschmittel zu gegenseitigem Verständnis, sondern eine wahre Welt ist, welche der Geist zwischen sich und die Gegenstände durch die innere Arbeit seiner Kraft setzen muß,

dann ist sie auf dem wahren Wege, immer mehr in ihr zu finden und in sie zu legen."

Weisgerber, 1950, S. 7f. sagt: „Ausgehend von der Erkenntnis, daß die Sprache kein Ergon, kein abgeschlossenes, ruhendes Gebilde, sondern eine *Energeia*, eine immerfort tätige Kraft ist, sieht die Sprachforschung hier die erste, innerliche Leistung jeder Sprache: die Sprache als eine Kraft geistigen Gestaltens, insofern sie aus den Grundbedingungen der gegebenen Welt und des menschlichen Geistes die *gedankliche Zwischenwelt* herausformt, in deren geistiger Wirklichkeit das bewußte menschliche Tun sich weithin abspielt."

Von daher hat Weisgerber u. a. auch den (formalen) Grammatikunterricht kritisiert, vgl. Weisgerber 1951, S. 7: „Der Deutsche Sprachunterricht ist tot, und viele wünschten ihn längst begraben . . . Was wir hier erleben, ist tatsächlich ein Ende. Vielleicht nicht das Ende des Sprachunterrichts, aber sicher das Ende einer bestimmten Form des Sprachunterrichts, der Grammatik."

Diese Voraussage hat sich nicht erfüllt – weder im Fremdsprachennoch im Deutschunterricht. Obwohl die inhaltsbezogene Richtung durch Schulenbildung in Nordrhein-Westfalen lange Zeit dominierte und auch einige Deutschdidaktiker hervorbrachte, ist die direkte Umsetzung in die Schule ausgeblieben – dazu ist der Ansatz wohl auch zu verschwommen. Anklänge finden sich im bereits erwähnten „Deutschen Sprachspiegel", und bei den heute noch benutzten Sprachbüchern kann man etwas in „Unsere Welt in unserer Sprache", Bayerischer Schulbuchverlag, München 1970 ff. und in den alten Auflagen von „Wort und Sinn" (Schöningh Verlag, Paderborn), „Sprachwelt" (Kamp Verlag, Düsseldorf) und „Mein Sprachbuch" (Schroedel Verlag, Hannover) finden. Einflüsse sind noch in den neuen Lehrplänen Deutsch für Nordrhein-Westfalen (alle Schularten 1975 ff.) enthalten.

Die Göttinger Schule (vgl. oben S. 89) fühlte sich in besonderer Weise der inhaltsbezogenen Sprachwissenschaft verpflichtet. „Für den ‚*muttersprachlichen Unterricht*‘ bot sich die Sprachinhaltsforschung als Bezugswissenschaft einer so orientierten Fachdidaktik an: Sprache als ‚Schlüssel zur Welt.'" (Eichler et al. 1980)

4. DER LINGUISTISCHE STRUKTURALISMUS
Sprachsystembegriff und Methoden
Die Wurzeln des *linguistischen Strukturalismus* liegen in Westeuropa und reichen weit in die Vorkriegszeit, ja sogar in das vorige Jahrhundert zurück. Seit der Begründung um die Jahrhundertwende durch de Saussu-

re hat der linguistische Strukturalismus in der Zeit zwischen den Weltkriegen mehrere Schulen hervorgebracht: die Kopenhagener Schule um Hjelmslev, die Prager Schule um Trubetzkoj und Jakobson (letzterer später in Schweden und Amerika), die amerikanische Schule um Bloomfield und den französischen Strukturalismus um Lévi-Strauss, der sich auf die Sprachinhaltsanalyse konzentrierte. In Deutschland begann die Rezeption – bedingt durch die Isolierung Deutschlands von den sprachwissenschaftlichen Strömungen in der NS-Zeit – erst in den 50er Jahren (DDR) und schließlich in den 60er Jahren in der Bundesrepublik.

Seit de Saussure untersucht der linguistische Strukturalismus als eine methodisch bestimmte Richtung innerhalb der Sprachwissenschaft sprachliche Äußerungen und Texte auf ihre *Ausdrucksform* (Formaspekt der Sprache). Zugrunde liegt die Auffassung, daß Sprache als ein *System von Zeichen* erkannt wird. Unter System wird dabei eine endliche Menge von Sprachzeichen und die Regeln ihrer Konstruktion und Verknüpfung angesehen. Es wird als relativ unabhängig von seinen Gründen und seinen Zwecken (Kommunikation, Inhalt) existierend gedacht. Das Sprachzeichen selbst wird als willkürliche Verbindung einer *Form* (Zeichenkörper) mit einem *Inhalt* (Zeichenbedeutung) angesehen, wobei die Zeichen als *relative Werte* im Sprachsystem in ihrem Verhältnis zueinander analysiert werden sollen – „was funktioniert gleich, ungleich, tritt miteinander auf, tritt nicht miteinander auf" usw. Die Unterschiede werden als *Oppositionen*, z. B. Lautoppositionen, Bedeutungsoppositionen, erkannt, das (Miteinander-) Auftreten als *Distributionen*.

Das Zeichensystem Sprache soll nach Auffassung der Strukturalisten (nur) unter neutralen – d. h. von jedem nachvollziehbaren – Operationen studiert werden, diese sind Operationen des *Segmentierens*, des Unterteilens, Auseinandertrennens von Einheiten, z. B. von Sätzen in Satzglieder, von Satzgliedern in Wörter (Morphe), Wörtern in Laute (Phone), und des *Klassifizierens*, d. h. der Benennung von Lautklassen (*Phonemen*), Bedeutungsklassen (*Morphemen*), Konstruktionsklassen (Satzglied- und Satzmuster).

Dazu ein Beispiel: In einem gegebenen Sprachkorpus (z. B. einem Text, einer Tonbandaufnahme) oder mit einem Sprecher werden Einheiten (die ggf. wiederkehren oder sonstwie abgrenzbar sind) herausgegliedert (segmentiert) und anderen gegenübergestellt, die minimal (d. h. in einem Element) abweichen oder minimal gleich sind (Minimalpaarbildung zu Oppositionen). Diese Elemente und ihre Bausteine werden dann auf ihre Funktion im Sprachsystem untersucht, z. B.:

Er ging in den Garten.
Vater ging in den Garten.
liegen vs. *lügen*

In den Beispielen sind es die Einheiten *Er* vs. *Vater*, die selbst eine Bedeutung tragen und die Einheiten *ie* vs. *ü*, die bedeutungsunterscheidende Funktion haben. Durch Bildung immer weiterer Minimalpaare kann man auf Einheiten einer Klasse oder einer Art hin segmentieren, hier z. B. auf die Phoneme – Lautklassen, die Bedeutungsunterschiede bewirken:

$$\begin{array}{lllll} liegen & liegen & liegen & liegen & liegen \\ siegen & lügen & liefen & liegst & liege \end{array} = \textit{l/ie/g/e/n}$$

Danach kann ein Inventar der analysierten Phoneme aufgestellt werden:

/l/, /ie/, /g/, /e/, /n/, /s/, /ü/, /f/, /st/ usw.

Wichtig ist dabei nicht so sehr die Lautqualität (Phonaspekt) von Lauten, sondern ihre Funktion im Sprachsystem und ihre Abgrenzbarkeit zu allen übrigen Einheiten derselben Analyseebene.

Auch auf der Ebene der bedeutungstragenden Einheiten, der Wörter, der Wortformen und Wortbildung kann man solche Einheiten analysieren: die Morpheme. Man kann sie in drei Klassen einteilen:

1) *Lexeme*, Stammorpheme, das sind Einheiten, die für sich allein Bedeutung tragen, wie:
   Haus   sind-   fried-   vor.
2) *Flexive*, das sind Morpheme, die nur in Verbindung mit einem Lexem Bedeutung tragen und eine andere Flexionsform herstellen, wie:
   -en in *liegen,   -st* in *liegst* oder   *-e* in *Laute.*
3) *Derivative*, die wie die Flexive, nur in Verbindung mit einem Lexem Bedeutung tragen und ein neues Wort ableiten, wie:
   ver- in *versprechen* oder *-heit* in *Freiheit.*

Auch mit Sätzen und Satzgliedern hat sich der Strukturalismus beschäftigt.

Die fachdidaktische Relevanz des Strukturalismus ist in verschiedener Hinsicht gegeben:

1) Es wurden insbesondere präzise Untersuchungen des Spracherwerbs angeregt; berühmt ist das Buch von Jakobson „Kindersprache, Aphasie und allgemeine Lautgesetze", sowie die Morphemerwerbsuntersuchungen von Berko 1958, Anisfield und Tucker 1966 für das Englische.
2) Es wird das Konzept des „operativen Sprachunterrichts", das aktive

Umgehen, Abwandeln und Austauschen von Sprachpatterns z. B. im Fremdsprachenunterricht, aber auch im Lese- und Schreibunterricht des Deutschen von daher mitbegründet.

3) Die Sprachuntersuchung kann erheblich exakter und schüleraktiver gestaltet werden, gewissermaßen „Sprachbetrachtung als methodische Strategie". Damit kann die Einsicht in den Bau einer Sprache wesentlich vertieft werden. So lassen sich auch Sprachgesetze (Lautverschiebungen, Wandel im Formenbildungssystem des Deutschen, wie sie allgemein Gegenstand des Sprachunterrichts auf der Oberstufe sind) präziser erarbeiten und eine kontrastive Grammatik (Fremdsprachenunterricht) wesentlich besser vermitteln.

4) Schließlich hat der Strukturalismus, besonders auch der französische, objektive Textanalysen in der Schule wesentlich befruchtet.

5. DIE KONSTITUENTENSTRUKTURANALYSE. Die *Satzmuster* und Konstruktionen der *Satzglieder* wurden von den amerikanischen Strukturalisten im wesentlichen im Anschluß an die traditionelle Grammatik auf *grammatische Kategorien* (Wortarten wie Nomen, Verb, Adjektiv usw. und „Phrasen" wie Nominalphrase, Verbalphrase, Präpositionalphrase) und auf *grammatische Funktionen* (wie Subjekt, Prädikat, Objekt, Attribut, Adverbial) analysiert. Neu hinzu kommt die strikte Analyse auf *Konstituentenstrukturen*, also nach dem Prinzip „etwas ist in etwas enthalten" und „etwas und etwas begründen zu zweit etwas Neues" und die Darstellung von Satzstrukturen in *Konstituenten-(„Stamm-")bäumen*, vgl. z. B. die Segmentation

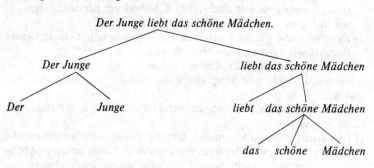

Der Junge liebt das schöne Mädchen.

94

mit der Klassifikation der Konstituenten:

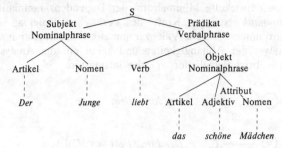

Die Konstituentenstrukturdarstellung, die der traditionellen Grammatik zugrundeliegt, hat in der Schulpraxis vor allem des Deutschunterrichts Bedeutung erlangt: Sie findet z. B. in den Sprachbüchern „Wort und Sinn" (Schöningh Verlag, Paderborn), „Sprache und Sprechen" (Schroedel Verlag, Hannover) oder in Eichler-Bünting: „Schulgrammatik der deutschen Gegenwartssprache" (Schroedel Verlag, Hannover 1978) Verwendung.

6. DIE DEPENDENZ- UND VALENZGRAMMATIK. Eine andere Richtung in der Analyse syntaktischer Beziehungen ist die in Frankreich und von daher auch in Deutschland verbreitete *Dependenzgrammatik*.

Die Dependenzgrammatik, entwickelt eigentlich für schulpraktische Zwecke von Tesnière und in manchem Hintergrund auch für das Glinzsche Modell (s. o. S. 90 f.), analysiert die Beziehungen zwischen den Elementen (Wörtern/Satzgliedern) eines Satzes unter dem Gesichtspunkt der *Abhängigkeit*. Als oberstes Glied in der Abhängigkeitshierarchie wird das *Verb* gesehen. Die dependentielle Analyse unseres einfachen Satzes sieht so aus:

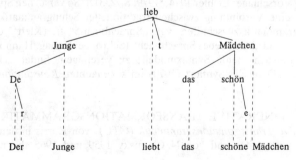

Schulpraktische Bedeutung erlangt hat eine vor allem in der DDR in den 50er Jahren entwickelte Minimalform der Dependenzgrammatik: die *Valenzgrammatik*. Nur die „Kraft" des Verbs, Satzglieder an sich zu binden, wird untersucht. Die Valenzgrammatik verzichtet damit auf die totale Analyse der Abhängigkeiten und kennt nur die Analysestufe Verbform – übrige Satzglieder, vgl. die Satzmuster:

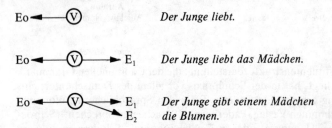

Verdient gemacht haben sich um diese Variante vor allem Helbig/ Buscha, „Deutsche Grammatik" (Leipzig ⁴1972) und die „Grammatik der deutschen Gegenwartssprache" der Duden-Redaktion (Mannheim, ständig Neuauflagen).

Die Valenzgrammatik wird vor allem deshalb in Sprachbüchern für den Deutschunterricht eingesetzt, weil angenommen wird, daß Abhängigkeitsbeziehungen vor allem den jüngeren Schülern am ehesten begreifbar sind.

Die Mängel der Dependenz- und Valenzgrammatik bestehen in der komplexen Syntax. Es gibt dazu zwar Vorschläge (Heringer, Aufsatz 1970), sie sind in der Schule aber so nicht realisiert worden (vgl. meine eigenen Vorschläge: Eichler 1974, ²1979, S. 233f.). So versuchen Sprachbücher, eine Verbindung zwischen traditioneller Schulgrammatik und Valenzgrammatik zu schaffen, vgl. „Sprachbuch 5" ff. (Klett Verlag, Stuttgart) und „Mein neues Sprachbuch" (Schroedel Verlag, Hannover).

Der Versuch, beide Syntaxmodelle zu vereinigen, findet sich bei Heringer „Deutsche Syntax" (1970) im sogenannten *Konstitutionsmodell*.

7. DIE GENERATIVE TRANSFORMATIONSGRAMMATIK. Die *Generative Transformationsgrammatik (GTG)*, von Harris in den 50er Jahren vorbereitet und von N. Chomsky 1959 und 1965 theoretisch

begründet und entwickelt und in mehreren Arbeiten weitergeführt, ist sowohl forschungsgeschichtlich als auch in wichtigen Grundannahmen die direkte Fortsetzung des amerikanischen Strukturalismus und der Konstituentenstrukturanalyse.

Die GTG ist eine *Syntax*theorie, d. h. man geht von der Satzkategorie aus und denkt sich nach der Formierung der Satzstruktur Wörter und Wortformen eingesetzt und gebildet. Die GTG übernimmt die Begriffe Phonem, Morphem, Konstituentenstruktur vom linguistischen Strukturalismus, die Wortart- und Funktionsbegriffe von der klassischen Grammatik.

In der Transformationsgrammatik werden die sprachlichen Strukturen, so wie sie uns an der Oberfläche des Sprechens begegnen, als auf mehreren Ebenen entstanden gedacht. Es wird angenommen, daß für den Satz zunächst eine (abstrakte) *Tiefenstruktur* nach Art einer Konstituentenstruktur gebildet wird, *die alle syntaktischen Beziehungen nach Funktion und Kategorie,* die in einem Satz gegeben sind, *enthält.* In diese werden dann die semantischen Träger („Wörter") eingesetzt, und sie wird dann, auch unter situativen und kontextuellen Bedingungen, in eine konkrete *Oberflächenstruktur* übergeführt. Die Regeln der Überführung nennt man *Transformations-(Umformungs-)regeln.* Sie wandeln eine Struktur in eine oder mehrere andere um, sie machen nicht nur abstrakte Strukturen konkret, sondern stellen auch verschiedene Satzarten (Hauptsatz, Gliedsatz, Fragesatz) oder Mitteilungsperspektiven (Aktiv- vs. Passivsatz oder Aufforderungs- oder Aussagesatz) her.

Der Gedanke, daß sprachliche Äußerungen geregelt auf mehreren Ebenen entstehen, brachte enorme Fortschritte bei der Sprachanalyse und Erklärung bislang problematischer Phänomene. So konnte man z. B. *Satzverwandtschaften* als grammatisch geregelt erklären, vgl. z. B. die Transformationen in den Sätzen:

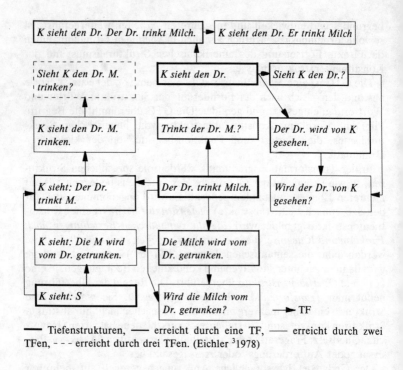

—— Tiefenstrukturen, —— erreicht durch eine TF, —— erreicht durch zwei TFen, - - - erreicht durch drei TFen. (Eichler ³1978)

Auch *Wortbildungen* werden mit Hilfe der Transformationsregeln gebildet und sind als (Verkürzungs)transformationen eines Satzes, eines Satzgliedes oder Satzkomplexes zu verstehen, z. B.:

Ein Glas mit/für Hering:	*Heringglas*
Ein Glas, das spiegelt:	*Spiegelglas*
Etwas wird gelehrt:	
Jemand lehrt:	*Lehre*
Etwas wird gebogen:	
Jemand biegt:	*Biegung*
Jemand, der (von Beruf) lehrt:	*Lehrer*
Jemand, der (von Beruf) schneidet:	*Schneider*
Mit Arbeit erreichen:	*erarbeiten*
Kalt werden:	*erkalten*
Immer wieder klingen:	*klingeln*

Die hier angedeuteten Beziehungsverhältnisse, über die der Sprecher ganz selbstverständlich verfügt, sind erst mit Hilfe der Transformationsregeln der GTG präzise erklärbar geworden. Während in der Fachwissenschaft die Tiefenstrukturen sehr abstrakt und die Transformationsregeln hoch algebraisiert behandelt werden, werden in schulpraktisch orientierten Versionen für den Deutschunterricht – in etwa nach dem theoretischen Stand, den N. Chomsky 1957 (dt. 1974) in seinem Buch „Syntaktische Strukturen" vorgelegt hat – Tiefenstrukturen als einfache Kernsätze und Transformationen für die Herstellung des Satzgefüges, von Satzarten und Mitteilungsperspektiven (sogenannte optionale Transformationen nach Chomsky) und zur Auflösung von Wortbildungen benutzt. Ein solches Verfahren ist kognitives Pendant zum operativen Grammatikunterricht mit seinen Sprachproben (s. o. S. 89 f. und S. 92 f.). Vor allem in den Sprachbüchern „Sprache und Sprechen" (Schroedel Verlag) und „Sprachbuch 5" ff. (Klett Verlag) finden sich solche Ansätze.

Aber noch ein anderer Aspekt der GTG ist für die Fachdidaktik wichtig:

Die GTG ist seit jeher mit dem Anspruch aufgetreten, für die Erklärung interpsychischer Vorgänge beim Spracherwerb und der Sprachtätigkeit des einzelnen Simulationen (Abbildungen) zu leisten. Deutlich wird das nicht nur in programmatischen Arbeiten, sondern auch in der weitreichenden Einflußnahme auf die Forschungsdesigns der modernen Spracherwerbsforschung. Noch immer sind selbst kleine Sprachstandsuntersuchungen auf der Grundlage des Regelwerks der GTG differenzierter und informativer als alle, auch neueren, soziolinguistischen Sprachstandserhebungen ohne diese Basis (z. B.: Menyuk 1963/74 oder C. Chomsky 1969, alle für das Englische und mit dem Ergebnis, daß die syntaktische Kompetenz mit dem 7./8. Lebensjahr schon ziemlich abgeschlossen ist). Es wurde sogar angenommen, daß den Kindern die abstrakten Tiefenstrukturen im wesentlichen (als universale Prädispositionen des Spracherwerbs) angeboren seien, die Transformationen hingegen system- und umweltabhängig erworben würden (McNeill 1968, dt. 1974; Lenneberg 1969, dt. 1972). Die GTG wurde inzwischen weiter entwickelt zur generativen Semantik.

→ **Curricula, Fachdidaktik (eigensprachlich, fremdsprachlich), Pragmalinguistik, Psycholinguistik, Semantik, Semiotik, Spracherwerb, Syntax.**

LITERATUR

M. Anisfield/G. R. Tucker: „Englische Pluralisationsregeln bei sechsjährigen Kindern" in: W. Eichler/A. Hofer (Hg.): Spracherwerb und linguistische Theorie, München 1974, S. 243–262.

J. Berko: „ Das Erlernen der englischen Morphologie durch das Kind" in: W. Eichler/A. Hofer (Hg.): Spracherwerb und linguistische Theorie, München 1974, S. 215–242.

C. Chomsky: The Acquisition of Syntax in Children from 5 to 10, Cambridge/Mass. 1969.

N. Chomsky: Syntaktische Strukturen, München 1974.

N. Chomsky: Aspekte der Syntaxtheorie, Frankfurt/Main 1969.

Duden Bd. 4, Grammatik der deutschen Gegenwartssprache, Mannheim, Wien, Zürich, ständig neue Auflagen.

W. Eichler: „Grammatikunterricht" in: E. Wolfrum (Hg.): Taschenbuch des Deutschunterrichts, 2 Bde., Esslingen ³1980.

W. Eichler: Einführung in die theoretische Linguistik auf fachdidaktischer Grundlage, Hannover ²1978.

W. Eichler et al.: „Wissenschaftliche Grundlagen des Deutschunterrichts" in: E. Wolfrum (Hg.): Taschenbuch des Deutschunterrichts, 2 Bde., Esslingen ³1980.

G. Helbig und J. Buscha: Deutsche Grammatik, Leipzig ²1972.

H.-J. Heringer: Deutsche Syntax, Berlin 1970.

H.-J. Heringer: „Neuere Ergebnisse der Dependenzgrammatik" in: Der Deutschunterricht 3(1970) S. 5ff.

E. H. Lenneberg: Biologische Grundlagen der Sprache, Frankfurt/Main 1972.

D. McNeill: „Über Theorien des Spracherwerbs" in: W. Eichler/A. Hofer (Hg.): Spracherwerb und linguistische Theorien, München 1974, S. 50ff.

P. Menyuk: „Syntaktische Strukturen in der Kindersprache" in: W. Eichler/A. Hofer (Hg.): Spracherwerb und linguistische Theorien, München 1974, S. 296–304.

WOLFGANG EICHLER

Kommunikation

1. BEGRIFF. Anstatt der großen Vielfalt von Definitionen von Kommunikation (K) eine weitere hinzuzufügen und die zahllosen Ansätze zur Kommunikationsforschung vergleichend zusammenzufassen, werden wir im folgenden einige wesentliche *Dimensionen* von Kommunikationsprozessen nacheinander skizzieren, die von Kommunikationsteilnehmern beachtet und in der aktuellen empirischen Forschung thematisiert werden. Dabei wird der Begriff K auf *direkte* zwischenmenschliche K (*Face-to-face-Kommunikation*) eingegrenzt.

2. NICHT-VERBALE KOMMUNIKATION. Stellen wir uns vor, wir kämen auf den Pausenhof einer Schule, in eine Bahnhofshalle oder zu einer Party. Wir sehen zunächst nur eine scheinbar unstrukturierte Menschenansammlung und vernehmen nichts als undifferenziertes Stimmengewirr. Dennoch: bei näherem Hinsehen können wir sofort erkennen, wer mit wem *kommuniziert*. Das *nicht-verbale Verhalten* der Anwesenden, ihre *Körperhaltungen* und *Bewegungen* geben uns hierüber Aufschluß. Nicht-verbale K ist ein grundlegendes Mittel der *sozialen Organisation zwischenmenschlicher Interaktion*. Sie reguliert die Teilnahme am Kommunikationsprozeß und organisiert dessen *Kontext*, d. h. sie stellt einen *Rahmen* her, der das laufende Gespräch räumlich und zeitlich von der sozialen Umgebung abgrenzt.

2.1. Territoriale Organisation. Jede Gesprächsgruppe steckt ein *Territorium* ab und markiert es in einer für die Umwelt sichtbaren Weise. An öffentlichen Plätzen können wir eine Gesprächsgruppe daran erkennen, daß die Körper der Teilnehmer einander zu- und von der Umwelt abgewandt sind und gemeinsam eine charakteristische *Formation* (je nach Anzahl der Teilnehmer eine Achse, ein Dreieck oder einen Kreis) bilden (Scheflen 1976a). Außenseiter können in ein solches Territorium nicht eindringen, ohne damit zu signalisieren, daß sie in die K einbezogen werden wollen. Zwischen dem Auftreten eines Neuankömmlings und seiner vollen Integration in den K-Prozeß liegt ein kleiner *„ritueller Tanz"* (vgl. Goffman 1974), in dem die Gruppe für einen Moment ihre Formation aufgibt, sich dem Neuling zuwendet, mit ihm Blicke und Gesten austauscht und allmählich wieder in die Formation zurückpendelt. Die Neuaufnahme geschieht in der Regel erst nach Abschluß einer Sinneinheit im Gespräch; bis dahin befindet sich der Neuankömmling in einer sichtbaren „Wartestellung".

Man muß also in Situationen, die K-Möglichkeiten bereithalten, seine Körperbewegungen unablässig daraufhin beobachten, ob sie K-Bedürfnisse oder -Bereitschaften signalisieren, und zugleich das Verhalten anderer auf entsprechende Signale absuchen. Will man für sich bleiben, wird man kommunikative Territorien meiden; ist man kommunikationsbedürftig (wenn man z. B. jemanden nach der Uhrzeit fragen will), wird man mehr oder weniger mechanisch sich dem zuwenden, der durch Orientierung und Präsentation seines Körpers „Ansprechbarkeit" demonstriert.

2.2. Interne Organisation. Auch innerhalb von Gesprächsgruppen verdeutlichen sich die Teilnehmer mit nichtverbalen Mitteln fortwährend, daß sie miteinander *involviert* sind, und organisieren ein *Zentrum*, in dem sich augenblicklich die verbale K abspielt. Die wichtigste Rolle bei der Herstellung und Aufrechterhaltung verbaler K spielen *Blickkontakte.* Ein *„face engagement"* (Goffman 1963), ein über einen gewissen Zeitraum aufrechterhaltener Blickkontakt zwischen zwei Individuen, repräsentiert den höchsten Grad kommunikativen Engagements. Blickkontakte dienen auch dem Wechsel der Rollen von Sprecher und Hörer: „Zujemandem-Sprechen" und „jemandem Zuhören" sind Aktivitäten, die in hohem Maße durch wechselseitige Blickkontakte gesteuert werden und auch an diesen erkannt werden können; an systematischen Stellen eines laufenden Redebeitrags signalisiert der Sprecher dessen kommendes Ende bzw. der Hörer seinen Anspruch auf das Rederecht durch das Heben des Blicks oder kurzes Kopfnicken (Duncan 1974). Der Gebrauch von Blickkontakten beim Reden/Zuhören ist *normativ* geregelt: Schaut der Zuhörer z. B. die ganze Zeit weg, wird dies als Zeichen verstanden, daß er „abwesend" ist und oft entsprechend vom Sprecher kommentiert.

Verschiedene Körperregionen können gleichzeitig und zu unterschiedlichen organisatorischen Zwecken verwendet werden; diese Eigenschaft nicht-verbaler K läßt es zu, daß in der K mehrere soziale Realitäten gleichzeitig hergestellt und beachtet werden und eine komplexe interaktionelle Ordnung aufrechterhalten wird (Goffman 1963, 1976). So können die Teilnehmer durch ihre *Positur* (ihre Körperhaltung und -stellung) die Gruppe nach außen abgrenzen, durch die Drehung ihrer *Oberkörper* ein *Zentrum* bilden und durch die Wendung der *Köpfe* und durch *Blickkontakte* einen flüchtigen Kontakt mit einem Außenseiter unterhalten, ohne ihre Formation aufzugeben. Ebenso können innerhalb von Gruppen Zusammengehörigkeiten (*Koalitionen*) – z.B. von Paaren – und soziale Abgrenzungen sichtbar gemacht werden. „Jede Region des Körpers kann so ausgerichtet werden, daß sie eine zwischenmenschliche Beziehung anbietet, erleichtert oder aufrechterhält. Oder sie kann mit dem Ziel ausgerichtet werden, ein Engagement abzubrechen, zu erschweren oder zu vermeiden." (Scheflen 1976c, S. 42) Koalitionen werden zumeist durch parallele Ausrichtungen der Körper, Abgrenzungen durch Abwendungen der (Ober-) Körper voneinander repräsentiert; Koalitionsformationen werden typischerweise für gemeinsam ausgeführte Aktivitäten (z. B. das gemeinsame Erzählen einer Geschichte während einer Unterhaltung) eingenommen.

2.3. Segmentierung durch nicht-verbales Verhalten. Nicht-verbale K dient auch der *zeitlichen Segmentierung* des Gesprächsflusses (Scheflen 1976b). Segmentgrenzen werden durch *Positurwechsel* (postural shifts) markiert, während für die Dauer eines Segments eine Positur beibehalten wird. Segmente sind hierarchisch geordnet, wobei einzelne Redebeiträge (oder Sinneinheiten innerhalb von Redebeiträgen) die niedrigste, Themengestalten (Topiks) mittlere und kommunikative Episoden höchste Einheiten darstellen. Dementsprechend werden Grenzen zwischen kleinen Segmenten durch geringfügige *shifts* (z. B. kurze Kopfdrehungen oder Wechsel der Blickrichtung), mittlere Segmente durch deutlichere *shifts* (z. B. Überschlagen der Beine oder Wechsel von Standbein und Spielbein) und Episodengrenzen durch Auflösung der Formation (mit der Möglichkeit eines anschließenden Neuformierungs-„Tanzes") markiert. Segmentmarkierungen werden nie von einzelnen Teilnehmern, sondern immer von allen gleichzeitig durchgeführt. (Zeitlupenfilme zeigen, daß scheinbar unwillkürliche, „natürliche" Bewegungen wie Kratzen, Zurückstreichen der Haare und Auf- und Absetzen der Brille fast immer mit komplementären Markierungssignalen der anderen Teilnehmer präzise synchronisiert sind.)

2.4. Kognitive und kulturelle Aspekte. Die Regulierung nicht-verbaler K spielt sich weitestgehend *unterhalb der Aufmerksamkeitsschwelle*, also „unbewußt" ab, „verkörperte Informationen" (Goffman 1963, S. 14) werden auf einer niedrigen Stufe des kognitiven Apparates (der Sensomotorik vergleichbar) verarbeitet. Dies erlaubt es, Probleme der Verhaltenskoordination in der K „nebenbei" zu erledigen, die Aufmerksamkeit und damit die höheren (begrifflichen) kognitiven Mechanismen aber für die Verarbeitung der inhaltlichen, vorwiegend sprachlich übermittelten Informationen zu reservieren. Dieser Sachverhalt läßt darauf schließen, daß nicht-verbale K entwicklungsgeschichtlich älter ist als sprachlich-symbolische K. Die Forschung zur Primaten-K hat nachgewiesen, daß Primaten über häufig sehr komplexe nicht-verbale Systeme der Regulation von Sozialverhalten verfügen, ohne andererseits zu Symbolisierungsleistungen fähig zu sein. Dennoch ist nicht-verbale K in hohem Maße kulturabhängig. Die Regulierung von Nähe und Distanz (Hall 1966), der Gebrauch von Blickkontakten beim Redewechsel, Ausmaß, Form und Verwendungsweisen von Gestik (Efron 1941) und andere Aspekte unterliegen kulturellen Variationen.

3. VERSTÄNDIGUNG. Wenn ein Gespräch im Gange ist, müssen die daran Beteiligten fortwährend sicherstellen und einander deutlich machen, daß sie sich tatsächlich *verständigen*. Dies betrifft sowohl das, *was* gesagt wird und *wovon* die Rede ist (*referentielle* Bedeutungen), als auch die *Absichten* des Sprechers und die Art der *Sozialbeziehung*, die die Teilnehmer einzugehen oder aufrechtzuerhalten beabsichtigen (*soziale*

Bedeutungen). Jeder Sprecher muß jederzeit wissen können, daß das, was er *meint*, vom Hörer auch richtig *verstanden* wird.

Es gibt eine Anzahl von K-Mitteln, die primär dem Zweck der *Verständnissicherung* dienen. Neben den genannten nicht-verbalen Techniken „aktiven Zuhörens" sind dies vor allem die sogenannten „*back-channel*"-*Signale* (Duncan 1974) wie „mhm", „aha", „ja" oder „mein Gott". Diese Signale benutzt der *Hörer*, um erkennen zu lassen, daß er zuhört, versteht und die Bedeutungen, die die berichteten Ereignisse für den Sprechen haben, nachvollziehen kann. Weiterhin dienen sie dem Hörer dazu, den Sprecher zum Weiterreden aufzufordern. Entsprechende Techniken der Verständnissicherung existieren auch für den Sprecher, nämlich Formen, deren Gebrauch durch den Sprecher den Hörer zur Produktion von „back-channel"-Signalen auffordert, wie in den Redefluß eingeflochtene „ne?"s und „verstehste?"s. Verständnissicherung wird aber auch durch ein ganz allgemeines Merkmal von Gesprächen geleistet, das aus dem Redewechsel (vgl. Kapitel 6.) resultiert: Der nächste Sprecher bringt in seiner Äußerung immer auf irgendeine Weise seine Interpretation der voraufgegangenen Äußerung zum Ausdruck und ermöglicht so dem letzten Sprecher die Verständniskontrolle. Betrachtet etwa Sprecher A den Inhalt seiner Äußerung als „große Neuigkeit" oder „erstaunliche Begebenheit", dann muß Sprecher B ihn auch *als solchen* honorieren und dies Sprecher A etwa durch den Ausdruck von Überraschung zeigen; andernfalls ist die Äußerung von Sprecher B für Sprecher A ein Grund, sich mißverstanden zu fühlen oder B's Verhalten als Distanzierung zu empfinden.

4. SOZIALE BEZIEHUNGEN IN DER KOMMUNIKATION. Durch die Mechanismen der Verständnissicherung halten die K-Teilnehmer ihren Austausch in Gang. Die Art und Weise, *wie* sie miteinander kommunizieren, ist in hohem Maße davon abhängig, wie sie ihre *Sozialbeziehung* zueinander *einschätzen* bzw. welche Art von Sozialbeziehung sie in ihrer K *herzustellen* beabsichtigen. Um sich in einer Weise verhalten zu können, die als angemessen betrachtet wird, müssen die Partner wissen und einander zu erkennen geben, „wer sie sind" und was in der Situation „vor sich geht". Sie tauschen „*soziale Bedeutungen*" aus (Gumperz 1975), d. h. sie repräsentieren wichtige Elemente des *sozialen Kontexts* ihrer K und der *Definitionen*, die sie ihm geben, in *Schlüsselsymbolen*. Damit *instruieren* sie sich gegenseitig, wie sie den *Rahmen* (Goffman 1976), innerhalb dessen sie Mitteilungen austauschen, betrachten und betrachtet wissen wollen.

4.1. Soziale Identitäten. Um zu wissen, welche K-Form „hier und jetzt" angemessen ist (worüber man z. B. reden sollte und worüber besser nicht), müssen die Partner wissen, „mit wem sie es zu tun haben". Diese Frage betrifft die *sozialen Identitäten* der Teilnehmer. Jedes Individuum verfügt über ein ganzes *Bündel* sozialer Identitäten, die in verschiedenen Situationen unterschiedlich zur Geltung kommen und gebracht werden können.einige Identitäten muß man als unveränderliche und für jedermann sichtbare, sozial definierte Merkmale einer Person ansehen, z. B. Geschlecht, Alter und ethnische Zugehörigkeit; eine zweite Gruppe ist (als „Rollen") fest mit dem (dann meist institutionalisierten) Typ von K-Situation assoziiert, in der sich die Partner befinden (z. B. Arzt-Patient, Lehrer-Schüler); in anderen als den rollenrelevanten Situationen können diese Identitäten je nach Maßgabe der Absichten der Teilnehmer ins Spiel gebracht werden; Identitäten einer dritten Gruppe können – je nach den Erfordernissen und Risiken der Situation – in den Vordergrund oder Hintergrund gerückt, enthüllt oder verborgen werden (z. B. „in psychotherapeutischer Behandlung befindlich" oder auch „Eigenheimbesitzer"); schließlich gibt es Identitäten, die erst *im Prozeß* der K konstruiert werden (z. B. „Zeuge dieses Verkehrsunfalls" oder „Gast bei dieser Party"; vgl. Schenkein 1978).

Entsprechend vielfältig sind die Techniken der Identitätsdarstellung in Gesprächen. Unveränderliche Merkmale wie regionale Herkunft und ethnische Zugehörigkeit offenbaren sich in Dialekten oder Akzenten. Soziale Aspirationen (angestrebte Zugehörigkeiten zu bestimmten sozialen Gruppen) in stilistischen Merkmalen. Je nach Umfang des sprachlichen Repertoires eines Sprechers und der Vielfalt von Identitäten seiner K-Partner kann dieser in unterschiedlichen Situationen unterschiedliche „Kodes" benutzen oder innerhalb einer Situation eine Änderung in deren Definition (z. B. den Übergang vom „offiziellen" zum „privaten" Teil) durch einen „*Kode-Wechsel*" anzeigen (Gumperz 1975).

Seine Zugehörigkeit zu einer subkulturellen Gruppe demonstriert man in der Regel durch ein für diese charakteristisches Vokabular: Der Sprecher wählt unter den möglichen Termen zur Bezeichnung eines Gegenstandes oder Sachverhalts denjenigen aus, der zusätzlich einen Verweis auf seine Subkultur enthält. Damit signalisiert er auch sein System sozialer Normen und Werte und weist den Hörer an, wie er dessen weitere Mitteilungen aufnehmen und beurteilen wird. Ein solcher subkulturell geprägter Term ist z. B. „Neckermänner" (vgl. Der

Stern vom 16. 8. 1979): Er bezeichnet nicht nur eine Personengruppe (deutsche Südeuropa-Touristen), sondern läßt auch die Bezugsgruppe des Sprechers (die der individuell Reisenden) durchscheinen.

4.2. Gemeinsames Wissen. Die Prozesse der Identitätsaushandlung stehen in engem Zusammenhang mit der Rolle des sozialen *Hintergrundwissens*, das K-Teilnehmer heranziehen müssen, um ihre wechselseitigen Äußerungen zu interpretieren. Kaum eine – referentielle oder soziale – Bedeutung ist verständlich, ohne daß man sie auf bestimmte soziale Erfahrungshintergründe bezieht, seien dies die eigenen oder solche, von denen man weiß, daß der Sprecher über sie verfügt. So muß dem Hörer des obigen Beispiels die Beziehung zwischen zwei Kategorien von Touristen geläufig sein (Gruppenreisende und Individualtouristen), d. h. die Art und Weise, wie die eine Gruppe die andere betrachtet und diese Betrachtungsweise in einem einzigen sprachlichen Ausdruck zusammenfaßt.

Soziales Wissen ist unterschiedlich auf die Mitglieder einer „K-Gemeinschaft" (Gumperz/Hymes 1972) verteilt; verschiedene „*Typen*" oder „*Kategorien*" von *Gesellschaftsmitgliedern* haben Zugang zu unterschiedlichen gesellschaftlichen Wissensbeständen (Berger/Luckmann 1972). Verständigung kann aber nur in dem Maße gelingen, wie die Partner gemeinsames Wissen unterstellen können. Von daher ist das Bündel der sozialen Identitäten des Hörers für den Sprecher auch unter dem Gesichtspunkt des Verständlichmachens seiner Äußerungen bedeutsam, weil er nämlich aus diesen Identitäten Rückschlüsse über das voraussetzbare Wissen ziehen kann. Bei der Identifizierung oder „Typisierung" der Gesprächspartner sind zwei Möglichkeiten zu unterscheiden: Unbekannte K-Partner identifiziert man notgedrungen als Angehörige relativ anonymer gesellschaftlicher Kategorien und unterstellt ihnen entsprechend allein das für die betreffende Kategorie typische, stark verallgemeinerte Wissen. Bei vertrauten Partnern kann (und muß) man hingegen eine Kategorie heranziehen, die das Verhältnis widerspiegelt, welches man zu ihnen hat, und ihnen das aus dem persönlichen Umgang miteinander erwachsene spezifische und detailreiche Wissen zuschreiben (vgl. z. B. die Typisierungen „ein deutscher Spanienurlauber" und „einer aus unserer Ibiza-Clique vom letzten Jahr").

4.3. Bekanntschaft und Vertrautheit. Die K zwischen Fremden durchzieht ein Zwang zur Suche nach einem *gemeinsamen Bezugspunkt*, von dem aus gemeinsames Wissen rekonstruiert werden kann. Ein gemeinsamer Bezugspunkt ist z. B. eine gemeinsame Bezugsgruppe: Wenn die Partner unter ihren respektiven sozialen Identitäten (Bezugsgruppen) diejenigen aufgefunden haben, die ihnen gemeinsam sind, haben sie eine Verständigungsbasis erreicht, auf der sie allmählich differenziertere Selbstdarstellungen und Fremdbilder aufbauen können.

Nach und nach wird dabei eine spezifische, exklusive „Wir-Beziehung" aufgebaut, die man umgangssprachlich als „Bekanntschaft" bezeichnet. Die K-Partner identifizieren sich nicht mehr lediglich als „Typen" von Gesellschaftsmitgliedern, sondern als unverwechselbare Individuen, und sie stellen fortan das gemeinsame Wissen in Rechnung, das diese ihre Beziehung von allen anderen unterscheidet und das Produkt ihrer Interaktionsgeschichte ist, an deren Beginn sie füreinander nur anonyme andere waren. Eine solche Bekanntschaftsbeziehung ist dann hergestellt, „wenn jedes der beiden Individuen das andere durch ein Wissen identifizieren kann, welches diesen anderen von allen anderen unterscheidet, und wenn sie sich gegenseitig zu erkennen geben, daß ein solcher Zustand wechselseitigen Wissens existiert" (Goffman 1963, S. 112). Die K zwischen Bekannten ist durch eine *eingebettete Sprechweise* gekennzeichnet (Cicourel 1975, S. 45); die ausgetauschten Bedeutungen sind in das beziehungsspezifische gemeinsame Wissen eingebettet und nur vor dessen Hintergrund zu verstehen. Eingebettetes Sprechen kann deshalb auch dazu dienen, die Exklusivität der Beziehung anderen gegenüber zu demonstrieren und diese aus der K auszuschließen.

Eingebettetes Sprechen und andere sprachliche Darstellungen allgemeiner oder beziehungsspezifischer Identitätsmerkmale weisen darauf hin, daß die die K steuernde Sozialbeziehung in der K selbst *symbolisch repräsentiert* wird. Nur weil die Partner in der K füreinander verdeutlichen, wie sie die laufende Situation und in dieser sich selbst und den anderen sehen, ist es für sie möglich, ihr Verhalten aufeinander abzustimmen. Dabei machen die „Intimität" der signalisierten Selbst- und Fremdbilder und der „Identitätsreichtum" angeschnittener Themen (Schenkein 1978) die Entwicklung der K in Richtung auf zunehmende *Vertrautheit* antizipierbar und steuerbar, bzw. gestatten es, den Wunsch nach Aufrechterhaltung sozialer *Distanz* auf subtile Weise auszudrücken.

4.4. Soziale Normen. Allerdings sind die Mitglieder von Gemeinschaften in der Ausrichtung ihrer K niemals völlig autonom. Die Strukturen möglicher K-Beziehungen sind durch ein komplexes System gesellschaftlicher Normen immer schon im voraus beschränkt. Diese Normen determinieren z. B., welche Richtung Gespräche bei bestimmten, sozial definierten *Anlässen* nehmen können. Viele K-Verläufe, vor allem in institutionellen Zusammenhängen, haben *rituellen* Charakter und sind weitgehend vorprogrammiert. Oft müssen auch bei Eröffnungen und Beendigungen von Alltagsgesprächen diffizile kulturelle (zeremonielle) Regeln beachtet werden (Bauman/Sherzer 1975). Der relative *Status* der Teilnehmer determiniert angemessene *Anredeformen* (Ervin-Tripp in Gumperz/Hymes 1972), die wiederum Entwicklungsmöglichkeiten des Austauschs beeinflussen. Statusmerkmale diktieren auch den Gesprächs*stil*, während die Art der gemeinsamen *Aktivität* oft das zu benutzende *Vokabular* (*„Register“*) festlegt.

Es besteht also nicht nur ein symbolisches, sondern auch ein *normatives* Verhältnis zwischen dem sozialen Kontext eines K-Prozesses und den sprachlichen *Formen*, die in ihm benutzt werden: Abweichungen von solchen Normen werden wie Regelverstöße geahndet und können Stigmatisierungen nach sich ziehen (der Sprecher wird als „ungehobelt“ oder „aufdringlich“ betrachtet).

5. KOMMUNIKATIVES HANDELN UND KOMMUNIKATIVE EINHEITEN. K ist mehr als ein Austausch von Bedeutungen (Verständigung) im Rahmen von Sozialbeziehungen. K ist auch *gemeinsames Handeln*. Indem ein Sprecher etwas *sagt*, *tut* er auch etwas, und das richtige Deuten von Äußerungen als Handlungen ist entscheidend für das Gelingen der K.

5.1. Sprechakte. Drei Dimensionen von *Sprechakten* (sprachlichen Handlungen) sind an jeder Äußerung zunächst zu unterscheiden. Mit dem *propositionalen Akt* macht der Spender eine bestimmte *Aussage* über einen (wirklichen oder möglichen) Sachverhalt; der *illokutionäre Akt* legt das *Handlungspotential* der Äußerung in der gegebenen Situation fest; und der *perlokutionäre Akt* zielt auf Effekte ab, die die Äußerung im Hörer auslösen soll. Illokutionäre Akte sind z. B. Befehl, Aufforderung, Feststellung oder Versprechen. Illokutionäre „Rollen“ von Äußerungen sind wie deren propositionale „Gehalte“ ein Teil ihrer Bedeutung; dies trifft jedoch nicht auf perlokutionäre Effekte zu, die wesentlich von den augenblicklichen psychischen Dispositionen des Hörers abhängen, die vom Prozeß der kommunikativen Verständigung *logisch* unabhängig sind (perlokutionäre Akte sind z. B. jemanden in Aufregung versetzen, beruhigen etc.).

Zahlreiche sprachliche Formen lassen sich überhaupt nur unter dem Gesichtspunkt der Handlungen, die mit ihnen vollzogen werden können, begreifen und beschreiben, z. B. „hihi“, „mein Gott“ oder „naja“. In der Redewiedergabe werden diese Äußerungen deshalb auch zumeist nicht in direkter Rede berichtet, sondern mit Formulierungen der entsprechenden Handlung zusammengefaßt („lachte“, „gab seinem Entsetzen Ausdruck" oder „bezweifelte"). Jede Sprache verfügt über ein umfangreiches Repertoire *„sprechaktbezeichnender Verben"*, die die Handlungspotentiale von Äußerungen auf den Begriff bringen. Durch die semantische Analyse dieser Verben können mögliche Sprechakte klassifiziert werden. Eine denkbare Klassifikation ist z.B. folgende (Searle 1976; vgl. auch Wunderlich 1976): *repräsentative* Sprechakte bringen den Bezug des Äußerungsinhalts zur Welt zum Ausdruck (z. B. feststellen, bestreiten, für möglich halten); *direktive* Sprechakte dienen dazu, den Hörer zu einer bestimmten Handlung zu bewegen (auffordern, bitten, befehlen); *kommissive* Sprechakte verpflichten den *Sprecher* zu einer Handlung (versprechen, garantieren); *expressive* Sprechakte drücken psychologische Zustände des Sprechers aus (bedauern, gratulieren); *regulative* Sprechakte dienen der Organisation der Rede selbst (eröffnen, zusammenfassen); *deklarative* Sprechakte *schaffen* (institutionelle) Sachverhalte (verurteilen, ein Gesetz erlassen, taufen).

Diese Klassifikation ist jedoch weder vollständig (es gibt weitere Klassen) noch eindeutig (manche Sprechakte gehören mehreren Klassen an).

5.2. Sequenzen. Nun spielt sich aber K *zwischen* Menschen ab, kommunikatives Handeln ist *dialogisch*. Deshalb treten sprachliche Handlungen in der Regel nicht allein auf, sondern zumindest *paarweise* (vgl. Kallmeyer/Schütze 1976). Das Verstehen eines Sprechaktes muß vom Hörer in seiner nächsten Äußerung angezeigt werden, der Sprechakt (vor allem ein direktiver Sprechakt) muß akzeptiert werden, und überhaupt ist die *Folgehandlung* des Adressaten häufig das primäre Ziel, das der Sprecher mit seiner Äußerung verfolgt: eine Behauptung soll bestätigt, eine Bitte befolgt, eine Frage beantwortet und ein Gruß erwidert werden. Die sprachlichen Handlungen der Gesprächspartner sind also systematisch *verkettet*, die einzelne Handlung tritt innerhalb einer *Sequenz* auf.

Die sequentielle Organisation von Gesprächen ist ein *Ordnungsmechanismus*, mit dem die Handlungen der Teilnehmer in eine lineare zeitliche Ordnung gebracht und Gesprächsabschnitten nachvollziehbare Abfolgestrukturen verliehen werden. Um einen angemessenen Beitrag zur rechten Zeit zu leisten, muß der einzelne Teilnehmer folglich wissen, an welchem Punkt seiner sequentiellen Entwicklung sich das Gespräch gerade befindet. Sequenzen dienen auch der kooperativen Organisation von *Sinn*: Äußerungen werden als *Reaktionen auf* voraufgegangene Äußerungen interpretiert, und dies erlaubt es, die Menge von Informationen, die man in eine Äußerung packen muß, um sich verständlich zu machen, drastisch zu reduzieren. Eine für sich genommen unverständliche Äußerung wie „Morgen" ist in ihrer sequentiellen Umgebung (durch ihre Plazierung hinter die Frage „Wann haust du ab?") völlig hinreichend.

5.3. Komplexe Handlungsschemata. Paarweise organisierte Äußerungen (wie Frage-Antwort, Gruß-Gruß, Gratulation-Dank) sind nur der einfachste Typ sequentieller Strukturen. Viele Sequenzen innerhalb von Gesprächen stellen komplexe *Handlungsschemata* dar, die die methodische Beteiligung mehrerer Teilnehmer an unterschiedlichen Punkten und in unterschiedlichen Funktionen erfordern. Solche Schemata sind z. B. das Erzählen von Geschichten und Witzen (Sacks 1971, 1975). Sie werden in mehreren Schritten realisiert, die mindestens eine Einleitungssequenz, eine Erzählsequenz und eine Bewertungssequenz umfassen. In der Einleitungssequenz muß der Initiator den anderen Teilnehmern vorgreifend den Inhalt der Erzählung (des Witzes) andeuten und ihre Genehmigung für die Ausführung des Handlungsschemas einholen (Kallmeyer/Schütze 1976). Dies geschieht durch „Einleitungsfragen" („kennt ihr den, wo ein Ostfriese zum Psychiater kommt?", „wißt ihr, was mir gestern abend passiert ist?"); die Adressaten müssen das intendierte Handlungsschema ratifizieren und ihre Bereitschaft zur Beteiligung signalisieren („nee, erzähl mal"). Die Erzählsequenz selbst umfaßt mehrere Teilsequenzen, eine Geschichte z. B. eine Charakterisierung des raumzeitlichen Rahmens, das eigentliche Ereignis und eine „Moral". Die Zuhörer müssen durch „back-channel" – Signale oder Verständnisfragen und kurze Kommentare zu erkennen geben, daß sie der Erzählung folgen und an einer Weiterführung interessiert sind. In der Bewertungssequenz kommentieren sie dann den Inhalt der Erzählung und deren Bedeutung für das gegenwärtige Gespräch, etwa durch Gelächter oder Formeln wie „du hast vielleicht Pech".

5.4. Sprechereignisse. Derartige Handlungsschemata treten wiederum innerhalb größerer Einheiten auf, *Sprechereignissen* oder *Episoden* (Bauman/Sherzer 1975). Sprechereignisse sind z. B. „ein Telefongespräch", „eine Wohgemeinschaftsdiskussion" oder „ein Verkaufsgespräch". Sprechereignisse werden durch die Zusammenarbeit aller Teilnehmer eröffnet, durchgeführt und beendet, und hierbei sind ebenfalls von Beitrag zu Beitrag vielfältige Sequenzierungsregeln zu beachten. In der *Eröffnungsphase* muß ein *erstes Thema* ausgehandelt werden, im Gesprächs*verlauf* müssen *Themenprogression* und *Themenwechsel* organisiert und Handlungsschemata in den Kommunikationsprozeß eingefädelt werden, in der *Eröffnung der Beendigung* muß das letzte Thema zu einem *Abschluß* gebracht und in der *Beendigung* selbst ein geordneter *Austritt* aus dem Sprechereignis ermöglicht werden.

110

Eine besondere Rolle unter den Sprechereignissen spielen *Rituale* (Gottesdienst, Orakel, Initiationsriten) und *institutionelle Sprechereignisse* (Schulstunde, Prüfung, Gerichtsverhandlung). Sie unterscheiden sich von alltäglicheren Ereignissen dadurch, daß Rechte und Rollen der Beteiligten *kodifiziert* sind, die *Reihenfolge* der Beiträge im voraus festliegt, die einzelnen Äußerungen institutionenspezifische *Bedeutungen* und das Ereignis als ganzes institutionell definierte *Resultate* haben.

Die Tatsache, daß Kommunikationsereignisse sich aus mehreren, hierarchisch geschachtelten kleineren und größeren Einheiten aufbauen, impliziert, daß mit jeder einzelnen Äußerung gewöhnlich eine Mehrzahl kommunikativer Handlungen ausgeführt wird, die jeweils zu einer Ebene von Einheiten in Beziehung stehen. Beispielsweise kann die Äußerung „deine ewigen Beziehungsprobleme" eine Antwort auf eine Einleitungsfrage („was meinst du, wie der Martin mich gestern wieder zur Sau gemacht hat") geben, damit das Erzählen einer Geschichte blockieren, Mißfallen bekunden, die Auffassung des Sprechers darlegen, der Distanzierung vom Hörer dienen und schließlich einen Themenwechsel einleiten oder das Gespräch einem Ende zuführen. Um den vollen Handlungssinn einer Äußerung zu erkennen, muß der Hörer demzufolge verschiedene Ebenen des Kontextes, insbesondere des sequentiellen, gleichzeitig beachten; andererseits müssen Äußerungen auch so konstruiert werden, daß sie den verschiedenen strukturellen Handlungsanforderungen gleichermaßen genügen.

6. SPRECHERWECHSEL UND TEILNAHMESTRUKTUREN. Ein Problem, das in jedem Alltagsgespräch nach jedem Redebeitrag aufs neue gelöst werden muß und in engem Zusammenhang mit der Sequenzierung von Gesprächen steht, ist die Organisation des *Sprecherwechsels* („*turn taking*"). Um die Verständigung abzusichern und das Gespräch in Gang zu halten, müssen u. a. drei Minimalbedingungen erfüllt sein: (a) die Teilnehmer wechseln sich beim Sprechen ab, (b) einer spricht zur Zeit, und (c) längere Pausen sind zu vermeiden. Zur Erfüllung dieser Bedingungen ist es notwendig, daß der, der gerade spricht, das Ende seines Beitrags frühzeitig erkennbar macht, um dem nächsten Sprecher die Planung seiner Äußerung zu erlauben, und den Punkt markiert, an dem der Redewechsel stattfinden kann. Dies kann durch die syntaktische Konstruktion der Äußerung, die Intonation oder nicht-verbale Signale geleistet werden, gewöhnlich werden jedoch alle drei Techniken gleichzeitig eingesetzt.

Der Sprecherwechsel selbst kann auf drei verschiedene Weisen geschehen: (a) der gegenwärtige Sprecher wählt den nächsten Sprecher aus (dies geschieht besonders häufig bei Fragen und Aufforderungen), (b) einer oder mehrere Teilnehmer wählen sich selbst als nächste Sprecher aus, und (c) wenn weder a) noch b) stattfinden, kann derselbe Sprecher nach einer kurzen Pause selbst weitersprechen (Sacks/Schegloff/Jefferson 1978). Weiterhin gibt es diverse Techniken, mit denen Schäden *repariert* werden können, die dem Gespräch durch Störungen im Mechanismus des Redewechsels zugefügt werden. Wenn sich z. B. zwei oder mehr Beiträge *überlappen* (etwa weil mehrere Teilnehmer gleichzeitig oder zur falschen Zeit einsetzen), wiederholt häufig derjenige, der das Rederecht behält, nachdem die anderen ausgesetzt haben, den überlappten Teil seiner Äußerung.

Die Art der Organisation des Redewechsels in einem Sprechereignis und die Länge und Verteilung der Beiträge auf die verschiedenen Teilnehmer machen dessen *Teilnahmestruktur* aus (Philips 1976). Die Teilnahmestruktur des Schulunterrichts ist beispielsweise dadurch gekennzeichnet, daß ein einziger Teilnehmer (der Lehrer) die Rederechte kontrolliert und den Schülern ihre Beiträge zuweist; der Lehrer stellt überwiegend Fragen, die Schüler geben Antworten, die wiederum vom Lehrer bewertet werden. In der Regel findet immer für die Dauer einer Sequenz ein Dialog zwischen dem Lehrer und einem einzelnen Schüler statt, wobei der Rest der Klasse die Rolle eines Publikums einnimmt. In Alltagsgesprächen wird sehr häufig für die Dauer eines Abschnitts (z. B. einer Erzählung) eine bestimmte Teilnahmestruktur beibehalten und ändert sich erst mit einem *kontextuellen Wechsel* (z. B. dem Übergang zur Diskussion des erzählten Ereignisses).

7. AFFEKTIVE QUALITÄTEN VON KOMMUNIKATIONSPROZESSEN.

Ein wichtiger Aspekt von K-Prozessen ist schließlich deren *affektive* (emotionale) Qualität. Dies betrifft sowohl die Frage, welche emotionalen Bedeutungen die *Gegenstände* des Gesprächs für die Beteiligten haben, als auch wie sie die emotionale Tönung des Gesprächs selbst erfahren, vor allem aber die *Techniken*, mit denen Affekte in beiden Dimensionen *kommuniziert* werden. Obwohl die Umgangssprache zahlreiche und differenzierte Mittel für die Beschreibung emotionaler Gehalte und Schattierungen von K-Prozessen bereitstellt (z. B. „begeistert", „traurig" und „entsetzt" für gegenstandsbezogene und „gespannt", „hitzig" und „angeregt" für kommunikationsbezogene Aspekte), so sind diese Fragen doch in der empirischen K-Forschung noch kaum systematisch untersucht worden.

Dennoch darf als gesichert gelten, daß die sogenannten *„paralinguistischen Phänomene"* eine zentrale Rolle in der K von Affekten spielen (Labov/Fanshel 1977). Mit diesem Begriff faßt man verschiedene Merkmale der *Sprechproduktion* zusammen: *Intonation* (Wort- und Satzbetonung), *Stimmlage* (hoch, tief, neutral), *Sprechgeschwindigkeit* und *Verzögerungen* sowie *Stimmqualitäten* (Beatmung, Nasalierung, Jammern etc.). Eine Eigenschaft paralinguistischer Phänomene, die ihre Erforschung schwierig macht, ist die *Vagheit* ihrer Bedeutungen. Sie bringen Gefühlszustände niemals völlig eindeutig zum Ausdruck, sondern dienen eher dazu, sprachliche Mitteilungen „abzutönen", ihnen eine gewisse persönliche Schattierung zu geben, nicht jedoch dazu, unzweideutige und verpflichtende *Aussagen* über Gefühlszustände des Sprechers zu machen.

8. FEHLSCHLÄGE UND IHRE FOLGEN. Die hier aufgeführten Aspekte kommunikativer Prozesse sind nicht erschöpfend. Dennoch verdeutlichen sie die Vielfalt kognitiver und verhaltensbezogener Leistungen (*kommunikativer Kompetenz*), die zum erfolgreichen Kommunizieren nötig sind, sowie die hohe Störanfälligkeit kommunikativer Verhaltenssysteme. Fehlschläge sind prinzipiell auf allen Ebenen möglich. Sie sind jedoch wahrscheinlich, wenn die Teilnehmer in unterschiedliche Regelsysteme sozialisiert worden sind, die wiederum einzelne Ebenen oder alle Ebenen gleichermaßen betreffen können.

Gesellschaftliche, ethnische, regionale und subkulturelle Gruppen unterscheiden sich unter anderem in der Art und Weise, wie sie K-Prozesse organisieren, und sie benutzen ihre kommunikativen „Kodes", um ihre Gruppenidentität zu wahren und symbolisch darzustellen (Halliday 1978). Die Unbewußtheit und scheinbare Automatik der meisten kommunikativen Verständigungsmechanismen bringt es jedoch mit sich, daß die Ursachen der hieraus resultierenden Mißverständnisse und Fehlschläge nicht im Kommunikationsprozeß gesucht werden, sondern sich die Parteien wechselseitig stereotype Eigenschaften zuschreiben, die das Scheitern der K nicht nur plausibel machen, sondern die K insgesamt zwecklos erscheinen lassen („arrogant", „aufdringlich", „kalt" und „grobschlächtig"). Nicht alle Gruppen verfügen jedoch über die gleiche Macht, derartige Stereotypisierungen im gesellschaftlichen Bewußtsein zu verankern. Sie dienen vielmehr *primär* den dominanten Gruppen zur ideologischen Legitimierung ihrer Dominanz im gesellschaftlichen Verkehr und *sekundär* den dominierten Gruppen zur Verstärkung der Kohäsion der Gruppe. Eines der wichtigsten Beispiele für kommunikative Fehlschläge und daraus resultierende Stereotypisierungen bietet häufig der Schulunterricht: Hier gehen Fehlschläge häufig direkt in stereotype Beurteilungen von Schülerpersönlichkeiten ein, auf deren Basis wiederum bürokratische Entscheidungen über Schülerkarrieren – und damit über die Lebenschancen von Kindern und Jugendlichen – gefällt werden (vgl. Cicourel et al. 1974).

→ **Normen, Pragmalinguistik, Soziolinguistik.**

LITERATUR

R. Bauman/J. Sherzer (Hg.): Explorations in the Ethnography of Speaking, London 1975.

P. Berger/T. Luckmann: Die gesellschaftliche Konstruktion der Wirklichkeit, Frankfurt/Main 1972.

A. V. Cicourel: Sprache in der sozialen Interaktion, München 1975.

S. Jr. Duncan: „On the Structure of Speaker-Auditor Interaction during Speaking Turns" in: Language in Society 3 (1974) S. 161–180.

D. Efron: Gesture, Race and Culture, Den Haag 1972.

E. Goffman: Behavior in Public Places, New York 1963.

E. Goffman: Das Individuum im öffentlichen Austausch, Frankfurt/Main 1974.

E. Goffman: Rahmenanalyse, Frankfurt/Main 1976.

J. J. Gumperz: Sprache, lokale Kultur und soziale Identität, Düsseldorf 1975.

J.J. Gumperz und D. Hymes (Hg.): Directions in Sociolinguistics: The Ethnography of Communication, New York 1972.

E. T. Hall: The Hidden Dimension, Garden City 1966.

M. A. K. Halliday: „Eine Interpretation der funktionalen Beziehung zwischen Sprache und Sozialstruktur" in: U. Quasthoff (Hg.): Sprachstruktur-Sozialstruktur. Zur linguistischen Theoriebildung, Kronberg/Ts. 1978.

W. Kallmeyer/F. Schütze: „Konversationsanalyse" in: Studium Linguistik 1 (1976) S. 1–28.

W.Labov/D. Fanshel: Therapeutic Discourse, New York 1977.

S.Philips: „Some Sources of Cultural Variability in the Regulation of Talk" in: Language in Society 5 (1976) S. 81–96.

H. Sacks: „Das Erzählen von Geschichten innerhalb von Unterhaltungen" in: R. Kjolseth/F. Sack (Hg.): Zur Soziologie der Sprache. Kölner Zeitschrift für Soziologie, Sonderheft 15 (1971) S. 307–315.

H. Sacks: „An Analysis of the Course of a Joke's Telling in Conversation" in: R. Bauman/J. Sherzer (Hg.), a. a. O., S. 337–353.

H. Sacks/E. Schegloff/G. Jefferson: „A Simplest Systematics for the Organization of Turn Taking for Conversation" in: J. Schenkein (Hg.) 1978, S.7–56.

A. Scheflen: Human Territories, Englewood Cliffs, N. J. 1976 (= 1976a).

A. Scheflen: Körpersprache und soziale Ordnung, Stuttgart 1976 (= 1976b).

A. Scheflen: „Die Bedeutung der Körperhaltung in Kommunikationssystemen" in: M. Auwärter/E. Kirsch/K. Schröter (Hg.): Seminar: Kommunikation, Interaktion, Identität, Frankfurt/Main 1976, S. 221–253 (= 1976c).

J. Schenkein (Hg.): Studies in the Organization of Conversational Interaction, New York 1978.

J. Searle: „The Classification of Illocutionary Acts" in: Language in Society 5 (1976) S. 1–23.

D. Wunderlich: Studien zur Sprechakttheorie, Frankfurt/Main 1976.

JÜRGEN STREECK

Normen

Anmerkungen zum Begriff „Norm"

Norm (N), ein ungemein vielschichtiger und in verschiedensten wissenschaftlichen Disziplinen (z. B.: Theologie, Philosophie, Soziologie, Sprachwissenschaft) eine wichtige Rolle spielender Begriff, bereitet der Definition nicht unerhebliche Schwierigkeiten, zumal häufig der Zweiteilung dieses Begriffs nicht Rechnung getragen wird. Grundsätzlich unterscheidet man zwischen *„naturwissenschaftlichem N-Begriff"* (= vorfindliche statistische Größe des Normalen) und *„sozialwissenschaftlichem N-Begriff"* (= gesetzte und teilweise befolgte Vorschrift für normatives Verhalten) (vgl. Polenz 1972, S. 76), wobei ersterem die Begriffe „Gebrauchsnorm" und „Tätigkeitsnorm" (Gloy/Presch 1975, S. 21), letzterem die Begriffe „Zielnorm" und „Idealnorm" (ebd.) zugeordnet werden können. Enthält eine N eine Sollensforderung, handelt es sich um eine, dem sozialwissenschaftlichem N-Begriff zuzurechnende Form. Sprachnormen sind jene Teilmengen sozialer N, die den Gebrauch von Sprache verbindlich regulieren (vgl. Gloy 1974, S. 203). Sie stellen eine „bestimmte, ausgezeichnete Varietät eines gegebenen Varietätenraums" (Klein 1974, S. 16) dar. Alle anderen Varietäten sind Abweichungen und damit nicht normkonform.

1. DIFFERENZIERUNG DES SPRACHLICHEN NORMBEGRIFFS. Folgt man der bekanntesten und in anderen Differenzierungsmodellen als Zuordnungsfaktor fungierenden Einteilung Lyons (vgl.

Lyons 1971, S. 43 ff.), die von einer Reihe maßgeblicher Autoren (vgl. Gloy 1976b; Polenz 1972, S. 76–84; Schröder 1975, S. 263–294) übernommen bzw. referiert worden ist, so läßt sich bezüglich des Begriffs sprachliche N eine Klassifizierung in *deskriptive, präskriptive* und *prädiktive* N vornehmen.

Die *deskriptive* N (=Standpunkt des am Behaviorismus orientierten Strukturalismus) hat bereits vorkommende und belegbare sprachliche Äußerungen oder deren Regularitäten zum Gegenstand und enthält sich jeglicher Wertung (vgl. Lyons 1971, S. 43 f.). Sie steht dem naturwissenschaftlichen N-Begriff nahe, da die Komponente des Sollens fehlt. Der Terminus „Sprachgebrauch" (vgl. Moser 1967, S. 18; vgl. Polenz 1972, S. 78), der von Polenz als der Teil der Möglichkeiten des Sprachsystems, der als „normal, üblich und geläufig" (Polenz 1972, S. 78) gilt, definiert wird, kann diesem N-Begriff (mit einer gewissen Einschränkung) beigeordnet werden. Ebenfalls im Umfeld des deskriptiven N-Begriffs stehen die Termini „Gebrauchsnorm" (vgl. Jäger 1971, S. 167), „N" und „normales System" (vgl. Coseriu 1970, S. 200 und 208 f.). Im zum großen Teil von Eichhorn (vgl. Eichhorn 1972, S. 793–796) übernommenen Einteilungsmodell Gloys (vgl. Gloy 1975, S. 19 ff.), der eine Fünfteilung des Begriffs N (1) N im technischen Sinne; 2) N im methodischen Sinne; 3) N im systemtheoretischen Sinne; 4) Soziale N; 5) N im statistischen Sinne) vornimmt, weist die letzte Kategorie am ehesten Parallelen auf.

Die *präskriptive* N (= Standpunkt großer Teile der Schulgrammatik und des Dudens) bezeichnet bestimmte Teile des Sprachverhaltens aufgrund verschiedenartiger, variierender Kriterien (vgl. N-Begründung) als erlaubt, schön, richtig bzw. als unerlaubt, häßlich, falsch und verstärkt die getroffene Entscheidung durch positive bzw. negative Sanktionen (vgl. Lyons 1971, S. 43 ff.). Polenz (vgl. Polenz 1972, S. 79 f.) verwendet in seinem Klassifizierungsmodell analog den Terminus „Sprachnorm", den er als den Teil der Möglichkeiten des Sprachsystems definiert, der als „normal, korrekt, vornehm, gut usw." gilt. Jäger spricht in diesem Zusammenhang von „kodifizierter N" (Jäger 1971b, S. 167), Coseriu vom „System der obligatorischen Realisierungen der sozialen und kulturellen Auflagen" (Coseriu 1970, S. 200 und 209). Gloy ordnet in Anlehnung an Eichhorn N mit präskriptivem Charakter seiner vierten Kategorie, den sozialen N, zu. Diese N „können sich auf Handlungsziele (Zielnormen) oder/und auf die Wege, Arten, Folgen und Kombinationen von Handlungsoperationen (Tätigkeitsnormen) oder/und auf die Verwendung von Mitteln (Instrumentalnormen) in Abhängigkeit von bestimmten Situationen (unbedingte N) beziehen" (Eichhorn 1972, S. 793). Als weitere

Synonyma zu präskriptive N können „ideale N" (vgl. Pahlke 1964, S. 283) und „Zielnorm" (vgl. Steger 1970, S. 225; Jäger 1971b, S.226f.; Ströbl 1969, S. 130; Meisel 1971, S. 11) gelten.

Die *prädiktive N* (= Standpunkt der Generativen Transformations-grammatik) hat Regularitäten für belegte, aber auch noch nicht belegte, jedoch künftig mögliche, dem Sprachsystem gemäße Äußerungen zum Gegenstand. Es handelt sich also um Regeln, mit deren Hilfe jeder beliebige, systemgemäße Satz generiert bzw. transformiert werden kann.

Anzumerken ist, daß dieser N-Begriff nur einen Teil der zum Gesamt-phänomen sprachliche Kommunikation gehörigen Regularitäten erfaßt, da beispielsweise Störfaktoren der Kommunikation, Formen sprachli-cher Kreativität, semantische Konfigurationen und Kontextbezüge, so-wie para- und extralinguistische Kommunikationsmittel nicht oder nur ungenügend erfaßt sind. Die dahinter stehende Idealkonzeption (Homo-genität der Sprache) des „native speaker", die empirisch nicht ausrei-chend gesichert ist und synthetisches, nicht aber analytisches Denken aufweist, führt nicht selten zur deskriptiven Inadäquatheit. Es besteht die Gefahr, daß die prädiktive N letztlich zu einer unvollkommen deskripti-ven, aber präskriptiv wirkenden N gelangt (vgl. Gloy 1975, S. 122/123).

Die bereits seit einigen Jahren andauernde Kritik an Gegenstandsbe-reich und Methodik der Systemlinguistik (vgl. z. B.: Wunderlich 1974, S. 391 f.; Tillmann 1973, S. 18–26) führte durch die Hinzuziehung prag-malinguistischer Komponenten zum komplexeren, nicht nur auf opera-tionale, linguistische Regeln beschränkten *pragmalinguistischen N-Be-griff.*

Dieser N-Begriff versteht Sprache als soziales Handeln und berücksich-tigt neben linguistischen noch aus der Kommunikationssituation sich ergebende sprecher-, adressaten-, medien-, gegenstand-, anlaß- und zweckspezifische Regularitäten (s. Soziolinguistik, Psycholinguistik; vgl. auch Sprechakttheorie, Textlinguistik, Kommunikationstheorie und -analyse) (vgl. Gloy 1976b; Luhmann 1972; Steger 1970, S. 11–32). Weiterhin gehört die Analyse von Sanktionsmechanismen (vgl. Küchler/ Jäger 1976, S. 125–139) zur Durchsetzung bestimmter sprachlicher N und deren Auswirkungen (vgl. Gloy 1974, S. 37–63; Jäger 1971a) zum Gegen-stand dieses N-Begriffs.

2. NORMKRITERIEN, NORMSETZUNG , NORMENKRITIK. Zur Legitimierung sprachlicher N werden innerhalb der Sprachwissenschaft verschiedenartige Kriterienkataloge, z. B.: Offene Liste logischer, histo-rischer, biologischer und humanistisch-ästhetischer N-Gesichtspunkte

(vgl. Steger 1968, S. 45–66); Faktoren wie Ästhetizität, Faktizität, Beharrung, Funktionalität (vgl. Klein 1974, S. 7–21); technokratische und moralisierende Kriterien (vgl. Meisel 1971, S. 8–14) aufgeboten, die hinsichtlich Quantität und Qualität sehr stark variieren und bezüglich ihrer Legitimität äußerst unterschiedlich beurteilt werden. Eine, die gebräuchlichsten Kriterien referierende und kritisierende Klassifizierung stammt von Gloy (vgl. Gloy 1974, S. 239 ff.).

N-Kriterium: Strukturgemäßheit der Sprachvarietäten im Sprachsystem (vgl. Gloy 1974, S. 239 ff.). Eine besonders von „Duden-Sprachpflegern" (vgl. z. B. Grebe), aber auch anderen (vgl. z. B.: Erben, Moser) vertretene Auffassung, wonach die Strukturgemäßheit einziges bzw. wesentlichstes Auswahlkriterium für die Normierung einer Sprachverwendungsweise darstellt. Sowohl die wissenschaftlich exakte Beweisbarkeit der Strukturgemäßheit als auch die Beschränkung auf innersprachliche Aspekte wird seitens vieler Linguisten, insbesondere Pragmalinguisten (vgl. z. B.: Knüpfer/Macha 1971, S. 70 f.; Reich 1968, S. 348; Hartig/Kurz 1971, S. 44) bezweifelt bzw. abgelehnt.

N-Kriterium: Traditionalistisch-historische Qualität der Sprachvarietäten (vgl. Gloy 1974, S. 252–253). Ebenfalls vom Duden (vgl. Vorwort zur 2. Auflage der Duden-Grammatik 1966, S. 28) favorisiertes Kriterium, das besagt, daß neben der Systemgerechtheit auch sprachhistorische Argumente (vgl. Grebe 1968, S. 40–44.: „Achtung vor überlieferten Formen") zur Rechtfertigung einer Zielnorm herangezogen werden können.

N-Kriterium: Moralische Qualität der Sprachvarietäten (vgl. Gloy 1974, S. 254 ff.). Eine Reihe von Sprachwissenschaftlern (z. B. Grebe 1966, S. 145 und 1968, S. 28, Juhász 1967, S. 338; Trier 1968, S. 15) und Sprachdidaktikern traditioneller Prägung vertritt die von anderen Autoren (z. B. Gloy 1974, S. 256 ff.; Jäger 1971b., S. 168; Meisel 1971, S. 12) als elitär bezeichnete und heftig bestrittene Auffassung, man könne bestimmte Sprachverwendungsweisen oder sogar ganze Sprachen mit moralisch qualifizierenden Urteilen (z. B.: schlechtes/gutes Deutsch, umständliche/geschickte Ausdrucksweise; Unbekümmertheit/Sorgfalt) belegen und somit eine N-Entscheidung herbeiführen.

N-Kriterium: Zweckmäßigkeit im Hinblick auf verständliches Sprechen (vgl. Gloy 1974, S. 260 ff.). Eine der häufigst angeführten N-Begründungen, wonach Sprachverwendungsweisen bezüglich ihres Grades an Verständlichkeit und Zweckmäßigkeit (Ziel: größtmögliche Klarheit und Ökonomie) ausgewählt werden. Verbunden damit ist die nicht selten als Vorurteil (vgl. Gloy 1974) betrachtete Ansicht (vgl. z. B. Erben u. a.),

118

daß allein die vorhandene Schrift- bzw. Hochsprache diese Verständlichkeit optimal gewährleiste.

N-Kriterium: Belegbarkeit im faktischen Sprachgebrauch (vgl. Gloy 1974, S. 263 ff.) Ein dem deskriptiven N-Begriff nahestehendes Kriterium, das jedoch beispielsweise im Falle des Dudens sicher nicht den Sprachgebrauch der *ganzen* Sprachgemeinschaft (vgl. Polenz 1972, S. 81), sondern nur den einiger „großer Leitbilder" (Gloy 1974, S. 264), meist Literaten besonderer Wahl, umfaßt. Die Vorstellung, Sprachnormen und ihre Veränderungen seien von der Zustimmung der Sprachgemeinschaft abhängig (vgl. Moser 1967, S. 24) wird von vielen Autoren (vgl. z. B. Gloy, Jäger) unter Hinweis auf die in der Praxis angewandten Auswahlkriterien (Sprach- und Strukturgemäßheit; Sprachgefühl von „Sprachmeistern" (Moser) als letzte Instanz; Annahme durch geistige Elite) als widersprüchlich und unglaubwürdig bezeichnet.

Die vor allem mit Aufkommen der Soziolinguistik (vgl. z. B.: Jäger 1969, S. 42–52; Jäger 1971a, S. 162–176) erstarkte *Sprachnormenkritik* fordert eine grundsätzliche Toleranz gegenüber allen Varianten und Gruppensprachen, lehnt eine elitäre und unreflektierte, die Schrift- und Hochsprache einseitig bevorzugende Kodifizierung ab, und vertraut auf das Prinzip sprachlicher Selbstregulierung (vgl. Jäger 1971a, S. 166 ff. und 172 ff.; Meisel 1971, S. 12). Polenz (vgl. Polenz 1972, S. 82) und Steger lehnen zwar eine offenere Haltung im N-Bereich (vgl. Steger 1970, S.28 f.) nicht völlig ab, solange die Strukturgemäßheit erhalten bleibt, sehen aber in einer „laissez-faire-Haltung" die Gefahr eines „rapiden Absinkens der Kommunikationsleistungen", da eine überregionale „outgroup-Kommunikation" (Polenz 1972, S. 82) hierdurch stark behindert würde. Das Auftreten neuer Sprachbarrieren wäre nach Meinung dieser Autoren hierdurch bereits vorprogrammiert.

3. NORMIERUNG VERSCHIEDENER SPRACHVARIANTEN. Das Gesamtphänomen sprachlicher Erscheinungsformen wird gemeinhin nach zwei Gliederungsschemata unterteilt. Innerhalb der traditionellen Sprachwissenschaft herrscht das, von der modernen Linguistik wegen seiner unzureichenden linguistischen Exaktheit kritisierte, jedoch in der Literatur weit verbreitete Schema der Dreiteilung von Sprache in „Hochsprache", „Umgangssprache" und „Mundart" vor, wobei die verwendete Terminologie äußerst umstritten ist und eine Unzahl mehr oder weniger synonymer Termini (z. B. statt *Hochsprache* auch Standardsprache, Einheitssprache, Schriftsprache, Gebildetensprache usw.; statt *Umgangssprache* auch Alltagssprache, Gegenwartssprache, Alltagsrede usw.; statt

Mundart auch Dialekt) aufweist. Einigkeit herrscht bei den Vertretern dieser Dreiteilung darüber, daß die Unterteilung von Sprache nach soziogeographischen und stilistisch-historischen Aspekten zu erfolgen hat.

Die innerhalb der modernen Sprachwissenschaft bevorzugte Unterteilung von Sprache in „gesprochene" und „geschriebene Sprache" orientiert sich vornehmlich an den jeweils besonderen Bedingungen sprachlicher Kommunikation und Produktion, wobei auch hier eine Reihe sprachlicher Erscheinungsformen (z. B. geschriebene Texte mit Merkmalen gesprochener Sprache (dramatische Texte, Dialogpassagen in Erzählungen); schriftliche Vorbereitung auf mündlichen Sprachgebrauch (z. B. Rede/Vortrag)) erhebliche Zuordnungsschwierigkeiten bereitet.

In der gegenwärtigen linguistischen Diskussion wird in der Regel letzterer Einteilung der Vorzug gegeben, nicht zuletzt deshalb, um der bisher meist stiefmütterlichen Behandlung mündlicher Kommunikationsformen entgegenzuwirken. Aus Gründen terminologischer Präzisierung und um terminologisch implizierte Wertungen zurückzudrängen, wird seit einiger Zeit in sprachwissenschaftlichen Publikationen von „Standardsprache" (vgl. Moser 1971) bzw. „Einheitssprache" (vgl. Ammon 1972) anstelle von Hochsprache gesprochen. „Schriftsprache" signalisiert in dieser Terminologie die geschriebene Form der Standard- bzw. Einheitssprache (vgl. Reitmajer 1979, S. 24–46).

3.1. Normierung geschriebener Sprache. Zur Sprachvariante „geschriebene Sprache" zählen die „Schriftsprache" und die schriftliche Realisierungen der überregionalen, hochgelauteten Umgangssprache in Form von Zeitungs-, Journal-, Nachrichten-, Werbetexten. Die Zugehörigkeit des Dialekts zu dieser Sprachvariante ist heftig umstritten (vgl. Reitmajer 1979, S. 34), muß jedoch bei eingehender Prüfung (vgl. Brinkmann 1962, S. 104–105) verneint werden. Die *Umgangssprache* weist kein kodifiziertes Regelwerk, sondern Konventionen ohne präskriptiven N-Charakter (vgl. Sandig 1976, S. 93) auf, die jedoch nirgends fixiert sind. Um so detaillierter erscheinen die verschiedenen Regelwerke, die mit dem Anspruch allgemeiner Verbindlichkeit (vgl. Bundesanzeiger 1955, 12. Dezember, Nr. 242, S. 4) im, von einigen Autoren (vgl. z. B.: Besch, Gloy, Jäger, Rupp, Weinrich) sehr bezweifelten „Auftrag der Sprachgemeinschaft" (Duden-Grammatik [2]1966, S. 25) die Schriftsprache verbindlich festlegen und hauptsächlich in Form des nunmehr eine 150-jährige Tradition aufweisenden *Dudens* (lt. Beschluß der Kultusminister der Länder der Bundesrepublik Deutschland vom 18./19. November 1955 offizielles Regelwerk) die Bereiche Rechtschreibung, Zeichensetzung, Semantik, Syntax und Stilistik normativ regeln. Die Orientierung des Dudens, seit dem Erstarken der N-Kritik sehr umstritten und als einseitig, elitär und arrogant desavouiert (vgl. Ammon 1974, S. 85–86; Gloy 1974, S. 240 und 264; Jäger 1971b, S.168), erfolgt nach Selbstaussage der Herausgeber an „großen Leitbildern, die weithin gelten" und an „jener hochdeutschen N, die in der gehobenen Literatur, in wissenschaftlichem Schrifttum, in Presse, und Runfunk, in Predigt und Vortrag als allgemeinverbindlich anerkannt ist" (Duden-Grammatik ²1966, S. 25). Obwohl Schriftsprache nicht total genormt ist (vgl. Sandig 1976, S. 94), sondern teilweise auch per Konvention funktioniert, erscheint die Freiheit der Sprachgemeinschaft und des einzelnen Sprachteilnehmers stark, z. T. nur auf Wahlmöglichkeiten zwischen den vom System vorgegebenen Alternativen (vgl. Erben 1960, S. 5–28) beschränkt.

Diese im Hinblick auf eine überregionale, situationsunabhängige und reibungslos funktionierende Kommunikation notwendige und begrüßenswerte *Kodifizierung der Schriftsprache* erweist sich, vor allem in Verbindung mit einem stark ausgebauten Sanktionsmechanismus, der u. a. auch zur „Kanalisierung von Sozialchancen" (Jäger 1976, S. 132) dient, als problematisch. Denn es ist nicht sichergestellt, wie Gloy (vgl. Gloy 1974, S. 240f.) behauptet, daß ein überregionales Kommunikationsinstrumentarium nicht auch anders als die in kodifizierten N festgelegte Standardsprache aussehen könnte und nach Cordes (vgl. Cordes 1964, S. 338–354) sogar die Umgangssprache die Kriterien der Überregionalität erfüllen würde. Besonders problematisch und folgenreich (vgl. Sprachbarrieren) erscheint unter diesem Gesichtspunkt das Beharren auf der nicht immer konsistenten Rechtschreibnorm, insbesondere der Groß- und Kleinschreibung. Seit dem Aufkommen verschiedener Neuansätze im Bereich struktureller Linguistik zur Beschreibung sprachlicher Erscheinungsformen (vgl. Valenzgrammatik, Generative Transformationsgrammatik, Sprechakttheorie usw.) tauchen immer mehr Zweifel bezüglich der Adäquanz traditioneller, an der lateinischen Grammatik orientierten Sprachbeschreibungsmethoden, wie sie im Duden zugrundegelegt sind, auf, zumal festgestellt werden kann (vgl. Sandig 1965, S. 94ff.), daß eine ganze Reihe sprachlicher Regeln mit den Mitteln dieser Grammatik nicht beschrieben werden können. Völlig exakte und adäquate Beschreibungsmuster stehen jedoch auch seitens moderner Grammatiktheorien noch aus.

3.2. Normierung gesprochener Sprache. Die Abgrenzung geschriebener von gesprochener Sprache ist nicht ganz unproblematisch, da eine Reihe von Grenzfällen (vgl. Kapitel 3). eine scharfe Trennung erschwert. Ohne diese Grenzbereiche (z. B. geschriebene Texte mit Merkmalen gesprochener Sprache; schriftliche Vorbereitung auf mündlichen Sprachgebrauch) ausschließen zu wollen, kann „gesprochene Sprache als frei formuliertes Sprechen in sozialer Interaktion" (Bayer/Seidel 1977, S. 14) verstanden werden, das in der Regel in der Primärsozialisation in natürlichen Kommunikationssituationen spontan und weitgehend unbewußt erworben wurde, spezielle Textsortendomänen (z. B.: Unterhaltung, Diskussion, Interview) aufweist, Kommunikationssituation und Kontext in besonders umfassender Art und Weise berücksichtigt und durch paraverbale (Intonation, Akzent, Pause usw.) und durch nonverbale (Mimik, Gestik, Körperhaltung usw.) Mittel unterstützt wird (vgl. Bayer/Klaus 1977, S. 14–16).

Zu dieser so umschriebenen „gesprochenen Sprache" zählen sowohl sprachliche Realisierungen aus dem Bereich der gesprochenen *Standardsprache*, als auch solche aus den Bereichen der *Umgangssprache* und des *Dialekts*. Der Dialekt weist strenggenommen nur diese Realisierungsmöglichkeit auf. Trotz verschiedentlicher Versuche, den Dialekt zumindest hinsichtlich der Lexik (vgl. Schmeller 1872) und Grammatik (vgl. z. B. Merkle 1975) zu fixieren, kann bezüglich der Mundart nicht von einer kodifizierten N präskriptiven Charakters gesprochen werden. Das gleiche gilt für die Bereiche der Umgangssprache, die wie die Mundart größtenteils durch Konventionen und sprachliche Selbstregulierung funktioniert und daher keine in Regelwerken fixierte N kennt. Für die gesprochene Form der Standardsprache dagegen gilt nach traditioneller, in neueren sprachwissenschaftlichen Publikationen (vgl. Ammon 1974, Gloy 1974, Jäger 1971a u. b, Rupp 1970, Sandig 1976) sehr in Frage gestellter Auffassung die kodifizierte, präskriptiv verstandene N der Schriftsprache, die durch zusätzliche Regelkodices hinsichtlich Intonation und Aussprache (vgl. Siebs Deutsche Hochsprache: Bühnenaussprache; vgl. Duden – Aussprachewörterbuch) ergänzt wird.

Gerade dieser recht einseitig am Norddeutschen ausgerichtete und eigentlich für die Bühne geschaffene Regelkodex der *Intonation* und *Aussprache*, der nur von einer exklusiven Minderheit von Sprachteilnehmern (Schauspieler, Sprechkünstler usw.) ganz erfüllt wird, ansonsten aber von regionalen Abweichungen, nicht nur in Lautung, sondern auch im Wortschatz, weniger in der Grammatik, durchbrochen wird, sowie die scheinbare N-Untreue führen dazu, daß die gesprochene Form der

Standardsprache von nicht wenigen Autoren der traditionellen Sprachwissenschaft als „Sparform der Schriftsprache" oder als „minderwertiges Derivat" der Schriftsprache, das weniger planvoll formuliert (vgl. Gloy 1974, S. 215), bezeichnet wird.

Vertreter der modernen Sprachwissenschaft, die seit einigen Jahren die Erforschung der gesprochenen Sprache immer mehr in den Vordergrund rücken (vgl. Rupp 1970, S. 19), kritisieren die *Minderbewertung gesprochener Sprache* scharf und zeigen überzeugend auf, daß sie anderen Gesetzen und N folgt als die geschriebene Sprache (Rupp 1970, S. 19) und aufgrund des vorhandenen, bei der Schriftsprache jedoch fehlenden Situationskontextes normunabhängiger sein kann (vgl. Rupp 1970, S. 19). In großer Übereinstimmung fordern diese Autoren, die gesprochene, von der Schriftsprache abweichende, syntaktische und rhythmische Muster aufweisende Sprache von dem nachweisbar (vgl. Sandig 1974) inadäquaten Maßstab der Schriftsprache zu befreien und ihr eine eigenständige, sprachformspezifische Grammatik zuzuweisen. Trotz Favorisierung der Generativen Transformationsgrammatik ist bisher keine endgültige Festlegung (vgl. Sandig 1976, S. 98) hinsichtlich der Methode der Sprachbeschreibung abzusehen.

4. NORM UND SPRACHBARRIERENPROBLEMATIK. Obwohl die Ergebnisse der Soziolinguistik im einzelnen aufgrund unterschiedlicher methodischer Ansätze und divergierender regionaler Sprachgegebenheiten (vgl. z. B.: Amerika vs. Bundesrepublik) teilweise voneinander abweichen, stimmen sie alle (vgl. z. B. die Untersuchungsergebnisse von Lawton, Robinson, Reichwein, Oevermann u. a.) darin überein, daß die *soziale Schichtzugehörigkeit* einen wesentlichen Einfluß auf den Sprachmodus eines Sprechers ausübt.

Den Ergebnissen Bernsteins zufolge, die hier stellvertretend für viele andere erwähnt seien, da fast alle übrigen Forschungsarbeiten auf ihnen basieren, gebrauchen Unterschicht und Mittelschicht sehr verschiedene Varianten der gleichen Kultursprache, die sich durch eine Reihe von Kriterien voneinander unterscheiden lassen. Bernstein und die meisten seiner Exegeten belegen diese Sprachvarianten mit den bereits qualifizierenden Termini *„elaborierter Kode"* und *„restringierter Kode"*, wobei erstere die Sprache der Mittelschicht, letztere die der Unterschicht darstellt. Die zur Analyse und Unterscheidung der beiden Kodes aufgestellten Kriterien (vgl. Zusammenstellung: Hager/Haberland/Paris 1973, S. 61–63) stehen, wie die Anfang der 70er Jahre einsetzende kritische Reflexion innerhalb der Soziolinguistik (vgl. Hartig/Kurz 1971; Wunderlich 1970) zusammen mit den als Gegenbewegung zur sogenannten „*Defizithypothese*" agierenden Vertretern der „*Differenzhypothese*" zu zeigen versuchte, unter dem Verdacht, einseitig an der mittelschichtsorientierten kodifizierten N der Schriftsprache ausgerichtet zu sein. Eine nicht unwesentliche Reihe der angeblich den restringierten Kode signalisierenden Kriterien (z. B.: kurze, grammatisch einfache, oft unvollständige Sätze) sei in Wirklichkeit typisches Kennzeichen der mündlichen Rede (vgl. Dittmar 1971, S. 123), die lediglich durch Anlegung schriftsprachlicher N-Maßstäbe zur Restringiertheit degradiert worden seien.

Zum gegenwärtigen Zeitpunkt steht eine endgültige Klärung dieses Streits noch aus, da beide Parteien ihre methodologischen Mängel noch nicht restlos beseitigen konnten und auf beiden Seiten eine ausreichende empirische Absicherung fehlt. Angesichts der noch immer geltenden Kriterien der N-Bildung und der auch weiterhin praktizierten N-Sanktionierung weist z. Z. die Defizithypothese in der Praxis die größere Realitätsnähe auf.

Die Anfang der 70er Jahre vor allem in der Bundesrepublik Deutschland einsetzende Erweiterung der bislang primär soziologisch und rezeptiv, anglo-amerikanisch geführten Sprachbarrierendiskussion um die *dialektologische Komponente* (vgl. Ammon 1972, Hasselberg 1972, Jäger 1970, Löffler 1972, Reitmajer 1972) verdichtete die zunächst noch vage Vermutung zur inzwischen recht tragfähigen Theorie, daß mundartliche Einflüsse für viele Abweichungen von der kodifizierten N der Standardsprache verantwortlich zeichnen. Die so entstehenden N-Verstöße betreffen in erster Linie den orthographischen (z. B.: normwidrige Dehnung, Gemination, Lenisierung bzw. Fortisierung von Konsonanten), aber auch den grammatischen (z. B.: Fehler durch Tempusverwechslung, entgleiste Satzkonstruktionen, Verwechslung des grammatischen Geschlechts) und semantischen (z. B. falsches Wort, umgangssprachliches Wort, Dialektwort) Bereich.

Die Einstellungen zur hier als Maßstab angelegten kodifizierten N der Schriftsprache sind uneinheitlich. Sie reichen von Abschaffung der Hörigkeit gegenüber der rigorosen und intoleranten, weite Bevölkerungskreise diskriminierenden kodifizierten Sprachnorm (vgl. Jäger 1970, S. 179) bis hin zur Anpassung an sie durch kompensatorische Spracherziehungsprogramme (vgl. Besch/Löffler/Reich 1976, 1977, 1978), wobei die Einschätzung der Bedeutung des Dialekts im Vergleich zur gesprochenen Form der Standardsprache wiederum stark variiert.

5. SPRACHNORM UND SCHULE. Zu den obersten Bildungszielen der gegenwärtigen Institution Schule zählt, festgeschrieben durch administrativ verordnete Lernziele und Lehrpläne, das Erlernen des form- und sinnrichtigen Gebrauchs von Rechtschreibung, Grammatik, Lexikon und Stil der Standardsprache in Wort und Schrift, wobei dem schriftlichen Sprachgebrauch innerhalb der traditionellen Deutschdidaktik eindeutige Prioritäten eingeräumt sind. Als *Bewertungsmaßstab für Sprachleistungen* dient weitgehend das an der kodifizierten N ausgerichtete, vor allem in Stilfragen nicht immer objektive, da einseitig an literarischen Vorbildern orientierte Sprachgefühl des lehrenden und beurteilenden Spracherziehers. Diese rückwärtsgewandte Haltung der Beurteilenden erscheint zunächst bezüglich der Kontinuität sprachlicher N und damit für eine funktionierende Kommunikation richtig und wichtig, setzt sich aber in Widerspruch zum geschichtlichen Wesen der Sprache, wenn sie sich nicht von der pessimistischen Grundauffassung befreit, daß Sprachentwicklung gleichbedeutend sei mit Sprachverfall (vgl. Moser 1967, S. 38–39). Die traditionelle Deutschdidaktik hat nicht selten der Veränderbarkeit von Sprache zu wenig Aufmerksamkeit geschenkt (vgl. Veith 1975, S. 10).

Eine einseitige Orientierung an der kodifizierten schriftsprachlichen N erscheint problematisch, da sich ein großer Teil heutiger geschriebener Sprache (z. B.: moderne Dichtung, Reklame usw.) von der offiziellen N entfernt hat (vgl. Rupp 1970, S. 18) und, wie sprachwissenschaftliche Publikationen neueren Datums (vgl. Jäger 1970, Rupp 1970, Sandig 1976) überzeugend aufzeigen, der größte Teil heutigen Sprachgeschehens aus gesprochener Sprache besteht, die großteils andere Regularitäten aufweist als die Schriftsprache.

Dieser Tatbestand hat seit einigen Jahren zu einer, bisher allerdings meist nur auf akademischer Basis geführten *Neuorientierung der Deutschdidaktik* geführt, die das oberste Ziel des Deutschunterrichts nicht mehr primär im Erwerb kodifizierter schriftsprachlicher N und schriftlicher Verbalisierungsfertigkeiten sieht, sondern in der Erziehung zur Kommunikationsfähigkeit (vgl. Abels 1975, Böhm 1976), die neben sprachlicher Kompetenz auch alle Bestimmungsfaktoren des Kommunikationsprozesses umfaßt. Die didaktisch wenig durchdachte Übernahme kommunikativer Modelle in die Schule führte jedoch nicht selten zu einer Theoretisierung und Linguistisierung des Deutschunterrichts. Übereilt abgefaßte, für Linguisten, aber nicht für Schüler geeignete Sprachbücher sind hierfür beredte Zeugnisse.

Mit dem *kommunikationsorientierten Unterricht* eng verbunden ist die ebenfalls in neueren sprachdidaktischen Entwürfen feststellbare *Favori-*

sierung der gesprochenen Sprache (z. B. in Form der freien Rede und Diskussion) als Methode und Gegenstand des Deutschunterrichts (vgl. Bayer/Seidel 1977, S. 11–20). Mit dieser Akzentverschiebung im Deutschunterricht ist die Forderung verbunden, bei der Beurteilung gesprochener Sprache die ihre Produktion bestimmenden besonderen Bedingungen zu berücksichtigen und keinesfalls schriftsprachliche N unreflektiert auf gesprochene Texte zu übertragen (vgl. Bayer/Seidel 1977, S. 17). Ein Kriterienkatalog für die Beurteilung gesprochener Sprache, die eine große Zahl unterschiedlicher Sprechweisen umfaßt, für die unterschiedliche Sprachhandlungsnormen gelten, liegt zur Zeit nicht vor (vgl. Bayer/Seidel 1977, S. 16).

Die in jüngster Zeit in einer Reihe von Bundesländern sogar offiziell zur Aufsatzgattung erhobene Analyse von Gebrauchstexten (häufig im Grenzbereich zwischen gesprochener und geschriebener Sprache angesiedelt) ist das Ergebnis dieser sprachdidaktischen Neuorientierung.

Im Bereich der Sprach- und Aufsatzbeurteilung wird in einer Reihe neuerer sprachwissenschaftlicher und sprachdidaktischer Publikationen (vgl. Rupp 1970, S. 38) ein Zurückdrängen der Dominanz der Stilfragen zugunsten von grammatikalischer Richtigkeit, inhaltlicher Klarheit und Folgerichtigkeit gefordert. An die Stelle von „richtig" (= N-Konformität) und „falsch" (= Abweichung von der kodifizierten N) sollen nach Meinung mancher Autoren (vgl. z. B. Jäger 1971b, S. 166–223) die Bewertungsbegriffe *„akzeptabel"* und *„nicht akzeptabel"* im Sinne Chomskys treten.

Insbesondere in den Bereichen *Rechtschreibung* und *Aussprache* wird unter Hinweis auf die durch die Sprachbarrierenforschung aufgezeigten Probleme eine Überprüfung und *Liberalisierung* der kodifizierten N gefordert. Jäger, der bedauert, daß das Erlernen des korrekten Gebrauchs der Standardsprache in unseren Schulen einen so hohen Stellenwert einnimmt, fordert sogar, normwidrige Schreibweisen von Schülern überhaupt nicht mehr zu sanktionieren und die rigorose „Hörigkeit gegenüber der überlieferten Sprachnorm abzubauen" (Jäger 1970 und 1971).

N-Kodifikatoren (vgl. z. B. Diskussionsverlauf zur Rechtschreibreform) und amtliche Lehrplangestalter setzen solchen radikalen Forderungen, nicht zuletzt unter Berücksichtigung langfristiger Interessen der betroffenen Schüler, denen unter derzeitigen Verhältnissen noch immer an der kodifizierten N der Standardsprache orientierte Sprech- und Schreibleistungen abverlangt werden, deutliche Grenzen. Bezüglich der immer wieder geforderten Chancengleichheit erscheint es unter der *derzeit* gültigen N-Gebung und N-Sanktionierung sogar notwendig, jedem, auch dem durch seine sprachliche (Dialektsprecher) und soziale (Unterschicht) Herkunft benachteiligten Schüler, die Chance zu geben, sich die für den *korrekten Gebrauch der Standardsprache* notwendigen Fertigkeiten im Deutschunterricht anzueignen (vgl. Reitmajer 1979, S. 17).

Aufgabe der Deutschdidaktik ist es, Methoden und Modelle zu entwickeln, die dies ohne Diskriminierung und Benachteiligung verschiedener Schülergruppen ermöglichen und eine kritiklose und unreflektierte Anpassung an die kodifizierte N ausschließen. Eine lediglich auf akademischer Basis diskutierte und in der Schule praktizierte, jedoch in der Realität (z. B. Kommunikation im Berufsleben) *nicht* vollzogene N-Liberalisierung geht letztlich zu Lasten des Schülers und stellt unter *gegenwärtigen* Umständen keine geeignete Lösung dar (vgl. Reitmajer 1979, S. 17f.).

Die Notwendigkeit einer Überprüfung derzeitiger N-Verhältnisse bleibt aber bestehen.

⤑ **Erziehung zur Kommunikationsfähigkeit, Fachdidaktik (eigensprachlich), Grammatiktheorien, Kommunikation, Pragmalinguistik, Psycholinguistik, Semiotik, Soziolinguistik, Stilistik, Syntax.**

LITERATUR

R. *Abels (Hg.): Neue Wege im Deutschunterricht, Freiburg 1975.*

U. *Ammon: Dialekt, soziale Ungleichheit und Schule, Weinheim 1972.*

U. *Ammon: „Hochsprachliche Norm in der Sprachbehindertenpädagogik" in:* G. *Lotzmann (Hg.): Sprach- und Sprechnormen, Heidelberg 1974, S. 85–98.*

K. *Bayer/B. Seidel: „Gesprochene Sprache" in: Praxis Deutsch 24 (1977) S. 11–20.*

W. *Besch/H. Löffler/H. Reich (Hg.): Dialekt/Hochsprache – kontrastiv. Sprachhefte für den Deutschunterricht, Düsseldorf 1976/1977/1978.*

V. *Böhm: Sprache und Kommunikation. Materialien zur Pädagogik, Wien 1976.*

H. *Brinkmann: „Hochsprache und Mundart" in: Wirkendes Wort, Sammelband I, Düsseldorf 1962, S. 104–110.*

G. *Cordes: „Zur Terminologie des Begriffs Umgangssprache" in: Simon-Bachhofer/Dittmann (Hg.): Festgabe für Ulrich Pretzel, Berlin 1964, S. 338–354.*

E. *Coseriu: Strukturen und Funktionen, Tübingen 1970.*

N. *Dittmar: „Kommentierte Bibliographie zur Soziolinguistik" in: Linguistische Berichte 15 (1971) S. 103–128 und 16 (1971) S. 98–126.*

N. *Dittmar: Soziolinguistik. Exemplarische und kritische Darstellung ihrer Theorie, Empirie und Anwendung, Frankfurt/Main 1973.*

Duden – Aussprachewörterbuch, bearbeitet von M. Mangold in Zusammenarbeit mit P. Grebe, Mannheim/Wien/Zürich 1962.

Duden – Grammatik der deutschen Gegenwartssprache, Mannheim ²1966.

W. P. *Eichhorn: „Norm" in: G. Klaus/M. Buhr (Hg.): Marxistisch-leninistisches Wörterbuch der Philosophie, Reinbek 1972, S. 377–403.*

J. *Erben: „Gesetz und Freiheit in der deutschen Hochsprache der Gegenwart" in: Der Deutschunterricht 12 (1960) S. 5–28.*

K. *Gloy: Sprachnormen. Probleme ihrer Analyse und Legitimation, Konstanz 1974.*

K. *Gloy/G. Presch (Hg.): Sprachnormen I. Linguistische und soziologische Analysen, Stuttgart – Bad Cannstatt 1975.*

K. *Gloy: „Normen, sprachliche" in: K. Stocker (Hg.): Taschenlexikon der Literatur- und Sprachdidaktik M–Z, Kronberg/Ts. 1976, S. 333–339.*

K. *Gloy/G. Presch (Hg.): Sprachnormen II. Theoretische Begründungen außerschulischer Sprachnormenpraxis, Stuttgart 1976 (= 1976a).*

K. *Gloy/G. Presch (Hg.): Sprachnormen III. Kommunikationsorientierte Linguistik – Sprachdidaktik, Stuttgart – Bad Cannstatt 1976 (= 1976b).*

P. *Grebe: „Sprachnorm und Sprachwirklichkeit" in: Wirkendes Wort 16 (1966) S. 145–156.*

P. *Grebe: „Sprachnorm und Sprachwirklichkeit" in: Sprachnorm, Sprachpflege, Sprachkritik 1968, S. 28–44.*

F. *Hager/H. Haberland/R. Paris: Soziologie und Linguistik. Die schlechte Aufhebung sozialer Ungleichheit durch Sprache, Stuttgart 1973.*

M. *Hartig/U. Kurz: Sprache als soziale Kontrolle, Frankfurt/Main 1971.*

S. *Jäger: „Sprachplanung" in: Muttersprache 77 (1969) S. 42–52.*

S. *Jäger: „Sprachnorm und Schülersprache" in: Sprache und Gesellschaft S. 166–233, Düsseldorf 1971.*

S. *Jäger: „Zum Problem der sprachlichen Norm und seiner Relevanz für die Schule"in: Muttersprache 81 (1971) S. 162–176 (= 1971a).*

S. *Jäger: „Sprachnorm und Schülersprache" in: Sprache und Gesellschaft, Düsseldorf 1971, S. 166–233 (= 1971b).*

J. *Juhász: „Zur sprachlichen Norm" in: Muttersprache 77 (1967) S. 333–343.*

W. *Klein: „Variationen, Norm und Abweichungen in der Sprache" in: G. Lotzmann, a. a. O.*

A. *Knüpfer/J. Macha: „Zu einer allgemeinen Analyse von Sprachnormierungen" in: Linguistische Berichte 16 (1971) S. 69–77.*

R. *Kühler/S. Jäger: „Zur Sanktionierung von Sprachnormverstößen" in: Gloy/Presch 1976b, S. 125–139.*

G. *Lotzmann (Hg): Sprach- und Sprechnormen, Heidelberg 1974.*

N. *Luhmann: Rechtssoziologie Bd. 1 und 2, Reinbek 1972.*

J. Lyons: *Einführung in die moderne Linguistik*, München 1971.

J. M. Meisel: *„Sprachnorm in Linguistik und Sprachpflege"* in: *Linguistische Berichte 13 (1971) S. 8–14.*

L. Merkle: *Bairische Grammatik*, München 1975.

H. Moser: *Sprache – Freiheit oder Lenkung? Zum Verhältnis von Sprachnorm, Sprachwandel, Sprachpflege*, Mannheim 1967.

H. Moser: *„Texte gesprochener deutscher Standardsprache"* in: *Heutiges Deutsch*, München 1971.

J. Pahlke: *„Soziale Normen und die Theorie rationalen Verhaltens"* in: L. Raiser u. a.: *Das Verhältnis der Wirtschaftswissenschaft zu Rechtswissenschaft, Soziologie und Statistik*, Berlin 1964, S. 282–291.

P. v. Polenz: *„Sprachnorm, Sprachnormung, Sprachnormenkritik"* in: *Linguistische Berichte 17 (1972) S. 76–84.*

H. H. Reich: *Sprache und Politik. Untersuchungen zu Wortschatz und Wortwahl des offiziellen Sprachgebrauchs in der DDR*, München 1968.

V. Reitmajer: *Die Mundart als Sprachbarriere*, München 1972.

V. Reitmajer: *Der Einfluß des Dialekts auf die standard-sprachlichen Leistungen von bayerischen Schülern in Vorschule, Grundschule und Gymnasium. Eine empirische Untersuchung*, Marburg 1979.

H. Rupp: *„Sprachgebrauch, Norm und Stil"* in: H. Rupp/L. Wiesmann: *Gesetz und Freiheit in unserer Sprache*, Frauenfeld 1970, S. 7–43.

B. Sandig: *„Schriftsprachliche Normen und die Beschreibung und Beurteilung spontan gesprochener Sprache"* in: *Gloy/Presch 1976b.*

J. A. Schmeller: *Bayerisches Wörterbuch*, München 1972.

P. Schröder: *„Sprachnorm, Sprachbarrieren, Sprachpolitik I und II"* in: *Funkkolleg Sprache. Eine Einführung in die moderne Linguistik*, Bd. 2, Frankfurt 1975, S. 263–294.

T. Siebs: *Siebs Deutsche Hochsprache. Bühnenaussprache*, hg. von de Boor und Diels, Berlin [18]1961.

H. Steger: *„Sprachverhalten, Sprachsystem, Sprachnorm"* in: *Deutsche Akademie für Sprache und Dichtung*, Darmstadt, Jahrbuch 1970, Heidelberg 1970, S. 11–32.

H. G. Tillmann: *„Saussuresche Linguistik und sprachliche Kommunikation"* in: O. Schwenke (Hg.): *Sprache in Studium und Schule. Studium der Linguistik. Linguistik in der Schule*, München 1973, S. 18–26.

J. Trier: *„Unsicherheiten im heutigen Deutsch"* in: *Sprachnorm, a. a. O.*, S. 11–27.

W. H. Veith: *„Soziolekt und Aufsatzbeurteilung an Gymnasien"* in: *Zeitschrift für Dialektologie und Linguistik 1 (1975) S. 1–26.*

D. Wunderlich: *„Die Rolle der Pragmatik in der Linguistik"* in: *Der Deutschunterricht 22 (1970) S. 5–41.*

D. Wunderlich: *Grundlagen der Linguistik*, Reinbek 1974.

VALENTIN REITMAJER

129

Pragmalinguistik

1. GEGENSTANDSBESTIMMUNG. Die *Etymologie* der Begriffe Pragmatik (P) / Pragmalinguistik (PrL) aus dem griechischen τό πρᾶγμα, bzw. ἡ πρᾶξις, dt. Handlung, Handeln, Handlungsweise, Verfahren, Tat, Geschäft, Unternehmung, Verrichtung, Angelegenheit, Vorhaben, Plan, Sache, Tatsache, Ding, Lage, Zustände, Verhältnisse usw. signalisiert bereits terminologisch das Problemfeld und den programmatischen Anspruch, durch den sich die PrL als Gegenstandsbereich von Wissenschaft konstituiert: das Postulat der Erweiterung des Horizontes für die Untersuchung von Sprache unter dem Praxisaspekt.

Die bisherigen Versuche, das Problemfeld aufzubrechen, zeichnen sich ab in spezifischen, als zentral postulierten Begriffen wie „Handeln", „Sprechakt", „Kommunikation" u. a., an die spezifische Fragenkomplexe gebunden sind, und die, von verschiedenen Theorien beansprucht, zum erheblichen Teil divergierend und konkurrierend verwendet werden. Die verschiedene Ausdeutung der Begriffe und die darin zum Ausdruck kommende jeweils bestimmte Art der Problemstellung zeigen, daß das Problemfeld Sprache und Praxis keineswegs einheitlich verstanden wird. Dieser Sachverhalt kommt in konzentrierter Form zum Ausdruck in den äußerst unterschiedlichen bzw. unbestimmten Verwendungsweisen des Praxisbegriffes selbst. Gerade der den Gegenstandsbereich der P / PrL konstituierende Begriff der *Praxis* erweist sich weithin als vage und undefiniert. Er wird entweder irgendwie unterstellt, eklektizistisch gehandhabt oder bleibt gänzlich unerwähnt. Auf diese Weise wird der Praxisbegriff stillschweigend gleichgesetzt mit Begriffen wie den oben bezeichneten, die zwar aus dem Praxisfeld entnommen sind, dieses jedoch keineswegs hinreichend abzudecken vermögen, und mehr oder weniger unhinterfragt durch sie ersetzt. Die mangelnde Reflexion des Praxisbegriffes, der für die Bestimmung des Gegenstandsbereiches nicht nur etymologisch, sondern theoretisch zentral ist, führt zu zahlreichen widersprüchlichen Sichtweisen. Die Unsicherheit in der Bestimmung dessen, was P / PrL ist, ist hierin wesentlich begründet.

2. GRUNDLEGENDE PROBLEMBEREICHE PRAGMALINGUISTISCHER FORSCHUNG. Der *Zusammenhang von Sprache und Praxis* ist in der Geschichte der Sprachwissenschaft immer wieder thematisiert worden. Mit dem Anspruch einer eigenen Wissenschaftsdisziplin konstituierte sich die PrL wesentlich in Reaktion auf den Autonomiean-

spruch der *Systemlinguistik*. Die Bestrebungen der Systemlinguistik gingen dahin, Sprache auf ein formales Regelsystem festzuschreiben und alle Fragen, die über das System hinaus die Praxisbegründetheit und den Praxiszweck von Sprache betreffen, konsequent aus ihrem Untersuchungsbereich auszuschließen. Die damit vorgenommene Beschränkung von Sprachwissenschaft mußte sich als problematisch herausstellen, sowohl hinsichtlich wissenschaftsimmanenter Problemstellungen (z. B. der Definition der Einheit „Satz" oder der Analyse des Bereiches der „Deixis"), als auch hinsichtlich der Brauchbarkeit einer derartigen Sprachwissenschaft für gesellschaftliche Aufgabenstellungen (z. B. den Abbau sprachlicher Benachteiligung, die Behebung sprachlicher Störungen, die Beeinflussung durch Sprache u. a.). Kritik und Erweiterungsversuche setzten dahingehend ein, daß für die Untersuchung des zentralen Gegenstandes „Sprache" die Berücksichtigung auch außersprachlicher Faktoren postuliert wurde.

Etwa zur gleichen Zeit, als die Systemlinguistik sich etablierte und ihren Untersuchungsgegenstand wesentlich durch Isolierung bestimmte, definiert z. B. der Junggrammatiker Paul die linguistische Einheit „Satz" angesichts der unzureichenden, isoliert grammatischen Betrachtungsweise durch Einbeziehung des „Äußerungskontextes"; und Saussure-Schüler der Genfer Schule (im besonderen Bally) fordern explizit eine Linguistik der Sprachverwendung („linguistique de la parole").

Grundsätzliche Anregungen für das, was man im weiteren zum Thema der PrL machte, gehen wesentlich aus von der *Sprachpsychologie* (Bühler, Kainz). Als „Lehre von den einzelseelischen Funktionen bei den sprachlichen Vorgängen und den gemeinpsychologischen Modifikationen derselben" (Kainz, Bd. 1, 1962, S. 18) stellt sich gerade für die Sprachpsychologie die Aufgabe, sich mit dem konkreten Sprachverhalten auseinanderzusetzen und den konkreten Sprecher/Hörer in die Untersuchung einzubeziehen.

Prägender Einfluß auf die Bemühungen um die Überwindung einer isolierten Betrachtungsweise von Sprache als System geht von der *allgemeinen Theorie der Zeichen* aus, wie sie zunächst Morris zusammengestellt hat. Zentrales Anliegen von Morris ist es, eine allgemeine Theorie der Zeichen, die Semiotik, zu konstituieren, als eigenständige Wissenschaft mit der Aufgabe, als „Organon", als „Instrument" der Wissenschaftstheorie die Grundlage für die Praxis der Einzelwissenschaften zu schaffen. Die Morrissche Semiotik geht insofern über die systemtheoretische Untersuchung von Sprache hinaus, als sie über die Beziehung der Zeichen zueinander (Z – Z') die Relationen von Zeichen und Designat (Z

– D) und vor allem von Zeichen und Zeichenbenutzer (Z – I) als wesentliche Dimensionen der Semiose konstatiert.

Die „*ordinary language philosophy*" (später Wittgenstein, Austin, Searle, Grice u. a.) weist von der Philosophie her zur PrL. Indem er die Alltagssprache zum Hauptgegenstand der Philosophie erhebt, hat dieser Ansatz zwingend zur Folge, daß die Verwendung der Alltagssprache als zentrales Moment in den Untersuchungsgegenstand einbezogen wird. Dieses geschieht über die Bestimmung von Sprechen als Handlung und führt zur Konzeption des Sprechaktes.

Von den bisher festgestellten Ansätzen zur PrL zu unterscheiden sind Arbeiten, die bemüht sind, den Zusammenhang zwischen Sprache und Praxis konsequent zu erfassen, indem sie die Sprache von Anfang an in ihre gesellschaftlichen Zusammenhänge einordnen. Dabei kommt dem Begriff der Arbeit zentrale Bedeutung zu. Die jeweilige Ausführung dieses Begriffs hat grundlegende Konsequenzen für die Bestimmung von Sprache.

Maas geht aus von der *Bestimmung der Arbeit* als dem „Prozeß der Auseinandersetzung des Menschen mit der Natur" (Maas/Wunderlich 1972, S. 7), in dem der Mensch durch „instrumentelle" und „intellektuelle" Tätigkeit etwas produziert. In dem Produkt dieser Tätigkeit hat sich die Arbeit vergegenständlicht, es ist geronnene Arbeit, die sich gegenüber der Tätigkeit verselbständigt. Ein wichtiges Kriterium ist dabei für Maas, daß die Arbeit sich ihre eigenen Bedingungen schafft. Die Verbindung zwischen *Sprache und Arbeit* stellt Maas durch die Einführung und Überordnung des Handlungsbegriffes her. Als eine Tätigkeit, „die über ihre eigenen Bedingungen verfügt", sei Handeln wesentlich „an eine mögliche Rechtfertigung und damit an die Möglichkeit zu sprechen gebunden" (Maas/Wunderlich 1972, S. 192). Auf dieser Basis formuliert Maas einerseits seine Kritik an der „Neuen Wissenschaft", wie sie etwa im Funkkolleg „Sprache" vertreten wird. Sie befasse sich als „verdinglichte Wissenschaft" allein mit einer „verselbständigten", „verdinglichten" Sprache. Andererseits gründet er darauf seine *Handlungstheorie*, die im Sinne einer als „emanzipatorisch" beanspruchten Wissenschaft zur Aufhebung der Verdinglichung von Sprache beitragen soll.

Klaus kritisiert an pragmatischen bzw. pragmalinguistischen Ansätzen, wie den bisher dargestellten, daß sie die gesellschaftliche Funktion und Bedeutung der Sprache verabsolutieren. Er hält dem entgegen, daß die menschliche Gesellschaft grundsätzlich auf „objektiven ökonomischen und politischen Beziehungen" beruht und die einzelnen Gesellschaftsklassen sich „vor allem durch ihre Stellung und Rolle im Produktionsprozeß" unterscheiden (Klaus 1972, S. 28). Auch die Sprache ist aus der konkreten gesellschaftlichen Produktion hervorgegangen und „wird ständig von ihr gespeist" (Klaus 1972, S. 32). Der Begriff der Arbeit steht bei Klaus nicht isoliert der Sprache gegenüber, sondern – in ihren jeweils konkreten historischen Ausprägungen – vermittelt zum einen durch die *Kategorie der Gesellschaft*, zum andern durch die *Kategorie des Bewußtseins*. Auf dieser Grundlage definiert Klaus schließlich die Sprache als ein „aus den Bedürfnissen des gesellschaftlichen Lebens, insbesondere der Produktionstätigkeit, hervorgegangenes und sich ständig entwickelndes System verbaler Zeichen, das der Formierung der Gedanken (. . .) im Prozeß der Erkenntnis der objektiven Realität durch die Menschen dient und den Austausch ihrer Gedanken und emotionalen Erlebnisse, sowie die Fixierung und Aufbewahrung des erworbenen Wissens ermöglicht" (Klaus/Buhr, Bd. 2, 1974, S. 1161).

Auf der gleichen Grundlage bestimmen auch A. N. und A. A. Leontjew das Verhältnis von *Sprache und Arbeit* unter *historisch-gesellschaftlichen Gesichtspunkten*. Während Klaus von dieser Bestimmung her eine allgemeine Theorie der Zeichen entwickelt, stehen für A. N. und A. A. Leontjew Fragen der Psychologie/Psycholinguistik im Vordergrund.

3. DER PRAGMATISCHE ASPEKT DES ZEICHENS. Von psychologischer Seite bestimmt Bühler die Sprachwissenschaft, deren eigenständigen Charakter er betont, als „Kernstück einer allgemeinen Sematologie (Semeologie)" (Bühler 1978 Neudr., S. 9) und legt ihr, in Kritik an de Saussure einerseits, frühen behavioristischen Ansätzen andererseits, den Begriff des Zeichens zugrunde. Er entwickelt sein „*Organonmodell*" aus der *Analyse des praktischen Sprachgebrauchs*, aus der „Werkstätte der Praktiker" und stellt es unter das zentrale Thema: „Das spezifisch menschliche Umgehen mit Zeichen" (Bühler [2]1976, S. 53). Das Organonmodell ist damit bereits im wesentlichen ein Modell der Zeichenverwendung. „Es ist nicht wahr, daß alles, wofür der Laut ein mediales Phänomen, ein Mittler zwischen Sprecher und Hörer ist, durch (. . .) das (. . .) Begriffspaar ‚Gegenstände und Sachverhalte' getroffen wird. Sondern das andere ist wahr, daß im Aufbau der Sprechsituation sowohl der Sender als Täter der Tat des Sprechens, der Sender als Subjekt der Sprechhandlung, wie der Empfänger als Angesprochener, der Empfänger als Adressat der Sprechhandlung eigene Positionen innehaben. Sie sind nicht einfach ein Teil dessen, worüber die Mitteilung erfolgt, sondern sie sind die Austauschpartner, und darum letzten Endes ist es möglich, daß das mediale Produkt des Lautes je eine eigene

Zeichenrelation zum einen und zum anderen aufweist." (Bühler 1978
Neudr., S. 30f.)

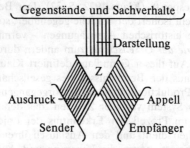

Organonmodell (Bühler 1978 Neudr., S. 28)

Die als klassisch geltende Definition der P stammt aus dem Bereich der
Semiotik (Morris einerseits; Klaus, Resnikow andererseits).

Morris zergliedert den Zeichenprozeß, die Semiose, in drei zweistellige
Relationen:

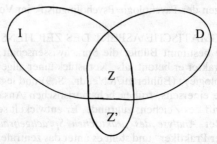

Die syntaktische Dimension (Syntax) hat die logischen Beziehungen der
Zeichen zueinander zum Inhalt (Z – Z'). Die semantische Dimension
(Semantik) behandelt die Beziehung von Zeichen zu den Objekten, die
sie designieren (Designate) (Z – D). Die Dimension, die das Verhältnis
von Zeichen und Zeichenbenutzer (Interpret) thematisiert (Z – I), definiert Morris, unmittelbar anknüpfend an Peirce, als die pragmatische
Dimension, die den „lebensbezogenen Aspekt () der Semiose" (Morris
1972, Erstaufl. 1938, S. 52) beinhaltet. Die P hat dementsprechend nach
Morris zur Aufgabe „einerseits die Definition jener Ausdrücke, die
weder strikt semiotisch sind, noch innerhalb der Syntaktik oder Semantik
definiert werden können; andererseits die Klärung des pragmatischen
Aspekts verschiedener semiotischer Ausdrücke; und schließlich die Fest-

stellung, was psychologisch, biologisch und soziologisch beim Auftreten von Zeichen geschieht" (Morris 1972, Erstaufl. 1938, S. 57). Die *semiotische Trias* ist bei Morris eingebettet in seinen *verhaltenstheoretischen Ansatz*, den er in seinen Arbeiten immer weiter systematisch ausbaut. Die axiomatische Semiosedefinition „Jemand nimmt Notiz von etwas durch etwas" (vgl. Morris 1972, Erstaufl. 1938, S. 21ff.) wird aufgelöst in eine Terminologie von Reiz-Reaktion und organischem Zustand. P, Semantik und Syntaktik (Syntax) werden als Teilbereiche unter die übergeordnete Verhaltenskategorie subsumiert und auf diese Weise zunächst einander gleichgeordnet. Da die P aber zugleich als der Teil der Semiotik definiert wird, „der sich mit dem Ursprung, den Verwendungen und den Wirkungen der Zeichen im jeweiligen Verhalten beschäftigt" (Morris 1973, S. 326), so steht am Ende des Hauptwerkes von Morris schließlich „das Konzept einer pragmatischen Integration der gesamten Semiotik" (Apel in der Einleitung zu Morris 1973, S. 19) in der verhaltenstheoretischen Deutung des Behaviorismus.

In Auseinandersetzung mit Morris entwickeln Klaus und Resnikow eine *allgemeine Theorie der Zeichen auf der Grundlage der Einordnung von Sprache in den gesamtgesellschaftlichen Zusammenhang.* Entsprechend der Charakterisierung des sprachlichen Zeichens – dieses wird vom Menschen hervorgebracht und benutzt, es wird verstanden und löst Reaktionen aus (R_4 (Z/M); R_4' (M/Z)) – versteht Klaus ebenso wie Morris die P als Teildisziplin der Semiotik. Einwände ergeben sich nach Klaus nicht gegen die Bestimmung der P als einer Wissenschaftsdisziplin, die sich mit dem Ursprung, dem Gebrauch und der Wirkung der sprachlichen Zeichen beschäftigt, sie ergeben sich vielmehr in der Frage, wie „die Zeichen tatsächlich entstanden sind, wodurch ihre Wirkung und ihr Gebrauch bestimmt werden und welche Rangordnung der Sprache im Gesamtsystem der Wechselbeziehungen der Gesellschaft zukommt" (Klaus 1972, S. 24). Als „Hauptaufgabe" postuliert Klaus den Aufbau einer P als Zweig der *Erkenntnistheorie*, deren Aufgabe es sei, „vor allem die psychologische und soziologische Komponente beim Gebrauch sprachlicher Zeichen" (Klaus 1972, S. 21) zu untersuchen. Klaus ordnet die P neben der Syntax und der Semantik und der Sigmatik als einen wichtigen Bezirk der Abbildrelation der Erkenntnistheorie zu. Sprachsoziologie und Sprachpsychologie sind danach gewissermaßen Hilfsdisziplinen dieses Bereichs der Erkenntnistheorie. Die semiotische Analyse der Abbildrelation ist demnach ohne ihren pragmatischen Aspekt grundsätzlich unvollständig.

„Ein vollständiges Verstehen der semantischen Abbildrelation setzt aber die Einbeziehung des pragmatischen Aspekts voraus. In der Abstraktion kann zwar die semantische Abbildrelation gebildet und für sich analysiert werden, doch diese Relation stellt Abbild und Abgebildetes statisch gegenüber. Der wirkliche Abbildungsprozeß hingegen vollzieht sich in der untrennbaren Einheit von Gedanke und Wort, von Denken und Sprechen, von Praxis und Erkenntnis (. . .) Ein Objekt O, das gedanklich abgebildet wird, wird in einem Denk- und Sprechprozeß P_1 erfaßt, und die Resultate dieses Denk- und Sprechprozesses werden in einem Prozeß P_2 in Gedanken bzw. Sätzen fixiert. Der spezifisch pragmatische Aspekt dieses Abbildungsprozesses ist der gesellschaftliche Bezug, in dessen Rahmen und unter dessen Beeinflussung sich die Prozesse P_1 und P_2 vollziehen." (Klaus 1972, 33)

4. PRAGMALINGUISTIK ALS THEORIE DER SPRECHAKTE.

Die *Sprechakttheorie* zergliedert ihren Untersuchungsgegenstand, die Alltagssprache, in *Sprechäußerungen*. Äußerungen sind gesetzte bzw. „situierte" Sätze. Durch sie bringt der Sprecher zum Ausdruck, was er äußern will, und zugleich, wie die Äußerung verstanden werden soll. In diesem Sinne wird den Äußerungen Handlungscharakter zugesprochen, werden sie als Sprech„akte" behandelt. Auf der Basis dieser These untersuchen die Vertreter der Sprechakttheorie im einzelnen, aus welchen Momenten sich der Sprechakt zusammensetzt. Grundlegend werden unterschieden:

(1) Der „*lokutionäre Akt*" (Austin) als die „gesamte Handlung ‚etwas zu sagen'" (Austin 1972, S. 110f.) wird von Austin in drei Teilakte untergliedert: den „phonetischen Akt" (Erzeugen von Geräuschen bzw. Lauten), den „phatischen Akt" (Äußern von Wörtern) und den „rhetischen Akt" (Benutzen der Vokabeln/Wörter, um über „mehr oder weniger genau Festgelegtes zu reden und darüber etwas mehr oder weniger genau Bestimmtes zu sagen" (Austin 1972, S. 110f.)). Searle untergliedert in diesem Bereich etwas abweichend in den „Äußerungsakt" (Äußerung von Wörtern, Morphemen und Sätzen) und den „propositionalen Akt", bei dem er Referenz und Prädikation unterscheidet („what is asserted in the act of asserting, what is stated in the act of stating" (Searle 1969, S. 29)).

(2) Der „*illokutionäre Akt*" (Austin, Searle) wird mit jedem lokutionären Akt zugleich vollzogen. Er beinhaltet den Verwendungszweck der Äußerung und wird aufgrunddessen in der Sprechakttheorie als der dominante Akt behandelt.

(3) Der „*perlokutionäre Akt*" (Austin, Searle) ist im Unterschied zum

136

illokutionären Akt dadurch charakterisiert, daß „oft, ja gewöhnlich, gewisse Wirkungen auf die Gefühle, Gedanken oder Handlungen des oder der Hörer, des Sprechers oder anderer Personen" (Austin 1972, S.116) ausgeübt werden.

Die Kriterien für die Unterscheidung der Sprechaktmomente im einzelnen sind keineswegs hinreichend geklärt. Gegensätzliche Aussagen sind wesentlich darauf zurückzuführen, daß der Begriff der Handlung zugrundegelegt, aber an keiner Stelle begründet wird.

In der BRD hat diese Aufgliederung der Sprechakte vor allem über die Arbeiten Wunderlichs breite Aufnahme gefunden. Auch Habermas greift in seinen Überlegungen zu einer „Universalpragmatik" bzw. einer „Theorie der kommunikativen Kompetenz" auf die Einteilung des Sprechaktes von Austin und Searle zurück. „Mit Hilfe von Sprechakten erzeugen wir allgemeine Bedingungen der Situierung von Sätzen, also Strukturen der Redesituation; zugleich sind diese Strukturen aber auch in der Rede selbst vertreten – eben als die sprachlichen Ausdrücke, die wir pragmatische Universalien nennen. Ein Sprechakt erzeugt die Bedingungen dafür, daß ein Satz in einer Äußerung verwendet werden kann; aber gleichzeitig hat er selbst die Form eines Satzes. Eine Theorie der kommunikativen Kompetenz muß die Leistungen erklären, die Sprecher oder Hörer mit Hilfe pragmatischer Universalien vornehmen, wenn sie Sätze in Äußerungen transformieren." (Habermas/Luhmann 1971, S. 103) Habermas gliedert die *„Doppelstruktur" des Sprechaktes* in einen dominierenden Satz performativer Prägung und einen abhängigen Satz propositionalen Gehalts. Ersterer gibt den „Modus der Kommunikation zwischen Sprechern/Hörern" wieder (Ebene der „Intersubjektivität"), letzterer wird verwendet, „um über Gegenstände zu kommunizieren" (Ebene der Gegenstände) (Habermas/Luhmann 1971, S. 105). Beide Ebenen müssen von den Kommunikationsteilnehmern betreten werden, um eine Verständigung herzustellen.

Übereinstimmend rücken die Vertreter der Sprechakttheorie den *illokutionären Akt* (bzw. den performativen Satz) in den Mittelpunkt ihrer Überlegungen und behaupten ihn als *dominanten Teil des Sprechaktes*; zum Teil wird er sogar mit der übergeordneten Kategorie Sprechakt gleichgesetzt. Indes erscheint die These von der Dominanz in keiner Weise abgesichert – auch die Festlegung des „pragmatischen Verwendungssinn(s)" (Habermas/Luhmann 1971, S. 105) durch den performativen Satz bzw. den illokutionären Akt ist keine Begründung für seine Dominanz, denn schließlich bestimmt erst der darin enthaltene propositionale Gehalt, was mitgeteilt werden soll.

Aus der Einteilung der Sprechaktmomente mit der behaupteten Dominanz des illokutionären Aktes ergeben sich grundlegende Konsequenzen für die gesamte Konzeption der Sprechakte (siehe PrL als funktionale Wissenschaft von der Sprache).

5. PRAGMALINGUISTIK ALS SPRACHHANDLUNGSTHEORIE.

„Mich dünkt, es sei so etwas wie ein Ariadnefaden, der aus allerhand nur halb begriffenen Verwicklungen herausführt, gefunden, wenn man das Sprechen entschlossen als Handlung (und das ist die volle Praxis im Sinne des ARISTOTELES) bestimmt." (Bühler 1978 Neudr., S. 52) Die bisherige Betrachtung der unterschiedlichen Ansätze zur PrL rückt die *Kategorie der Handlung* in den Mittelpunkt der Auseinandersetzung. Sie erscheint in den meisten Ansätzen als Konstituens der Beziehung zwischen Zeichenbenutzer/Sprecher/Hörer und Zeichen/Sprache. Der Handlungsbegriff beinhaltet zugleich die philosophischen Implikationen, die in den jeweiligen Ansatz eingehen, und führt somit zu den Kernproblemen einer Theorie der P / PrL.

Im Rahmen der Sprechakttheorie wird der *Begriff der Handlung* nicht explizit definiert. Das zugrundeliegende Handlungsverständnis ergibt sich jedoch aus dem Vergleich mit dem Schachspiel, der sich bei Wittgenstein, Austin, Searle u. a. findet, sowie dem logisch-mathematischen Kalkülbegriff, den vor allem Wittgenstein heranzieht, und wird schließlich bereits von Wittgenstein über den Begriff des *„Sprachspiels"* offen dargelegt: Die Erscheinungsformen der Alltagssprache werden als „Sprachspiele" bestimmt. Die *Sprachhandlung wird aufgefaßt als „Spielzug"*. Um das Sprachspiel spielen zu können, gibt es Regeln, die bestimmte Spielzüge zulassen, und damit zugleich andere verbieten. Regeln sind *„Muster"* für die Spielzüge. Sie haben sich nach Wittgenstein aus konkreten Sprachhandlungen entwickelt und geben nunmehr Anweisungen für zukünftige Handlungen. Das Befolgen der Regel beruht auf Konvention: „Einer Regel folgen, eine Mitteilung machen, einen Befehl geben, eine Schachpartie spielen sind Gepflogenheiten (Gebräuche, Institutionen)." (Wittgenstein 1969, S. 381) Die Implikationen dieser Aussage werden von Wittgenstein nicht weiter verfolgt. Fragen nach der Entstehung der Sprache und des sprachlichen Regelsystems sowie nach ihrem historisch-gesellschaftlichen Bedingungszusammenhang klammert Wittgenstein explizit aus seiner Sprachbestimmung aus. Selbst die konkreten Bedingungen des Sprachgebrauchs erscheinen in dieser Deutung von PrL im besten Falle als „Randbedingungen": „Unser Fehler ist, dort nach einer Erklärung zu suchen, wo wir die Tatsachen als ‚Urphänomene' sehen sollten. D. h., wo wir sagen sollten: dieses Sprachspiel wird ge-spielt. (. . .) Nicht um die Erklärung eines Sprachspiels durch unsre Erlebnisse handelt sich's, sondern um die Feststellung eines Sprach-spiels." (Wittgenstein 1969, S. 478)

Die Aufgabe der Sprachwissenschaft beschränkt sich in dieser Theorie darauf – und entsprechend ist die Sprechakttheorie insgesamt ausgerich-tet –, die geltenden Regeln dieses Spiels festzustellen und den Sprachge-brauch am Maßstab des so erlangten Regelsystems zu messen. Die Charakterisierung des Sprachgebrauchs als Spiel bzw. der Vergleich mit dem Schachspiel oder dem Kalkül soll also keinesfalls dazu dienen, den *(Sprach-)handlungsbegriff* im Zusammenhang mit gesellschaftlicher Pra-xis zu begreifen. Dies ist auch gar nicht möglich. Sie trennen im Gegenteil sprachliches Handeln und gesellschaftliche Praxis fundamental voneinan-der und heben auf diese Weise letztlich das Problemfeld der PrL auf.

Morris postuliert es als Verdienst des Pragmatismus, daß er „die Semiotik in eine Handlungs- oder Verhaltenstheorie eingeschlossen hat. Die Relation eines Zeichens zu dem, was es bezeichnet, involviert immer die Vermittlung durch einen Interpretanten, und ein Interpretant ist eine Handlung oder Handlungstendenz eines Organismus." (Morris 1977, S. 221) Morris setzt den Begriff der „*Handlung*" mit dem für den Beha-viorismus zentralen Begriff des „*Verhaltens*" gleich. Die Zeichen kontrol-lieren, regulieren und organisieren über die syntaktischen, semantischen und pragmatischen Zeichenfunktionen das menschliche Verhalten im Hinblick auf seine Folgen, wobei zum tierischen Verhalten nur ein gradueller Unterschied konstatiert wird. Andererseits sind die Schaffung der Zeichen und ihr Gebrauch als eine spezifische Form des Verhaltens zu verstehen. Die Regeln für den Zeichengebrauch – und hierzu gehören nach Morris auch die Gesetze des logischen Denkens – sind durch die Herausbildung bestimmter Verhaltensgewohnheiten entstanden, die sich als „nützlich" erwiesen haben. Auch sie sind somit selbst als spezielle Verhaltensweisen zu betrachten, die alle übrigen regulieren. Morris setzt den *Begriff des Verhaltens* und als eine ihm spezifische Form den *Begriff des Zeichens* als unabhängige, sich selbst kontrollierende, zentrale In-stanz der Semiose. Er postuliert ihn darüberhinaus zugleich als einen ebenso grundlegenden Begriff für die Humanwissenschaft, wie es der Begriff des Atoms für die Physik und der Begriff der Zelle für die Biologie geworden ist (vgl. Morris 1972, Erstaufl. 1938, S. 68), ja als einen Begriff, der diese Wissenschaften noch umfaßt. Die Bedingungen des Verhaltens bezeichnet Morris als „*Umwelt*" und verweist in diesem Zusammenhang auf die Handlungstheorie von Mead.

Nach Mead entsteht eine Umwelt „für einen Organismus durch die Selektionsleistung einer Aufmerksamkeitszuwendung, die durch die Triebimpulse des Organismus bestimmt ist. Diese besondere Umwelt existiert nicht in dem Bewußtsein des Lebewesens als ein separates Milieu, sondern das Bewußtsein des Organismus besteht darin, daß ein zukünftiges Verhalten seine Objekte umreißt und definiert. Insofern die Organisation des einen Individuums von der anderer Individuen sich unterscheidet, hat es eine private Umwelt, obgleich man diese Unterschiede als Unterschiede des Standpunkts bezeichnen könnte. (. . .) Diese Relation einer besonderen Umwelt für ein Individuum impliziert kein Bewußtsein (awareness). Es ist damit lediglich gesagt, daß die fortlaufende Tätigkeit des individuellen Lebewesens die Welt für dieses Lebewesen markiert und definiert, welche damit für dieses Lebewesen so existiert wie für kein anderes sonst. Wenn dies Bewußtsein geannt wird, so kann die behavioristische Psychologie es in Kategorien des Verhaltens beschreiben." (Mead 1969, S. 75 f.) Damit ist der Begriff der *„Umwelt"* weder durch die objektive, vom einzelnen Menschen unabhängig existierende Realität, noch durch das Bewußtsein definiert, sondern allein durch die *Tätigkeit* bzw. das *Verhalten des einzelnen Menschen.*

Auch Maas beruft sich bei der Entwicklung seiner Handlungstheorie vor allem auf Mead. Er postuliert die Bestimmung von PrL als eine *Theorie des sprachlichen Handelns*, „in der Sprechen als eine Form gesellschaftlichen Handelns verstanden werden soll" (Maas 1973, S. 144). Aus dem Anspruch heraus, die Sprache und ebenso die Sprachwissenschaft im Rahmen einer umfassenden Gesellschaftstheorie zu erklären, kommt Maas zu der Folgerung, daß „Sprechen als Moment in einem Arbeitsprozeß (zu) verstehen (ist), der seine eigenen Bedingungen geschaffen hat, diese kontrolliert und deswegen Rechenschaft über sie geben kann, sie verantworten kann" (Maas/Wunderlich 1972, S. 36). *Sprechen* ist damit bei Maas als *Teilmenge von Handeln* ausgewiesen, das Maas – im Unterschied zu „Verhalten" – gerade definiert als „(e)ine Tätigkeit, die über ihre eigenen Bedingungen verfügt, dadurch daß sie diese geschaffen hat" (Maas/Wunderlich 1972, S. 192).

Bereits an dieser Stelle wird deutlich, daß auch der Maassche *Handlungsbegriff* zu kurz greift. Indem er dem behavioristischen Verhaltensbegriff gegenüber zu Recht das subjektive Moment der Handlung betont, verabsolutiert er zugleich den eigenständigen Aspekt der Handlung und klammert gerade an dieser entscheidenden Stelle der Handlungsdefinition das objektive Moment gesellschaftlicher Praxis, in deren Rahmen Handlung schließlich stattfindet, aus. „Dem Verfügen über die Bedingungen entspricht, daß ein Handelnder die Verantwortung für seine Handlung trägt." (Maas/Wunderlich 1972, S. 192) Damit ist Maas zum Kernpunkt seiner Definition gelangt. Ohne die objektiven historisch-gesellschaftlichen Bedingungen in diesen Zusammenhang einzubeziehen, bestimmt er als einziges Kriterium für Handlung die Möglichkeit ihrer Rechtfertigung. Diese ist in zweifacher Hinsicht wiederum vom sprachlichen Handeln abhängig: zum einen kann sich der Handlungszusammenhang durch Sprache gegenüber der „Ereignissituation" verselbständigen, zum anderen manifestieren sich Rechtfertigungen wiederum in Sprache. Damit erscheint bei Maas, ebenso wie schon bei Morris, der Kreis geschlossen: „Handeln ist (. . .) dadurch bestimmt, daß es sich selbst kontrolliert." (Maas/Wunderlich 1972, S. 193) Zumindest zwei Momente führen an die Grenze der Maasschen *Handlungstheorie:*

(1) Die genannte „Ereignissituation" läßt sich ebenso wie das „situative Geschehen", das Maas für den Bereich des Verhaltens konstatiert, aus seiner Handlungsdefinition nicht herleiten. Eine Bestimmung von „Verhalten" gegenüber „Handlung" in bezug auf den Menschen allein als „Deformation seiner Möglichkeiten" (Maas/Wunderlich 1972, S. 193) reicht hier sicher nicht aus.

(2) Wenn Handlung durch Rechtfertigung bestimmt ist, muß sie aus einer bestimmten Absicht heraus erklärt werden können. Diese Überlegung greift Maas auf und kommt auf diesem Weg in der Tat zur Verankerung des Entschlusses zur Handlung als „sozial verbindlich() und nicht psychologisch privat()" in einer „sozialen Situation" (Maas/Wunderlich 1972, S. 303/305). Aber auch über die Einführung der „sozialen Situation", wie breit oder wie eng dieser Begriff auch gefaßt sein mag, stellt Maas den Zusammenhang zwischen Handeln und gesellschaftlicher Realität nicht her. Zwar wird die „soziale Situation" nach Maas ausgemacht „durch die von den Beteiligten akzeptierte Verbindlichkeit der Zusammenhänge", und zwar wird „sprachliches Handeln (. . .) bestimmt durch diese Verbindlichkeit", die Verbindlichkeiten werden aber wiederum erklärt als „geronnene Handlungszusammenhänge: Als solche sind sie Leistungen des Handelns" (Maas/Wunderlich 1972, S. 305f.). Damit erscheint der Kreis wiederum geschlossen. Handeln ist und bleibt bei Maas durch sich selbst definiert. Konkret historisch-gesellschaftliche Bedingungen, gesellschaftliche Praxis haben auch in seinem Konzept der PrL keinen Platz.

Bühler leitet die Bestimmung von *Sprechen als Handeln* ab aus dem *(psychologischen) Handlungsbegriff,* den er als „zielgesteuerte() Tätigkeit() des ganzen Menschen" (Bühler 1978 Neudr., S. 52) faßt. „Es kann jedes (. . .) Wort sub specie einer menschlichen Handlung betrachtet werden. Denn jedes konkrete Sprechen steht im Lebensverbande mit dem übrigen sinnvollen Verhalten eines Menschen; es steht unter Handlungen und ist selbst eine Handlung." (Bühler 1978 Neudr., S. 51 f.) Mit der Zielbestimmung ist die Frage nach den Bedingungen des Handelns aufgeworfen. Als solche führt Bühler für die Sprechhandlung an: das „Aktionsfeld", das sich zusammensetzt aus den „präsenten Bestimmungsmomenten" der äußeren (Gelegenheit) und der inneren Situation (Bedürfnis) und der Geschichte des Handelnden, vor allem seinen individuell erworbenen Fähigkeiten (z. B. bezüglich des Sprechenkönnens) und schließlich der Aktgeschichte (Weg von der Idee bis zur Handlung). Damit stellt Bühler die *Sprechhandlung* in ihren jeweiligen *situativen Kontext*, den er in psychologischen Kategorien beschreibt, – in diesem Sinne versteht Bühler den „historischen" Charakter der Handlung. Die Bedingungen für das Zustandekommen der Sprechsituation sind für Bühler nicht Gegenstand der Überlegungen. Indem Bühler den Handlungsbegriff nicht verabsolutiert, ordnet er auch den sprachlichen Bereich nicht insgesamt dem Begriff der Handlung unter. Handlung ist ein Aspekt der Sprache. Bühler nennt daneben drei weitere und gliedert sie in einem Vierfelderschema:

	subjektbezogene Phänomene	subjektentbundene intersubjektiv fixierte Phänomene
niedere Formalisierungsstufe	Sprechhandlung	Sprachwerk
höhere Formalisierungsstufe	Sprechakt	Sprachgebilde

(zusammengestellt nach Bühler 1978 Neudr., S. 49)

Im Zusammenhang der Auseinandersetzung mit dem zeichentheoretischen Ansatz des Pragmatismus (Peirce, Morris) hebt Klaus ausdrücklich als „wichtige(s) und wertvolle(s) Element()" des Pragmatismus die Beachtung des *Handlungsaspektes von Sprache* hervor, in der ein wesentliches „Moment der Praxis" zum Vorschein kommt. (Klaus 1972, S. 57) Grundlegend geht auch Klaus davon aus, daß Zeichen vom Menschen

142

„erzeugt", „hervorgebracht", „produziert" (Klaus 1972, S. 9, 12, 15 u. a.) werden, daß die Produktion von Zeichen ein bestimmtes Ziel voraussetzt und daß es Zweck der Zeichen ist, verstanden zu werden und Reaktionen auszulösen. In diesem Sinne spricht Klaus von der Verwendung der Zeichen. Im Unterschied zum Pragmatismus stellt Klaus den Handlungsaspekt von Sprache nicht isoliert in den Mittelpunkt seines Ansatzes. Er bettet vielmehr den subjektiv zu bestimmenden Handlungsfaktor des Zeichens ein in den Zusammenhang von objektiver Realität und Bewußtsein und gelangt zu erkenntnistheoretischen Grundproblemen, die auch für die P /PrL von zentralem Stellenwert sind (Widerspiegelungstheorie, Frage der Bedeutung, Frage der Wahrheit, Rolle der pragmatischen Kategorie der Nützlichkeit u. ä.).

Grundsätzliche Bedeutung kommt dem Begriff der Sprechhandlung in der sowjetischen Psycholinguistik in der Nachfolge Wygotskys zu. Im Unterschied zur Handlungstheorie von Mead, Morris, Wittgenstein, den Sprechakttheoretikern und nicht zuletzt Maas wird *Sprechhandlung* nicht als isolierte und verabsolutierte Kategorie aus sich selbst heraus erklärt, sondern ist *eingebunden in eine allgemeine Theorie der menschlichen Tätigkeit*, verstanden als gesellschaftliche Praxis, und stellt einen wesentlichen Bestandteil des Problemfeldes der Sprachwissenschaft dar.

A. N. Leontjew bestimmt anstatt des zweigliedrigen behavioristischen Grundschemas Reiz-Reaktion die „*gegenständliche*() *Tätigkeit des Subjekts*" (A. N. Leontjew 1973, S. 418) als zentralen Ansatzpunkt seiner psychologischen Theorie. Sie „stellt keine Reaktion und keine Menge von Reaktionsmomenten dar, sondern ein System mit eigener Struktur, mit eigenen inneren Übergängen und Umwandlungen, mit eigener Entwicklung" (A. N. Leontjew 1973, S. 419). Ihre reale Funktion besteht darin, „das Subjekt in der gegenständlichen Welt zu orientieren" (A. N. Leontjew 1973, S. 419). Unabhängig von Form und Struktur muß jede Tätigkeit grundsätzlich im Zusammenhang mit ihren „sozialen Bedingungen", mit dem „Leben der Gesellschaft" betrachtet werden: „Außerhalb dieser Beziehungen existiert keine menschliche Tätigkeit. Wie sie existiert – das bestimmen jene Formen und Mittel des materiellen und geistigen Verkehrs, die von der Entwicklung der Produktion hervorgebracht werden und die sich nicht anders realisieren können als in der Tätigkeit konkreter Menschen." (A. N. Leontjew 1973, S. 420) Jede Tätigkeit hat einen „Gegenstand", der in seiner unabhängigen Existenz (primär) und als psychisches Abbild des Gegenstandes, als „subjektives Produkt" (sekundär), verarbeitet wird. Dieser Gegenstand, auf den sich das Bedürfnis des Subjekts richtet, ist das Ziel der Tätigkeit, das „Motiv".

Die Tätigkeit ist immer eine konkrete, spezifische Tätigkeit. Sie entspricht einem bestimmten Bedürfnis des Subjekts, das „auf den Gegenstand (. . .) abzielt, nach der Bedürfnisbefriedigung erlischt und wieder reproduziert wird, möglicherweise unter völlig veränderten Bedingungen" (A. N. Leontjew 1973, S. 428). Die Tätigkeit gliedert sich in einzelne Handlungen. Diese sind dem Motiv untergeordnet. Als zielgerichteter Prozeß ist die Handlung nach A. N. Leontjew im allgemeinen und nach A. A. Leontjew die Sprechhandlung im besonderen ein – wenn auch relativ selbständiger – Teil der umfassenden menschlichen Tätigkeit. Das Ziel der Handlung ist Teilergebnis der Tätigkeit.

Der Terminus „*Sprechtätigkeit*" wird von A. A. Leontjew als in sich widersprüchlich und ungenau kritisiert. „Wenn man versucht, in diesem System den Platz für die Sprechtätigkeit, genauer: für die Gesamtheit der Sprechhandlungen zu finden, dann kann man sagen, daß die Sprechhandlungen bzw. die Sprechhandlung (. . .) einen Sonderfall einer in den Tätigkeitsakt eingehenden Handlung bildet." (A. A. Leontjew 1974, S. 37) Damit wird die Sprechhandlung eindeutig definiert als ein Bestandteil menschlicher Tätigkeit. Ihr Ziel ist bestimmt durch das Motiv der Tätigkeit und insofern durch objektive und subjektive Faktoren der Realität.

6. PRAGMALINGUISTIK ALS FUNKTIONALE WISSENSCHAFT VON DER SPRACHE. Eine Theorie, die den Zusammenhang von Sprache und Praxis zum Gegenstand hat, muß notwendig fragen, welche *Funktionen* der Sprache in diesem Zusammenhang zukommen, und wie diese von ihr wahrgenommen werden. Es fällt auf, daß diese Frage in den meisten der genannten Ansätze nicht oder nicht hinreichend problematisiert wird.

Die *kommunikative Funktion* der Sprache wird zwar grundsätzlich behauptet und vor allem durch die verschiedenen Klassifizierungsversuche der Sprechakttheorie in ihrer Vielfältigkeit hinreichend belegt. Derartige Antworten auf die Frage, wie Sprache kommunikativ funktioniert, müssen aber solange unzureichend bleiben, als nicht zuerst die umfassende Frage nach der Begründung von Kommunikation und nach ihren Zwecken geklärt ist, ja sogar häufig nicht einmal gestellt wird, bzw. gestellt werden darf (z. B. bei Wittgenstein, der Sprache als Selbstzweck, als Spiel postuliert). Kommunikation findet in gesellschaftlichen Verwendungsbereichen statt und dient der Verständigung der Menschen untereinander über Dinge, Sachverhalte, Vorgänge, Gedanken u. ä. Damit tut sich ein weiterer Zusammenhang zwischen Sprache und Praxis auf: Als

Verständigungsmittel über die Realität muß Sprache in irgendeiner Form diese Realität beinhalten. Bühler etwa spricht von der „Darstellungsfunktion" der Sprache und räumt ihr in seinem Organonmodell eine hervorragende Stellung ein. Dieselbe Funktion der Sprache wird u. a. bei Klaus, Resnikow, A. N. und A. A. Leontjew aus einem komplexen, historisch-konkreten Prozeß erklärt. Dieser besteht darin, daß die Sprache, vermittelt über das Bewußtsein, die objektive gesellschaftliche Realität widerspiegelt.

Der Zusammenhang von *Sprache und Wirklichkeit* findet dagegen keine Berücksichtigung in den Ansätzen, die die Rolle der Sprache bzw. des Zeichens, des Verhaltens bzw. der Handlung verabsolutieren. So klammert z. B. die Sprechakttheorie durch die isolierte Betrachtung des illokutionären Aktes (des performativen Satzes) den propositionalen Akt (den Satz propositionalen Gehalts) und damit die Frage, was übermittelt wird, faktisch aus ihren Überlegungen aus. Wunderlich weist mehrfach auf diese Tatsache hin (z. B. in Maas/Wunderlich 1972, S. 76ff.).

Es ist bezeichnend, daß Ansätze, in denen der Zusammenhang von Sprache und Wirklichkeit nicht reflektiert ist, entsprechend auch den Zusammenhang von Sprache und Bewußtsein außer Acht lassen. Dies zeigt sich darin, daß zum einen die Erkenntnisfunktion der Sprache nicht thematisiert wird, zum anderen die Bedeutung des Zeichens mit seinem Gebrauch gleichgesetzt wird (Wittgenstein: Gebrauchstheorie der Bedeutung; Maas: Bedeutung der Sprechhandlung ist die soziale Situation).

In den kritisierten Ansätzen werden die Vermittlungsmomente zwischen Sein und Bewußtsein wie Tätigkeit, Handlung, Verhalten, Sprache, Zeichen – einander gleichgesetzt – als eine eigenständige dritte Ebene unabhängig von Sein und Bewußtsein postuliert, die jene schließlich aufhebt und allein Gültigkeit beansprucht.

7. ZUM STELLENWERT DER WAHRHEITSFRAGE IN DER PRAGMALINGUISTIK.

Unbeantwortet bleibt schließlich in Ansätzen, wie den kritisierten, die Frage nach der *Wahrheit von Aussagen/Sätzen/ Äußerungen*; denn worin läßt sich die Wahrheit von Sätzen messen, wenn nicht an ihrer Übereinstimmung mit der Realität? Dieses Problem ist durchaus erkannt, jedoch keineswegs gelöst worden. Zwei über die PrL hinaus relevante Argumentationen seien hier stellvertretend genannt:

Austin versucht, wie viele seiner Nachfolger, das Problem zu umgehen, indem er im Rahmen der Entwicklung seiner Theorie zunächst neben die Frage nach der Wahrheit die Frage nach dem Erfolg eines Sprechaktes stellt. Soweit erscheint sein Anliegen durchaus gerechtfertigt. In einem zweiten Schritt verabsolutiert er jedoch faktisch das letztgenannte Kriterium und stellt damit unvermeidlich die Weichen der P / PrL zum Pragmatismus.

Habermas versucht demgegenüber Wahrheit neu zu definieren und erstellt im bewußten Gegensatz zu den „ontologischen" Wahrheitstheorien eine „Konsensustheorie der Wahrheit". Diese beinhaltet, daß eine Aussage dann als wahr gelten kann, wenn alle „kompetenten" Sprecher dieser Aussage zustimmen würden. Mag er nun die zugelassenen Sprecher als „kompetent" oder als „vernünftig", als „sachverständig" oder „zurechnungsfähig" postulieren, mag er die Frage nach der Wahrheit von Äußerungen durch die Frage nach der „Wahrhaftigkeit der Sprecher" oder nach der „Richtigkeit" (d. h.: Regelhaftigkeit) von Handlungen und damit nach der „Regelkompetenz eines Handelnden" ersetzen, er kann den Zirkelschluß schließlich nur dadurch unterbrechen, daß er eine „ideale Sprechsituation" behauptet, die es zu antizipieren gilt, um an ihr den erzielten Konsens auf seine Wahrheit hin zu überprüfen. „HABERMAS identifiziert gesellschaftliche Praxis mit der pragmatischen Begründung der Regeln kommunikativen Handelns aus einem Prinzip praktischer Vernunft. Das gelingt ihm aber nur, indem er Praxis als die Idee der Normativität der Verständigung begreift, die in transzendentaler Einstellung dieses Ideal realisiert als Bildungsprozeß post festum. Die Maßstäbe kritischer Selbstbegründung resultieren dann nicht aus der gesellschaftlichen Praxis, sondern aus den pragmatischen Regeln der kommunikativen Kompetenz. Dieses Prinzip gibt daher auch die Kriterien der Objektivität von Wahrheit im Konsensus: als Vernunft kompetenter Sprecher, ideale Sprechsituationen unterstellen zu können." (Pötter 1979, S. 216f.)

Beide Argumentationen negieren die *gesellschaftliche Praxis*, begründen Sprache aus sich selbst heraus und heben damit schließlich das zentrale Problemfeld der PrL auf.

Zusammenfassend kann festgestellt werden: Die PrL beansprucht als zentralen Gegenstand den *Problemzusammenhang von Sprache und Praxis*. Diesem Anspruch wird jedoch in den meisten bisherigen pragmalinguistischen Ansätzen nicht hinreichend Rechnung getragen. Die wesentlichen Mängel lassen sich in einer Negativliste erfassen, anhand derer die zahlreichen neuen Arbeiten zur PrL beurteilt und eingeordnet werden können:

– Begründung der Sprache aus sich selbst heraus
– Verabsolutierung des Handlungsaspekts
– Bestimmung von Sprechhandlungen als Spielzügen

- systematische Ausklammerung der gesellschaftlichen Praxis
- Verselbständigung der illokutionären Akte gegenüber den propositionalen Akten
- Vernachlässigung der Erkenntnisfunktion von Sprache
- Gleichsetzung von Bedeutung und Gebrauch des Zeichens
- Aufhebung der Wahrheitsfrage

Im Sinne der Überwindung dieser Mängel gilt es, die PrL auszubauen und als einen eigenständigen Bereich von Wissenschaft zu verankern, in dem die Teilbereiche der Sprachwissenschaft ihren festen Platz einnehmen.

→ **Kommunikation, Psycholinguistik, Semiotik, Syntax.**

LITERATUR

J. L. Austin: Zur Theorie der Sprechakte, Stuttgart 1972.

M. Braunroth/G.Seyfert/K. Siegel/F. Vahle: Ansätze und Aufgaben der linguistischen Pragmatik, Frankfurt/Main 1975.

K. Bühler: Die Axiomatik der Sprachwissenschaften, Frankfurt/Main ²1976.

K. Bühler: Sprachtheorie. Die Darstellungsfunktion der Sprache, Frankfurt/ Main, Berlin/ Wien 1978 (Neudruck).

J. Habermas/N. Luhmann: Theorie der Gesellschaft oder Sozialtechnologie. Was leistet die Systemforschung? Frankfurt/Main 1971.

F. Kainz: Psychologie der Sprache, Bd. 1: Grundlagen der allgemeinen Sprachpsychologie, Stuttgart 1962.

G. Klaus: Die Macht des Wortes. Ein erkenntnistheoretisches Traktat, Berlin ⁶1972.

G. Klaus/M. Buhr (Hg.): Philosophisches Wörterbuch, Bd. 2, Leipzig 1974.

A. A. Leontjew: Psycholinguistik und Sprachunterricht, Stuttgart/ Berlin/ Köln/ Mainz 1974.

A. N. Leontjew: „Das Problem der Tätigkeit in der Psychologie" in: Sowjet-wiss. gesellschafts-wiss. Beiträge 4 (1973) S. 415–435.

U. Maas: „Sprachliches Handeln I: Auffordern, Fragen, Behaupten" in: Funk-Kolleg Sprache. Eine Einführung in die moderne Linguistik, Bd. 2, Frankfurt/ Main 1973, S. 144–157.

U. Maas/D. Wunderlich: Pragmatik und sprachliches Handeln. Mit einer Kritik am Funkkolleg ‚Sprache', Frankfurt/Main ²1972.

G. H. Mead: Philosophie der Sozialität. Aufsätze zur Erkenntnisanthropologie, Frankfurt/Main 1969.

Ch.W. Morris: Grundlagen der Zeichentheorie, München 1972 (Erstauflage 1938).

Ch. W. Morris: Zeichen, Sprache und Verhalten, Düsseldorf 1973 (Erstauflage 1946).

Ch. W. Morris: Pragmatische Semiotik und Handlungstheorie, Frankfurt/Main 1977.

P. Pötter: „,Dialektik' des Sprechaktes. Überlegungen zu J. Habermas' Theorie der kommunikativen Kompetenz" in: G. Simon/E. Straßner (Hg.): Sprechen-Denken-Praxis. Zur Diskussion neuer Antworten auf eine alte Frage in Praxis, Wissenschaft und Philosophie, Weinheim und Basel 1979, S. 193–222.

L. O. Resnikow: Erkenntnistheoretische Fragen der Semiotik, Berlin 1968.

B. Schlieben-Lange: Linguistische Pragmatik, Stuttgart/ Berlin/ Köln/ Mainz 1975.

J. R. Searle: Speech Acts, Cambridge 1969, dt. Sprechakte, Frankfurt/Main 1971.

L. Wittgenstein: „Philosophische Untersuchungen" in: L. Wittgenstein, Schriften 1, Frankfurt/Main 1969.

D. Wunderlich: Studien zur Sprechakttheorie, Frankfurt/Main 1976.

J. Ziegler: Kommunikation als paradoxer Mythos. Analyse und Kritik der Kommunikationstheorie Watzlawicks und ihrer didaktischen Verwertung, Weinheim und Basel 1977.

ELISABETH FELDBUSCH

Psycholinguistik

1. TERMINOLOGIE. Der Name deutet bereits an, daß es in dieser Disziplin um die Beziehungen und Abhängigkeiten zweier Fachrichtungen in bezug auf einen fächerübergreifenden Gegenstand, Sprache und Sprechen, geht. Die psychologische Erforschung von physiologischen und psychischen Prozessen der Perzeption und Produktion von Sprache einerseits und die linguistische Erforschung von Sprache als System von Zeichen/Regeln/Konventionen andererseits bilden dabei einen interdisziplinären Zusammenhang.

Die Anfang der 50er Jahre in den USA begründete Psycholinguistik (PsL) ist zu unterscheiden von der europäischen „Sprachpsychologie" des 19. Jahrhunderts (Wundt, Kainz, Delacroix). Während die damalige Sprachwissenschaft ihren Gegenstand ausschließlich historisch definierte, entwickelten die Sprachpsychologen eine psychologische Sprachauffassung, die die Sprache als Ausdrucks- und Denkmittel bestimmt. Der Satz etwa wird als Kundgabeeinheit aufgefaßt, er ist „Zerlegung eines im

Bewußtsein gegebenen Ganzen in seine Teile, die sogleich in dem Augenblick, wo sie sich aus dem Ganzen loslösen, zueinander in bestimmte Beziehungen gesetzt werden" (Wundt). Mit Bühlers „Sprachtheorie" (1934) wird die psychologische Sprachauffassung zum Abschluß gebracht und überwunden, vor allem durch Bühlers funktionelle Zeichentheorie.

Die PsL im engeren Sinne umfaßt zwei Richtungen: Die eine, geprägt von behavioristischer Lerntheorie und probabilistischer Informationstheorie (in der Psychologie) einerseits und behavioristischem Strukturalismus (in der Linguistik) andererseits, untersucht Sprache als *verbales Verhalten*. Die andere, ausgehend von Chomskys Konzeption einer Generativen Transformationsgrammatik einerseits und andererseits einem psychologischen Nativismus verpflichtet, erklärt Sprache und Sprechen durch eine *angeborene Sprachfähigkeit*. Die Unvereinbarkeit beider Theorien führt dazu, daß die psycholinguistische Forschung auch heute noch mehr nach „Schulen" als nach thematischen Gesichtspunkten zu differenzieren ist. Dabei macht die ideologische Festlegung auf eine bestimmte Wissenschaftstheorie deren Vertreter blind für die Vorteile der Gegenposition und für außerhalb des Forschungsparadigmas liegende Probleme des Gegenstandes. Deshalb wird heute in wachsendem Maße etwa eine Berücksichtigung des in der psycholinguistischen Forschung vernachlässigten kognitiven Aspektes und des ausgeklammerten kommunikativen Aspektes von Sprache und Sprechen gefordert. Dies bedeutet auf seiten der Psychologie eine Erweiterung des theoretischen Rahmens im Hinblick auf sozialpsychologische (interaktionstheoretische), persönlichkeitspsychologische und psychoanalytische Konzepte und Methoden, auf seiten der Linguistik eine systematische Beachtung der semantischen Schichten der Sprache (Bezeichnung, Bedeutung, Sinn), die Einbeziehung von Ergebnissen der linguistischen Pragmatik und der Sprechhandlungstheorie sowie eine gezielte Erforschung paraverbaler und außerverbaler Zeichensysteme.

Im Zuge dieser *Neuorientierung* hat sich die psycholinguistische Forschung wieder stärker nach Europa verlagert, wobei, vor allem in bezug auf den kognitiven Aspekt der Sprache und das Problem der Beziehung von Sprechen und Denken, auch ältere Ansätze wieder aufgegriffen worden sind (Wygotski, Piaget). So findet heute folgerichtig der Terminus Sprachpsychologie wieder Verwendung, wobei dann PsL als eine bestimmte Richtung innerhalb der Sprachpsychologie angesehen wird. Es erscheint jedoch sinnvoll, den Terminus PsL (in Analogie zu anderen Bezeichnungen interdisziplinärer Arbeitsgebiete wie Soziolinguistik, Ethnolinguistik, Pragmalinguistik) beizubehalten und ihn lediglich weiter zu fassen, d. h.: die PsL ist nicht länger wissenschaftsideologisch festgelegt (Behaviorismus vs. Nativismus), sondern muß für die Vielzahl ihrer Fragestellungen und Probleme verschiedene Konzepte und Methoden entwickeln.

2. SPRACHERWERB. Darunter versteht man zunächst die Erforschung des Erwerbs der ersten Einzelsprache (Muttersprache) durch das Kind (Entwicklungs-PsL), sodann den gleichzeitigen Erwerb zweier Sprachen (Bilingualismus) und schließlich den ungesteuerten und den (v. a. schulischen) gesteuerten Zweitsprachenerwerb.

Die *Kindersprache* war schon in der älteren Sprachpsychologie Gegenstand empirischer und theoretischer Untersuchungen (etwa C. u. W. Stern 1922), und auch in der PsL ist die Spracherwerbsforschung von zentraler Bedeutung, da sich hier die theoretischen Positionen der behavioristischen Lerntheorie und der nativistischen Generativen Grammatik besonders schroff gegenüberstehen. Lerntheoretisch orientierte Untersuchungen beschreiben den Spracherwerb als Erlernen eines Verhaltens nach dem Stimulus-Response-Modell (Skinner 1957). Das Kind zeigt zunächst spontanes, unkonditioniertes verbales Verhalten, das dem der Erwachsenen jedoch noch sehr unähnlich ist. Nach und nach bekräftigen die Erwachsenen beim Kind ein Repertoire verbaler Responses, indem sie jeweils die korrekten Äußerungen belohnen, die unkorrekten jedoch nicht. Auf diese Weise werden die Äußerungen des Kindes denen der Erwachsenen immer ähnlicher, und zwar nicht nur in bezug auf lautliche und grammatische Korrektheit, sondern auch auf Angemessenheit in bezug auf die Situation, d. h. die Verbindung von Stimulus und Response muß den Konventionen der Gemeinschaft entsprechen. In Opposition zu diesem „*empiristischen*" Ansatz, der nur die externen Daten des Sprachverhaltens berücksichtigt, will die nativistische, an Chomsky orientierte Entwicklungs-PsL die allem Sprachverhalten zugrundeliegende und es ermöglichende angeborene menschliche Sprachfähigkeit erfassen. Das Kind verfügt über ein *angeborenes Spracherwerbssystem*, ein Language Acquisition Device (LAD), das die Verarbeitung äußerer sprachlicher Stimuli während der Sprachentwicklung bestimmt: Aus den mehr oder minder umfangreichen und mehr oder minder korrekten Erfahrungsdaten wird durch Hypothesenbildung, durch abstrahierendes Herausfiltern von Regelmäßigkeiten ein grammatisches System (Competence) gebildet. Die auf diesem Ansatz basierenden Arbeiten zur Kindersprache untersuchen in der Regel die fortschreitende *Kompetenzdifferenzierung* gemäß der Frage: Was weiß das Kind in den aufeinanderfolgenden

Entwicklungsstadien von der Struktur der Muttersprache? Allerdings weisen die so gewonnenen *Kompetenzgrammatiken* zwei gravierende Nachteile auf: 1. Die jeweilige Kindersprache wird mit den Theorien der Erwachsenensprache beschrieben, ohne daß die Vergleichbarkeit in irgendeiner Weise geklärt oder problematisiert würde. 2. In dem Maße, wie man die den Äußerungen der Kinder zugrundeliegende formale grammatische Struktur untersucht, werden alle anderen Aspekte der Kindersprache vernachlässigt, so etwa die Situationsgebundenheit und die nicht-verbale Kommunikation, die beide gerade beim kindlichen Kommunizieren eine große Rolle spielen, außerdem individuelle und gruppenspezifische Abweichungen von den altersspezifischen Normen des Sprachverhaltens.

Es ist wenig sinnvoll, die eine Forschungsrichtung gegen die andere auszuspielen, vielmehr hat jede der charakterisierten Positionen Nachteile und Vorzüge. Das *lerntheoretische Modell* ermöglicht die Untersuchung des sicherlich vorhandenen Einflusses äußerer Stimulation auf den Spracherwerb, das *nativistische Kompetenzmodell* ermöglicht eine Beschreibung verschiedener Stadien des Spracherwerbs. Beide Ansätze vernachlässigen den Handlungsaspekt des kindlichen Sprachverhaltens und Sprachlernens. Neuere Arbeiten versuchen daher auch, den Spracherwerb als *Erwerb von Sprechhandlungsweisen* zu beschreiben (Ramge 1976) sowie den Einfluß der situativen Faktoren und der interaktionalen Zusammenhänge zu berücksichtigen (vgl. Müller 1977), d. h. der Spracherwerb erscheint eingebettet in die Entwicklung der Kommunikationsfähigkeit, gebunden an deren affektive und kognitive Voraussetzungen im Prozeß der Sozialisation. Der Erwerb der Regeln für die Organisation der Sprechtätigkeit besteht nämlich nicht in der formal-grammatischen Konstruktion von korrekten Sätzen, sondern in der Konstruktion sinnvoller Äußerungen zur intersubjektiven Verständigung.

Durch diese Neuorientierung erweitert sich der Radius der Spracherwerbsforschung. Während sie bisher an den Ein- und Zweiwortsätzen von Kindern zwischen dem 12. und 18. Lebensmonat einsetzte und die davorliegende Entwicklungsstufe als „vorsprachliche" ausklammerte, müssen nun auch dem Schreien, Gurren und Lallen, allen verbalen und nicht-verbalen Mitteilungen des vorsprachlichen Kindes an seine Bezugsperson systematische Analysen (vgl. schon E. u. G. Kaplan 1971) gewidmet werden. Denn die interpersonale, dialogische Struktur der Verständigung ist, ontogenetisch betrachtet, das Resultat von *affektiven und kognitiven Austauschprozessen* zwischen dem Kind und seiner primären Bezugsperson. In diesen Austauschprozessen entwickelt sich, wie vor allem psychoanalytische Untersuchungen gezeigt haben (Spitz 1959, 1976), mit der Möglichkeit der Unterscheidung zwischen Subjekt und Objekt (Bezugsperson) und im Aushalten des Wechsels von Befriedigung und Versagung die Fähigkeit zur symbolischen Vermittlung von Kommunikationsprozessen und zu sprachlich vermitteltem Handeln.

Auch in bezug auf die weiteren Stadien der Sprachentwicklung gilt es, über der Analyse der nach und nach erworbenen Muster und Strukturen, der lexikalischen und syntaktischen Differenzierung, die Differenzierung der *Funktionen* der Sprache nicht zu vernachlässigen. Besondere Beachtung hat in diesem Zusammenhang das *funktionale Sprachentwicklungsmodell* von Piaget (1972) gefunden. Piaget unterscheidet, aufgrund von ausgedehnten Untersuchungen an 6jährigen Kindern, zwischen egozentrischer und sozialisierter Sprache. Unter die erste Gruppe fallen Äußerungen ohne Adressaten, wobei es dem Kind einerlei ist, ob sie von jemand gehört werden; das Kind erzählt nur von sich und versucht nicht, auf den Standpunkt eines möglichen Zuhörers einzugehen. Unter die zweite Gruppe fallen entsprechend die Äußerungen mit Adressaten.

Klassifikation der Funktionen der Kindersprache nach Piaget 1972, S. 21ff. (vgl. Kegel 1974, S. 174f.):

„Die egozentrische Sprache läßt sich in drei Kategorien einteilen:
1) Die Wiederholung (Echolalie): Hier handelt es sich lediglich um die Wiederholung von Silben und Worten. Das Kind wiederholt sie aus reinem Vergnügen am Sprechen. Es ist ihm dabei gleichgültig, ob es mit jemandem spricht oder nicht, ob seine Worte einen Sinn haben oder nicht. Das ist eines der Überbleibsel des Lallens der Säuglinge, das natürlich von einer Sozialisation noch weit entfernt ist.
2) Der Monolog: Das Kind spricht für sich, als denke es laut. Es wendet sich dabei an niemanden.
3) Der Monolog zu zweit oder der kollektive Monolog: Der innere Widerspruch dieser Bezeichnung erinnert an das Paradox in den Kindergesprächen, die wir eben erwähnt haben. Jeder läßt einen anderen an seinem augenblicklichen Tun oder Denken teilnehmen, ohne sich darum zu kümmern, ob er wirklich gehört oder verstanden wird. Der Standpunkt des Gesprächspartners spielt dabei nie eine Rolle – der Gesprächspartner ist lediglich ein ‚Stimulans'.
Bei der sozialisierten Sprache kann man unterscheiden:
4) Die angepaßte Information: Hier handelt es sich um einen echten Gedankenaustausch des Kindes mit anderen. Entweder wird der Gesprächspartner über etwas informiert, was ihn eventuell interessieren oder sein Verhalten beeinflussen könnte, oder es kommt zu einem

echten Austausch der Gedanken, zu einer Diskussion, oder sogar zu einer Zusammenarbeit bei der Verfolgung eines gemeinsamen Ziels. Wenn das Kind auf den Standpunkt des Gesprächspartners eingeht, wenn dieser Partner nicht mit jedem beliebigen anderen vertauschbar ist, dann haben wir ‚angepaßte Informationen'. Wenn aber das Kind nur von sich spricht, ohne sich um den Standpunkt des Zuhörers zu kümmern, ja nicht einmal darum, ob dieser überhaupt zuhört und versteht, dann handelt es sich um den ‚kollektiven Monolog'.

5) Die Kritik: Diese Gruppe umfaßt alle Äußerungen über die Arbeit oder das Verhalten des anderen, die die gleichen Merkmale wie die angepaßte Information aufweisen, m. a. W. die auf einen bestimmten Gesprächspartner eingehen. Die Äußerungen sind eher affektiv als intellektuell, d. h. sie behaupten die Überlegenheit des eigenen Ich und setzen den anderen herab. Wegen dieses letzten Faktums könnte man versucht sein, diese Gruppe in die egozentrischen Kategorien einzuordnen – ‚egozentrisch' hier im intellektuellen, nicht im moralischen Sinne verstanden. Nun wirkt in diesem Falle allerdings eindeutig ein Kind handelnd auf ein anderes ein, woraus Diskussionen, Streit oder Rivalität entstehen können, während die Äußerungen beim kollektiven Monolog keine Wirkung auf den Gesprächspartner haben. Andererseits besteht zwischen Kritik und angepaßter Information oft nur ein so feiner Unterschied, daß er nur aus dem Zusammenhang heraus erkennbar ist.

6) Die Befehle, Bitten und Drohungen: Hier liegt eindeutig ein Einwirken des einen Kindes auf ein anderes vor.

7) Die Fragen: Die meisten Fragen eines Kindes an ein anderes fordern eine Antwort. Man kann sie also unter die sozialisierte Sprache einordnen, allerdings (. . .) mit Vorbehalten.

8) Die Antworten: Es geht hier um gegebene Antworten auf wirkliche Fragen (mit einem Fragezeichen) und auf Befehle, nicht dagegen um Antworten, die während eines Dialoges auf Vorschläge gegeben werden (4. Kategorie), die aber keine echten Fragen sind, sondern eher zur ‚Information' gehören.

Das sind die acht Grundkategorien, die wir unterscheiden werden. Man kann gegen diese – wie gegen jede – Klassifikation einwenden, daß sie künstlich sei. Das versteht sich von selbst. Wichtig ist nur, daß eine Klassifikation objektiv ist, daß also ein Experte, wenn er unsere Kriterien einmal kennt, die gleichen Sätze von Kindern in die gleiche Kategorie wie wir einordnen würde oder doch ungefähr in die gleiche Kategorie. Wir glauben, daß das möglich ist."

Für sprachdidaktische Überlegungen ist Hallidays Unterscheidung von *funktionalen Modellen in der Kindersprache* von besonderem Interesse, insofern hier die Sprachauffassung des etwa 5jährigen Kindes vor Schulbeginn entwickelt wird. Für das Kind ist nämlich die Sprache gerade nicht ein System von Zeichen, Regeln oder Konventionen, es ist vielmehr ein vielfältiges Instrument zur Verwirklichung von Absichten, zur Befriedigung von materiellen, intellektuellen, emotionalen Bedürfnissen. „Wir neigen dazu, sowohl das gesamte Ausmaß als auch die funktionale Verschiedenheit der Rolle zu unterschätzen, die die Sprache im Leben des Kindes spielt. Seiner Interaktion mit anderen, die bei der Geburt beginnt, wird von der Sprache allmählich eine Form gegeben, und zwar in einem Prozeß, durch den schon sehr früh die Sprache in jedem Aspekt seiner Erfahrung die Vermittlerfunktion übernimmt. Sie kommt nicht erst dann ins Spiel, wenn das Kind anfängt, auf seine Umgebung einzuwirken und etwas über sie zu lernen; sie ist von Anbeginn bei dem Vertrautwerden mit der Umgebung und im Ausdruck seiner Individualität gegenwärtig." (Halliday 1975) Halliday unterscheidet sieben Sprachmodelle:

1) Instrumentales Modell: Dies ist das zuerst entwickelte Modell; das Kind merkt, daß Sprache als Mittel dient, materielle Bedürfnisse zu befriedigen. „Ich will"-Funktion.

2) Regulatives Modell: Sprache als Kontrolle des Verhaltens. Für die Ausbildung dieses Modells sind insbesondere die schichtenspezifischen Erfahrungen des Kindes im Sozialisationsprozeß bedeutsam. „Tu was ich dir sage"-Funktion.

3) Interaktionales Modell: Sprache wird benutzt, um die Beziehung zwischen sich selbst und anderen zu definieren. „Ich und du"-Funktion.

4) Personales Modell: Sprache dient als Ausdruck der Individualität und Identität des Kindes, nicht nur indem es seine Gefühle und Haltungen mitteilt, sondern auch indem es als „Sprecher" in Interaktionszusammenhängen tätig wird. Das Selbstbewußtsein ist eng mit dem Sprechvermögen verknüpft. „Hier bin ich"-Funktion.

5) Heuristisches Modell: Es dient als Mittel zur Entdeckung und Untersuchung der Wirklichkeit durch die Möglichkeit, Fragen zu stellen und Antworten zu bekommen. Sprache wird zum Lernen benutzt. „Warum"-Funktion.

6) Imaginatives Modell: Durch die Sprache kann das Kind eine Welt seiner eigenen Gestaltung schaffen, es kann erfinden und spielen. „Stell dir vor"-Funktion.

7) Repräsentatives Modell: Sprache dient zur Mitteilung von Inhalten (Propositionen). Dies ist für den Erwachsenen das wichtigste Modell, für das Kind jedoch noch nicht. „Ich habe dir was zu erzählen"-Funktion.

Für die Lehrenden ergibt sich hieraus, daß ihr eigenes Sprachmodell wenigstens so umfassend wie das des Kindes sein sollte. Damit ist sehr viel gesagt, wenn man bedenkt, daß in der Schule im Grunde nur das heuristische und das repräsentative Modell gefragt sind; die anderen werden in der Regel gar nicht zur Kenntnis genommen, geschweige denn gefördert.

3. SPRACHPATHOLOGIE (Sprachstörungen). Drei Arten von Störungen sind zu unterscheiden: 1) Sprachstörungen im eigentlichen Sinne, aufgrund von Verletzungen oder Erkrankungen des Sprachzentrums im Gehirn; in diesem Bereich untersucht die Neurolinguistik verschiedene Arten von *Aphasien* und die Frage nach der Repräsentation von Sprache im Gehirn. 2) *Stimm- und Sprechstörungen* aufgrund von Mißbildungen oder Erkrankungen des Sprech- und Hörapparates; Diagnose und Therapiemöglichkeiten werden von der Phoniatrie erarbeitet. Da Auffälligkeiten in der Regel zunächst von den Eltern oder von der Lehrperson bemerkt werden müssen, ist eine grobe Kenntnis der häufigsten Stimm- und Sprechstörungen wünschenswert. (Vgl. Tabelle S. 156)

Zur Behebung der Symptome ist in den meisten Fälle eine phoniatrische Übungsbehandlung erforderlich.

3) *Kommunikationsstörungen* aufgrund von psychotischen, schizophrenen oder neurotischen Veränderungen der psychosozialen Persönlichkeit. Dabei handelt es sich entweder um eine Zerstörung des Kommunikationsschemas selbst, die sowohl die Beziehung zwischen Sprecher und Hörer als auch die zwischen Sprecher und Wirklichkeit betrifft (Psychose, z. T. Schizophrenie), oder es liegt keine Zerstörung des Kommunikationsschemas vor, sondern eine funktionelle Systematisierung einer bestimmten Kommunikationsform (Neurose, z. T. Schizophrenie). Die Psychopathologie des Sprechens, die insbesondere eine enge Zusammenarbeit zwischen Psychoanalyse und Linguistik erfordert, wird erst neuerdings eingehend untersucht (vgl. Lorenzer 1970, Goeppert/Goeppert 1973 und 1975). Ziel solcher Untersuchungen ist es, einerseits die Rolle der Sprache bei der Konstitution bewußter psychischer Prozesse und bei der Herstellung intersubjektiver Beziehungen theoretisch zu bestimmen, andererseits Kategorien für die Beschreibung des spezifisch psychotischen oder spezifisch neurotischen Sprachverhaltens zu entwickeln. Die

Stimm- und Sprechstörungen (nach Böhme 1974)

Diagnose	Symptome	Ursachen
Dysphonie	Heiserkeit, Auffälligkeiten im Stimmklang: belegt, kratzend, tonlos, rauh; verhaucht bis gepreßt	z. T. organische Erkrankungen des Stimmapparates oder anderer Organe; sonst „funktionelle D." aufgrund beruflicher Überlastung, Neurose, konstitutionellem Mangel, Gewohnheit etc.
geschlossenes Näseln (Rhinophonia clausa)	Schnupfensprache, „Polypen" = vergrößerte Rachenmandel	meist (zeitweilige oder dauernde) Verengung im Nasen-/Nasenrachenraum; selten falsche Gewohnheit
offenes Näseln (Rhinophonia aperta)	Nasenbeiklang nicht nur bei m, n, ng, sondern bei allen Vokalen	mangelhafter Verschluß zwischen weichem Gaumen und Rachenhinterwand durch Lähmung oder (Lippen-)Kiefer-Gaumen-Spalte; sonst Gewohnheit („funktionelles o. N.")
Stammeln (Dyslalie)	Fehlen, Fehlbildung oder Ersatz eines oder mehrerer Laute oder Lautverbindungen, z. B. Lispeln („Sigmatismus") (Normal ist das Lispeln allerdings während der Zeit des Zahnwechsels, solange die Vorderzähne fehlen.)	Steuerungs- oder Hörstörung, selten Auffälligkeiten an den Sprechorganen; sonst Gewohnheit („funktionelles St.")
Stottern (Balbuties)	Störung des Redeflusses, bes. beim mitteilenden Sprechen: Wiederholen von Lauten, Silben, Wörtern; Pressen am Phrasenanfang; Mitbewegungen. 1% Häufigkeit. Beginn meist mit Schuleintritt, zwischen 6 und 8 Jahren.	oft unklar; meist zusammen oder einzeln: Erbveranlagung, Neurose, seelisches Trauma; intensive Überlagerung mit sekundären Symptomen, z. B. Verkrampfung, Atemstörung, Sprechangst. Zuletzt ein stabiler Symptomenkreis.
Poltern (Tachyphemie)	Überstürzung des Redeflusses, Verschlucken, Verstellen, Verstümmeln, bes. von langen, schweren Wörtern. Vermutlich hohe Häufigkeit.	zentraler Sprachplanungsfehler/Gestaltungsschwäche; ererbt oder familiär erlernt. Oft insgesamt unbekümmert-unkoordiniertes Verhalten

Bedeutung solcher Untersuchungen auch für Kommunikationsstörungen im Alltagsleben liegt auf der Hand (siehe: *Sprechen und Handeln*).

4. SPRACHE/SPRECHEN UND DENKEN. Zwei Zugänge zu diesem Problembereich sind zu unterscheiden: ein ontogenetischer und ein sprachvergleichender. Im ersten Fall geht es um die Interdependenz der Entwicklung des Sprechens einerseits und der Entwicklung des Denkens, vor allem des logischen Denkens andererseits. Im zweiten Fall geht es um die Vielfalt oder Gleichartigkeit der Sprachen einerseits und die Einheit bzw. Verschiedenheit des Denkens andererseits.

1) In bezug auf den ontogenetischen Ansatz können die Auffassungen von Piaget und Wygotski als paradigmatische Positionen angesehen werden, insofern der eine den *Primat des Denkens* gegenüber der Sprache, der andere den *Primat der Sprache* gegenüber dem Denken akzentuiert. Nach Piaget wird das zunächst außersprachliche, autistische Denken durch den Spracherwerb nach und nach sowohl sozialisierter als auch logischer dadurch, daß es sich der Begriffe bedient, in denen sich das Denken mit dem Wort verbindet. Nach Wygotski verläuft die Entwicklung vom sozialen Sprechen und Denken über die egozentrische Sprache zur inneren Sprache und zum logischen Denken. Wygotski hat dabei der Begriffsbildung beim Kind besondere Aufmerksamkeit geschenkt. Die Wortbedeutung ist die Grundeinheit des verbalen Denkens, denn im Wort vereinigen sich Denken und Sprechen. Die Wortbedeutung ist ein Denkakt, insofern jedes Wort eine Verallgemeinerung darstellt, eine Klasse von Objekten schafft (z. B. „Baum" als Begriff im Gegensatz zur Wahrnehmung, die immer einen bestimmten Baum zum Gegenstand hat). Die Wortbedeutung ist aber auch sprachlich, insofern sie nur als untrennbare Einheit von Ausdruck und Inhalt des sprachlichen Zeichens gegeben ist.

Nach *psychoanalytischer Auffassung* müssen Denken und Sprechen ihren gemeinsamen Vorformen, nämlich den noch unsprachlichen und noch nicht logisch faßbaren Austauschprozessen zwischen dem Säugling und seiner Beziehungsperson gegenübergestellt werden. Die Psychoanalyse beschreibt diesen Gegensatz als den zwischen Primärprozeß und Sekundärprozeß. Beim Primärprozeß strömt die psychische Energie frei ab; sie geht ohne Hindernisse von einer Vorstellung in die andere über und strebt danach, diejenigen Vorstellungen wieder aufzusuchen (zu „besetzen"), die mit Befriedigungserlebnissen zusammenhängen (halluzinatorische Wunscherfüllung). Der Primärvorgang kennzeichnet die Funktionsweise des Unbewußten. Im Zuge der sprachlichen Einigung zwischen Mutter und Kind eignet sich das Kind nach und nach gleichermaßen die Sprach-, Denk- und Interaktionsstrukturen seiner Umwelt an. Dabei ermöglicht die „Symbolbildung" eine Unterscheidung zwischen Vorbewußtem und Bewußtem, zwischen Verbalisieren und Sprechen. Beides ist gekennzeichnet durch den Sekundärvorgang. Beim Sekundärprozeß wird die psychische Energie „gebunden", bevor sie in kontrollierter Form abströmt. Die Vorstellungen werden auf eine stabilere Weise „besetzt", die Befriedigung kann aufgeschoben werden, was psychische Erfahrungen ermöglicht, in denen verschiedene mögliche Wege der Befriedigung erprobt werden. In dem Maße, wie der Sekundärprozeß sich entwickelt, verliert der Primärprozeß an Bedeutung, ohne jedoch je ganz zu verschwinden (so erfahren insbesondere Kindheitswünsche und frühe Traumata eine Fixierung im Unbewußten). Die „Inhalte" des Unbewußten können aber nach Ausbildung des Sekundärprozesses nur noch in veränderter Form zum Ausdruck kommen; diese Veränderung wird geleistet durch die Mechanismen von „Verschiebung" und „Verdichtung". Eine linguistische Interpretation dieser Mechanismen hat Lacan gegeben, der sie als „Metapher" und „Metonymie" im Sinne von Jakobson identifiziert (vgl. Lacan 1973).

2) Der Sprachvergleich hat zu zwei konträren Hypothesen Anlaß gegeben, der Relativitätshypothese und der Universalienhypothese. Die *sprachliche Relativitätshypothese* geht auf W. v. Humboldt zurück und wurde in Deutschland von Weisgerber, in Amerika von Sapir und Whorf vertreten. Sie besagt, daß Menschen, die Sprachen mit sehr unterschiedlichen grammatischen und lexikalischen Strukturen benützen, entsprechend verschiedene Strukturen der Wahrnehmung, der Bewertung von Beobachtungen und des Bewußtseins ausbilden. Die Form der Sprache bestimmt also die Form der Welterfahrung. Nun spielt zwar die Sprache sicherlich eine aktive Rolle bei der Kategorisierung des Denkens in all seinen Formen, die Sapir-Whorf-Hypothese läßt sich jedoch bisher nicht positiv bestätigen: sie führt nämlich in ihrer extremen Form zur absurden Behauptung von der Unübersetzbarkeit verschiedener Sprachen ineinander. Nun unterscheiden sich zwar die Sprachen durch die Art und Weise, wie sie z. B. räumliche Verhältnisse strukturieren, dennoch kann in jeder Sprache jede Art von Erfassung des Raumes in Sätzen ausgesagt werden, ungeachtet der verschiedenen semantischen Struktur der Sprachen. D. h.: die Verschiedenheit der Sprachen untereinander bezieht sich auf die semantische Schicht der Bedeutung (Lexikon und Grammatik), nicht jedoch auf die semantische Schicht des (in Sätzen und Texten ausgesagten) Sinns.

Die *Universalien-Hypothese* geht nicht von den Unterschieden, sondern von den Gleichheiten der Sprache aus. Als sprachliche Universalien gelten diejenigen Strukturmerkmale, die allen Sprachen gemeinsam sind. Niemand hat je eine Sprache gefunden, in der phonologische und syntaktische Regeln sowie lexikalische Einheiten gefehlt hätten oder in der lexikalische Einheiten nicht aus linearen Abfolgen von Lautsegmenten gebildet gewesen wären. Darüberhinaus weiß jeder Mensch dadurch, daß er seine Muttersprache gelernt hat, schon sehr viel, wenn auch nicht ausdrücklich, über alle anderen Sprachen. Er weiß z. B., daß es in jeder Sprache möglich sein wird, Fragen zu stellen, Aufforderungen zu erteilen und die Negation auszudrücken; es wird Demonstrativformen geben, Wörter zur Angabe der Quantität, Substantiva und Verba etc. Diese Auffassung steht im engen Zusammenhang mit der Annahme der Angeborenheit des Sprachvermögens (siehe Spracherwerb). Die Gleichheiten der Sprachen werden als Prädispositionen für die Erlernung von Sprache interpretiert. Haben wir bei Whorf einen Determinismus „post linguam", so finden wir hier einen Determinismus „ante linguam". Man weiß nun zwar, daß in allen Sprachen jeder auch noch so komplexe Gedanke durch die Wahl von angemessenen lexikalischen Einheiten und durch die Anwendung von syntaktischen und phonologischen Regeln phonetisch realisiert werden kann, übersieht aber dabei die Verschiedenheit in der Bedeutungsstruktur der Sprachen als je spezifische, historisch geschaffene Möglichkeiten, Erfahrung in sprachliche Inhalte zu fassen.

5. SPRECHEN UND HANDELN: Psycholinguistik der Kommunikation und Interaktion. In dem Maße, wie sich die Sprachwissenschaft als Analyse von Kommunikations- und Interaktionszusammenhängen versteht (Gebrauch von Sprache zur interpersonalen Verständigung, zum Handeln), muß auch die PsL ihren Horizont erweitern: sie kann nicht länger Sprache festschreiben als Regelsystem, das mit Lauten, Wörtern und Sätzen zu tun hat, sondern erhält die Aufgabe, das psychische Korrelat der komplexen Sinnstruktur des Sprechaktes zu klären. Was passiert zwischen dem Sprecher und dem Angesprochenen, wenn sie sich mit verbalen, paraverbalen und außerverbalen Zeichen verständigen? Was heißt eine Äußerung verstehen bzw. akzeptieren? Welche psychologischen Implikate haben Aufforderungen, Fragen, Behauptungen? Welche psychischen Prozesse spielen bei Sprechaktsequenzen wie Auffordern – Versprechen, Beschuldigung – Rechtfertigung, Angebot – Zurückweisung usw. eine Rolle? Was ist die psychische Matrix des interpersonalen Diskurses? Hierbei kann die psycholinguistische Forschung auch

die Entwicklung der Sprechhandlungstheorie vorantreiben, insofern diese ja immer noch von der voluntaristischen Voraussetzung ausgeht, daß. der Sprecher im Prinzip (d. h. wenn er nicht lügen oder täuschen will) sagt, was er denkt und denkt, was er sagt.

Die *Problematik der sprachlich vermittelten Herstellung von zwischenmenschlichen Beziehungen* läßt sich vorerst noch (weil entsprechende Analyseverfahren nicht entwickelt sind) besonders gut in denjenigen Kommunikationssituationen untersuchen, deren Beziehungsproblematik bereits erwiesen und von psychologischer Seite untersucht ist. Dies ist der Fall in asymmetrischen Kommunikationssituationen, wie etwa in der Kommunikation von Lehrer und Schüler in der Unterrichtssituation, im Dialog von Arzt und Patient, in den Interaktionen von Eltern und Kindern. Von sprachdidaktischer Relevanz sind insbesondere sprechaktorientierte Untersuchungen der Kommunikation im Klassenzimmer (Goeppert 1977, Switalla 1977), wobei deutlich wird, daß Situation und Handlungsmuster nicht starr einander zuzuordnen sind, sondern daß Unterricht immer auch ein Kommunikationsereignis zwischen dem einzelnen Lehrer und den einzelnen Schülern ist. Von psycholinguistischer Seite wäre dabei etwa auch eine Typologie individueller Handlungsmuster von Lehrern und Schülern zu erarbeiten.

Besonders aufschlußreich sind ferner die Untersuchungen jeglicher Art von *Störungen* in Alltagskommunikationen (vgl. Praxis Deutsch 30 (1978). In der sprachdidaktischen Diskussion der letzten Jahre hat sich in diesem Kontext die Möglichkeit eines therapeutischen Verständnisses von Spracherziehung herauskristallisiert: Insofern Spracherziehung die Störungen der Verständigungsfähigkeit des Schülers wahrnimmt und zu beseitigen sucht, sind von ihr therapeutische Wirkungen auf die Persönlichkeitsentwicklung zu erwarten (Boettcher/ Boettcher-Lüpges 1979, Herrmann 1974).

Ein weiteres Arbeitsfeld der neuen PsL ist die Entwicklung einer *Theorie persönlichkeitsspezifischen Sprachverhaltens* und (in Analogie etwa zum schichtenspezifischen Sprachverhalten der Soziolinguistik) die Entwicklung von Kategorien für die Beschreibung persönlichkeitsspezifischen Sprachverhaltens. In der Tat spricht einiges für die Hypothese, daß die Menschen sich nicht nur durch ihre Stimme (Klangfarbe, Tonhöhe) unterscheiden (was etwa am Telefon ein Wiedererkennen und Identifizieren von Personen ermöglicht), sondern auch durch ihren Verbalisierungsstil sowie durch die Art und Weise, wie sie mit sprachlichen und nichtsprachlichen Ausdrucksmitteln Beziehungen gestalten. So haben insbesondere die Untersuchungen neurosespezifischen Sprachverhaltens gezeigt, daß phobische Patienten sich in ihrem Sprachverhalten (vor allem auch in bezug auf den Gebrauch bestimmter Sprechhandlungsweisen) deutlich unterscheiden von zwangsneurotischen Patienten usw. (Goeppert/Goeppert 1973, Kapitel 3, 1975, Kapitel 3.4). Ziel solcher Untersuchungen ist es jedoch nicht, ein bestimmtes Redeverhalten als in dieser oder jener Weise neurotisch zu identifizieren, vielmehr geht es darum zu zeigen, wie sich die vom Neurotiker im Laufe seiner Kindheit erworbene Weise, sprechend Beziehungen zu anderen Menschen herzustellen, in der therapeutischen Situation aktualisiert und daraus Hypothesen zu entwickeln über den Zusammenhang von Sprachverhalten und Persönlichkeitsentwicklung.

→ **Fachdidaktik (eigensprachlich, fremdsprachlich), Grammatiktheorien, Kommunikation, Pragmalinguistik, Semantik, Soziolinguistik, Spracherwerb.**

LITERATUR

G. Böhme: Stimm-, Sprech- und Sprachstörungen, Stuttgart 1974.

W. Boettcher und R. Boettcher-Lüpges: „Sprachtheorie und Spracherziehung aus individualpsychologischer Sicht" in: G. Brandl (Hg.): Individualpsychologie konkret, München 1979.

M. Geier/G. Keseling et al.: Sprachlernen in der Schule, Köln 1974.

H. Gipper: Gibt es ein sprachliches Relativitätsprinzip? Untersuchungen zur Sapir-Whorf-Hypothese, Frankfurt/Main 1972.

S. Goeppert/H. C. Goeppert: Sprache und Psychoanalyse, Reinbek 1973.

S. Goeppert/H. C. Goeppert: Redeverhalten und Neurose, Reinbek 1975.

J. H. Greenberg (Hg.): Universals of Language, Cambridge/Mass. [2]1966.

H. C. Goeppert (Hg.): Sprachverhalten im Unterricht. Zur Kommunikation von Lehrer und Schüler in der Unterrichtssituation, München 1977.

M. A. K. Halliday: Beiträge zur funktionalen Sprachbetrachtung, Hannover 1975.

M. A. K. Halliday: Learning how to mean – Explorations in the development of language, London 1975.

U. Haug/G. Rammer: Sprachpsychologie und Theorie der Verständigung, Düsseldorf 1974.

W. Herrmann: „Kommunikationstherapeutische Methoden im Deutschunterricht" in: Linguistik und Didaktik 18 (1974) S. 131–143 und 19 (1974) S. 231–237.

E. Kaplan und G. Kaplan: „The prelinguistic child" in: J. Eliot (Hg.): Human development and cognitive processes, New York 1971, S. 358–380.

G. Kegel: Sprache und Sprechen des Kindes, Reinbek 1974.

161

W. Labov/D. Fanshel: Therapeutic Discourse. Psychotherapy as Conversation, New York 1977.

J. Lacan: „Subversion des Subjekts und Dialektik des Begehrens im Freudschen Unbewußten" in: Schriften, Bd. II., Freiburg 1973, (frz. Original 1966).

G. List: Psycholinguistik. Eine Einführung, Stuttgart 1972.

J. Piaget: Sprechen und Denken des Kindes, Düsseldorf 1972 (frz. Original 1925).

A. Lorenzer: Sprachzerstörung und Rekonstruktion, Frankfurt/Main 1970.

F. Müller: „Erstspracherwerb: Theoretische Ansätze, Methoden, Untersuchungen" in: Studium Linguistik 4 (1977) S. 1–24.

Praxis Deutsch 30 (1978): Gestörte Kommunikation. Basisartikel und Modelle.

H. Ramge: Spracherwerb und sprachliches Handeln. Studien zum Sprechen eines Kindes im 3. Lebensjahr, Düsseldorf 1976.

J. Rosenow: „Psychoanalytische Erkenntnis und sprachliche Sozialisation. Zur Ontogenese der Kommunikationsfähigkeit" in: F. Hager et al.: Die Sache der Sprache, Stuttgart 1977, S. 61–98.

B. F. Skinner: Verbal Behavior, New York 1957.

R. A. Spitz: Nein und Ja. Die Ursprünge der menschlichen Kommunikation, Stuttgart 1959 (engl. Original 1957).

R. A. Spitz: Vom Dialog: Studien über den Ursprung der menschlichen Kommunikation und ihrer Rolle in der Persönlichkeitsbildung, Stuttgart 1976.

Studium Linguistik 5 (1978) enthält Aufsätze von D. Flader, S. Trömel-Plötz, G. Klamm, R. Wodak-Leodolter zum interdisziplinären Zusammenhang von Psychoanalyse und Linguistik.

B. Switalla: Sprachliches Handeln im Unterricht. Verständigungsschwierigkeiten zwischen Lehrer und Schüler. Analyse von Unterrichtssprache, München 1977.

B. L. Whorf: Sprache, Denken, Wirklichkeit, Hamburg 1963 (engl. Original 1956).

L. S. Wygotski: Denken und Sprechen, Frankfurt/Main 1969 (russ. Original 1934).

HERMA C. GOEPPERT

Semantik

1. DEFINITION UND BEGRIFFSGESCHICHTLICHES

1.1. Semantik (S) (griech.: semainein = bedeuten) bezeichnet in der Linguistik die Lehre von den Bedeutungen sprachlicher Ausdrücke. Mit Hinsicht auf die jeweilige Bezugsgröße kann von der diachronen/synchronen S der Wörter, von der S der Sätze, der S der Texte und der Sprechakte gesprochen werden. Die Bewertung der verschiedenen Ansätze richtet sich danach, was als Aufgabenbereich einer linguistischen S angesehen wird, d. h. welcher Begriff von *Bedeutung* angenommen wird. Es ist offenbar davon auszugehen, daß sprachliche Zeichen in der Kommunikation weder isoliert von anderen sprachlichen Zeichen noch außerhalb ihrer Verwendungssituation eine Bedeutung haben. Bedeutung ist vielmehr das Ergebnis von Operationen, die der Sprecher mit Texten in Kommunikationssituationen vollzieht. S versteht sich mithin im Rahmen einer Sprechhandlungstheorie als Theorie der Bedeutungshandlungen, deren Bezugsgröße der Kommunikationsakt ist mit *Text* als sprachlicher und *Situation* als außersprachlicher Komponente. Unter dieser Voraussetzung werden die wort-, satz-, text- und sprechaktsemantischen Konzepte im folgenden kritisch dargestellt.

1.2. S als Bezeichnung für einen Gegenstandsbereich der Sprachwissenschaft wurde von Bréal in einem 1883 erschienenen programmatischen Artikel vorgeschlagen. Die Aufgabe der S ist es, wie Bréal dann in seinem Buch *Essai de sémantique* (1897) mit Autorität festlegt, „zu untersuchen, wie es kommt, daß einmal geschaffene und mit einer bestimmten Bedeutung ausgestattete Wörter diese Bedeutung erweitern oder einengen, sie von einem Begriffskomplex auf einen anderen übertragen, ihren Wert heben oder senken, kurz gesagt – sie ändern" (dt. n. Schaff 1969, S. 11). In dieser diachronen Festlegung verbreitete der Begriff sich sehr rasch und kann um 1900 bereits als akzeptierter Terminus gelten (vgl. Read 1948, S. 80).

1.3. Die Arbeiten von Bréal selbst, von Paul, Darmesteter u. a. führten rasch zur Etablierung eines fest umrissenen Gegenstandsbereichs der diachronen S, deren erste Phase mit Sterns Untersuchung von 1931 (Meaning and change of meaning) als abgeschlossen gelten kann. Mit Triers im selben Jahr publizierten *Wortfelduntersuchungen* artikulierte sich das anscheinend alternative Konzept einer synchronen S, deren Interesse den Strukturen des Wortschatzes einer Sprache zu einem gegebenen Zeitpunkt gilt. Triers, Weisgerbers und Porzigs Ansätze zur Entwicklung einer in diesem Sinn strukturalen S der Wörter erfuhren eine systematische Verarbeitung und (textsemantische) Weiterführung in den strukturalistischen Arbeiten der 60er Jahre.

Der *amerikanische Strukturalismus* der 30er und 40er Jahre war indessen geprägt von einer ausgesprochenen Skepsis gegenüber der S, einem Bereich, der, dem streng empirisch-deskriptiven Zugriff sich verschließend, als Thema einer künftigen und schwacher Punkt der damaligen Sprachwissenschaft widerwillig anerkannt wurde (vgl. Bloomfield 1964 [1933], S. 139f.). Daraus folgte für Bloomfield, „daß wir bei jeder

Sprachuntersuchung von den Formen und nicht von den Bedeutungen ausgehen müssen" (Bloomfield 1972 [1943], S. 129).

Die amerikanische Nachkriegslinguistik, weitgehend identisch mit der vom Harris-Schüler Chomsky begründeten Theorie der Generativen Transformationsgrammatik (i. f.: GTG) und in dieser Form bis Mitte der 60er Jahre auch die europäische Linguistik dominierend, hat aus Gründen der theoretischen Explizitheit und Formalisierbarkeit die S zunächst ganz aus der Grammatiktheorie ausgeschlossen (vgl. Chomsky 1957, S. 101) und ihr in den späteren Versionen (Chomsky 1965), getreu der Forderung Bloomfields, einen gegenüber der Beschreibung der syntaktischen Strukturen der Sprache sekundären Status eingeräumt.

Die Initialzündung zu einer *Wiederaufnahme der semantischen Frage* gab die auf dem 8. Internationalen Linguistenkongreß 1957 in Oslo zwischen Hjelmslev, Prieto, Ullmann, Coseriu u. a. geführte S-Diskussion. Man fragt danach, ob Bedeutung eine Struktur habe und ob diese Struktur linguistischer oder extralinguistischer Natur sei. Beide Fragen ergeben sich wie schon bei Bloomfield aus der im Vergleich zu Phonologie und Syntax überwältigenden Offenheit des lexikalischen Systems. Es lag in der Konsequenz dieser strukturalen Fragestellung, den Gegenstandsbereich der S zunächst auf die systematisierbaren, intra-sprachlichen Gegebenheiten syntagmatischer und paradigmatischer Natur einzugrenzen und die Bedeutung eines Wortes analog zu der so erfolgreichen Phonem-Definition der Prager Schule als fixe Menge semantischer Merkmale zu definieren, Bedeutung also in Termini von Merkmalstrukturen zu beschreiben. Dieser Ansatz wurde zunächst im Rahmen der GTG aufgenommen (vgl. Katz/Fodor 1963) und zu einer ersten *linguistischen Theorie der Bedeutung* im Zusammenhang einer allgemeinen Theorie der Beschreibung natürlicher Sprachen verarbeitet. Die zunehmende Kiritik an der abstrakt-idealisierten Sprachauffassung und dem beengenden formalen Rigorismus der GTG im Verein mit dem wachsenden Interesse der Linguistik an der Sprache in ihrer kommunikativen Funktion, dazu eine Reihe von Problemen, wie etwa das der sogenannten semantischen Anomalien, die auf der Basis eines intrasprachlichen Konzepts der Wort- und Satz-S nicht zu lösen waren, führten in den späten 60er Jahren zu einer immer entschiedeneren Einbeziehung kommunikativ relevanter sprachlicher und außersprachlicher Gegebenheiten und zu entsprechenden Neubestimmungen des Gegenstandsbereichs einer linguistischen S. Dabei orientierte man sich entweder am Text oder am Sprechakt als der spachlichen bzw. der sprechhandlungsrelevanten Bezugsgröße im Rahmen einer Linguistik als Theorie der verbalen Kommunikation.

2. HISTORISCHE SEMANTIK. Die Neubelebung der Historischen S ist insbesondere an die Untersuchungen Ullmanns geknüpft, der, ausgehend von einer doppelten – inhaltlichen und formalen – assoziativen Verflechtung des *Wortschatzes*, den komplementären Bezug von synchron-strukturaler und diachroner S gegenüber der einseitig synchronen Perspektive betont (vgl. Ullmann 1972 [1956], S. 162). Schon Bréal hatte darauf hingewiesen, daß auch die diachrone (Wort-)S von einer Reihe synchroner Zustandsbeschreibungen auf der Wortschatzebene auszugehen habe (vgl. Bréal 1972 [1883], S. 43), während Trier (1934) seinerseits über die synchrone Ergliederung des Wortes aus dem Ganzen des Wortschatzes gerade die Wort- und Bedeutungsgeschichte neu und umfassender zu begründen beanspruchte: nicht als Veränderungsgeschichte isolierter Wortexemplare, sondern als „Umgliederungen des Gesamtraumes", d. h. als „Wortschatzgeschichte". Ullmann (1972 [1957], Kap. III) insistiert auf diese Zusammenhänge, die ihm ein Beleg für die Notwendigkeit sind, die herkömmliche, auf Einzelgrößen abzielende „isolierende diachrone S" durch eine Schwesterdisziplin, die „systematische diachrone S" zu ergänzen (S. 157). Die seitdem gelegentlich angesprochene Tatsache (vgl. etwa Baumgärtner 1966, Bierwisch 1966), daß Bedeutungswandel sich nicht durch semantische Veränderung eines isolierten Wortes, sondern durch Umstrukturierung ganzer semantischer Komplexe vollziehe, markiert die Forschungsperspektive einer Historischen S, die sich einstweilen allerdings noch weitgehend als Wort- und Bedeutungsgeschichte im traditionellen Sinn darstellt. Man unterscheidet dabei gewöhnlich zwischen der *Semasiologie,* die, vom Wort ausgehend, diesem die im Lauf seiner Geschichte zugekommenen Bedeutungen zuordnet, und der *Onomasiologie,* die, vom Begriff/von der Bedeutung ausgeht und diesem/dieser die historisch nachweisbaren sprachlichen Korrelate zuordnet.

Zentrales Thema einer Historischen S ist seit je die *Metaphorik.* Denn an Phänomenen wie dem der Metaphorisierung, der Ex-Metaphorik und der Re-Metaphorisierung lassen sich Prozesse offensichtlich systematischer und regelgeleiteter Bedeutungsveränderungen beobachten. Wie schon Paul, so behandelt denn auch Ullmann (1973) die Metaphorik unter dem Kapitel „Das Wesen des Bedeutungswandels"; und Coseriu (1970) benutzt das Thema *Metapher*, um daran die Fruchtbarkeit der Verbindung von systematischer und historischer Perspektive zu demonstrieren.

3. SEMANTIK DER WÖRTER

3.1. Eine S der Wörter fragt nach der *semantischen Leistung des Einzelwortes* und nach den *semantischen Strukturen des Wortschatzes*. Hinsichtlich der ersten Fragestellung geht die Wort-S davon aus, daß die Lexeme einer Sprache als Zeichen für außersprachliche Objekte oder Objektklassen fungieren, das Lexem also eine Referenzfunktion hat. Die referentielle Struktur wird dabei als begriffslogische Struktur – das Wort als Zeichen für einen Begriff, unter dem sich Objekte subsumieren lassen – aufgefaßt (vgl. etwa Ullmann 1973, Baldinger 1964, Brekle 1972), die in der materialistischen S im Sinne einer Abbildungsbeziehung gedeutet wird: als „gedankliche Widerspiegelung einer Klasse von Individuen oder von Klassen auf der Grundlage ihrer invarianten Merkmale, d. h. Eigenschaften oder Beziehungen" (Wörterbuch 1972, S. 178; vgl. ebenso W. Schmidt 1963, Klaus 1963, Wotjak 1971).

Die Wort-Semantiker sehen zwar die Rolle des Kontextes (und der Situation) bei der Bedeutungsentfaltung und -differenzierung, bestehen aber darauf, daß das Lexem einen relativ stabilen Bedeutungskern hat, der durch den Kontext nur innerhalb gewisser Grenzen modifiziert werden kann (vgl. Ullmann 1973, S. 60). In diesem Sinn wird häufig zwischen „central meaning" und „marginal senses" (Pike), „core" und „periphery" (Bierwisch), „lexikalischer Bedeutung" und „aktueller Bedeutung" (W. Schmidt) eines Lexems unterschieden. Eine weitere Unterscheidung betrifft die zwischen der Denotations- und der Konnotationsleistung eines Wortes (vgl. Ullmann 1973, S. 147 ff.): (viele) Lexeme denotieren Objekte/Objektklassen, und sie konnotieren zugleich emotive sprecher-, ideologie- und kulturgebundene Bedeutungswerte.

Daß Wörter eine referentielle Funktion haben, ergibt sich für die Wort-S aus der *Tatsache des Lexikons*, in dem die Wörter einer Sprache eben in dieser Funktion notiert sind. Für eine kleine Gruppe von Wörtern, die Bestandteile von Nomenklaturen sind und insofern namenwertige Elemente darstellen, mag dies zutreffen. Die meisten Wörter jedoch beziehen sich auf eine Vielzahl begrifflich disparater Sachverhalte (Homophonie-Problem), eine Weite des Bedeutungspotentials, die die Annahme einer im zeichentheoretischen Sinn bestimmten Referenzfunktion hinfällig macht. Ein Lexem tritt deshalb tatsächlich im Lexikon auch nicht isoliert auf, sondern es wird in der Regel in einem minimalen Kontext in Form von Beispielsätzen/-situationen oder bedeutungsverwandten/bedeutungsgleichen Ausdrücken präsentiert. Die *lexikalische Eintragung* gibt mithin die Bedeutung eines Wortes durch den Verweis auf die syntagmatisch-situativen und paradigmatischen Relationen an, die für dieses Wort gelten. Hjelmslev (1953, S. 28) hat dazu gesagt, daß die sogenannten lexikalischen Bedeutungen nichts anderes seien als künstlich isolierte kontextuelle Bedeutungen und daß ein Zeichen in absoluter Isolation überhaupt keine Bedeutung habe, während Trier (1931, S. 8) unter paradigmatischem Aspekt anmerkt, daß Wörter sinnlos, unscharf oder verschwommen sind, wenn dem Hörer die begrifflichen Nachbarn und Kontrastwörter nicht gegeben seien.

Über *Bedeutung* ist demnach offenbar nicht auf der Ebene des Einzelwortes, sondern mit Hinsicht auf die semantische Struktur auf der Ebene des Wortschatzes, mit Hinsicht auf die referentielle Funktion auf der Ebene der Äußerungseinheit zu verhandeln (zu dieser Kritik am wortsemantischen Ansatz vgl. S. J.Schmidt 1969, Kap. 7; u. Kallmeyer u. a. 1974, Kap. 6. 2, 6. 3).

3.2. Trier hat mit dem Begriff des *sprachlichen Feldes* zuerst darauf hingewiesen, daß die (intensionale) Bedeutung eines Wortes aufzufassen sei als Funktion der Beziehungen, die dieses Wort mit anderen Wörtern in einem lexikalischen Subsystem und dieses mit anderen Subsystemen eingehe. Inzwischen liegen Wortfelduntersuchungen in größerer Zahl vor (Überblick bei Geckeler 1971, W. Schmidt 1973), die insofern unbefriedigend sind, als die gruppen- oder feldbildenden semantischen Relationen kaum explizit formuliert, sondern meistens durch Zusammenstellungen von Wörtern in intuitiver Weise illustriert werden (vgl. zu dieser Kritik Wunderlich 1974, S. 281ff.), wobei dann der theoretische Status des sprachlichen Feldes unklar bleibt.

Coseriu (1973, S. 53ff.) grenzt das *Wortfeld* als „Einheit, die eine Bedeutungszone auf Grund unmittelbarer Oppositionen unter sich aufteilt," ab gegen Auffassungen vom Wortfeld als taxonomische Klassifikation der Wirklichkeit, Objektbereich, Assoziationsfeld, Begriffsfeld, Verwendungsbereich eines Wortes. Ullmann faßt demgegenüber den Feldbegriff sehr weit und spricht im Anschluß an Bally vom Assoziationsfeld. Assoziative Strukturen sind auf der phonetischen ebenso wie auf der semantischen, syntaktischen und pragmatischen Ebene nachweisbar, eine Fülle möglicher Relationen, die die Frage aufwirft, welche dieser Relationen denn nun wortschatzstrukturierende Funktion haben.

Exkurs: Bedeutungsbeschreibung als Merkmalanalyse
Das Verfahren der Analyse nach Merkmalen stammt aus der *Phonologie* der Prager Schule, derzufolge die Phoneme nicht als primäre, atomare Gegebenheiten aufzufassen, sondern als Bündel phonetischer Merkmale zu beschreiben sind. Das Verfahren wurde von Hjelmslev (1953

[1943]) auf die Inhaltsseite der Sprache ausgedehnt mit dem Postulat, daß der Inhalt von Zeichen aus Kombinationen von semantischen Merkmalen bestehe und eine darauf basierende Analyse die Aufgabe habe, das unbegrenzte lexikalische Inventar mittels eines begrenzten Inventars von Merkmalen zu beschreiben.

Bei Nida (1972 [1951]) findet sich – in einem weiteren, den kulturellen Kontext miteinbeziehenden Rahmen – ein entsprechender Vorschlag: „Der einfache Terminus *Sem* kennzeichnet alle kleinsten Merkmale der Bedeutung und ist mit dem Begriff des Semems in derselben allgemeinen Art und Weise korrelierbar wie der Begriff Phon mit dem des Phonems . . ." (S. 142).

Katz/Fodor (1963) haben mit ihrer *Komponentenanalyse* den ersten Entwurf eines solchen analytischen Verfahrens geliefert, das sich dann rasch als Möglichkeit der Explizierung intuitiver Urteile über semantische Ähnlichkeit und Unterschiede, lexikalische Hierarchien, Synonymie, Antonymie u. ä. in der Wort(schatz)-S durchgesetzt hat. Die Lexeme werden in dieser Darstellungsweise als geordnete Mengen (binärer) distinktiver Einheiten, Prozesse der Kontextualisierung im Satz- und Textrahmen als Kompatibilitätszustände zwischen Untermengen der Merkmale der beteiligten Lexeme erfaßt. Als solche bedeutungsunterscheidenden Grundeinheiten gelten etwa [belebt], [menschlich], [konkret], [zählbar]. Was darüberhinaus als Analysekategorie angesetzt werden kann, ist weitgehend strittig und führt bei der semantischen Analyse schon sehr einfacher Lexeme zur Verwendung ad hoc gefundener Merkmale. Viele Analysebeispiele bei Katz/Fodor und ihren Nachfolgern beziehen deshalb ihr Material aus dem Bereich der Verwandtschaftsbeziehungen oder sonstiger kulturell fixierter Bedeutungen.

Bolinger (1965) unterscheidet zwischen derartigen weniger problematischen *konstruktiven Definitionen*, die sich auf soziale Konstrukte mit a priori definierten Merkmalen beziehen, und den für die Merkmalanalyse eigentlich problematischen *substantiellen Definitionen*, die sich auf Objekte der natürlichen Welt beziehen. Hinsichtlich der Merkmal-Beschreibung dieser Definitionen formuliert Bolinger eine Reihe grundsätzlicher kritischer Fragen. Obwohl seitdem intensiv an der theoretischen Absicherung und Ausgestaltung des Verfahrens gearbeitet worden ist (vgl. Meier 1964 u. 1972, Greimas 1971, Bierwisch 1970, Wotjak 1971, Autorenkollektiv 1977), sind diese Fragen noch immer offen. Zunächst betrifft das den theoretischen Status des Merkmal-Begriffs und damit verbunden die Frage seiner – universellen oder einzelsprachlichen – Reichweite. Aus materialistischer Position werden die semantischen

Merkmale einzelsprachlich definiert als „im Prozeß der Widerspiegelung der objektiven Realität im Bewußtsein des Menschen verallgemeinerte, intersubjektiv verbindliche Abbildelemente von Gegenständen, Eigenschaften, Relationen und Sachverhalten der Wirklichkeit" (Autorenkollektiv 1977, S. 58).

Nach Bierwisch (1969) repräsentieren die *semantischen Primitiven* demgegenüber universelle „Grunddispositionen der Denk- und Wahrnehmungsstruktur des menschlichen Organismus" (S. 72), die in Ausübung der sprachlichen Kompetenz dann zu sprachspezifischen Mikrostrukturen kombiniert werden (vgl. dazu auch Bierwisch 1970, S. 181). Bierwisch sucht diese These am Fall der Konstituentenanalyse deutscher Dimensionsadjektive zu belegen, also einem eng auf das Problem zugeschnittenen, sehr speziellen Bedeutungsfeld.

Greimas (1971) geht von prinzipiell ähnlichen – quasi-anthropologischen – Überlegungen aus, wenn er einleitend dafür plädiert, die *Wahrnehmung* als den nicht-sprachlichen Ort anzusehen, an dem das Erfassen der Bedeutung situiert ist, und daraus folgert, daß eine Theorie der semantischen Merkmale sich als Versuch verstehen muß, die Welt der sinnlich wahrnehmbaren Qualitäten zu beschreiben. Weitere Fragen betreffen den Abstraktionsgrad der als Merkmale anzusetzenden Konstituenten, die – sicher vom jeweiligen Analyseziel mitabhängige – quantitative Begrenzung des Inventars, die Bestimmung seiner Untergrenze (zur Syntax hin) und seiner Obergrenze (zur Pragmatik hin), die Hierarchisierung der Merkmale, die Entwicklung einer Metasprache und schließlich Prozeduren zur Ermittlung semantischer Merkmale. Mit der Frage der Obergrenze ist zugleich das Problem der Abgrenzung von Semantik und Pragmatik überhaupt aufgeworfen. So gehen Bierwisch/ Kiefer (1969) gegenüber Katz/Fodors (1963) Beschränkung der lexikalischen Repräsentationen auf die sogenannten sprachlichen Kenntnisse des Sprechers von der Darstellung des Zusammenwirkens von sprachlichen Kenntnissen und Weltkenntnissen schon auf der lexikalischen Ebene aus. Dementsprechend umfaßt die Bedeutungsstruktur eines lexikalischen items Informationen, die innersprachlich-semantische und enzyklopädische Relationen wiedergeben.

Angesichts der hier genannten und anderer noch offener Fragen muß den Untersuchungen zu den Grundelementen der semantischen Komponente des Sprachsystems nach eigenem Eingeständnis ein weitgehend hypothetischer und vorläufiger Charakter zugesprochen werden (vgl. Autorenkollektiv 1977, S. 59). Die Merkmalanalyse kann deshalb eine konstruktive Funktion in einer Theorie der Bedeutungsbeschreibung (noch) nicht übernehmen, d. h. weder erklärt noch prognostiziert sie semantische Fakten. Wohl aber können mit ihrer Hilfe Aussagen und Urteile über semantische Fakten in expliziterer und kürzerer Schreibweise dargestellt werden. Dies setzt allerdings voraus, daß die Notation entweder umgangssprachlich angelegt ist, also aufgrund des alltäglichen Sprachwissens verstanden werden kann, oder sich an einer Logiksprache orientiert. Tatsächlich geben sich Bedeutungsanalysen häufig in einer Form, die weder der Umgangssprache noch einer Logiksprache zuzuordnen ist. Solche *Analysen* sind – als „Pseudonotationen" (vgl. Wunderlich 1974, S. 289ff.) – wertlos.

4. SEMANTIK DER SÄTZE

4.1. Als repräsentativ für eine Satzlinguistik und eine in diesem theoretischen Rahmen entwickelte S der Sätze darf die GTG in der Standardversion mit syntaktischer Basiskomponente und interpretativer semantischer Komponente (Chomsky 1972, Jackendoff 1972) und in der weiter entwickelten Version mit semantischer Basiskomponente (Lakoff 1971a, Postal 1972, McCawley 1973) gelten. Nach dem Konzept der interpretativen S hat die semantische Komponente die Aufgabe, die syntaktische Tiefenstruktur des Satzes semantisch zu interpretieren, d. h. diejenigen semantischen Eigenschaften zu beschreiben, die festlegen, „what sentences tell us about persons, places, events, things etc., with which they are concerned" (Katz 1972, S. 110).

Die semantischen Eigenschaften eines Satzes ergeben sich aus den Bedeutungen der in diesem Satz verwendeten Wörter und aus den Regeln ihrer Verknüpfung. Die semantische Komponente der Grammatik besteht mithin aus dem Lexikon mit der Merkmal-Beschreibung der Bedeutungsstrukturen aller Wörter der betreffenden Sprache und aus einer Menge von Verknüpfungsregeln, sogenannten *Projektionsregeln*. Diese selegieren aufgrund der in der syntaktischen Tiefenstruktur vorgegebenen syntaktischen Beziehungen (Subjekt von, Prädikat von . . .) und aufgrund der lexikalischen Bedeutungsstrukturen der verwendeten Wörter die jeweils im Syntagma möglichen Wortbedeutungen und verschmelzen sie „von unten nach oben" zur Leseart des Satzes. Dieses Zusammenspiel von Syntax und S, an einem Satz wie *Der Kiebitz ißt die gelbe Birne* demonstriert, meint: Die Satz-Bedeutung ergibt sich aus der Amalgamierung der Merkmalmengen der Lexeme *gelb, Birne, essen, Kiebitz* (die Artikel sollen hier außer Betracht bleiben), und zwar in der von den syntaktischen Abhängigkeitsbeziehungen her vorgeschriebenen Reihenfolge [((gelb + Birne) + ess) + Kiebitz]. Dabei wird über die Selektionsrestriktionen von *essen* auf der zweiten Amalgamierungsstufe *gelbe Birne* durch die Selektion des Merkmals [+ eßbar], auf der dritten Stufe *Kiebitz* durch die Selektion des Merkmals [+ menschlich] vereindeutigt.

Die semantische Fundamentalfrage – wie man sich mit Äußerungen auf Sachverhalte beziehen kann – wird also von der interpretativen S auf die Ebene einer Satz-S gestellt, mit dem Konzept der Derivation der Lesart des Satzes aus den lexikalischen Lesarten der Wörter jedoch auf die Ebene der Wort-S verlagert: Sätze haben referentielle Funktion, weil die in Sätzen verwendeten Formative qua Merkmalstruktur die invarianten Eigenschaften von Ding-, Situations-, Aktions- und Ereignistypen abbilden, wie Katz ausdrücklich anmerkt (Katz 1972, S. 60). Die interpretative S beruft sich mithin auf eine sehr naive Form der Referenztheorie der Bedeutung (vgl. die diesbezügliche Kritik bei Grzyb 1974, S. 74–91) und vernachlässigt mit der Erklärung der Satz-Bedeutung als Summe von Wort-Bedeutungen eine Unterscheidung, auf die schon Bloomfield mit der Gegenüberstellung von *Konstruktionsbedeutung* und *funktionaler Bedeutung* hingewiesen hat. Die Konstruktionsbedeutung des Satzes ist danach extensionaler Natur, bezieht sprachexterne Gegebenheiten (Verhalten des Sprechers, Situation) mit ein, muß deshalb in Ausdrücken von Reiz-Reaktionsmerkmalen beschrieben werden und ist insofern Gegenstand der linguistischen Nachbarwissenschaften. Die funktionalen Bedeutungen der Wörter sind demgegenüber sprachintern beschreibbar und insofern genuiner Untersuchungsgegenstand der Linguistik. Bedeutung wird allerdings dann nicht etwa inhaltlich-intensional beschrieben, sondern lediglich distributiv, d. h. als Verteilung in Position-Umgebung-Typen.

4.2. Im Konzept der generativen S geht man davon aus, daß die Generierung eines Satzes mit der Erzeugung einer abstrakten Bedeutungsstruktur beginnt, die als Eingabe für die syntaktisch-semantischen Transformationsoperationen dient. Synonyme Sätze erhalten somit, auch bei unterschiedlichen syntaktischen Strukturen, die gleiche *semantische Repräsentation*. Diese ist aufgebaut aus semantischen Grundausdrücken, deren Beziehungen zueinander durch Bedeutungspostulate festgelegt sind und die erst in der Transformationsphase durch lexikalische Formative ersetzt werden. So etwa kann die Kette der semantischen Grundausdrücke KIND VON + WEIBLICH durch das Formativ „Tochter", die Kette CAUSE + COME ABOUT + INTEND durch das Verb „persuade" ersetzt werden. Zu solchen Grundausdrücken gehören weiter etwa SAY, GOOD, BAD, BELIEVE, RESPONSABLE FOR (vgl. die Analysen bei Lakoff 1971, Kap. VII). Derartige Grundausdrücke sollen nach

171

Lakoff als universales Inventar von Bedeutungselementen verstanden werden. Während in der interpretativen S semantische Merkmale als Elemente lexikalischer Formative, also auf der Ebene der Wort-S konzipiert sind und erst über die Projektionsregeln zu Elementen des Satzes werden, sind die semantischen Grundausdrücke der generativen S von vornherein auf der Ebene einer Satz-S konzipiert und folglich – als primäre Satz-Elemente – nicht notwendig durch lexikalische Formative ersetzbar.

Der theoretische Status der semantischen Grundausdrücke (was unterscheidet das theoretische Konstrukt BAD vom Lexem ‚bad'?) und der (weltbildabhängigen) Bedeutungspostulate ist hier ebenso problematisch wie der des semantischen Merkmals und der Projektionsregel in der interpretativen S. Gleichwohl hat die konsequente Anlage der semantischen Repräsentation auf der Satzebene in der generativen S Folgen etwa für die Darstellung eines so „zentralen" semantischen Problems (vgl. Weinreich 1970 [1966], S. 105) wie das der sogenannten semantischen Anomalien vom Typ der Metapher. Solche Ausdrücke arbeiten mit lexikalisch nicht realisierten Bedeutungsstrukturen, können deshalb von der interpretativen S lediglich negativ, eben als „Abweichung" erfaßt werden und sind damit als Gegenstand der semantischen Beschreibung eliminiert. Die generative S ist demgegenüber, insofern sie von prälexikalischen Strukturbildungen ausgeht, in der Lage, die Metapher als mögliche Bedeutungsstruktur positiv zu qualifizieren. Inwieweit aber eine solche die lexikalischen Bedeutungspostulate suspendierende Bedeutungsstruktur möglich, d. h. vom Rezipienten als sinnvolle Äußerung interpretierbar ist, hängt von den speziellen Bedeutungspostulaten ab, die der Satzkontext und die Äußerungssituation liefern und die als Voraussetzungen oder sogenannte Präsuppositionen den Interpretationshorizont für die Metapher abgeben. Mit dieser Argumentation (vgl. dazu Lakoff 1971b) öffnet die generative S den Rahmen der Satz-S: die Lokalisierung semantischer Determinanten auf der Text- und Situationsebene verweist auf die Notwendigkeit eines weiter gefaßten S-Konzepts.

5. SEMANTIK DER TEXTE

5.1. Nach Auffassung der *Textlinguistik* hat unter dem Gesichtspunkt der kommunikativen Funktion nicht das Wort oder der Satz, sondern der Text als das primäre sprachliche Zeichen zu gelten: „Es wird, wenn überhaupt gesprochen wird, nur in Texten gesprochen." (Hartmann 1968, S. 212) „Text" wird dabei definiert etwa als „eine sinnvolle Abfolge sprachlicher Zeichen zwischen zwei auffälligen Kommunikationsunterbrechungen" (Weinrich 1970, S. 222) oder als „kohärente Folge von

Sätzen, wie sie in der sprachlichen Kommunikation Verwendung finden" (Isenberg 1971, S. 155), jedenfalls als die in einer Sprachhandlung vorkommende Sprachzeichenmenge. Definierende Eigenschaften des Textes sind seine Kohärenz und seine referentielle Funktion in der Kommunikationssituation. Der Text stellt sich dar als ein Gefüge wechselseitig sich determinierender und aufeinander verweisender, in einem Interaktionszusammenhang stehender Konstituenten. Dieses Gefüge ist beschreibbar als Resultat textinterner, satzübergreifender Instruktionen syntaktischer, semantischer und pragmatischer Natur.

Wichtige Aspekte der *Textstruktur* sind zunächst von den syntaktischen Gegebenheiten her erschlossen worden. So gelten für Harweg (1968) die Pronomina als die für die Textkonstitution verantwortlichen Ausdrucksmittel, und Weinrich (1969, 1970, 1972) behandelt in seinen Arbeiten die textuelle Funktion des Artikels, der Tempusmorpheme, der Verb-Valenz, von Numerus, Assertion usw. Derartige vor- und rückverweisende Textkonstituenten haben insofern satzgrenzenüberschreitenden syntaktischen Charakter, als sie auf Informationen aus dem Kontext verweisen, ohne selbst neue Informationen beizusteuern. Daneben gibt es textuelle Elemente, deren satzgrenzenüberschreitender Charakter wohl auch semantischer Natur ist. Dazu gehören Satzadverbien wie *dennoch, nichtsdestoweniger*, Konjunktionen wie *aber, trotzdem, deshalb* und Partikel wie *nun, ja, doch* – textbezogene Einzelelemente also, die Textkonstituenten aufeinander beziehen und zugleich diesen Bezug semantisch oder logicosemantisch qualifizieren. Die Grenze zwischen textuellen Elementen in syntaktischer und in semantischer Funktion ist offenbar nicht so eindeutig festzulegen. Die Pronomina etwa werden als Substitutionsformen par excellence betrachtet, die als solche ausschließlich syntaktische Funktion haben. Man kann aber beobachten, daß das Pronomen der 3. Person Singular – *er, sie* – keineswegs semantisch leer ist, vielmehr ein an die Sphäre des Erotischen gebundenes Konnotationspotential enthält, das in bestimmten Kontexten aktualisiert werden kann: die Pro-Form hätte dann neben ihrer syntaktischen, bloß verweisenden auch eine semantische Funktion.

5.2. Von zentraler Bedeutung sind aber in textsemantischer Hinsicht zwei Phänomene: das Phänomen der *syntagmatischen Anschließbarkeit lexikalischer Einheiten* an Kontextpartner im Text und – als globale Eigenschaft von komplexeren Textkonstituenten – das Phänomen der *thematischen Strukturierung*. Im syntagmatischen Verband werden die prinzipiell vieldeutigen lexikalischen Einheiten monosemiert, sie aktualisieren damit ihr Referenzpotential und gelangen in Verbindung mit anderen Textkonstituenten zu referentieller Wirkung. Solche Bedeutungseinheiten manifestieren sich in Sequenzen unterschiedlicher syntaktischer Länge, sind also nicht etwa an den Satz als syntaktischer Einheit gebunden, und die Monosemierungsanweisungen arbeiten mit den Informationen, die der gesamte Text dem Leser zur Verfügung stellt.

Greimas (1971) versucht, diesen Prozeß in einer Theorie der „isotopie du discours" zu beschreiben. Eine *Isotopie* liegt vor, wenn mindestens zwei Lexeme im Text durch mindestens ein gemeinsames Merkmal aneinander angeschlossen sind. Die Bedeutungsstruktur des Textes kann dann analysiert werden als eine Hierarchie von Isotopien, die auf einer, aber auch – dies besonders bei mehrdeutigen literarischen Texten – auf verschiedenen Ebenen etabliert sind. Im letzteren Fall muß eine der Isotopie-Ebenen dominant sein, damit der Text verstanden werden kann. Rastier (1972) hat dieses Analyseverfahren an einem Mallarmé-Text demonstriert.

Kallmeyer u. a. (1974) gehen in ihren textsemantischen Ausführungen wie in ihrer Metapher-Erklärung vom Isotopie-Begriff aus. Greimas geht bei seinem Isotopie-Konzept im Gegensatz etwa zu Katz' Amalgamierungsmodell davon aus, daß die lexikalischen Einheiten keine fixen Größen darstellen, sondern als *Sem-Strukturen* beschreibbar sind, die im Vertextungsprozeß durch kontextuelle Seme, die Klasseme, modifiziert werden. Diese Kombination von Sem-Kern und Klassemen nennt Greimas „Semem". Man kann also das Semem als textbezogene Re-Definition des Lexems verstehen. Greimas gewinnt so zwei fundamentale Beschreibungsebenen für Bedeutung: die semiologische Ebene der wahrnehmungspsychologisch zu begründenden Sem-Konfigurationen (s. o.) und die semantische Ebene der kommunikativ zu begründenden textuellen Sem-Systeme.

Ein weiterer wichtiger Aspekt für die Text-S sind die sogenannten *Kontiguitätsbeziehungen*, d. h. die Tatsache, daß einfache und komplexe, syntagmatisch nicht direkt verbundene Textkonstituenten aufgrund ihrer begrifflichen Nähe aufeinander verweisen und über die damit gegebenen semantischen Rekurrenzen thematische Strukturen bilden. Diesen Aspekt bezieht Daneš (1970) in seine Untersuchungen ein, wobei er nicht auf Merkmalebene, sondern auf lexematischer Ebene (Rekurrenz morphologischer Kategorien) argumentiert. Die in Thema (das, worüber etwas mitgeteilt wird) und Rhema (das, was darüber mitgeteilt wird) sich entfaltende Bedeutungsstruktur des Textes besteht „in der Verkettung und Konnexität der Themen, in ihren Wechselbeziehungen und ihrer Hierarchie, in den Beziehungen zu den Textabschnitten und zum Textganzen sowie zur Situation" (S. 74). Daneš unterscheidet fünf Typen thematischer Progression (Thema-Rhema-Verhältnis), die zur Beschreibung der Makrostruktur eines Einzeltextes wie auch zur Entwicklung einer Texttypologie herangezogen werden.

5.3. Die schon erwähnten Phänomene wie Artikelselektion, Pro-Formen, Orts- und Zeitadverbien können offenbar neben der syntaktisch-satzverknüpfenden bzw. semantisch-textverweisenden Funktion auch eine andere Funktion wahrnehmen: nämlich Herstellung eines unmittelbaren Bezugs auf Faktoren der Kommunikationssituation, etwa auf den Sprecher, den Hörer, Zeit und Ort der Kommunikation usw. Dieses Phänomen der *deiktischen Funktion von Textelementen*, das insbesondere in der gesprochenen Sprache zu beobachten ist, führt zu einer Modifizierung des textlinguistischen Ansatzes. Die Grammatik muß danach satzgrenzenüberschreitende Eigenschaften sprachlicher Äußerungen *und* spezifisch kommunikationsbezogene Faktoren reflektieren, weil es sprachliche Erscheinungen gibt, deren Auftreten in der Äußerung vom sprachlichen Kontext *oder* von der Verwendungssituation determiniert sind. Unter dieser Voraussetzung sieht die Texttheorie ihre Aufgabe darin, gleichermaßen die ko-textuellen (grammatischen, sprachlich-formalen) und die kon-textuellen (situativ-pragmatischen) Text-Aspekte zu beschreiben und die Bedeutung eines Textes als Zuordnung von Text-Strukturen und Welt-Strukturen zu erklären. In semantischer Hinsicht verlangt ein solcher umfassender Ansatz eine Systematisierung der pragmatisch-enzyklopädischen Sprecher-Kompetenz etwa über den Aufbau eines entsprechend breit angelegten Kernlexikons semantischer Primitiven, faktisch also den Entwurf einer Welt-S incl. einer S möglicher Welten. Auf welcher Abstraktions- und Operationalisierungsstufe eine derartige S aufgebaut werden kann, ist derzeit noch völlig ungeklärt (zur Anwendung dieses Konzepts auf die Metaphern-Beschreibung vgl. Petöfi 1975).

6. SEMANTIK DER SPRECHAKTE

6.1. Der Begriff der (Satz-)Bedeutung war bei Bloomfield gedeutet worden als Reiz-Reaktionsablauf innerhalb rein situationsgesteuerter Verhaltensschemata (vgl. Bloomfield 1964, S. 139). Die Sprachhandlungstheorie, wie sie im Anschluß an den Bedeutungs- und Sprachspielbegriff Wittgensteins (Philosophische Untersuchungen) im Umkreis der „ordinary language school" (Austin, Hare, Grice, Searle) entwickelt wurde, bindet demgegenüber *Bedeutung* an *Handlung* als einer zielgerichteten und im Rahmen sozialer Praxis regelgeleiteten, normenkontrollierten Form spezifisch menschlichen Verhaltens. Dem philosophischen Begriff der Sprechhandlung entspricht die Kategorie des Sprechakts als die primäre Bezugsgröße linguistischer Theoriebildung.

Die semantisch relevante Frage in der Sprechaktlinguistik zielt auf das Verhältnis von lokutionärer und illokutionärer Komponente des Sprechakts, d. h. auf die Interdependenzen zwischen dem propositionalen Gehalt eines Sprechakts und seiner kommunikativen Funktion. Dabei wird vorausgesetzt, daß man nicht mit beliebigen Äußerungen beliebige Sprechhandlungen vollziehen kann. Searle (1971, S. 17f.) geht hinsichtlich dieser Frage vom „Prinzip der Ausdrückbarkeit" aus. Eine S der Sprechakte basiert danach, insofern der illokutionäre Akt verdeckt oder offen sprachlich ausgedrückt wird oder ausdrückbar ist, auf der Analyse der Satzbedeutungen, wobei allerdings der Begriff *Bedeutung eines Satzes* weit gefaßt ist, also neben den prädikativen Strukturen auch Satzmodi, einzelne Indikationswörter, Anredeformen und formale Merkmale mit einschließt. Nun ist es sicher so, daß in sehr vielen Äußerungsakten die jeweils intendierte illokutionäre Funktion tatsächlich nicht sprachlich indiziert/indizierbar ist, sondern nur erschlossen werden kann mit Hinsicht auf den jeweiligen situativen und institutionellen Kontext.

Wunderlich (1974) faßt diese Kritik an Searles eng semantischem Ansatz in der folgenden Formulierung zusammen: „Der Typ einer Sprechhandlung ist nicht ausschließlich durch Form und Inhalt der Äußerungsresultate bestimmt, sondern in eingeschränkten Kontexten außerdem durch (a) institutionenspezifische Erwartungen und Handlungsobligationen, (b) personenspezifische Einschätzungen der kommunikativen Situation." (S. 336) Die Sprechaktlinguistik muß demnach eine semantische und eine pragmatische Analyseebene vorsehen, wobei die S danach fragt, welche Sprechakttypen durch welche sprachlichen Formen und Inhalte indizierbar sind, während die Pragmatik Klassen eingeschränkter Kontexte daraufhin untersucht, welche Obligationen in ihnen gelten und wie diese Obligationen mit personenspezifischen Einschätzungen von Kommunikationssituationen korrelieren. Unter dieser Voraussetzung ist in Wunderlich (1976) die Aufgabe einer Sprechakt-S genauer umschrieben: (a) Sie behandelt für alle Arten von Sprechakten den in ihnen enthaltenen *Wirklichkeitsbezug*, indem sie den propositionalen Gehalt von Sätzen beschreibt (Untersuchung des Wahrheitsbegriffs), Arten propositionalen Gehalts unterscheidet und Typen propositionaler Einstellungen entwickelt. (b) Sie behandelt die auf der Satzebene wirksamen Illokutionsindikatoren (grammatischer Modus, Partikelwörter, Performativa, illokutive Kommentierung) und entwickelt eine S der illokutiven

Typen. (c) Sie befaßt sich mit den Resultaten von Sprechakten in semantischer Hinsicht, identifiziert mit der Menge der möglichen zukünftigen Ereignisabläufe oder Zustandsverläufe, in denen der Zweck des betreffenden Sprechakts erfüllt ist. Dabei wird vorausgesetzt: Wie die Proposition formal als Zerlegungsfunktion über die Gesamtmenge möglicher Welten verstanden wird, so der Sprechakt als Zerlegungsfunktion über die Gesamtmenge möglicher Zukünfte. Die Proposition repräsentiert dabei eine solche Zerlegung, während ein Sprechakt sie zustande bringt (vgl. Wunderlich 1976, S. 142ff.).

Diese Aufgaben der S beziehen sich lediglich auf die sogenannten fundamentalen, d. h. potentiell sequenzeröffnenden bzw. initiativen Sprechakte in neutralen Kontexten. Demgegenüber sind reaktive Sprechakte grundsätzlich pragmatisch zu behandeln, insofern sie bereits bestehende Interaktionsbedingungen erfüllen, also ihre Natur als ein Sprechakt dieser oder jener Art sich nur zum Teil aus dem geäußerten Satz, zum anderen Teil aber aus der Stellung der Äußerung im Kontext ergibt. Die Unterscheidung zwischen S („Bedeutungsfunktion") und Pragmatik („Sinnfunktion") trifft sich also bei Wunderlich mit der Unterscheidung zwischen initiativen und reaktiven Sprechakten, nicht aber mit der zwischen propositionalem Gehalt und illokutionärer Funktion. Vielmehr werden auf der Ebene der S propositionaler Gehalt und illokutive Funktion behandelt und eine *Theorie der illokutiven Typen* entwickelt, als deren wichtigste der direktive (Aufforderung), der erotetische (Frage) und der repräsentative (Behauptung) Typ zu gelten haben.

6.2. Die Sprechakt-S geht von der Beschreibungseinheit *Satz* aus, wobei Sätze als diejenigen Formen der Sprache definiert sind, „denen unabhängig eine Bedeutung . . . zugewiesen werden kann" (Wunderlich 1976, S. 67). Die Bedeutung eines Satzes ergibt sich aus seinem propositionalen Gehalt, der mit einem Sachverhalt, wie er sich unter dem Aspekt von Sprache darstellt, identifiziert wird (vgl. Wunderlich 1976, S. 71). Über Bedeutung im Sinne von *Wahrheitswert-Zuschreibung* wird also nach dieser Vorstellung satzsemantisch auf der Ebene der Proposition entschieden. Dagegen hat schon Stalnaker (1970) festgestellt, daß die Wahrheitswert-Zuschreibung, also die referentielle Funktion einer Äußerung, sich aus der behaupteten Proposition *und* der Beziehung der Proposition zur „Welt" ergebe, wie diese sich im illokutionären Akt ausdrücke. Brekle (1970) bestimmt dementsprechend die Proposition als neutral in bezug auf Wahrheit oder Falschheit des durch sie bezeichneten Sachverhalts, worüber erst auf der Ebene des Sprechakts entschieden werden könne.

Die angedeutete Kurzschlüssigkeit des *satzsemantischen Bedeutungs-konzepts* ist offensichtlich auf die Tatsache zurückzuführen, daß die Sprechakttheorie von der Annahme ausgeht, illokutionäre Akte würden mittels Sätzen vollzogen. Die Ergebnisse der Textlinguistik heranziehend wäre demgegenüber festzustellen, daß über die illokutionäre Funktion sprachlicher Äußerungen und in diesem Rahmen über ihre Bedeutung sinnvoll nur auf Textebene zu sprechen ist, „weil nur auf der Ebene von Textualität über die sozio-kommunikative Relevanz des Gebrauchs sprachlicher Handlungsmittel gehandelt werden kann" (S. J. Schmidt 1973, S. 149). Andererseits bietet aber die Sprechaktlinguistik mit dem Begriff des Sprechakts bzw. der Sprechaktsequenz der Textlinguistik in Fragen der Textdelimitation, Textdefinition, der Bestimmung von Text-kohärenz etwa eine kommunikativ grundlegende Analysekategorie an: zu wünschen wäre eine textlinguistisch orientierte Sprechakt-S bzw. eine sprechaktlinguistisch fundierte Text-S.

7. RESÜMEE: SEMANTIK ALS SPRECHHANDLUNGSSEMANTIK.

Geht man von der semantischen Grundsituation aus, daß nämlich Sprecher sich in Kommunikationssituationen mit sprachlichen Ausdrük-ken auf Sachverhalte beziehen, dann zeigt sich, daß ein solcher Bezug nicht mit Hilfe einzelner Wörter oder isolierter Sätze hergestellt wird, sondern in komplexen Sprechhandlungen, in denen sich die Sprecher mit Texten unter Einbeziehung situativer Gegebenheiten über Sachverhalte verständigen. Die Bezugsgröße einer S-Theorie muß folglich die *Sprech-handlung* (Sprechaktsequenz) und näherhin der Text als die sprachliche Komponente der Sprechhandlung sein. Bedeutung bezeichnet in diesem Rahmen einen vom Sprecher vollzogenen Prozeß der Herstellung von Bezügen zwischen komplexen sprachlichen und außersprachlichen Gege-benheiten, wobei als bedeutungskonstituierende Elemente die dem Lexikon der Sprache entnommenen Einträge (Wörter) mit Faktoren aus dem Kontext und der Situation zusammenwirken. Eine adäquate S müßte danach über eine lexikalische, eine textsemantische und eine situationssemantische (pragmatische) Komponente auf der Basis einer übergreifenden Sprechhandlungstheorie verfügen.

Diesen kommunikativen Bedeutungs- und Sprachbegriff vorausgesetzt stellt sich die Frage der Priorität der hier geschilderten semantischen Ansätze als eine methodologische Frage dar. Angesichts der Komplexität der semantischen Struktur von Sprechhandlungen ist es unerläßlich, Ausbettungsoperationen vorzunehmen. Die solcherart sich ausbildenden Teilkomponenten haben sich dann als auf verschiedenen Abstraktionsniveaus angesiedelte Beschreibungen bestimmter Aspekte von Bedeutung zu verstehen, die allerdings dann in Konkurrenz zueinander treten, wenn sie ihren jeweiligen Gegenstand – Wort, Satz oder Text – zum alleinigen Gegenstand der S, den jeweils behandelten Bedeutungsaspekt zur Bedeutung schlechthin hypostasieren.

8. SEMANTIK IN SPRACHBÜCHERN

8.1. Die Sprachbücher der 50er Jahre vermittelten durchweg Grammatik als Syntax- und Wortartenkunde, wobei semantische Fragestellungen nur beiläufig – und dann ausschließlich unter intensionalem Aspekt (Wortfeld, semantische Ähnlichkeit/Verschiedenheit. . .) – angesprochen wurden. Weisgerber (1950) hat demgegenüber – schon damals eine Krise des Grammatik-Unterrichts konstatierend – den Ausbau inhaltsbezogener Verfahren gefordert. Ende der 60er Jahre ergab sich eine ähnliche Situation. Die Sprachbücher dieser Zeit waren, Ausweis ihrer Modernität, an dem als Syntax-Theorie konzipierten Sprachbeschreibungsmodell der GTG orientiert. Die Begrenzung auf die Analyseeinheit *Satz* und der primär formale Angang an sprachliche Phänomene führte zur Ausklammerung der für Äußerungszusammenhänge relevanten Aspekte und damit auch zu einer weitgehenden Ausschaltung semantischer Fragen. Die didaktischen Rechtfertigungen für eine solcherart *formale* Grammatik trugen nicht mehr. In dieser Situation rezipierte die Sprachdidaktik der 70er Jahre denn auch sehr rasch die Wende im linguistischen Forschungsparadigma. Die Forderungen nach einer Semantisierung und Pragmatisierung des Sprachunterrichts wurden in den Richtlinien der meisten Bundesländer unter dem Stichwort *kommunikativer Sprachunterricht* festgeschrieben und prägen die Sprachbuchkonzeptionen der letzten Jahre.

Aspekte der Sprache, wie sie sich aus ihrer Auffassung als Medium für soziale Kooperation, für Verständigung, für Organisation und Tradierung von Erfahrung ergeben, begründen nunmehr die wesentlichen Lernziele und relativieren damit den Stellenwert der Untersuchungen formal-syntaktischer Art. Diese Interessenverlagerung in der Sprachwissenschaft wie in der Sprachdidaktik läßt sich als Kritik des deskriptivobjektivistischen Standpunktes gegenüber dem Gegenstand *sprachliche Äußerung* und als Entdeckung der hermeneutischen Bedingtheit eben dieses Gegenstandes lesen. Daraus folgt u. a., daß „Aussagen über Bedingungen sprachlicher Äußerungen nicht primär durch Häufung von Detailuntersuchungen an isolierten Sätzen zustandekommen, sondern durch regelmäßige erkundende Untersuchungen in sich *komplexer Äuße-*

rungs-/Verstehenssituationen und der in ihnen wirksamen Bedingungen gemeinsam mit anderen an dieser Situation Beteiligten" (Boettcher/Sitta 1978, S. 33f.; vgl. auch Rank 1977).

Tatsächlich nehmen die meisten Sprachbuchautoren unter Berufung auf diesen fachwissenschaftlichen und fachdidaktischen Diskussionsstand eine Sprechhandlungstheorie als Bezugshorizont für ihre Konzeption jeweils in Anspruch. Das Problem der Reduktion von Komplexität durch Vereinfachung oder Aufgliederung in Teilaspekte wird damit besonders dringlich. Für den Bereich der S zeichnen sich dabei die folgenden Strategien ab:

– Man führt den Schüler zunächst in Aspekte der Wort- und Satz-S ein und erweitert die Fragestellung dann im Laufe des Kurses und/oder im Laufe der folgenden Jahrgangsstufen in Richtung auf eine Sprechhandlungssemantik, so daß sich eine zunehmend komplexe Schichtung von wort-, satz-, text- und sprechaktsemantischen Aspekten von *Bedeutung* ergibt (Einbettungsmodell).

– Man präsentiert komplexe Kommunikationssituationen, formuliert mithin semantische Fragen zunächst im Kontext der Sprachverwendungsbedingungen und gliedert dann je nach Analyseinteresse Einzelaspekte aus (Ausbettungsmodell).

8.2. Das *Einbettungsmodell* mag in forschungspraktischen Zusammenhängen, d. h. dort, wo die Blickrichtung vom Komplexen her vorausgesetzt werden kann, seinen Sinn haben. Für den Adressaten des Sprachbuchs gilt dies aber nicht. Für ihn verselbständigen sich zwangsläufig die semantischen Teilaspekte und gerinnen zu einem reinen Neben- bzw. Nacheinander verschiedener und offenbar gleichrangiger S-Modelle: der von den Autoren beanspruchte integrativ-einbettende Ansatz wird in der Rezeption zu einer bloßen Addition verschiedener semantischer Beschreibungspraktiken.

Weiterhin ist an Einbettungsmodellen häufig zu beobachten, daß die Autoren ihrerseits schon in der Terminologie und der Art der Darstellung der jeweiligen semantischen Sachverhalte die Perspektive vom Ganzen der Sprechsituation her aufgeben, also etwa semantische Aspekte des Lexikons in der textsemantisch nicht haltbaren Terminologie der Wort-S erklären. So beansprucht etwa „Sprachbuch 9" (Klett Verlag, 1975) einen textlinguistisch-pragmatischen Ansatz und formuliert dann als semantische Teillernziele (S. 98), daß der Schüler – in dieser Reihenfolge – den Zusammenhang zwischen einzelnen Wörtern und Sachen, zwischen Sätzen und Sachverhalten, zwischen Texten und Beziehungen zwischen Sachverhalten erkennen soll. Die charakteristisch wortsemantische Formulierung – wonach Wörter also Sachen bezeichnen sollen – steht quer zu jeder weiteren text- und sprechaktsemantischen Einlassung.

8.3. Es wird mithin für das *Ausbettungsmodell* plädiert. Der Schüler soll zunächst die Bedeutungsfunktion von Sprache in komplexen Verwendungssituationen *erfahren* und in der Reflexion darauf semantische Teilaspekte als solche erkennen und interessengeleitet thematisieren. Dabei wird vorausgesetzt, daß je nach Adressatenkreis/Jahrgangsstufe die dargestellte Kommunikationssituation thematisch und von der Komplexität der determinierenden Faktoren her in je angemessener Weise typisiert ist, ohne daß dabei aber auf die Komplexität des Kommunikationsvorgangs als solchem verzichtet wird. Diese – und damit die sprachliche Äußerung in ihrer hermeneutischen Bedingtheit – muß jederzeit Ausgangspunkt und Motivation aller Untersuchungen sein.

Man ist in Sprachbüchern verschiedentlich diesen Weg gegangen (vgl. „Sprachbuch Sekundarstufe I", Diesterweg Verlag, 1976; „Sagen-Handeln", Bagel Verlag, 1978), wobei ein Problem offensichtlich in der Konstruktion einer echten Spirale besteht, d. h. im Angebot semantisch je komplexerer Situationen. Vergleicht man etwa die jeweils den „Wörtern und ihrer Bedeutung" gewidmeten Kapitel der Bände 6, 7, 8 von „Mein neues Sprachbuch" (Schroedel Verlag, 1975), so zeigt sich, daß zwar bereits in 6 die Bedeutung eines Wortes als Ergebnis einer Monosemierungsoperation durch den verbalen/situativen Kontext dargestellt wird, jedoch in 7 und 8 diese Erkenntnis unter Verweis auf ähnlich einfache Typen von Kontexten und Redekonstellationen lediglich wiederholt wird. Eine sehr überzeugende Konzeption haben demgegenüber Wunderlich u. a. mit dem Sprachbuchwerk „Thema: Sprache" (Hirschgraben Verlag, 1977) vorgelegt. Diese Autoren gliedern das Sprachbuch nach fundamentalen *Sprechaktsequenzen* und bieten innerhalb dieses Rasters Kommunikationssituationen an, deren Thematik die Schüler zunächst veranlaßt, in die Rolle von Kommunikationspartnern einzutreten. In der Reflexion auf diese kommunikative Erfahrung werden dann u. a. auch semantische Aspekte auf Sprechaktebene aufgeworfen. Der Schüler ist prinzipiell in der Lage, den Bezug solcher Aspekte zur Verwendungssituation herzustellen, die jeweilige Fragestellung also auf eine ihn interessierende und motivierende Gesamtfragestellung kommunikativen Charakters hin zu transzendieren.

8.4. Grundsätzlich läßt sich zu den beiden Modellen anmerken, daß das Einbettungsmodell bei einem von der Pragmatik deutlich abgesetzten, oft auch den extensionalen Aspekt hintansetzenden S-Begriff einen stärker systematisierenden Zugriff zeigt – eine Tatsache, die schon an den, einzelnen semantischen Phänomenen gewidmeten, Lektionsbezeichnungen ablesbar ist. Demgegenüber sind im Ausbettungsmodell semantische und pragmatische Aspekte verklammert („Pragma-S"), die referentielle Funktion von Sprache ist Ausgangspunkt der Untersuchungen, und eine Systematik der etwa behandelten semantischen Sachverhalte ergibt sich nicht ohne weiteres. Das hat solchen Sprachbüchern wie Diesterweg 1976 den Vorwurf einer „Splittergrammatik" eingebracht. Wenn auf der einen Seite die Systematik und die für Schüler *und* Lehrer leichtere Überschaubarkeit der Einbettungssemantik einen stark reduktionistischen Zug hat und dazu führt, daß die umgreifende kommunikative Fragestellung zurücktritt hinter kurzfristige, auf die jeweilige Lektion beschränkte Lösungsstrategien, so scheint es in der Tat das gegenwärtige Problem der Ausbettungssemantik in den Sprachbüchern, bei den Ausbettungsoperationen den Anschein von Beliebigkeit zu vermeiden und strukturbildende Momente zu entwickeln, die ein Curriculum „Pragma-S" zu konstituieren vermögen.

→ **Fachdidaktik (eigensprachlich), Grammatiktheorien, Kommunikation, Pragmalinguistik, Syntax.**

LITERATUR

L. Antal (Hg.): Aspekte der Semantik. Zu ihrer Theorie und Geschichte 1662–1969, Frankfurt/Main 1972.

Autorenkollektiv: Probleme der semantischen Analyse, Berlin (DDR) 1977.

Bagel: Sagen-Handeln, Sprachbuchwerk für die Sekundarstufe, Düsseldorf 1978.

K. Baldinger: „Sémasiologie et Onomasiologie" in: Revue de Linguistique Romane 28 (1964) S. 249–272.

K. Baumgärtner: „Die Struktur des Bedeutungsfeldes" in: Satz und Wort im heutigen Deutsch, Düsseldorf 1966, S. 165–197.

M. Bierwisch: „Strukturalismus. Geschichte, Probleme und Methoden" in: Kursbuch 5 (1966) S. 77–152.

M. Bierwisch: „Some semantic universals of German adjectivals" in: Foundations of Language 3,1 (1967), S. 1–36.

M. Bierwisch: „On certain problems of semantic representation" in: Foundations of Language 5 (1969) S. 153–184.

M. Bierwisch: „On classifying semantic features" in: M. Bierwisch/K. E. Heidolph (Hg.): Progress in Linguistics, 1970, S. 27–50.

M. Bierwisch/F. Kiefer: „Remarks on definitions in natural language" in: F. Kiefer (Hg.): Studies in syntax and semantics, 1969, S. 55–79.

L. Bloomfield: Language, New York 1964 (1. Aufl. 1933).

L. Bloomfield: „Bedeutung" in: L. Antal, a. a. O., S. 126–134.

W. Boettcher und H. Sitta: Der andere Grammatikunterricht, München–Wien 1978.

D. Bolinger: „The atomization of meaning" in: Language (1965) S. 555–573. Dt. in: Antal, a. a. O., S. 240–269.

M. J. A. Bréal: Essai de sémantique. Science de significations, Paris 1904.

M. J. A. Bréal: „Die geistigen Gesetze der Sprache" in: L. Antal, a. a. O., S. 41–50.

H. E. Brekle: Generative Satzsemantik und transformationelle Syntax im System der englischen Nominalkompositionen, München 1970.

H. E. Brekle: Semantik. Eine Einführung in die sprachwissenschaftliche Bedeutungslehre, München 1972.

N. Chomsky: Syntactic structures, The Hague 1957.

N. Chomsky: Aspects of the theory of syntax, Cambridge/Mass. 1965.

N. Chomsky: „Some empirical issues in the theory of transformational grammar" in: S. Peters (Hg.): Goals of linguistic theory, Englewood Cliffs 1962, S. 63–103.

E. Coseriu: „Die Metaphernschöpfung in der Sprache" in: Sprache. Strukturen und Funktionen, Stuttgart 1970, S. 15–52.

E. Coseriu: Probleme der strukturellen Semantik, Tübingen 1973.

F. Daneš: „Zur linguistischen Analyse der Textstruktur" in: Folia Linguistica 4 (1970) S. 72–78.

Diesterweg: Sprachbuch Sekundarstufe I, Bd. 6 Frankfurt/Main 1976, Bd. 7 Frankfurt/Main 1977, Bd. 8 Frankfurt/Main 1978.

W. Dressler (Hg.): Textlinguistik, Darmstadt 1978.

W. Dressler (Hg.): Current trends in textlinguistics, Berlin–New York, 1978 (= 1978a).

H. Geckeler: Strukturelle Semantik und Wortfeldtheorie, München 1971.

A. J. Greimas: Strukturale Semantik. Methodologische Untersuchungen, Braunschweig 1971.

G. Grzyb: Theoretische Probleme der linguistischen Semantik, Bielefeld 1974 (Diss.).

P. Hartmann: „Zum Begriff des sprachlichen Zeichens" in: Zeitschrift für Phonetik, Sprachwissenschaft und Kommunikationsforschung 21 (1968) S. 205–222.

R. Harweg: Pronomina und Textkonstitution, München 1968.

Hirschgraben: Thema: Sprache (Sprachbuchwerk für die Sekundarstufe), Frankfurt/Main 1968.

L. Hjelmslev: Prolegomena to a theory of language, Baltimore 1953.

F. Hundsnurscher: Neuere Methoden der Semantik, Tübingen 1971.

H. Isenberg: „Überlegungen zur Texttheorie" in: J. Ihwe (Hg.): Literaturwissenschaft und Linguistik, Bd. 1, Frankfurt/Main 1971, S. 155–172.

R. S. Jackendoff: Semantic interpretation in generative grammar, Cambridge/Mass. 1972.

W. Kallmeyer u. a.: Lektürekolleg zur Textlinguistik, Frankfurt/Main 1974.

J. J. Katz: Semantic theory, New York 1972.

J. J. Katz/J. A. Fodor: „The structure of a semantic theory" in: Language 39 (1963) S. 170–210.

F. Kiefer (Hg.): Semantik und generative Grammatik, Frankfurt/Main 1972.

G. Klaus: Semiotik und Erkenntnistheorie, Berlin 1963.

Klett: Sprachbuch C9, Stuttgart 1975.

G. Lakoff: Linguistik und natürliche Logik, Frankfurt/Main 1971.

G. Lakoff: „On generative semantics" in: D. D. Steinberg/L. A. Jakobovits (Hg.): Semantics, Cambridge/Mass. 1971, S. 232–269 (= 1971a).

G. Lakoff: „Presupposition and relative well-formedness" in: D. D. Seinberg/L. A. Jakobovits (Hg.), a. a. O., S. 232–296 (= 1971b).

J. Lyons: Semantics, Cambridge 1977.

J. D. McCawley: „A program for logic" in: D. Davidson/G. Harman (Hg.): Semantics of natural language, Dordrecht 1973, S. 498–544.

H. Meier: „Semantische Analyse und Noematik" in: Zeitschrift für Phonetik, Sprachwissenschaft und Kommunikationsforschung 17 (1964) S. 581–595.

H. Meier: „Grundfragen eines Noematikons" in: ebenda 4/5 (1972) S. 326–330.

E. A. Nida: „Ein System zur Beschreibung von semantischen Elementen" in: L.Antal (Hg.), a. a. O., S. 135–155.

J. Petöfi: „Thematisierung der Rezeption metaphorischer Texte in einer Texttheorie" in: Poetics 4.2/3 (1975) S. 289–310.

P. M. Postal: „The best theory" in: S. Peters (Hg.): Goals of linguistic theory, Englewood Cliffs 1972, S. 131–170.

B. Rank: „ Der Sprachunterricht und die Theorie der Sprechtätigkeit" in: Linguistik und Didaktik 31 (1977) S. 171–181.

F. Rastier: „Systématique des isotopies" in: A. J. Greimas (Hg.): Essais de sémantique poétique, Paris 1972, S. 80ff. Dt. in: Kallmeyer u. a. 1974, Bd. 2.

A. W. Read: „An account of the word ,semantics'" in: Word 4 (1948) S. 78–97.

G. Saße/W. Turk (Hg.): Handeln, Sprechen und Erkennen, Göttingen 1978.

A. Schaff: Einführung in die Semantik, Frankfurt/Main–Wien 1969.

S. J. Schmidt: Bedeutung und Begriff. Zur Fundierung einer sprachphilosophischen Semantik, Braunschweig 1969.

S. J. Schmidt: Texttheorie, München 1973.

W. Schmidt: Lexikalische und aktuelle Bedeutung. Ein Beitrag zur Theorie der Wortbedeutung, Berlin (DDR) 1963.

W. Schmidt (Hg.): Wortfeldforschung. Zur Geschichte und Theorie des sprachlichen Feldes, Darmstadt 1973.

Schroedel: Mein neues Sprachbuch, Bd. 6 Hannover 1975, Bd. 7 Hannover 1976, Bd. 8 Hannover 1977.

J. R. Searle: Sprechakte, Frankfurt/Main 1971.

R.C. Stalnaker: „Pragmatics" in: Synthese 22.1/2 (1970) S. 272–289.

J. Trier: Der deutsche Wortschatz im Sinnbezirk des Verstandes. Die Geschichte eines sprachlichen Feldes I, Heidelberg 1931.

J. Trier: „Das sprachliche Feld" in: L. Antal, a. a. O., S. 78–103.

S. Ullmann: „Der Begriff der Bedeutung in der Sprachwissenschaft" in: L. Antal, a. a. O., S. 157–166.

S. Ullmann: Grundzüge der Semantik. Die Bedeutung in sprachwissenschaftlicher Sicht, Berlin/New York 1972.

S. Ullmann: Semantik, Eine Einführung in die Bedeutungslehre, Frankfurt/Main 1973.

U. Weinreich: Erkundungen zur Theorie der Semantik, Tübingen 1970.

H. Weinrich: „Textlinguistik: Zur Syntax des Artikels in der deutschen Sprache" in: Jahrbuch für internationale Germanistik 1 (1969) S. 61–74.

H. Weinrich: „Zur Textlinguistik der Tempusübergänge" in: Linguistik und Didaktik 3 (1970) S. 222–227.

H. Weinrich: „Die Textpartitur als heuristische Methode" in: Der Deutschunterricht 24.4 (1972), S. 42–60.

L. Weisgerber: „Grammatik im Kreuzfeuer" in: Wirkendes Wort 3 (1950) S. 129–139.

Wörterbuch: Marxistisch-leninistisches Wörterbuch, Berlin 1972.

G. Wotjak: Untersuchungen zur Struktur der Bedeutung, München 1971.

D. Wunderlich: Grundlagen der Linguistik, Reinbek 1974.

D. Wunderlich: Studien zur Sprechakttheorie, Frankfurt/Main 1976.

JÜRGEN NIERAAD

Semiotik

1. ÜBERBLICK ÜBER DIE SEMIOTIK. Die Semiotik (S) ist die Wissenschaft von den *Zeichensystemen*. Sprache als wichtigstes aller Zeichensysteme stellt deshalb einen zentralen Gegenstandsbereich der S dar. Als allgemeine Zeichentheorie will die S jedoch nicht die Sprachwissenschaft ersetzen, die bereits die spezifischen Strukturen sprachlicher Zeichensysteme erforscht. Vielmehr leistet sie einen Beitrag zur Ergänzung sprachwissenschaftlicher Erkenntnisse, indem sie den Analysehorizont der Philologie in zwei Richtungen erweitert: Erstens befaßt sich die S mit den zeichen- und kommunikationstheoretischen Grundlagen der Sprache und dient somit der Linguistik als Grundlagenwissenschaft. Zweitens lenkt sie die Aufmerksamkeit des Philologen auf diejenigen nichtverbalen Zeichensysteme, in deren Kontext Sprache in Situationen Verwendung findet. Somit dient sie der Linguistik als interdisziplinäre Rahmenwissenschaft.

Wissenschaftsgeschichtlich hat die S eine jüngere Tradition als ihr Teilgebiet, die *Sprachwissenschaft*. Zwar haben zeichentheoretische Fragestellungen in der Geschichte der Philosophie schon seit Platon eine gewisse Rolle gespielt (vgl. Walther 1974); als eigenständige und für die Philologien relevante Disziplin gewinnt die S aber erst in unserem Jahrhundert an Bedeutung.

Die moderne S läßt sich vor allem auf zwei Quellen zurückführen, aus denen zunächst unabhängig voneinander Ansätze zur Analyse von Zeichensystemen entstanden sind. Die erste Quelle ist die allgemeine *Zeichentheorie,* wie sie im Rahmen der Philosophie von Peirce (1839–1914) begründet wurde. Ihre zweite Quelle hat die moderne S in de Saussures (1857–1913) *struktural er Linguistik*, wo sie zuerst als „Semiologie" postuliert wurde. Zwei Hauptströmungen der S sind aus diesen Quellen entstanden, eine stärker allgemein zeichentheoretisch und eine mehr linguistisch orientierte S.

Für die Weiterentwicklung der allgemeinen Zeichentheorie seit Peirce hat die pragmatische S von Morris eine wichtige Rolle gespielt (vgl. Morris 1977). Sein Einfluß ist selbst bei dem marxistischen Semiotiker Klaus (z. B. 1973) zu beobachten. Wieder stärker an der Peirceschen Basistheorie orientiert sich die von Bense (z. B. 1975) und Walther (1974) vertretene allgemeine Zeichentheorie, in deren Rahmen auch *angewandte Untersuchungen* entstanden sind, die auch unter schulischen Aspekten (z. B. Brög 1977) Beachtung finden.

Die in der Linguistik fundierte S fand mit dem französischen Strukturalismus eine größere Verbreitung. Der Versuch, die Linguistik als Leitwissenschaft für die Erforschung anderer Zeichensysteme zu nutzen, wurde vor allem von Barthes (1967), Prieto (1972) sowie Mounin (1970) unternommen (Überblick: J. Martinet 1973). Erst später vollzieht sich im Rahmen der linguistisch orientierten S eine Erweiterung des theoretischen Hintergrunds durch Einbeziehung der Grundlagen von *Kommunikations- und allgemeiner Zeichentheorie* (so in: Koch 1971, Eco 1972).

Als angewandte Wissenschaft befaßt sich die S mit einem breiten Spektrum von Gegenstandsbereichen. Neben der Sprach- und Textwissenschaft finden semiotische Ansätze Anwendung auf so verschiedene Gebiete wie Architekur, Bilder, Comics, Filme, Gestik, Kunst, Reklame oder die Taubstummensprachen (z. B. Posner, Reinecke 1977). Die folgenden Ausführungen beschränken sich auf diejenigen Grundlagen und Anwendungen der S, die für die Sprachdidaktik relevant sein können.

186

2. ZEICHEN, ZEICHENTYPEN UND SPRACHERWERB.

Grundlage und Ausgangspunkt der semiotischen Analyse ist ein allgemeines Zeichenmodell. Für die linguistische S gilt weithin Saussures (1916, S. 98) Modell des sprachlichen Zeichens als grundlegend. Danach vereinigt das Sprachzeichen nicht eine Sache und einen Namen, sondern einen Begriff, das sogenannte *Signifikat*, und ein Lautbild, den *Signifikanten*. Beide Seiten des Sprachzeichens sind in mentalistischen Kategorien konzipiert: Der Signifikant ist nicht der materielle Laut, sondern ein „psychisches Lautbild"; ebenso ist das Signifikat als die damit verbundene individuelle Vorstellung ein psychisches Ereignis. Außerhalb des sprachlichen Zeichens liegt die bezeichnete „Sache". Letztere findet im Zeichenmodell von Peirce als eines von drei Korrelaten des Zeichens Berücksichtigung. Als *Objekt* ist es für Peirce (1935, § 2.231) die Voraussetzung für die Erkenntnis des Zeichens. Es ist entweder in der äußeren Welt oder nur im Bewußtsein des Zeichenbenutzers gegeben. Das erste und das zweite Korrelat des Zeichens in diesem triadischen Modell, das *Repräsentamen* und der *Interpretant*, entsprechen teilweise dem Saussureschen Signifikanten und dem Signifikat. Für Peirce (§§ 8.333–4) ist das Repräsentamen das Zeichen in seiner materiellen Erscheinungsweise und kann somit nur unmittelbar „as it is in itself" untersucht werden. Der Interpretant, nicht mit dem Zeichenbenutzer, dem Interpreten, zu verwechseln, ist die Bedeutung („signification") oder Interpretation eines Zeichens. Seine Erscheinungsweise ist diejenige eines neuen, dem ersten Zeichen äquivalenten Zeichens, wodurch Bedeutung in Form von Paraphrasen oder Synonymen der Analyse zugänglich werden.

Auf der Grundlage der triadischen Zeichenrelation baut Peirce eine umfassende Zeichentypologie auf, von der im Hinblick auf die Anwendung in der Sprach- und Textanalyse die drei durch die Objektrelation definierten Zeichentypen Index, Ikon und Symbol von besonderer Bedeutung sind. Das *Ikon* ist ein Zeichen, das zu seinem Objekt vor allem in Ähnlichkeits- oder Abbildungsrelation steht. Diese Ähnlichkeit kann visuell, z. B. in gegenständlichen Bildern, Skulpturen, Diagrammen u. a. m., akustisch, z. B. Imitation von Geräuschen, Lautmalerei oder anders bedingt sein.

Das *Symbol* (anders als der literatuwissenschaftliche Symbolbegriff) wird durch eine Regel oder Übereinkunft der Zeichenbenutzer zu seinem Objekt in Beziehung gebracht. Es ist im Gegensatz zum Ikon ein arbiträres Zeichen. Alle Sprachzeichen sind somit zunächst Symbole, da sie auf gesellschaftlichen Konventionen beruhen. Die Peircesche Zeichentypologie verlangt jedoch keine starre 1 : 1-Zuordnung von Zeichen zu Zei-

187

chentyp. Vielmehr berücksichtigt sie die Polyfunktionalität der Zeichen. Wörter, etwa, können Symbol und zugleich Ikon sein, wenn sie lautmalerisch ihr Objekt darstellen. Ebenso kann Sprache auch indexikalisch fungieren.

Der *Index* steht zu seinem Objekt in zeitlich-räumlicher Kontiguitäts- oder Teil-Ganzes-Beziehung und vermag somit nur singuläre Objekte zu bezeichnen. Sprachliche Indices sind u. a. die Pronomina der 1. und 2. Person, deren Objekte nur in bezug auf den Sprecher ermittelt werden können.

Spracherwerb, soweit er das Lernen der Lexeme einer Sprache betrifft, ist ein Prozeß der Zuordnung der drei Korrelate der triadischen Zeichenrelation zu einem vollständigen sprachlichen Zeichen. Im Erstsprachenerwerb vollzieht sich dieser Prozeß in verschiedenen Phasen, in denen sich die erworbenen Zeichen in ihrer Objektrelation und somit dem Zeichentyp unterscheiden (vgl. Nöth 1977, S. 16–19). In der ersten Phase des kindlichen Spracherwerbs fungieren Wörter als Indices für ihre Objekte. Sie verweisen zunächst auf Partikuläres und nicht auf Klassen von Objekten. Das Kind ist noch nicht in der Lage, das Zeichen von seinem Objekt hinreichend zu differenzieren, es als arbiträres Symbol zu erkennen. Statt dessen betrachtet es das Repräsentamen (den Signifikanten) als Teil des Objekts. In der nächsten Lernphase wird durch das Wiedererkennen von zuerst indexikalisch gelernten Wörtern eine Similaritätsbeziehung hergestellt. In dieser Phase werden Wörter zum Ikon eines ursprünglichen Index (vgl. Peirce § 2.329). Erst in einer dritten Phase des Spracherwerbs sind Repräsentamen und Objekt so weit differenziert, daß Wörter als Symbol gelernt worden sind.

Im *Zweitsprachenerwerb* stehen den zielsprachlichen Korrelaten der sprachlichen Zeichen, Repräsentamen, Interpretant, Objekt (R_z, I_z, O_z) im Bewußtsein des Schülers bereits die triadischen Relationen der ausgangssprachlichen Zeichen (R_a, I_a, O_a) gegenüber. Inwieweit dabei ausgangs- und zielsprachliche Korrelate in direkte Beziehung zueinander gesetzt werden, ist eine Frage der Fremdsprachenmethodik. Im Falle der *indirekten* bzw. der *Übersetzungsmethode* dient dem Schüler die Ausgangssprache als ständiger Bezugspunkt der Zielsprache. Zielsprachliche Wörter werden dabei als Repräsentamina (R_z) gelernt, die nur mit einem ausgangssprachlichen R_a als Objekt (O_z) von R_z korreliert und dann mit dessen Interpretanten I_a und Objekt O_a in Beziehung gesetzt werden. Die Relation von R_z und R_a ist arbiträr. Das zielsprachliche Zeichen wird also als Symbol gelernt. Der deutsche Schüler kann danach dem englischen Wort *leg* nicht unmittelbar, sondern nur über die deutsche Übersetzung

Bein eine Bedeutung und einen außersprachlichen Bezug zuordnen. Zweitsprachenerwerb vollzieht sich nach dieser Methode als Erweiterung triadischer Zeichen durch ein viertes Korrelat ($R_z \rightarrow R_a \rightarrow I_a \rightarrow O_a$). Weinreich (1963, S. 10) hat diesen Weg des Erwerbs zweitsprachlicher Wörter als „subordinativen" Bilingualismus beschrieben und in Anlehnung an Schuchardt das Ergebnis dieses Prozesses als „Sprachen kennen" bezeichnet. „Sprachen könnnen" setzt demgegenüber einen „koordinierten" Typ der Korrelation ausgangs- und zielsprachlicher Wörter voraus, bei dem zwei vollständige Zeichen Z_a und Z_z unabhängig voneinander internalisiert sind. Dieses Ziel wird mit der direkten Methode und ihren Varianten, der audiolingualen und der audiovisuellen Methode (vgl. Neuner 1979, S. 54–6), angestrebt.

Bei der *audiolingualen* Methode steht die Imitation der zielsprachlichen Vokabeln im Vordergrund des Sprachunterrichts (pattern drill). Damit werden bei neuen zielsprachlichen Zeichen zuerst die Repräsentamina (R_z) als Ikon ihrer selbst gelernt (hierzu auch: Peirce § 8.183). Dem ikonisch imitierten R_z muß dann I_z und O_z zugeordnet werden. Da die audiolinguale Methode streng einsprachig vorgeht, können hier Bedeutungen nur aus dem verbalen Kontext erschlossen werden. Der Kontext muß also eine Verbalisierung des I_z in Form von Paraphrasen oder bekannteren Synonyma des R_z enthalten. Wenn die Objekte dieser verbalisierten I_z bekannt sind, ist der direkte Weg von R_z über I_z zu O_z gewährleistet.

Die ebenfalls einsprachig vorgehende *audiovisuelle* Methode versucht, die audiolinguale Methode zu erweitern, indem sie mit Hilfe visueller Medien (Zeichnungen, Fotos, Dias, Filme) die außersprachlichen Situationen darstellt, in denen sich sprachliche Kommunikation ereignet. Durch die visuelle Komponente werden zunächst Primärsituationen ikonisch dargestellt, wobei Zeichensysteme (Kodes) Verwendung finden, die sowohl von den Sprechern der Ausgangs- als auch der Zielsprache beherrscht werden. In diesen Primärsituationen können nun die Objekte (O_z) der neu zu lernenden Wörter (R_z) gezeigt werden, so daß, ähnlich wie in den Frühphasen des Erstsprachenerwerbs, Wörter indexikalisch im Kontext ihrer (ikonisch abgebildeten) Objekte gelernt werden.

Das Lernen von Wörtern und Bedeutungen betrifft nur einen Teilaspekt der S des Spracherwerbs. Die erörterten Fragen nach der Objektrelation der Zeichen fallen in das Gebiet der *Semantik,* die seit Morris (1938) neben der *Syntaktik* und der *Pragmatik* als eines der drei Teilgebiete der S gilt. Von den zwei anderen Teilgebieten der S untersucht die Syntaktik die Regeln für die Kombination von Zeichen, während die

Pragmatik die Beziehung zwischen Zeichen und Zeichenbenutzern analysiert. Die syntaktische Dimension des Spracherwerbs muß hier nicht weiter erörtert werden, da für diesen Aspekt bereits in der linguistischen Syntax geeignete Beschreibungsmodelle zur Verfügung stehen und in psycholinguistischen Analysen angewandt worden sind. Über den engeren Rahmen der „Systemlinguistik" hinaus reicht dagegen die pragmatische Analyse, auf deren Relevanz für die Sprachdidaktik im folgenden eingegangen werden soll.

3. KOMMUNIKATION, PRAGMATIK UND SPRACHDIDAKTIK.

In der Geschichte der neueren Linguistik gilt die Erforschung der *pragmatischen Dimension sprachlicher Kommunikation* als eines der jüngsten Forschungsgebiete. Das Ziel der Pragmatik, Zeichen unter dem Aspekt ihrer Beziehung zu den Zeichenbenutzern zu untersuchen, sah Morris (1938, S. 30 ff.) jedoch in Ansätzen schon in der antiken Rhetorik realisiert, die er als „traditionelle Version der Pragmatik" bezeichnete. Die neuere Pragmatik bezieht ihre theoretischen Grundlagen aus zwei unterschiedlichen Quellen, der Kommunikationstheorie einerseits und der Sprechakttheorie andererseits. Unter Berücksichtigung des kommunikationstheoretischen Aspektes analysiert die Pragmatik Situationsfaktoren wie Sprecher, Hörer, Fokus, den räumlich-zeitlichen Kontext, den Kode u. a.m. In besonderem Maße zeigt sich die Abhängigkeit sprachlicher Zeichen von diesen Situationsfaktoren etwa bei den indexikalischen Wörtern (Orts-, Zeitdeiktika, Tempusmorphemen). Unter sprechakttheoretischen Gesichtspunkten stehen dagegen Fragen nach den Bedingungen, Voraussetzungen und Regeln für das Gelingen sprachlicher Handlungen im Mittelpunkt des Interesses. Beide Richtungen der Pragmatik sind in diesem Band unter den Stichwörtern Kommunikation und Pragmalinguistik gesondert dargestellt, so daß auf die Darstellung ihrer Grundlagen hier verzichtet werden kann.

Die Wende der Linguistik von der Syntax und Semantik zur Pragmatik findet in der Sprachdidaktik eine Entsprechung in neueren Bemühungen um eine *pragmatische Didaktik* (z. B. Neuner 1979). Die pragmatische Erweiterung der Sprachdidaktik ist eine zweifache. Einmal geht es um die Kommunikationssituation des Unterrichtsgeschehens („Unterrichten als Dialog"), zum anderen um das Lernziel der „kommunikativen Kompetenz", Sprachhandlungen situationsadäquat auszuführen. Kommunikationsabläufe im Englischunterricht mit möglichen Formen der Störungen und deren Korrekturen beschreibt z. B. Piepho (1979, S. 85 ff.) unter Verwendung des Kommunikationsmodells von Shannon und Weaver.

Sprechakttheoretische Implikationen des Fragens und Antwortens untersucht u. a. Wunderlich (1969).

Unter dem Aspekt des Lernziels der *kommunikativen Kompetenz* ist die Sprachdidaktik verstärkt darum bemüht, über Syntax und Semantik hinaus Sprechakte in Situationen zu lehren. Für den Fremdsprachenunterricht stellen sich dabei nach Hüllen (1979, S. 65 f.) u. a. die folgenden Fragen: „Wie stellt man mit Hilfe einer englischen Äußerung eine Beziehung zu anderen Personen her? Wie hält man . . . schon bestehende Beziehungen aufrecht? Wie kann man mit der englischen Sprache das Handeln und die Meinungen anderer Personen so beeinflussen, daß sich keine Irrtümer und unerwünschten Reaktionen ergeben? Welche spezifischen englischsprachigen Äußerungen entsprechen spezifischen Arten von Handlungen (Wünschen, Entschuldigungen, Darlegungen)? Welche Konsequenzen müssen bei spezifischen englischen Sprechhandlungen erwartet werden?"

4. TEXTSEMIOTIK. Durch vielfältige Bemühungen um eine Erweiterung des Analysegegenstands der traditionellen Philologien von der bisherigen Beschränkung auf literarische Texte auf Texte jeglicher Art (Literatur und Gebrauchstexte) erweitert sich die traditionelle Literaturwissenschaft zunehmend in Richtung auf eine allgemeine *Textwissenschaft*. Zur Erweiterung der theoretischen Grundlagen dieser Textwissenschaft stellt die S neue Analyseinstrumente zur Verfügung, die zu einer expliziten Text-S oder S des Textes führen.

Die bisher vorliegenden Ansätze zur Begründung einer Text-S verlaufen trotz ihrer gemeinsamen zeichentheoretischen Grundlage in recht unterschiedlichen Richtungen. Diese Unterschiede liegen einerseits in der Herkunft des jeweiligen semiotischen Ansatzes, andererseits in verschiedenen Auffassungen von der Richtung, in die sich die semiotische Erweiterung der Textanalyse vollziehen soll.

Hinsichtlich ihrer Herkunft lassen sich bei den unterschiedlichen Ansätzen der Text-S grob drei Strömungen feststellen: die erste orientiert sich primär an der allgemeinen Zeichentheorie (Peirce, Morris), die zweite hat einen stärker linguistischen Hintergrund (Saussure, Hjelmslev, Jakobson) und die dritte ist besonders im französischen Strukturalismus (Barthes, Lévi-Strauss, Kristeva) beheimatet, der seinerseits einen eigenen linguistischen Hintergrund (A. Martinet, Greimas) aufweist.

Worin besteht die spezifisch semiotische Erweiterung der Textanalyse? Da die S als allgemeine Zeichenwissenschaft bereits per Definition die Analyse von Sprache und Texten und damit Linguistik und Textwissenschaft einschließt, besteht gelegentlich die Tendenz, den Terminus Text-S nur als neue Bezeichnung für bereits bekannte Methoden der Textanalyse zu verwenden. Demgegenüber fordern andere Textsemiotiker eine deutlichere Abgrenzung des spezifisch semiotischen Ansatzes der Text-S gegenüber der allgemeinen Textwissenschaft und Linguistik. Je nach Abgrenzung der Text-S von anderen Ansätzen der Textanalyse lassen sich verschiedene Tendenzen der Text-S beobachten.

Die *erste Tendenz* ist diejenige der französischen Strukturalisten (z. B. Greimas, Coquet), die oft jegliche Analyse narrativer, poetischer bzw. literarischer Texte als „semiotisch" bezeichnen, sofern sie auf gewissen Prinzipien linguistischer Beschreibung basiert. Der Übergang zur Textlinguistik, speziell zur Textsemantik ist fließend. Die Textanalysen werden auch dann als semiotisch bezeichnet, wenn keine allgemein zeichentheoretischen Aspekte behandelt oder Bezüge zu nichtsprachlichem Zeichengebrauch hergestellt werden. Dieser Auffassung von einer semiotischen Erweiterung der linguistischen Analyse liegt ein linguistisches Beschreibungsmodell zugrunde, das nur bis zur Ebene des Satzes reicht. Für die Ebene der Textanalyse ist dann bereits die S zuständig. Einheiten der semiotischen Analyse, so erläutert etwa Barthes (1967, S. 11), sind „nicht mehr Moneme oder Phoneme, sondern größere Textfragmente . . . Die Semiologie ist deshalb vielleicht dazu bestimmt, in einer Trans-Linguistik aufzugehen, deren Untersuchungsmaterial Mythen, Erzählungen, Journalismus oder andererseits Gegenstände unserer Zivilisation sein können, insofern sie *gesprochen* werden (durch die Presse, Prospekte, Interviews, Gespräche . . .)".

Die *zweite Tendenz* betrachtet Texte im Kontext ihrer kommunikativen Funktion, wobei insbesondere der Textrezipient im Mittelpunkt der Untersuchung steht (z. B. Wienold 1972, Köller 1975). Diese Tendenz geht von einem linguistischen Modell aus, das die Ebene des Textes bereits mit einschließt, sieht jedoch in der Textlinguistik eine Disziplin ohne pragmatische Dimension. Die Erweiterung der Textanalyse durch die Einbeziehung der Textpragmatik betrachtet sie als spezifisch semiotische Erweiterung der Textlinguistik.

Die *dritte Tendenz* geht von einer Konzeption der Linguistik aus, die sowohl die Ebene des Textes als auch eine pragmatische Dimension der Textlinguistik mit einschließt. Nach dieser Auffassung beginnt die semiotische Erweiterung der Textwissenschaft erst dort, wo Texte in Relationen zu nichtsprachlichen Zeichensystemen untersucht werden. Diese Relation kann erstens eine Kontiguitätsrelation sein, wenn nämlich die nichtsprachlichen Zeichensysteme wie im Drama oder in illustrierten

Werbetexten (vgl. Nöth 1975) den äußeren Rahmen des sprachlichen Textes ausmachen. Sie kann zweitens eine Abbildungsrelation (Koch 1971) sein, bei der, etwa wie im Roman, allein durch sprachliche Mittel andere Formen des Zeichengebrauchs (z. B. Gesten, „Signale" (=Indices), Bilder etc.) dargestellt werden (Nöth 1980).

Noch weiter reicht der Anspruch einer *vierten Tendenz* der Text-S (Zima ed. 1977), die das Ziel einer „Textsemiotik als Ideologiekritik" anstrebt.

Aus den verschiedenen Richtungen der Text-S resultieren auch unterschiedliche Auffassungen darüber, was als „Text" zu analysieren ist. Sind Texte nur sprachlich manifestiert, oder können auch Manifestationen nichtsprachlicher Zeichensysteme, z. B. Gemälde, Comics, Fotos oder sogar Zirkusnummern (Bouissac 1971) als Texte semiotisch analysiert werden? Letzteres wollen wir im folgenden annehmen, wenn wir die Bedeutung der Text-S für die Analyse von Sprache im Kontext anderer Zeichensysteme erörtern.

5. SPRACHE IM KONTEXT ANDERER ZEICHENSYSTEME. Isoliert von anderen Zeichensystemen begegnet uns Sprache nur in bestimmten „indirekten" Kommunikationssituationen, etwa bei geschriebenen oder gedruckten Texten oder phonetisch bei Telephongesprächen oder Rundfunkmeldungen. In allen direkten („face to face") Formen der Kommunikation erscheint Sprache im Kontext mit anderen Zeichensystemen, die die S als *nonverbale Kodes* analysiert. So wird direkte phonetische Kommunikation etwa von Gesten, Gebärden und Körperhaltungen beeinflußt, die den Kode der Kinematik (Birdwhistell 1973) darstellen. Auch die räumliche Distanz zwischen den Kommunikationspartnern und deren sonstige Umgebung kann eine semantische Funktion haben; sie konstituieren den Kode der Proxemik (Watson 1970).

Noch mehr als für die direkte Kommunikation sind für die heute dominierenden Massenmedien nichtsprachliche Kodes von Bedeutung: Fernsehen, Film, Plakate, Illustrierte oder Comics lassen es als fraglich erscheinen, ob Sprache allein überhaupt noch als dominierendes Zeichensystem gelten kann. Als allgemeine Zeichentheorie stellt die S Beschreibungsmodelle für die *multimedialen Texte der Massenmedien* zur Verfügung. Die Sprachdidaktik, die Texte aus dem Alltag der Schüler, Reklame, Comics, Film und Fernsehen in den Sprachunterricht mit einbeziehen will, findet in der S sowohl geeignete Analyseinstrumente, als auch zahlreiche exemplarische Detailanalysen vor.

Die Einbeziehung der nichtverbalen Kodes, durch die der Gegenstandsbereich der Textanalyse erweitert wird, führt in der S zur interdisziplinären Zusammenarbeit mit Nachbarwissenschaften der Philologien: Kunst- und Medienwissenschaften, Musik, Verhaltensforschung u. a. m.

Die Analyse multimedialer Texte basiert in den in Abschnitt 1 erwähnten zwei Hauptrichtungen der S auf unterschiedlichen theoretischen Grundlagen. Für die an der allgemeinen Zeichentheorie orientierte S stellt die Peircesche *Zeichentypologie* Beschreibungskriterien zur Verfügung, die über das Zeichensystem der Sprache hinausweisen. In illustrierten Werbetexten etwa besteht der sprachlich manifestierte Textteil primär aus symbolischen Zeichen, während die Illustration primär ikonisch ist. Sprache und Bild stehen jedoch nicht beziehungslos nebeneinander. Sie werden durch verschiedenste indexikalische Zeichen zueinander in Beziehung gesetzt (vgl. Nöth 1975).

Die stärker linguistisch orientierte S (oder „Semiologie") leitet ihre Beschreibungskategorien für nichtsprachliche Zeichensysteme zunächst aus der strukturalen Linguistik ab. Zwar ist die Sprache nur eines von vielen Zeichensystemen; aber, da „nichts so sehr wie die Sprache geeignet ist, die Natur des semiologischen Problems verständlich zu machen" (Saussure 1916, S. 34), wird der *Linguistik* der Status einer *Leitwissenschaft* der S zuerkannt. Die so konzipierte S bedient sich bei der Analyse nichtsprachlicher Zeichensysteme der Heuristik der Analogie zum Sprachsystem.

Beide Richtungen der S leisten nicht in jeder Beziehung Vergleichbares bei der Analyse multimedialer Texte. Die Stärke der allgemein zeichentheoretisch orientierten S liegt im Bereich der Semantik, wo sie für die Analyse nichtverbaler Kodes differenziertere Kriterien für eine allgemeine Zeichentypologie zur Verfügung hat, sowie im Bereich der Pragmatik, wo sie allgemeine Modelle zur Analyse der Kommunikationssituation bereitstellt. Die linguistische S lenkt die Aufmerksamkeit des Analysators vor allem auf den Systemcharakter nonverbaler Kodes und leistet Ansätze zur Analyse der nonverbalen Syntax. In Analogie zu den Analyseverfahren der strukturalen Linguistik versucht sie, durch Segmentierung und Klassifizierung Minimaleinheiten der Kodes zu bestimmen und Regeln für deren Kombination in Texten (= Syntax) zu bestimmen (J. Martinet 1973). Beide Richtungen der S analysieren also schwerpunktmäßig andere Aspekte des gleichen Analysegegenstandes und ergänzen sich somit komplementär.

→ **Fachdidaktik (fremdsprachlich), Kommunikation, Pragmalinguistik, Psycholinguistik, Semantik, Spracherwerb, Syntax.**

LITERATUR

R. Barthes: Elements of Semiology, London 1967.

M. Bense: Semiotische Prozesse und Systeme in Wissenschaftstheorie und Design, Ästhetik und Mathematik, Baden-Baden 1975.

R. L. Birdwhistell: Kinesics and Context. Essays on Body-Motion Communication, Harmondsworth 1975.

P. Bouissac: „Poetics in the Lion's Den: The Circus Act as a Text" in: Modern Language Notes 86 (1971) S. 845–57.

H. Brög (Hg.): Probleme der Semiotik unter schulischem Aspekt. Eine Sammlung von Aufsätzen auf zeichentheoretischer Grundlage, Ravensburg 1977.

U. Eco: Einführung in die Semiotik, München 1972.

W. Hüllen: „Die Bedeutung von Syntax, Semantik und Pragmatik für den Fremdsprachenunterricht" in: Pragmatische Didaktik des Englischunterrichts, hg. von G. Neuner, Paderborn 1979, S. 61–8.

G. Klaus: Semiotik und Erkenntnistheorie, München ⁴1973.

W. A. Koch: Varia Semiotica (Studia Semiotica, Series Practica 3), Hildesheim 1971.

W. Köller: Semiotik der Metapher. Untersuchungen zur grammatischen Struktur und kommunikativen Funktion von Metaphern, Stuttgart 1975.

J. Martinet: La Sémiologie, Paris 1973.

Ch. Morris: Foundations of the Theory of Signs (Foundations of the Unity of Science: Toward an International Encyclopedia of Unified Science I,2.), Chicago 1938.

Ch. Morris: Pragmatische Semiotik und Handlungstheorie. Mit einer Einleitung hg. von A. Eschbach, Frankfurt/Main 1977.

G. Mounin: Introduction à la sémiologie, Paris 1970.

G. Neuner (Hg.): Pragmatische Didaktik des Englischunterrichts, Paderborn 1979.

W. Nöth: Semiotik. Eine Einführung mit Beispielen für Reklameanalysen, Tübingen 1975.

W. Nöth: Dynamik semiotischer Systeme. Vom altenglischen Zauberspruch zum illustrierten Werbetext, Stuttgart 1977.

W. Nöth: Literatursemiotik. Mit Analysen zu Lewis Carrolls Alice-Büchern, Tübingen 1980.

Ch. S. Peirce: Collected Papers, Bd. 1–6, hg. von Hartshorne, P. Weiss; Bd. 7–8 hg. von A. W. Burks, Cambridge, Mass. 1931–1935; 1958–1960.

H.-E. Piepho: Kommunikative Didaktik des Englischen, Limburg 1979.

R. Posner/H. P. Reinecke (Hg.): Zeichenprozesse – Semiotische Forschung in den Einzelwissenschaften, Wiesbaden 1977.

L. J. Prieto: Messages et signaux, Paris 1972.

F. de Saussure: Cours de linguistique générale, Paris 1969 (erste Auflage 1916).

E. Walther: Allgemeine Zeichenlehre. Einführung in die Grundlagen der Semiotik, Stuttgart 1974.

O. M. Watson: Proxemic Behavior, Den Haag 1970.

U. Weinreich: *Languages in Contact. Findings and Problems, Den Haag 1963.*
G. Wienold: *Semiotik der Literatur, Frankfurt/Main 1972.*
D. Wunderlich: *„Unterrichten als Dialog" in: Sprache im technischen Zeitalter 32 (1969) S. 263–286.*
P.V. Zima (Hg.): *Textsemiotik als Ideologiekritik, Frankfurt/Main 1977.*

WINFRIED NÖTH

Soziolinguistik

1. SPRACHLICHES HANDELN. Die Soziolinguistik (SL) läßt sich als die Untersuchung von Sprachen und Ausdrucksformen in Relation zu sozialen Gebrauchsformen charakterisieren. Die SL versucht, die vielfältigen Verbindungen von Sprache und Formen des sozialen Handelns in Regeln zu beschreiben. Diese *Regeln des Gebrauchs der Sprache in bestimmten Handlungskontexten* sollen die Erfahrung systematisch zugänglich machen, daß nur bestimmte sprachliche Ausdrucksformen in der betreffenden Situation und unter den jeweiligen Handlungsintentionen angemessen und erfolgreich sind. Diese *angemessenen* und *erfolgreichen sprachlichen Ausdrucksformen* lassen sich nicht nur als Auswahl zwischen verschiedenen Sprachen (z. B. Dialekt oder Standardsprache), sondern auch als Auswahl zwischen verschiedenen Ausdruckstypen (z. B. formale Ausdrucksweise und informelle Ausdrucksweise) charakterisieren. Diese unterschiedlichen Ausdruckstypen lassen sich auf den verschiedenen Stufen der Sprache, also im Bereich der Phonetik, der Phonologie, der Morphologie, gelegentlich auch der Syntax und der Semantik, aber vor allem des Lexikons festmachen. Unterschiede in lexikalischen Elementen lassen sich in Paaren wie *essen/fressen* oder *sterben/verrecken* nachweisen. Andere Formen unterschiedlicher Ausdrucksweise im Bereich des Lexikons sind von der Dialektologie (Goossens 1977) als Mittel der Beschreibung von Dialektgebieten und Dialektgrenzen herangezogen worden. Bei solchen Untersuchungen läßt sich dann beispielsweise feststellen, daß bestimmte Berufsbezeichnungen variieren, wie z. B. *Metzger, Fleischer, Schlachter, Fleischhauer*.

Die Unterschiede in den sprachlichen Gebrauchsformen lassen sich aber nicht nur *regional*, sondern auch im Verhältnis zu bestimmten *Altersgruppen* (Sprache der Jugendlichen) bestimmen. Weitere Bestimmungsgrößen sind die *soziale Schicht*, die *Bildung*, das *Geschlecht* u. a., die Unterschiede im Sprachgebrauch zur Folge haben können (vgl. Hartig/ Binnick 1978). Bei der Beschreibung der unterschiedlichen Formen des Sprachgebrauchs läßt sich eine direkte Beziehung zur Beschreibung der *Sprachkompetenz* herstellen, die die Fähigkeit der angemessenen Anwendung der Sprache als gleichwertig neben die Fähigkeit zur Produktion und Rezeption von Sätzen stellt (vgl. Dell Hymes 1971). Das sprachliche Handeln und die bestimmenden Regelformen kristallisieren sich damit als zentrale Kategorien der deskriptiven SL heraus. Das sprachliche Handeln wird dabei unter dem Aspekt der Funktion der Sprache in der sozialen Situation beschrieben.

Die Formen und Typen des sozialen Handelns gestatten die Einbeziehung von unterschiedlichen Wissenschaften wie Anthropologie, Psychologie, Rechtswissenschaft u. a., die typische Formen des sprachlichen Handelns in ihrem Beschreibungs- und Erfahrungsbereich aufweisen. Bei diesen Beschreibungen der angemessenen und erfolgreichen Formen des sprachlichen Handelns zeigt sich darüberhinaus, daß vor allem dem Bereich der Bedeutung der Äußerung eine erhebliche Bedeutung für die Realisierung der Handlungsintentionen zugemessen werden muß (vgl. z. B. Cicourel 1973). Beabsichtigen wir eine bestimmte Handlung zu realisieren, dann müssen wir uns zunächst nach dem *Sinn dieser Handlung* und dem *Sinnverständnis der beteiligten Handlungspartner* fragen. Gehören die Handlungspartner beispielsweise einer fremden Kultur oder Gesellschaft an, dann kann die Fähigkeit des angemessenen Sinnverstehens nur in geringem Ausmaß unterstellt werden. Dies läßt sich in analoger Weise in den verschiedenen sozialen Gebrauchsformen einer Gesellschaft nachweisen, die sich durch unterschiedliche Berufs- und Fachsprachen oder auch Sprachvarianten (z. B. Gaunersprache) auszeichnen.

2. SPRACHE UND WELTANSICHT. Die Unterschiedlichkeit der Sprachgebrauchsformen in den verschiedenen Gesellschaften und Kulturen führt zur Frage nach der Vergleichbarkeit der Beziehung von Sprache und Weltansicht in den verschiedenen Kulturen. Die *Anthropologie* hat die Bedeutung der engen Verbindung von *Gesellschaft*, *Kultur* und *Sprache* hervorgehoben. Vor allem der Anthropologe Sapir hat zusammen mit seinem Schüler Whorf wichtige Beschreibungen des Verhältnisses von Sprache und Weltansicht formuliert. Die unter dem Namen *Sapir-Whorf-Hypothesen* in der Literatur auftauchenden Vermutungen über das Verhältnis von Sprache und Weltansicht haben auf die Entwicklung der SL einen erheblichen Einfluß gehabt (vgl. Hartig/Kurz 1971).

Bei den Sapir-Whorf-Hypothesen handelt es sich im Detail um zwei Hypothesen: die These des *sprachlichen Determinismus* und die These der *sprachlichen Relativität*. Die These des sprachlichen Determinismus geht von der Vorstellung der Determination des menschlichen Denkens durch die Sprache und hier genauer die Strukturen der Sprache aus. Die These des sprachlichen Determinismus geht von der Abhängigkeit abstrakter Konzepte von der Sprache und ihrer Struktur aus und impliziert auch die Abhängigkeit konkreter Wahrnehmungen von der Sprache und ihrer Struktur. Dabei muß zwischen einer Stufe des Determinismus, die die Abhängigkeit der Wahrnehmungen von der Sprache nicht im strengen Sinne unterstellt, und einer Stufe des Determinismus, die die Abhängigkeit von Wahrnehmungen direkt von der Struktur der Sprache abhängig macht, unterschieden werden. Die zweite Stufe des Determinismus scheint dabei weniger wahrscheinlich als die erste Stufe. Die These des sprachlichen Relativismus baut auf der These des sprachlichen Determinismus auf und unterstellt, daß der Determinismus dazu führt, daß jede Sprache ein eigenständiges Weltanschauungssystem besitzt.

Whorf hat Belege für diese beiden Hypothesen vor allem durch Untersuchungen an Indianerstämmen und dabei insbesondere den Hopi-Indianern aufgezeigt. Bei der Untersuchung dieser Indianersprache stellte Whorf erhebliche Unterschiede zu den europäischen Sprachen fest.

Als ein Exempel für solche *strukturellen Unterschiede* nennt Whorf die Differenzierung von Substantiven und Verben. Daß die Aufteilung dieser beiden Kategorien nach semantischen Kriterien in den europäischen Sprachen nicht „logisch", sondern eher „unlogisch" ist, zeigt sich an den Abgrenzungen der Kategorien. So wird bei diesen bipolaren Strukturen angenommen, daß die Verben als zeitlich kurzdauernde Ereignisse zu verstehen sind, dagegen die Substantive als zeitlich langandauernde und stabile Ereignisse zu verstehen sind. Obgleich dieser Unterschied in den meisten europäischen Sprachen besteht, kann er dennoch nicht als „logisch" angesehen werden, da mit Recht eingewandt werden kann, daß nach dieser Distinktion nicht zu verstehen ist, warum *Faust* ein Substantiv und *besitzen* ein Verb ist. In der Sprache der Hopi werden die Ereignisse im Unterschied zu unseren europäischen Sprachen aber konsequent nach dieser semantischen Differenzierung abgetrennt. So werden alle Ereignisse in der Sprache der Hopi nach ihrer Dauer getrennt. Ereignisse und Dinge, die sich kurzzeitig ereignen bzw. kurzzeitig ablaufen, werden daher als Verben aufgeführt, während Dinge, die lang andauern als Nomen (bzw. Substantive) geführt werden. In der Hopisprache sind daher unsere Substantive *Blitz, Welle, Flamme* Verben. Wie auch Hoijer

(1954) festgestellt hat, lassen sich die Unterschiede verschiedener Gesellschaften als Unterschiede der Sprachstruktur interpretieren.

Die Arbeiten aus dem Bereich der *Kulturanthropologie* haben weiterhin deutlich gemacht, daß die Annahme der Einheitlichkeit des *Sprachsystems* im Verhältnis zum *Kultursystem* im Hinblick auf die Identität der Sprecher von Bedeutung ist. Andererseits kann aber die Relation: eine Sprache eine Kultur nicht aufrecht erhalten werden, da sich in den Kultursystemen eine Vielzahl an unterschiedlichen Sprachvarietäten auffinden läßt, die als Mittel der Gestaltung des sozialen Handelns in unterschiedlichen Handlungsdomänen dienen. Der kompetente Sprecher zeichnet sich durch ein komplexes Sprachrepertoire aus, das eine Vielzahl an unterschiedlichen Sprachvarietäten (einschließlich der Fremdsprachen) enthält. Dell Hymes (1964) hat in seinem Ansatz einer „Ethnographie des Sprechens" die Analyse von Komponenten des Sprachverhaltens mit der Bestimmung der Funktionen des Sprechens verknüpft. Gerade die Frage nach den Funktionen des Sprechens im sozialen Handlungsrahmen ist aber bisher noch ungenügend berücksichtigt worden, was sie zu einem wichtigen Kandidaten zukünftiger linguistischer Forschung machen wird.

3. SPRACHBARRIEREN, DEFIZIT- UND DIFFERENZKONZEPTION. Der Ansatz des sprachlichen Relativismus kann in einen Zusammenhang mit der *Bernsteinschen Theorie der Sprachkodes* gebracht werden (vgl. Hartig/Kurz 1971). Wie unterschiedliche Sprachen differente Weltwahrnehmungen erzeugen, so können nach Bernstein unterschiedliche Sprachkodes auch innerhalb einer Gesellschaft zur differenten Wahrnehmung der sozialen Umgebung führen. Bernstein unterscheidet zwei Kodes, die er *„elaborierter"* und *„restringierter" Kode* nennt. Diese beiden Kodes dienen zur Beschreibung von unterschiedlichen sprachlichen Verhaltensformen in der Mittel- und Unterschicht der Gesellschaft. Die Bernsteinsche Kodestheorie hat in der bildungspolitischen Diskussion der letzten zehn Jahre eine wichtige Position eingenommen, da sie vor allem zur Erklärung des *sprachlichen Defizits* der Kinder aus der Unterschicht und ihrer geringeren schulischen Leistungen dienlich erschien. Die Struktur des restringierten Kodes schien zur Erklärung der Nachteile in der Entwicklung sozialer Handlungsfähigkeit und geringerer kognitiver Leistungen gut geeignet.

Nahm man zunächst an, daß die Unterschiede sich direkt auf die beiden Sprachkodes und ihre Charakteristika beziehen, wurde im Hinblick auf kritische Einwendungen eine Modifikation auf Unterschiede in der sozialen Organisation der verschiedenen sozialen Schichten vorgenommen. Bernstein nennt als soziale Organisationsformen den *regulativen Kontext*, der sich auf autoritativen Beziehungen aufbaut und insbesondere auf die Wirkung normativer Regeln des Handelns abgestellt ist. Weiterhin nennt Bernstein (1971) den *instruktionalen Kontext*. In diesem Kontext lernt das Kind die Charakteristika und Beziehungen von Personen und Objekten. Darüberhinaus nennt er den *imaginativen oder innovativen Kontext*. Dieser Kontext bezieht sich auf die Entfaltung der kreativen Leistungsfähigkeit des Kindes. Ein weiterer Kontext ist der *interpersonale Kontext,* der sich auf die Bewußtmachung der eigenen und fremden affektiven Zustände des Individuums bezieht. Wie Bernstein argumentiert, unterscheidet sich das Ergebnis der Sozialisation signifikant bei der Verwendung eines restringierten Kodes in diesen Kontexten im Verhältnis zur Verwendung eines elaborierten Kodes in diesen Kontexten. Bernstein differenziert eine partikularistische und eine universalistische Form der Sprachverwendung, die er mit dem Merkmal der kontextuellen Spezifizität und der kontextuellen Nichtspezifizität verbindet. Unter Spezifizität wird dabei die Anpassung der generellen Regeln der Sozialisation an die spezifischen Bedürfnisse der konkreten Situation und auch des konkreten Individuums verstanden. Bernstein spricht allerdings nicht davon, daß die Kodes ausschließlich in dem einen oder anderen Kontext verwendet werden, er spricht von einer größeren oder geringeren Frequenz der Verwendung der Kodes in den schichtenspezifischen Erziehungsstilen.

Im Unterschied zu anfänglichen Überlegungen geht es Bernstein um die Verbindung von Sprachkodes mit der Organisation von sozialen Rollen in der Phase der Sozialisation der Individuen. Daher werden bei ihm die unterschiedlichen *Sozialisationsformen* auch mit unterschiedlichen Formen der *Familienstruktur* verbunden. Das Kriterium für Form der Familienstruktur ist die Stärke der Abgrenzung zwischen den Rollen innerhalb der Familieninstitution. Sind die Abgrenzungen streng und ausschließlich, dann spricht er von einer positional orientierten Familienorganisation. Sind die Abgrenzungen zwischen den Familienmitgliedern eher schwach und nichtausschließlich, dann werden die Unterschiede zwischen den Mitgliedern weniger durch den Status und eher durch die spezifischen Merkmale der Person bestimmt. Diesen Typ nennt Bernstein personenzentriert. Auch bei dieser Unterscheidung von unterschiedlichen Familienorganisationen unterstellt Bernstein nicht, daß die Kodestypen streng über beide Typen aufgeteilt sind. Er geht von der Möglichkeit aus, daß sie in beiden Familientypen auftauchen können, nur produzieren sie in den jeweiligen Familientypen dann unterschiedliche Formen der Wahrnehmung und des Zugriffs zur sozialen Lebenswelt.

In kritischer Perspektive zur Defizittheorie gehen die Vertreter der *Differenzkonzeption* wie Bailey (1965), Dillard (1968), Labov (1966) u. a. davon aus, daß grundsätzlich jeder Inhalt einer Äußerung in jeder beliebigen Sprache ausgedrückt werden kann. Für die Äußerungsmöglichkeit ist nicht die Form einer bestimmten Sprache ausschlaggebend, sondern die Handlungsintentionen der Sprecher. Die Vertreter der Differenzkonzeption gehen von der *funktionalen Äquivalenz* der verschiedenen Sprachvarietäten aus und weisen daher die Ansicht, daß eine bestimmte Sprachvarietät, etwa der Bernsteinsche elaborierte Kode, besser zur Äußerung von logischen Beziehungsformen und Inhalten geeignet sei, zurück. Der elaborierte Kode sei dem restringierten Kode in Relation zu den Handlungsintentionen und den Verwendungssituationen durchaus funktional gleichwertig. Die Unterschiede kämen nur dadurch in Betracht, daß der elaborierte Kode als Maßstab der sprachlichen Handlungsfähigkeit herangezogen werde. Obwohl diese Ansicht zweifellos einen wichtigen Aspekt der Kodestheorie kritisch reflektiert, muß andererseits doch gesehen werden, daß eine soziale Bewertungsdifferenzierung der verschiedenen Sprachvarietäten vorhanden ist.

Den Vertretern der Differenzkonzeption geht es aber auch eher um die Erfassung der verschiedenen Formen regionaler, sozialer und funktionaler *Sprachvariation* in einer Gesellschaft wie auch um die Erfassung der verschiedenen Formen regionaler, sozialer und funktionaler *Sprachvariation* in einer Gesellschaft wie auch um die Erfassung der verschiedenen Bewertungen der Sprachvarietäten als prestigebesetzter Sprache oder auch stigmatisierter Sprache. Darüberhinaus ist für diese Konzeption auch die Frage der linguistischen Verbindung der Sprachvarietäten auf den verschiedenen Ebenen der Sprachstruktur (Phonologie, Morphologie, Syntax und Semantik) und auch die Frage der Koexistenz der verschiedenen Varietäten innerhalb einer Gesellschaft von Bedeutung. Den Vertretern der Differenzkonzeption geht es also in erster Linie um die Feststellung des Sprachzustands und um die Beschreibung und Erklärung sämtlicher Formen der Sprachverwendung und auch der Verwendungskompetenz des Sprechers.

Von dieser Perspektive her sehen Linguisten wie Labov (1969) die Ursache für die Feststellung von sprachlichen Depravierungen in der Einstellung der Lehrer gegenüber den Kindern der Unterschicht. Die Lehrer gehen nach dieser Vorstellung von dem *Mittelschichtkode* als Bezugsgröße aus. Aufgrund dieser Beziehung der Sprachformen auf den

Mittelschichtkode müssen die sprachlichen Ausdrucksformen der Unterschichtkinder als mangelhaft erscheinen, obwohl sie eigentlich die gleichen Möglichkeiten an logischer Ausdrucksfähigkeit implizieren.

4. SPRACHSTANDARDISIERUNG. Der Prozeß der Standardisierung einer Sprache ist eine der bemerkenswertesten Entwicklungen, die eine Sprachvarietät in einer Gesellschaft durchlaufen kann. Mit Stewart (1968) wird unter Standardisierung die *Kodifizierung und Akzeptierung einer Sprachvarietät* als allgemeinverbindliches Verständigungsmittel in einer Sprachgemeinschaft verstanden. Bei der Kodifizierung geht es vor allem um die Festlegung einer Menge von Sprachnormen, die den korrekten Gebrauch der Sprache definieren. Die Kodifizierung setzt die Existenz von Sprachwissenschaftlern, Sprachlehrern, Schriftstellern und auch Journalisten voraus, die sich professionell mit der Standardsprache beschäftigen. Die Standardisierung wird in Grammatiken, Wörterbüchern, Ausspracheregeln, exemplarischen Texten u. a. repräsentiert. Bei der Akzeptierung der Sprachvarietät geht es insbesondere um die Durchsetzung der Standardsprache in möglichst vielen sozialen Institutionen, wie in der Verwaltung, im Erziehungssystem, im Militär, im Kulturbetrieb und in den Massenmedien. Vor allem die Massenmedien haben bei modernen Sprachstandardisierungen, wie sie immer noch in der Dritten Welt zu beobachten sind, eine besonders wichtige Funktion. Nicht jede eigenständige Sprache muß allerdings eine Standardvarietät besitzen. Gelegentlich ist auch zu beobachten, daß es in einer Gesellschaft mehrere Standardsprachen in Konkurrenz zueinander gibt. Eine solche Situation läßt sich beispielsweise in Belgien finden, wo im Norden des Landes das Niederländische bestimmend ist und im Südteil das Französische. Die Standardisierung hat das Ziel, für die Gesellschaft eine allgemeine und *verbindliche Kommunikationsmöglichkeit* zu schaffen, die darüberhinaus auch zur Integration der Gesellschaft in besonderem Maße beiträgt.

5. SPRACHVARIETÄT. Der Begriff der Sprachvarietät soll mit Fishman (1972) als jede differenzierbare Form von Sprache verstanden werden. Der Begriff der Sprachvarietät hat in der Linguistik und vor allem auch SL deshalb besondere Bedeutung erlangt, weil mit diesem Begriff ein Beschreibungskonzept verbunden ist, das nicht von der Konzeption einer einheitlichen Sprache und einer homogenen Sprachgemeinschaft ausgeht, wie dies noch für den Ansatz der Transformationsgrammatik bei Chomsky (1965) gilt, sondern die verschiedenen Formen der Sprache in einer Gesellschaft angemessen berücksichtigt. *Sprachvariatio-*

nen lassen sich in einer Gesellschaft in Relation zu Faktoren wie Schicht, Alter, Geschlecht, Situation, Beruf, Religion, Bildung u. a. beschreiben. Sprachvariationen lassen sich auf allen Beschreibungsebenen der Sprache finden. In den Rahmen einer solchen Sprachvariation fallen also nicht nur die klassischen *Dialekte*, sondern auch die *Gruppensprachen* (Sprache der Jugendlichen, Sprache der Gauner usw.), die *Fachsprachen* u. a. in der Gesellschaft fest verankerte Sprachvarietäten (vgl. Hartig/Binnick 1978). Stewart (1968) hat eine Differenzierung der verschiedenen Sprachvarietäten vorgeschlagen, die sich an vier Attributen orientiert. Diese Attribute sind: 1=Standardisierung, 2=Autonomie, 3=Historizität und 4=Vitalität. Aufgrund dieser vier Attribute gelangt er zur Formulierung einer Tabelle, die sich durch das Vorhandensein bzw. Nichtvorhandensein der Attribute ergibt:

Attribute				Varietätentyp
1	2	3	4	
+	+	+	+	Standardsprache
−	+	+	+	Vernakular (= Muttersprache)
−	−	+	+	Dialekt
−	−	−	+	Kreolsprache
−	−	−	−	Pidginsprache
+	+	+	−	klassische Sprache
+	+	−	−	künstliche Sprache

Mit *Autonomie* ist die Einheitlichkeit und Unabhängigkeit des Sprachsystems einer Sprachvarietät gemeint. Der Faktor Autonomie wird in sprachlichen Situationen relevant, in denen nur ein geringer linguistischer Unterschied zwischen zwei Sprachen besteht, die aber dennoch von den Mitgliedern der Sprachgemeinschaften als unabhängig voneinander verstanden werden. Ein Beispiel für solch eine Situation ist Jugoslawien mit dem Serbischen und Kroatischen, die sich in linguistischer Hinsicht kaum unterscheiden, von den jeweiligen Benutzergruppen aber als different angesehen werden. Häufig dient so der Verweis auf die autonome Sprache als Mittel der Repräsentierung der Gruppenidentität. Zwischen der Standardisierung und der Autonomie einer Sprache besteht ein enger Zusammenhang: durch die Standardisierung wird eine wichtige Basis für die Gewinnung der Autonomie erreicht. Im Hinblick auf die Autonomie einer Sprache spielt auch die Historizität einer Sprache eine wichtige Rolle. Hat eine Sprache eine nachweisbare Sprachgeschichte, dann erhöht sich ihr Autonomiepotential erheblich. Dies sind vor allem schriftsprachliche Zeugnisse, die gerade in der Form literarischer Zeugnisse eine hohe Bedeutung besitzen. Auch bei der Standardisierung einer

Sprache spielt die Historizität eine wichtige Rolle, da der Verweis auf eine historische Entwicklung die Standardisierung begünstigt. Sprachliche Normen lassen sich mit dem Verweis auf die Geschichte einer Sprache und ihre Bedeutung für die kulturelle Entwicklung sehr viel leichter durchsetzen.

Unter der *Vitalität* einer Sprache wird die aktuelle Verwendung der Sprache verstanden. Vital ist eine Sprache also dann, wenn sie konkrete soziale Beziehungen reguliert und als permanentes Ausdrucksmittel einer Sprachgemeinschaft fungiert. Die Vitalität einer Sprache ist gleichfalls eine Eigenschaft, die die Chance der Standardisierung erhöht. Nur höchst selten lassen sich Beispiele finden, die die Standardisierung einer nichtvitalen Sprache belegen. Ein solcher Ausnahmefall ist die Standardisierung des Hebräischen im modernen Israel, das mit dem Namen *Ivrit* bezeichnet wird.

Unter einem *Vernakular* versteht Stewart eine nichtstandardisierte Muttersprache, die sich beispielsweise als regionaler Dialekt finden läßt. Unter *Pidginsprachen* werden Mischsprachen verstanden, die sich durch den Kontakt von zwei Sprachen ergeben können (wir werden uns mit diesen Sprachen und den Kreolsprachen noch ausführlich beschäftigen). Klassische Sprachen sind Latein, Altgriechisch und Hebräisch. Beispiele für künstliche Sprachen sind Esperanto, das zweifellos bis heute die größte Bedeutung erlangt hat, sowie Ido, Volapük, Interlingua und andere.

6. SPRACHKONFLIKT. Sprachkonflikte ergeben sich meist im Zusammenhang mit politischen, ökonomischen und kulturellen Spannungen innerhalb einer Gesellschaft. In besonderem Maße sind hier die Länder betroffen, die eine Vielzahl *unterschiedlicher ethnischer Gruppen* in ihren Grenzen vereinigen. Man denke in diesem Zusammenhang nur an das Problem der Immigranten, die häufig die Erfahrung machen, daß in der sie umgebenden Gesellschaft ihre Sprache diskriminiert wird. Eine solche Erfahrung kann dazu führen, daß entweder die eigene Sprache und kulturelle Identität aufgegeben und eine weitgehende Assimilation erzielt wird oder sie kann andererseits dazu führen, daß eine Isolation von der Umgebung angestrebt wird, die häufig zu Konflikten im beruflichen Bereich führt.

Sprachkonflikte können sich durch Einwanderungsbewegungen, durch Zusammenlegung von Sprachgebieten zu einem neuen Sprachverband, durch Standardisierungsprozesse, wie sich am Beispiel von Indien belegen läßt, aber auch durch Prozesse der Bewußtmachung der eigenen Identität als Gegenbewegung gegen staatlichen Zentralismus ergeben.

Ein solches Beispiel findet man in Frankreich, wo sich ein Aufleben des Bekenntnisses zur eigenen Sprache findet, wie beispielsweise unter den Bretonen oder unter den Elsässern, die ihre Betonung der eigenen Sprache aber auch als *Protest* gegen die Benachteilung im wirtschaftlichen Bereich und die Unterdrückung im kulturellen Bereich verstanden wissen wollen. Ähnliche Erscheinungen lassen sich aus Spanien ableiten, wo sich in ganz deutlichem Ausmaß eine Bewegung zur *Regionalisierung* zeigt, die hier gleichfalls stark an das Bekenntnis zur eigenen Sprache geknüpft ist, wie dies beispielsweise für die Katalanen in besonderem Maße gilt. Auch in Großbritannien finden sich immer wieder Belege für den alten Sprachkonflikt zwischen Engländern und Walisern bzw. auch den Schotten. Auch in diesen Fällen hat gerade das Problem der wirtschftlichen Benachteiligung (vor allem für Wales) eine wichtige Basis für die Entwicklung eines neuen Bekenntnisses zur eigenen Identität und dabei auch zur eigenen Sprache gebildet. Von weit größerer Tragweite ist aber der Sprachkonflikt, der immer noch das politische, wirtschaftliche, soziale und kulturelle Geschehen in Belgien bestimmt. Dem reichen Flandern mit dem Niederländischen steht die arme Wallonie mit dem Französischen gegenüber. Viele soziale Entwicklungen werden aber immer wieder durch starke Zwänge zur absoluten Gleichrepräsentation im Hinblick auf die beiden Sprachgebiete in große Schwierigkeiten verwickelt. Wie ein Staat, der verschiedene Sprachgebiete in seinen Grenzen beherbergt, eine Stabilisierung und konfliktarme Entwicklung fördern kann, zeigt die mehrsprachige Schweiz. Schon früh hat die Gleichberechtigung der drei Hauptsprachbereiche (Deutsch, Französisch, Italienisch) zu einer stabilen Entwicklung geführt. Allerdings setzt eine solche *Sprachpolitik* eine komplexe Verwaltung voraus, die sich so verhält, daß der Eindruck der Gleichwertigkeit der Sprachen in jedem Fall erhalten bleibt.

7. SPRACHPLANUNG. Aus der Beobachtung von Sprachkonflikten erhebt sich die Frage nach den Möglichkeiten und Zielen einer Sprachplanung, die die Konflikte abbaut und die Sprachsituation der Gesellschaft stabilisiert. Ziel der Sprachplanung muß die *Integration der Gesellschaft* sein. Dabei stehen sich allerdings die koplementären Kräfte der Sprachstandardisierung, der Vereinheitlichung der Sprachsituation einer Gesellschaft, und die Kräfte der Partialisierung bzw. Regionalisierung der Sprachsituation gegenüber. Weder das Durchschlagen der einen bzw. der anderen Kraft kann die Gesellschaft auf die Dauer stabilisieren. Nur eine funktionale Zweisprachigkeit, die die *Standardsprache* als verbindliches Kommunikationsinstrument für überregionale Kommunikationen vor-

sieht und den *Regionalsprachen* eine Funktion als Mittel der Gestaltung des Alltagslebens in den jeweiligen Regionen zugesteht, kann die Sprachsituation stabilisieren.

Dabei muß allerdings darauf geachtet werden, daß die bloße Duldung der Regionalsprachen nicht genügt, da sich die Identität der Sprechergruppe in hohem Maße an ihnen bestimmt, weshalb sie in einem ausreichenden Maße auch im Bildungssystem und in den Medien repräsentiert sein müssen. Diese Forderung läuft auf eine Einbeziehung der Regionalsprache in den Anfangsunterricht der Schulen hinaus und auf die Etablierung von regionalsprachlichen Rundfunksendungen und Zeitungen etc. Andererseits darf aber die Regionalisierung der Sprachensituation nicht überschätzt werden, da die Standardsprache gemeinhin als prestigestärkste Sprache gilt und daher das Erreichen der Standardsprache eine wichtige Voraussetzung für die volle soziale Handlungsfähigkeit ist. Daß eine funktionale Zweisprachigkeit sehr stabil sein kann, zeigen die Beispiele der *Diglossie*, die Ferguson (1959) beschreibt, deutlich. Sprachgemeinschaften lassen sich daher auch nicht als Gemeinschaften beschreiben, die sich lediglich nur einer Sprache bedienen. Sprachgemeinschaften sind Gemeinschaften von Menschen, die sich in stabilen und geregelten sprachlichen Interaktionen mittels eines gemeinsamen Vorrats an Sprachvarietäten befinden. Diese Darstellung einer Sprachgemeinschaft erfordert die genaue Beschreibung des Sprachrepertoires und auch der Sprachbiographie der einzelnen Individuen.

8. BILINGUALISMUS UND MULTILINGUALISMUS. Finden sich zwei oder mehrere Sprachen in einer Gesellschaft, dann spricht man in der SL von Bilingualismus bzw. Multilingualismus. Dabei ist grundsätzlich eine Differenzierung im Hinblick auf individuelle oder soziale Mehrsprachigkeit vorzunehmen. Mackey (1962) hat die Bilingualismusforschung durch vier Fragebereiche eingegrenzt. Dabei geht es um die Frage nach dem Grad des Bilingualismus, also um das Ausmaß der Beherrschung der beiden Sprachen, um die Funktionen der beiden Sprachen in den Anwendungen der Sprecher, um den Wechsel zwischen den beiden Sprachen und um das Ausmaß der Separierung oder Integration der beiden Sprachen durch die Sprecher. Bei der Entstehung des Bilingualismus steht die Frage nach der Abhängigkeit von bestimmten sozialen Situationen im Vordergrund. Im Hinblick auf die Sprachsozialisation unterscheidet man einen koordinierten Bilingualismus und einen zusammengesetzten Bilingualismus. Der *koordinierte Bilingualismus* läßt sich als Sozialisation der beiden Sprachen in Abhängigkeit von unterschiedli-

chen Verwendungssituationen beschreiben. Die beiden Sprachen werden in klar unterschiedenen Situationen benutzt, wobei auch die Verteilung der Sprachen über die Situationen stabil bleibt. Der *zusammengesetzte Bilingualismus* zeichnet sich dagegen durch die auf den Erwerb der Primärsprache folgende Erlernung einer Zweitsprache aus. Der Erwerb einer zweiten Sprache auf der Basis des Systems der ersten Sprache entspricht dabei in etwa dem Prozeß des Fremdsprachenerwerbs. Ausgehend von dem Konzept der Diglossie bei Ferguson (1959) schlägt Fishman (1972) eine Verbindung mit der Theorie des Bilingualismus vor.

Die *Diglossie* ist bei Ferguson (1959) als Koexistenz zweier Sprachen in einer Gesellschaft definiert, die im Hinblick auf ihre Verwendung in unterschiedlichen Bereichen des sprachlichen Handelns in einer komplementären Beziehung zueinander stehen. Während die eine Varietät, die Ferguson als „high-speech" bezeichnet, in öffentlichen und formalen Gesprächssituationen verwendet wird, wird die andere Varietät in informellen und privaten Gesprächssituationen verwendet (Ferguson bezeichnet sie als „low-speech"). Bei Fishman (1972) werden vier verschiedene *Kombinationen von Bilingualismus und Diglossie* unterschieden, die je nach dem Zutreffen des einen oder anderen Typs bzw. nach dem Nichtzutreffen („+" bzw. „–" in der folgenden Tabelle) differenziert werden:

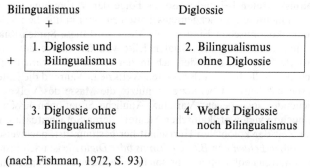

| Bilingualismus | Diglossie |
| + | – |

	Bilingualismus +	
+	1. Diglossie und Bilingualismus	2. Bilingualismus ohne Diglossie
–	3. Diglossie ohne Bilingualismus	4. Weder Diglossie noch Bilingualismus

(nach Fishman, 1972, S. 93)

Beim ersten Typ von Beziehung zwischen *Bilingualismus und Diglossie* handelt es sich um eine gleichmäßige Verteilung beider Formen der Zweisprachigkeit in einer Gesellschaft. Solche Situationen lassen sich meist nur in sehr großen Gesellschaften antreffen, da der Billingualismus sehr weit verteilt sein muß. Das Paradebeispiel für eine solche Gesellschaft ist Paraguay mit den beiden Sprachen Spanisch und Guarani.

Andere Beispiele sind die Schweiz mit der stabilen Koexistenz von Bilingualismus und Diglossie, sowie Kanada und eine Reihe von arabischen Ländern.

Bilingualismus ohne Diglossie, der zweite Typ, findet sich vornehmlich in Situationen, in denen ein Unterschied zwischen der individuellen und sozialen Zweisprachigkeit besteht. Während der Bilingualismus mehr ein Merkmal der Einzelpersönlichkeit ist, stellt die Diglossie ein Charakteristikum der sozialen Verteilung der unterschiedlichen Funktionen der Sprachvarietäten dar. Die Diglossie zeigt sich in einer sehr starren Verteilung der Funktionen der verschiedenen Sprachvarietäten in einer Gesellschaft. Die Situation einer Existenz von Bilingualismus ohne Diglossie, dic sich auch durch die Verteilung der beiden Sprachen über verschiedene Kontexte hinweg auszeichnet, ist durch eine sehr geringe Stabilität gekennzeichnet. Solche Entwicklungen zur Situation von Bilingualismus ohne Diglossie ergeben sich häufig im Gefolge von Wandlungen der Gesellschaft durch rasche Modernisierungsbewegungen oder Industrialisierung, durch Einwanderungsbewegungen, Umsiedlungen etc. Diese Situation findet sich in den meisten Gesellschaften, allerdings nur als Übergangsphänomen.

Diglossie ohne Bilingualismus ist ein Typ, der durch eine strenge Trennung von „high-speech" und „low-speech" ausgezeichnet ist. Solche Verhältnisse treten beispielsweise als Folge der Verbindung von zwei oder auch mehreren Sprachgemeinschaften zu einer politischen, religiösen oder ökonomischen Einheit auf. Meist wird diese Sprachsituation durch die Abtrennung der sozialen Elite von der Masse des Volkes stabilisiert. Eine solche findet sich in der sprachlichen Situation der deutschen Gesellschaft vor dem ersten Weltkrieg. Während die Elite die „high-speech"-Varietät benutzte, benutzte die Masse des Volkes eine abweichende „low-speech"-Varietät. Ähnliche Situationen lassen sich heute noch in vielen afrikanischen Staaten, deren Sprachsituation noch aus der Zeit der kolonialen Herrschaft her bestimmt ist, nachweisen.

Das völlige *Fehlen von Bilingualismus oder Diglossie* ist nach Fishman relativ selten zu beobachten. Eine solche Sprachsituation kann sich nur in einer Sprachgemeinschaft ausbilden, die kaum Kontakt zu ihren Nachbarn unterhält und selber noch weitgehend undifferenziert und isoliert ist. Durch die innere und äußere Entwicklung der Gesellschaft tendiert dieser Typ zur raschen Auflösung in eine andere Form des Verhältnisses von Bilingualismus und Diglossie.

Neben dem Interesse an der Verteilung der Sprachformen hat sich die SL auch der Frage der Erhaltung der Sprachen (language maintenance) und dem Wechsel zwischen den Sprachen (language shift) zugewandt. Fishman spricht von *fünf* verschiedenen *Typen des Sprachwechsels*, die sich in den modernen Gesellschaften nachweisen lassen. Dabei ist es nicht notwendig, daß eine neue Sprache die alte Sprache vollständig verdrängt. Die fünf Typen des Wechsels der Sprachen in modernen Gesellschaften werden an fünf Beispielen exemplifiziert. Als erstes Beispiel nennt Fishman die Verwendung eines Vernakulars durch die europäischen Regierungen, Verwaltungen und Erziehungsinstitutionen, als zweites die Anglifizierung und Hispanisierung der Bevölkerung Nord- bzw. Südamerikas. Als dritter Typ wird die Adaptierung von Englisch bzw. Französisch als Sprache der Eliten in vielen Ländern der Welt, vor allem in den Entwicklungsländern erwähnt, als vierter Typ die Russifizierung der Sowjetunion. Schließlich wird als fünfter Typ die allmähliche Ersetzung der importierten Fremdsprachen durch heimische Muttersprachen in den Entwicklungsländern genannt.

9. SPRACHWANDEL. Neben den internen Sprachwandlungsfaktoren, die als Merkmale des Sprachsystems zu beschreiben sind, spielen die *externen Sprachwandlungsfaktoren* eine mindestens gleichwertige Rolle. Ein wichtiger Bereich des externen Sprachwandels ist der Kontakt zwischen den verschiedenen Sprachen. Solche Kontakte, die sich als Beziehungen zwischen den Sprachgemeinschaften, die eine gemeinsame Grenze haben, relativ schnell ergeben, lassen sich linguistisch in den Entlehnungen im Lexikon der Sprachen leicht auffinden. Diese Entlehnungen haben meist aber nicht allein die Funktion, bestimmte Ausdrucksbereiche zu eröffnen oder auch aufzufüllen. Sie beeinflussen die Sprachen gelegentlich auch strukturell. Dabei werden solche Einflüsse von mancher Seite als Bedrohung des Bestands der Sprache angesehen, was durchaus noch in jüngster Zeit zu beachtlichen, aber wahrscheinlich folgenlosen Versuchen führt, die Entlehnungen zu verhindern. Ein sehr prägnantes Beispiel ist hier der Versuch, das Franglais, also die Einflüsse des Englischen auf das Französische im modernen Frankreich, zurückzudrängen. Weniger häufig werden dagegen die positiven Einflüsse der Entlehnungen gesehen. Die Entlehnungen belegen auf sehr deutliche Weise die Produktivität und funktionale Bedeutung der Sprache.

Sprachwandel spielt sich aber nicht nur auf der Ebene des *Lexikons* ab, sondern läßt sich auch in erheblichem Umfang in der *Syntax* einer Sprache nachweisen. Dabei erscheint die These der Wandlung zu stärkerer Simplifizierung der Sprachen nicht unberechtigt, da sich die komplexen, morphologischen Ausdrucksformen der Sprache im Zuge der Wandlung sehr häufig in strukturell weniger komplexe Ausdrucksformen, die sich durch Wortordnung auszeichnen, verändern.

Solche Wandlungen betreffen beispielsweise die Wandlung des Ausdrucks morphologischer Kasus in präpositionale Ausdrucksformen. Charakteristische Wandlungseinflüsse können etwa in der Sprache von bestimmten sozialen Gruppen, wie beispielsweise den Jugendlichen, nachgewiesen werden. Ein erhebliches Sprachwandlungspotential wird aber auch durch die Prozesse des Spracherwerbs eröffnet (McNeill 1966). Sprachwandlungen treten aber nicht nur als ungesteuerte und offenbar nicht direkt beeinflußte Entwicklungen auf, sondern lassen sich in vielen Fällen, wie durch das Beispiel der Standardisierungsbewegungen erläutert worden ist, auch auf bewußte und gezielte Planungen zurückführen. Diese Planungen betreffen beispielsweise auch die Frage nach Umfang und Ziel des Fremdsprachenunterrichts in einer Gesellschaft und ganz generell das Verhältnis der Sprachsituation einer Gesellschaft zur Repräsentation dieser Sprachsituation im Sprachunterricht der Schulen.

Dieses Beispiel läßt sich recht gut an dem Verhältnis von *Dialekt* und *Standardsprache* erläutern, das einen wesentlichen Aspekt der *Sprachsituation in Deutschland* darstellt. Der Sprachwandel wird in Situationen des Dialekt-Standardsprache-Verhältnisses sehr stark von der Frage nach der Prestigeverteilung der Sprachen bestimmt. Da der Dialekt generell mit geringem Sprachprestige, die Standardsprache aber mit hohem Sprachprestige versehen wird, finden sich Tendenzen, die langfristig zur Ersetzung des Dialekts durch die prestigestärkere Sprache, die Standardsprache, führen. Dies gilt auch für die Phasen einer erhöhten Dialektloyalität, wie sie im Zuge einer neuen und bewußten Beschäftigung mit dem Dialekt momentan in der Bundesrepublik Deutschland zu beobachten sind. An solchen Entwicklungen zeigt sich, was sich häufig auch an Immigranten beobachten läßt; die Sprachkompetenz in der „alten" Sprache ist nur noch rezeptiv vorhanden, wird aber durch eine erhöhte Sprachloyalität kompensiert.

10. PIDGINISIERUNG UND KREOLISIERUNG. Pidgin- und Kreolsprachen galten lange Zeit als *exotische Forschungsobjekte* der Sprachwissenschaft. In vielen Fällen wurden sie auch als Formen „bastardisierter" Sprache beiseite geschoben. In jüngster Zeit hat aber das Interesse an diesen Erscheinungen des Sprachkontakts zwischen großen Weltsprachen – Englisch, Französisch, Portugiesisch usw. – und Eingeborenensprachen vor allem der Dritten Welt deutlich zugenommen. Dieses spürbar angestiegene Interesse wird nicht nur durch die wichtige Konfe-

renz von Mona, Jamaica, 1968 belegt (vgl. Dell Hymes ed. 1971), sondern zeigt sich auch in einer immer breiter werdenden Debatte über die Bedeutung und Herkunft der *Mischsprachen*, da diese als mögliche Paradigma für die Entstehung der Sprachen allgemein verstanden werden können. Die *Pidgins* sind *Hilfssprachen*, die zum Zweck einer allgemeinen, eingeschränkten Kommunikation in Verwaltung und Handel entstanden sind. Sie haben also die Funktion minimaler Verständigungsmittel zwischen Menschen unterschiedlicher Sprache. Als besonderes Kennzeichen der Pidgins muß die einfache syntaktische Struktur angesehen werden. Ihre syntaktische Struktur ist einfacher im Vergleich zu den Ausgangssprachen, und darüberhinaus weisen sie oft auch nur ein stark begrenztes Vokabular auf. In den meisten Fällen haben sich die Pidgins aus dem Kontakt zweier nicht-verwandter Sprachen gebildet. Häufig leben sie nur so lange, wie eine Verwendungsnotwendigkeit besteht. Ein Beispiel ist hier das „Bambusenglisch", das eine Pidginsprache aus Englisch und Koreanisch ist und sich im Laufe des Koreakriegs als minimales Verständigungsmittel zwischen Amerikanern und Koreanern gebildet hatte. Ein anderes Beispiel ist das „chinesische Küstenenglisch", das eine Vermischung von Englisch und Chinesisch darstellt. Im europäischen Raum findet sich als Pidginsprache das „Russenorsk", eine Vermischung von Russisch und Norwegisch, das als minimales Verständigungsmittel russischer und norwegischer Fischer in Nordnorwegen seine Funktion hat.

Im Rahmen der *Pidginisierungsforschung* steht die Frage nach der Herkunft und den Entwicklungsbedingungen der Pidgins obenan. Die Hypothesen reichen von der Annahme eines Ursprungs in einer generellen menschlichen Fähigkeit, in eingeschränkten Kommunikationssituationen, Verständigungsmöglichkeiten bilden zu können, bis zur Hypothese von Reinecke (1938), daß die Pidgins aus der Sprache der Seefahrer hervorgegangen seien, wobei hier die portugiesischen Seefahrer – als besonders entdeckerfreudige Seefahrergruppe – an erster Stelle genannt werden. Gewisse gemeinsame Merkmale der Pidgins, die sich etwa in ihren reduzierten grammatischen Formen finden, lassen die Hypothese wahrscheinlich erscheinen, daß es sich bei diesen Mischsprachen um Belege einer universalen Sprachbildungsfähigkeit des Menschen in sprachlichen Kontaktsituationen handelt (Todd 1974).

Im Hinblick auf die Entwicklung des Pidgins stehen sich die beiden *Hypothesen* des *polygenetischen Ursprungs* und der *Relexifikation* gegenüber. Während die erste Hypothese die gleichen soziolinguistischen Bedingungen der Pidginentwicklung hervorhebt, geht die andere Hypothese von dem Austausch der lexikalischen Elemente in den Sprachen aus. Die Vertreter der ersten Hypothese nehmen also die unabhängig voneinander mögliche Entwicklung der verschiedenen Pidgins an, während die Vertreter der anderen Hypothese die Zurückführung aller Pidgin auf ein „Urpidgin" annehmen. Unabhängig von der Beantwortung dieser Frage (obwohl die polygenetische Hypothese zweifellos einen besonderen Reiz besitzt) stellen die Pidginsprachen einen wichtigen Beleg für die Entwicklungsmöglichkeiten und den Wandel von Sprachen dar. Sie stehen aber auch in direkter Verbindung mit der Entwicklung der *Kreolsprachen*, die mit Hall (1966) als muttersprachliche Verwendung einer Pidginsprache verstanden werden. Die Entwicklung hin zu einer Situation, die die Pidgins als Produkte des Erstsprachenerwerbs der Kinder funktionieren läßt, muß tatsächlich als eine wichtige Entwicklungsstufe angesehen werden, da die Hilfssprache nun auch eine Entwicklung im grammatischen System durchlaufen muß. Nötig ist vor allem eine Erweiterung im grammatischen Ausdrucksbereich und im Lexikon, das gleichfalls immer reichhaltiger werden muß. Die Entwicklung hin zu einer Kreolsprache läßt sich über verschiedene Verlaufstadien beschreiben. Die *erste Phase* der Entwicklung ist durch den gelegentlichen Kontakt zwischen den Sprechern großer europäischer Sprachen und beispielsweise den Sprechern von Eingeborenensprachen der ehemaligen Kolonien gekennzeichnet. Ergebnis dieser Phase sind die Pidginsprachen.

Die *zweite Entwicklungsphase* ist durch den Einsatz einer Pidginsprache als verbindendem Kommunikationsmittel zwischen den verschiedenen Eingeborenengruppen gekennzeichnet. In dieser Phase besitzt die Pidginsprache die Funktion einer lingua franca, also einer Verständigungsmöglichkeit unter den sprachdifferenten Eingeborenenstämmen eines Landes. In der *dritten Phase* werden die Pidgins durch die Aufnahme von Wörtern aus den Kolonialsprachen allmählich erweitert. Bereits in diesem Stadium kann der Übergang von der Stufe der Pidgins zur Stufe der Kreolsprachen beobachtet werden, der sich darin zeigt, daß die Pidginsprache nun auch als erste Sprache oder Muttersprache von den Kindern gelernt wird. In der *vierten Phase* läßt sich die Dekreolisierung beobachten, die allerdings nur dann auftritt, wenn weiterhin eine Standardsprache – wie etwa Englisch – benutzt wird. In der Phase der Dekreolisierung wird die Pidgin- bzw. Kreolsprache immer stärker an die Normstruktur der Standardsprache angeglichen. Für den Übergang einer Kreolsprache in eine Standardsprache lassen sich aber keine fixen Entwicklungspunkte nennen, weshalb Bailey (1966) von einem postkreolischen Kontinuum spricht.

Die Forschungen im Bereich von Pidgin- und Kreolsprachen haben in den letzten Jahren stark an Bedeutung zugenommen, da man sich im Hinblick auf die Untersuchung dieser Sprachen Aufschlüsse über die generellen Formen der Sprachentwicklung, Sprachwandlung und auch des Sprachkontakts verspricht. Die Untersuchung solcher Formen des *Sprachkontakts* hat nicht nur für die Sprachenpolitik in den Entwicklungsländern Bedeutung, sondern kann auch in den Industrieländern im Hinblick auf das Problem der Immigranten als bedeutungsvoll eingestuft werden.

11. ANGEWANDTE SOZIOLINGUISTIK. In den letzten Jahren wird zunehmend die Bedeutung der SL für die Entwicklung der angewandten Linguistik deutlich (vgl. Corder 1973). Diese Entwicklung beruht zum einen darauf, daß mit Hilfe soziolinguistischer Beschreibungsmittel die *Sprachsituation einer Gesellschaft* beschrieben werden kann und zum anderen die Ziele des Sprachunterrichts im Hinblick auf die Funktion der Sprache in der Kommunikation verdeutlicht werden können.

Die angewandte Linguistik wird im Rahmen einer solchen perspektivischen Orientierung an den Formen des menschlichen Sprachgebrauchs den Gesamtbereich der Beziehung von Sprecher und Sprache thematisieren müssen. In diesem Beziehungsrahmen spielt der Aussagenbereich der SL eine besonders wichtige Rolle, da hier die Beziehungen von Sprecher und Sprache in bezug auf regelgesteuerte Handlungsmuster beschrieben werden. Die Konzeption einer angewandten SL wird weiterhin im Rahmen einer umfassenden *Performanztheorie* bestimmt. Sie orientiert sich bei ihren Beschreibungen an der Kategorie der sprachlichen Handlungsfähigkeit, womit die Regulierung der Handlungen durch die Sprache und ihre Regeln verstanden wird. Die Sprache dient nicht nur der Umsetzung von Handlungsinteressen, sie dient in gleichem Maße auch als Kontrollinstanz bei der Sicherung angemessener Handlungsformen und schreibt so verbindliche Formen des Handelns vor. Dies zeigt sich beispielsweise in der sozialen Bedeutung des Pronomengebrauchs, wie ihn Brown und Gilman (1960) beschrieben haben, oder in der engen Verbindung von Sprachstil und Attitüden im Sprachgebrauch, den Giles und Powesland (1975) untersucht haben.

Da sich sprachliche Formulierungen in Abhängigkeit von bestimmten Sprechern, Hörern, Sprachen, Gesprächsthemen, Handlungsabsichten und Gesprächssituationen variieren lassen, kann die angewandte SL als strukturelle Orientierung bei der Beschreibung der Veränderungen dienen. Darüberhinaus kann sie aber außerdem eine Verbindung zwischen den sprachwissenschaftlichen Beschreibungen und der konkreten Hand-

lungspraxis herstellen, die sich in Konzeptionen des mutter- und fremdsprachlichen Unterrichts niederschlägt.

Ansätze zur Einbeziehung soziolinguistischer Überlegungen in die
Erforschung von Formen des sprachlichen Verhaltens im Sprachunterricht zeigen sich in vorhandenen Untersuchungen zum Bereich „Unterrichtssprache". Dabei geht es sowohl um die Untersuchung der Lehrersprache wie auch der Schülersprache (vgl. Spanhel 1971, 1973). Zentrale
Aspekte sind die Bedeutung der Sprache des Lehrers bzw. Schülers für
die Gestaltung des Unterrichts und die Auswirkungen, die sprachliche
Äußerungen des Lehrers bzw. des Schülers für die angestrebten Unterrichtsziele haben. Von besonderer Bedeutung ist die Bestimmung der
Funktionen der Sprachverwendung im Zusammenhang des generellen
Lernprozesses. Die genannten Untersuchungen von Spanhel berücksichtigen Aspekte der Struktur des Sprachgebrauchs nur ansatzweise und
beschreiben die Funktionen des Sprachgebrauchs nur im Rahmen von
lernpsychologischen Gesichtspunkten. Allerdings scheint es durchaus
möglich, eine Erweiterung in Richtung auf pragmatiktheoretische und
soziolinguistische Gesichtspunkte vorzunehmen.

Auch Prieseman (1971) bewegt sich mit seiner Untersuchung zur
Unterrichtssprache in einem eng gezogenen Rahmen, der vor allem durch
die Arbeit von Watzlawick, Beavin und Jackson (1969) zur menschlichen
Kommunikation bezeichnet ist. Unter Berücksichtigung der Beschreibung der sprachlichen und sozialen Regeln des Sprachgebrauchs ließe
sich eine weiterreichende Bestimmung der Funktionen und Auswirkungen der Unterrichtssprache denken, die vor allem Auswirkungen auf die
Gestaltung der Unterrichtsziele im Verhältnis zu den Ansprüchen an die
sprachliche Handlungsfähigkeit der Schüler hätte.

→ **Fachdidaktik (eigensprachlich, fremdsprachlich), Grammatiktheorien, Normen, Psycholinguistik, Semantik, Spracherwerb,
Syntax.**

LITERATUR

B. L. Bailey: „Toward a New Perspecitve in Negro English Dialectology" in:
American Speech 40 (1965) S. 111–177.

B. L. Bailey: Jamaican Creole Syntax: a transformational approach, Cambridge
1966.

B. Bernstein: Class, Codes and Control, London 1971. Dt.: Studien zur sprachlichen Sozialisation, Düsseldorf 1972.

214

R. Brown/A. Gilman: „The pronouns of power and solidarity" in: T.A. Sebeok (ed.): Style in Language, Cambridge 1960, ins Deutsche übersetzt in: U. Wenzel/ M. Hartig (Hg.): Sprache-Persönlichkeit-Sozialstruktur, Hamburg 1977, S. 245–270.

N. Chomsky: Aspects of the Theory of Syntax, Cambridge/Mass. 1965 dt.: Aspekte der Syntax-Theorie Frankfurt/Main 1969.

A. Cicourel: Cognitive Sociology, Harmondsworth 1973, dt. München 1975.

S. P. Corder: Introducing Applied Linguistics, Harmondsworth 1973.

J. L. Dillard: „Nonstandard Negro Dialects: Convergence or Divergence?" in: The Florida FL Reporter 6,2 (1968) S.9–12.

Ch. Ferguson: „Diglossia" in: Word, vol. 15 (1959) S. 325–340.

J. Fishman: The Sociology of Language, Rowley/Mass. 1972.

H. Giles/P. F. Powesland: Speech style and social evaluation, London/New York 1975.

J. Goossens: Deutsche Dialektologie, Berlin 1977.

R. A. Hall: Pidgin and creole languages, New York 1966.

M. Hartig/U. Kurz: Sprache als soziale Kontrolle, Neue Ansätze zur Soziolinguistik, Frankfurt/Main 1971.

M. Hartig/R. Binnick: Grammatik und Sprachgebrauch. Neue Ansätze der Sprachverhaltensforschung, München 1978.

H. Hoijer (Hg.): Language in culture, Chicago 1954.

D. Hymes: „Introduction: Toward Enthnographies of Communication" in: American Anthropologist vol. 66/6, part 2 (1964) S. 1–34.

D. Hymes: „On linguistic theory, communicative competence, and the education of disadvantaged children" in: M.L. Wax/St. Diamond/F.O. Gearing (eds.): Anthropological Perspectives on Education, New York 1971. Übersetzt in: D.C.Kochan (Hg.): Sprache und kommunikative Kompetenz, Stuttgart 1973.

D. Hymes (ed.): Pidgninization and Creolization of Languages, Cambridge 1971.

W. Labov.: The Social Stratification of English in New York City. Center for Applied Linguistics, Washington 1966.

W. Labov: „The logic of nonstandard English" in: Georgetown Monographs on Languages and Linguistics, vol. 22 (1969) S.1–43.

D. McNeill: „The creation of language" in: Discovery 27 (1966), dt. in: U. Wenzel/ M. Hartig (Hg.): Sprache-Persönlichkeit-Sozialstruktur, Hamburg 1977, S. 35–44.

W. Mackey: „The Description of Bilingualism" in: Canadian Journal of Linguistics, vol.7 (1962) S. 51–85

G. Priesemann: Zur Theorie der Unterrichtssprache, Düsseldorf 1971.

J. Reinecke: „Trade Jargons and Creole Dialects as Marginal Languages" in: D. Hymes (ed.): Language in Culture and Society, New York 1964, S. 534–546.

D. Spanhel (Hg.): Schülersprache und Lernprozesse, Düsseldorf 1973.

W. Stewart: „A Sociolinguistic Typology for Describing National Multilingualism" in: J. Fishman (ed.): Readings in the Sociology of Language, Den Haag 1968, S. 531–545.

L. *Todd: Pidgins and Creoles*, London 1974.
P. *Watzlawick/J. H. Beavin/D.D. Jackson: Menschliche Kommunikation*, Bern/
Stuttgart 1969.

MATTHIAS HARTIG

Spracherwerb

Die Sprachdidaktik umfaßt Teilgebiete, innerhalb deren nicht Germanisten oder Linguisten, sondern Psychologen, Sozialarbeiter, Kindergärtner und Ärzte tätig sind. Instrumente, die von den Spezialisten anderer Fachbereiche verwandt werden, entsprechen jedoch nicht immer den Anforderungen der Linguisten. In der *Diagnostik der sprachlichen Entwicklung* werden verschiedene Tests, Experimente und Aufgabenstellungen verwendet, die linguistischer Kritik nur teilweise standhalten. (Grimm/Schäfer/Wintermantel 1975, Eichler 1977, Ihssen 1978, Herrmann 1979. Manche Gesichtspunkte der Sprachbuchkritik treffen auch auf die Aufgabenstellungen in der SE-Diagnostik zu, vgl. Lewandowski 1977). Andererseits sind die experimentellen Methoden zur Untersuchung sprachdidaktischer Fähigkeiten für einen Sprachunterricht relevant, in dem die Analyse der vorhandenen Dispositionen und die Untersuchung des Spracherwerbs (SE) jedes einzelnen zum Ausgangspunkt für Information, Training und Lernkontrolle gemacht werden. Im Konzept einer *therapeutischen Sprachdidaktik* (vgl. Grundke 1975 und einige Aufsätze in Goeppert 1977) hat die Frage nach Instrumenten zur Untersuchung des sprachlichen Entwicklungsstandes auch für den schulischen Sprachunterricht einen neuen Hintergrund bekommen. Es geht nicht allein um die Diagnostik auffallend leistungsschwacher Schüler, sondern
– um die Aufarbeitung der individuellen Vergangenheit
– um die Analyse der Probleme aktueller und zukünftiger sozialer Interaktion zwischen Schülern, Lehrern, Eltern usw.
– und um die Bereitstellung relevanten Wissens und relevanter Fertigkeiten für die Innovation (Grundke 1975, S. 17).
Ziel der folgenden Ausführungen ist die *Revision diagnostischer Instrumente*, die im Rahmen der dreifachen Aufgabenstellung *therapeutischer Sprachdidaktik* (z. Z. hauptsächlich außerhalb der Schule) Verwendung finden. Eine Einbeziehung in den schulischen Sprachunterricht ist bisher

216

nicht geleistet. (Thurner 1977 versucht eine Anwendung der Testergebnisse auf die Beurteilung von Schulleistungen, Schichtzugehörigkeit, Geschlecht, Schultyp, Wohnregion).

1. ROLLENÜBERNAHME. Im Anschluß an Flavell (1968) läßt sich die Fähigkeit zur Rollenübernahme an Hand verschieden schwieriger Aufgaben und mit Hinblick auf verschieden komplexe Äußerungen untersuchen. Das einfachste Verfahren mißt die *Fähigkeit zur Berücksichtigung der Wahrnehmungsdisposition des Kommunikationspartners.* Es werden Bildkärtchen auf den Tisch gelegt, und die Versuchsperson soll dasjenige Bild aufnehmen, das ihr am besten gefällt. Zeigt das Kind ein Bild so, daß dieses für den gegenübersitzenden Versuchsleiter auf dem Kopf steht, so hat das Kind noch nicht die Fähigkeit zur Berücksichtigung der Wahrnehmungsdisposition des Kommunikationspartners erworben. Eine andere Aufgabe betrifft die Auswahl von Geschenken für Erwachsene. Wählt das Kind Puppe oder Spielzeugauto anstelle von Regenschirm oder Buch, so hat es noch nicht die Fähigkeit entwickelt, im Umgang mit Trägern fremder Rollen bestimmte Erwartungen vorweg zu realisieren. (Zum Zusammenhang mit Piagets Konzept egozentrischen Denkens und Sprechens vgl. Petter 1966, S. 256 ff. und Salatas/Flavell 1976). Weitere Tests wurden mit Erzählaufgaben für verschiedene Adressaten, Beschreibungen zum Nachzeichnen, Wegbeschreibungen am Telefon, Vorhersagen des Verhaltens anderer usw. durchgeführt. Eine Verwendung entsprechender Aufgaben im SE thematisierenden Unterricht wurde bisher nicht beschrieben. Das Problem experimenteller Aufgabenstellungen dieser Art besteht in der Operationalisierung der Rollenübernahme. Läßt sich der höchst komplexe Vorgang in diesen einfachen Arrangements (Bilder zeigen, Geschenke aussuchen usw.) valide testen? Oder ergibt sich aufgrund gar zu stark reduzierter Bedingungen des Tests eine Messung zufälliger Konstellationen von Komponenten, die im Vorgang der Rollenübernahme teilweise wirksam sind (Berücksichtigung der Wahrnehmungsdisposition des anderen, Vorwegnahme der Wünsche des anderen usw.)?

2. SPRACHENTWICKLUNGSTESTS. Im Anschluß an den 1961–69 entwickelten Illinois Test of Psycholinguistic Abilities (ITPA) ist von dem Legasthenieforscher Angermaier der *Psycholinguistische Entwicklungstest* (PET) erstellt worden. Neben einigen weniger bedeutenden Ansätzen (Zum Utah Test of Language Development von Mecham et al 1973 vgl. Grimm 1975, S. 48 ff. Zu einem in der DDR entwickelten Ansatz vgl.

Kasielke-Sprachtest (Grimm 1975, S. 50 ff.)) ist 1978 der *Heidelberger Sprachentwicklungstest* erschienen (HSET), der im Gegensatz zur behavioristischen Fundierung (eine entsprechende Kritik vgl. Ihssen 1978) des ITPA und des PET eine Berücksichtigung dessen bieten möchte, „was man allgemein unter kommunikativer Komponente versteht".

Im folgenden werden Aufgabenstellungen und Auswertung des HSET diskutiert und ein Vergleich mit den entsprechenden Subtests des ITPA, des PET und anderer Sprachtests durchgeführt. (Zur Kritik des PET vgl. Eichler (1977, S. 184). Im Gegensatz zu der verbreiteten Auffassung, der PET sei ein sprachlich spezialisierter Intelligenztest (kein Sprachtest: Grimm et al. 1975, S. 46, Ihssen 1978, S. 104) vertritt Eichler die Ansicht, der PET sei als Legasthenie-Diagnostikum geeignet.) Auf diese Weise soll gezeigt werden, inwieweit gegenüber der Abfrage metasprachlicher Kenntnisse und gegenüber der Auslösung irrelevanter Reiz-Reaktions-Mechanismen Fähigkeiten untersucht werden, die beim Verfassen von Texten in der tatsächlichen Kommunikation bedeutsam sind.

a) *Verstehen grammatikalischer Strukturformen* (VS)
Es werden Sätze mit zunehmend komplexer Struktur vorgelesen. Die Versuchsperson muß mit Hilfe kleiner Holzfiguren die Vorgänge darstellen, die in dem betreffenden Satz angesprochen werden. Z. B.: (1) *Die Mutter wird von dem Kind gewaschen.* Oder (2) *Bevor der Hund rennt, springt das Pferd.* Die Figuren sollen so aufgestellt werden, daß erkennbar wird, wer wen beißt bzw. packt, streichelt usw. Dabei müssen nach Angabe der Verfasser tiefenstrukturelle Regeln gegen „Oberflächenstrategien" angewandt werden. An der „Oberfläche" des Satzes (2) kommt zuerst zur Darstellung, daß der Hund rennt. Dennoch muß durch verschiedene Transformationen aus der Oberflächenstruktur in die Tiefenstruktur realisiert werden, daß das Pferd zuerst springt und danach der Hund rennt.

Die entsprechende Übung des ITPA (und auch des PET) verlangt verneinende oder bejahende Antworten auf Fragen der folgenden Art:
(3) *Können Stühle essen?*
(4) *Do dogs fly?*
Hier soll ein semantischer Verstehenstest durchgeführt werden, bei dem die Kongruenz der Merkmale von Substantiven und Verben zu überprüfen ist. (Ihssen 1978, S. 109 kritisiert die Beschränkung auf Substantive und Verben. Hinzu kommt, daß die Kongruenz nur für idealisierte Momente überprüft wird, nicht für Sätze oder Texte in kommunikativen Prozessen.)
Im HSET wird erreicht, daß Merkmal-Kongruenz und syntaktische

Struktur konfrontiert werden. Das Problem unerlaubter Isolierung semantischer oder syntaktischer Strukturen scheint gelöst. Fraglich bleibt der Bezug des Satzes zum Text. Gibt die Fehldeutung von (1) im Sinne *Die Mutter wäscht das kleine Kind* vielleicht nur einen Hinweis darauf, daß vorschnell von einer Teilinformation auf den ganzen Zusammenhang geschlossen wird (Begriffsbildungstyp)? Wäre in einem entsprechenden *Text* die Konfrontation von Passivtransformation und Relation: Mutter-Waschen-Kind ohne weiteres von Versuchspersonen geleistet worden, die im Test aufgrund vorschneller Generalisierung der semantischen Relationen eine Fehldeutung vorgenommen haben? (Im Gegensatz zu den meisten anderen Aufgabenstellungen des HSET wird bei der Ausweitung des Subtests VS nur zwischen falschen und richtigen Testleistungen unterschieden. Teststatistisch problematisch ist daher der Vergleich der Test-Werte dieses Subtests mit den übrigen. Hofer 1976 hält den PET aus ähnlichen Gründen für insgesamt teststatistisch ungenügend.)

b) *Imitation grammatikalischer Strukturformen* (IS)
Die Aufgabe besteht im Nachsprechen von Sätzen wie

(5) *Das Fahrrad wird von dem Omnibus an die Wand geschoben.* Im Anschluß an Reproduktionsexperimente zum Behalten sinnlosen und sinnvollen Sprachmaterials lassen sich auch signifikante Differenzen zwischen sechs Altersgruppen (4- bis 9jährige) beim Nachsprechen solcher Sätze nachweisen (Grimm/Schäfer/Wintermantel 1975, S. 91).

Im Utah Test of Language Development wird das Nachsprechen von Zahlen verlangt. Dadurch läßt sich die Konzentrationsleistung beim Nachsprechen zuverlässiger prüfen. Andererseits bleibt der Anteil syntaktischen und semantischen Verständnisses beim Behalten unkontrolliert, worauf im HSET besonderer Wert gelegt wird.

Im Gegensatz zum Nachsprechen böte der Alligatortest bessere Möglichkeiten zur Kontrolle der Fähigkeit, erkannte Regelmäßigkeiten bei der Produktion analoger Sätze anzuwenden (z. B.: Subjekt-Objekt-Vertauschungen, Aktiv-Passiv-Umformungen usw.). Jedoch sind Aufgaben dieser Art teststatistisch problematischer als Nachsprechaufgaben (vgl. die Daten einer Voruntersuchung bei Grimm/Schäfer/Wintermantel 1975, S. 158).

c) *Plural-Singular-Bildung* (PS)
Im Anschluß an Berko (1958) wird die Fähigkeit der Pluralbildung mit Hilfe von „Kunstwörtern" untersucht:

Dies ist ein Wug.

Nun ist da noch einer.
Es gibt jetzt zwei von ihnen.
Da sind zwei - - - - - - - - - - .

Ramge (1973, S. 65 ff.) hat gezeigt, daß die Grammatik der Kindersprache vielerorts Pluralbildungen wie „tonbände", „teleföne" zuläßt. Hinzu kommt, daß bei der Formulierung sprachlicher Ausdrücke nicht bestimmte Reize immer wieder ein und denselben Reaktionsmechanismus auslösen. Daher sind Lückentext-Aufgaben nach Art behavioristischer Experimente mit Allomorphen des Pluralmorphems nicht unproblematisch (Ihssen 1978, S. 107). (Die Kritik an den Aufgabenstellungen dieses Typs betrifft auch die entsprechenden Aufgaben im PET und im ITPA.)

d) *Bildung von Ableitungsmorphemen (AM) und Adjektivableitungen (AD)*

Auch die Bildung von Ableitungsmorphemen nach dem Muster

(5) *Backen, Bäcker, Bäckerin, Bäckerei, Brötchen*

(6) *Falen, Faler, Falerin, Falerei, Zingchen*

ist nicht frei von der Problematik behavioristischer Lückentext-Aufgaben.

Die Adjektivableitungen

(7) *Streifen, streifig, gestreift*

(8) *Blome, blomig, geblomt*

folgen demselben Mechanismus. An dieser Stelle ist die Sprachentwicklungsdiagnostik noch nicht wesentlich über die behavioristischen Anfänge des ITPA hinausgelangt.

e) *Korrektur semantisch inkonsistenter Sätze*

Die Aufgabe der Items dieses Subtest besteht darin, Sätze, die an einer Stelle „falsch" sind, zu korrigieren.

(9) Vor lauter Kummer *lacht* das Kind.

(10) Wenn man etwas kaufen muß, *will* man Geld.

PET und ITPA verlangen anstelle der Korrektur inkonsistenter Sätze die Ergänzung von Sätzen oder Satzfragmenten in Analogie zu anderen Satzfragmenten.

(11) *Wolken weiß – Himmel (??)*

Ihssen (1978, S. 110) bemerkt im Anschluß an Heringer (1974, S. 151), daß semantische Relationen meist multiple Relationen sind, weshalb zu

Wolken weiß auch *Himmel leer* oder *Himmel rein* passen können. Ebenso lassen sich Texte und Situationen denken, in denen ein Kind beim Kauf von etwas Geld *will* (hier stört u. a. die Mehrdeutigkeit der Konjunktion *wenn*). Die Situation paradoxen Lachens mag noch nicht in die Vorstellung 4 – bis 9jähriger Kinder passen. Ein SE-Test sollte dennoch nur „falsche" Lösungen für negative Bewertung zulassen.

f) *Satzbildung* (SB)

Es werden einige Worte vorgesprochen. Die Versuchsperson soll diese Worte verwenden, um einen Satz zu bilden.

(12) *Mädchen – Spielen – Puppe*

(13) *Ein Mädchen spielt mit einer Puppe.*

Zum Problem der Vorgabe von Wortmaterial für die Formulierung von Sätzen und Texten ist wiederholt bemerkt worden

– daß dem Probanden nur noch die Erfüllung grammatischer Regeln (ohne Berücksichtigung besonderer Umstände und ohne intentionsgerechte Durchbrechung bestehender Normen) ermöglicht werde

– daß das vorgegebene Material aufgrund seiner Mehrdeutigkeit nicht zur Elizitation vergleichbarer Testleistungen geeignet sei

– und daß die Propositionen nicht unabhängig von dem jeweils zugehörigen illokutiven Akt vorgegeben werden könnten.

Die vorgegebenen Wörter stellen eine Abbildung aus der Menge aller möglichen Relationen in die Menge der aufgegebenen Relationen dar. (Stalnaker 1973, S. 390f. definiert entsprechend den Begriff der Proposition.)

Tabelle 1

Mädchen	Puppen	spielen	
1 *Puppen*	1 Kasper	1 zerbrechen	
2 Frauen	2 Spielzeug	2 streiten	
3 Jungen	3 Kinder	3 finden	
4 Eltern	4 *Mädchen*	4 verraten	
5 Pferde	5 Bruder	5 *spielen*	
usw.	usw.	usw.	

Aus der Vielzahl der in Tabelle 1 dargestellten möglichen Relationen (= 125) wird durch Vorgabe bestimmter Teile von Propositionen eine Einschränkung für diejenige Relation vorgenommen, die tatsächlich vorliegen soll:

(14) *Mädchen spielen mit der Puppe.*

(15) *Die Puppe spielt mit dem Mädchen.*
(16) *Ein Mädchen spielt Puppe.*
(17) *Die Puppe des Mädchens spielt.*
(18) *Spiel jetzt mit dem Mädchen Puppe.*
(19) *Das ist doch keine Puppe, mit der ein Mädchen spielen kann.*

Die Beispiele 14 bis 19 zeigen, daß Sätze höchst unterschiedlicher Komplexität gebildet werden können. Allerdings zeigt sich, daß die Kreativität durch solche Aufgaben durchaus angeregt werden kann. Dies umso mehr, als sich bei Sprechakten, die nicht Feststellungen sind, vielfältige Möglichkeiten ergeben. Das Problem der Homogenität aller Testleistungen ist bei Aufgaben dieser Art kaum zu lösen. (Vgl. die Vorlagen für ganze Texte bei Herrmann 1979.)

g) *Wortfindung und Begriffsklassifikation*

Das Kind soll zu jeweils drei vorgegebenen Wörtern ein viertes finden, das in dieselbe Kategorie paßt, der die drei vorgegebenen Wörter angehören (Wortfindung). Anschließend sollen Bildkarten nach Gesichtspunkten geordnet werden, durch die je eine Teilmenge aller Bildkarten in eine Begriffsklasse gebracht wird. Aufgabenstellungen dieser Art sind Bestandteil der meisten Intelligenztests und vieler anderer Untersuchungen, bei denen das „individuelle Lexikon" analysiert werden soll (Assoziationsversuch, individuelle Begriffsklassen, ethnische Untersuchungen von Begriffsklassen usw.). (Eine zusammenfassende Darstellung solcher Untersuchungen vgl. Engelkamp 1974, S. 16–255.) Problem solcher Aufgabenstellungen ist, daß verbindliche Entscheidungen darüber, welche Bedeutung einem Wort oder Textteil zukommt, nur aufgrund einer Berücksichtigung komplexer Text- und Situationszusammenhänge getroffen werden können. Gegen diese grundsätzliche Erkenntnis verstoßen alle Wortbedeutungen isolierenden Wortschatztests, die z. T. als Subtests von Intelligenz- und Eignungstests, z. T. als Schulleistungs- und Sprachentwicklungstests verwendet werden. (Im Anschluß an Wittgensteins Grundsatz, die Bedeutung eines Wortes sei sein Gebrauch (Wittgenstein 1969, S. 311) wird im Konzept der generativen Semantik und der Linguistischen Pragmatik Bedeutung als Bestandteil von Tiefenstrukturen (nicht als Bestandteil des Lexikons) angesehen. Diesem pragmatischen und hermeneutischen Grundsatz stehen referenzsemantische (intensionale Logik) und wortfeldtheoretische Konzeptionen des Bedeutungsbegriffes gegenüber (vgl. Wunderlich 1974, S. 238–308). Zur Überwindung idealistischer und realistischer Bedeutungstheorien durch die phänomenologische Unterscheidung von Bedeutungsintention und Bedeutungserfüllung vgl. Eley 1974). So soll beispielsweise im IST unabhängig von speziellen Textzusammenhängen entschieden werden, ob ein Studium

a) eine Ausbildung
b) eine Vorbereitung
c) eine Anstrengung
d) ein Lebensabschnitt
e) eine Forderung

ist (Amthauer 1970, Testheft). Je nach Kontext und Situation lassen sich alle 5 verschiedenen Bedeutungen des Wortes *Studium* angeben. Es zeigt sich, daß erst in einer Phase des Formulierens oder Verstehens von Texten aus der Menge aller möglichen Bedeutungen eine strengere Auswahl getroffen wird. Will man die Kenntnis von Wortbedeutungen testen, so ist die Messung von Assoziationen anläßlich isolierter Wörter unvalide. (Um höhere Reliabilität der Tests zu erreichen, ist die Isolierung des Wortes im Wortschatztest vorgenommen worden. Da jedoch die Reliabilität eines unvaliden Tests ein ungenügendes Kriterium für die Beurteilung eines Tests abgibt, wird der Wert der Wortschatztests in der Regel zu hoch eingeschätzt. Nach Fischer (1974, S. 77 ff.) entspricht dem Verhältnis von Reliabilität und Validität der Zusammenhang von Ladung und Kommunalität im Konzept der Faktorenanalyse. „Die Ladung α_{ij} ist die Konstruktvalidität des Tests X_i in bezug auf das Konstrukt (den Faktor) F_j." (Fischer 1974, S. 80)

Und: „Die Faktorenanalyse liefert als Nebenprodukt eine untere Schranke für die Reliabilität jeder analysierten Variable, nämlich die Kommunalitäten." (Fischer 1974, S. 79) Wenn ein Faktor nicht geladen ist, kann sein Anteil an der Aufklärung der Varianz (abgesehen von spezifischer Varianz und Fehlervarianz) nicht größer als Null sein.

Wenn beispielsweise durch einen Wortschatztest festgestellt wird, daß eine Versuchsperson in hohem Maße fähig ist, mögliche Bedeutungen isolierter Wörter zu identifizieren, so wird damit wenig über die Sprachkompetenz der Versuchsperson ausgesagt, da die richtige Festlegung von Bedeutungen im Text bzw. die Identifikation von Bedeutungen eines bestimmten Textes spezielle Fähigkeiten im Umgang mit Texten voraussetzt (Kenntnis von Textsorten, Realisierung von Normen für die Verwendung von Tempora, Pronomina, Eigennamen, Satzstrukturen, Metasprache usw.). Durch Isolierung der Wörter und ihrer „Bedeutungen" entsteht der Eindruck, gleiche Meßergebnisse sicherten auf Kosten der Validität eine hohe Reliabilität, die für die Beurteilung des Tests von geringem Nutzen ist.

h) *Benennungsflexibilität*

Das Kind soll sagen, mit welchem Namen verschiedene Personen einen Menschen in bestimmten Situationen anreden. Dabei wird eine Abbildung der betreffenden Person gezeigt und folgende Instruktion gegeben: *Das ist ein Mann. Er heißt Kurt Schneider.*

(a) Wie sagt sein *Sohn* zu ihm?
(b) Wie sagt seine *Frau* zu ihm?
(c) Wie sagt der *Lehrer* zu ihm?

Im Ansschluß an Pike (1971) hat Wildgen (1977) den Alternativenspielraum von Schulkindern verschiedener Sozialschichten untersucht. Die Arbeit ergibt zweierlei:

– Die Fähigkeit zu flexibler Benennung ist abhängig vom Alternativenspielraum (Menge adäquater Benennungen, die in bestimmten Situations- und Textzusammenhängen zur Verfügung stehen). Dieser ist nur meßbar, wenn konkrete Text- und Situationszusammenhänge definiert werden, in denen sprachlich gehandelt werden soll.
– Die These einer geringeren Sprachfähigkeit der Unterschichtkinder konnte nicht bestätigt werden.

Für den HSET folgt aus diesen Untersuchungsergebnissen, daß die Aufgabenstellung noch konkreter sein sollte (bestimmte Situationsangaben). Im Konzept des Pikesschen Alternativenspielraums wäre eine Überprüfung der Namensnennung unvalide. Für soziale Differenzierung scheint der Ansatz insgesamt ungeeignet.

i) *Beziehung verbaler und nonverbaler Information* (VN und ER)

Der Versuchsperson werden vier Abbildungen männlicher Gesichter vorgelegt. Es soll angegeben werden, ob die Person gerade fröhlich, wütend, zufrieden oder unfreundlich ist. Anschließend soll die Abbildung desjenigen Mannes gezeigt werden, der gerade einen der vorgegebenen Sätze gesagt haben könnte:

(20) *Das ist ja zum Verrücktwerden! Du bist ein vollständiger Idiot!*

Aufgabenstellungen dieser Art sind bisher m. W. nicht in Sprach- und Intelligenztests enthalten. Sie stellen einen geglückten Versuch der Einbeziehung nonverbaler Momente in die Untersuchung der „kommunikativen" Kompetenz dar. Einschränkend muß jedoch erwähnt werden, daß die sozialen und ethnischen Abweichungen eine exakte Auswertung der Testleistungen nahezu unmöglich machen. (Besonders störend ist das Problem der transkontextuellen Handlungen (Scheflen 1976, S. 83ff.). Handlungen, die dem Kontext unangemessen scheinen und sich störend auswirken, sind in einem gewissen Sinne dennoch regulär. Im Sozialsystem der Kommunikation ist auch die Störung noch geregelt.)

k) *Textgedächtnis*

Die Versuchsperson soll eine kurze Erzählung, die ihr ca. 20 Minuten zuvor vorgelesen wurde, mündlich nacherzählen. Die Auswertung der Testleistung erfolgt nach sogenannten „Sinneinheiten" (im folgenden Textausschnitt durch Schrägstriche voneinander abgegrenzt).

(21) *Eines Tages/ /sagte ein Sohn/ /zu seinem Vater/ /Ich werde mich verstecken/ /und du wirst mich nicht finden/ /Der Vater antwortete/* . . .

Gemessen wird die Menge übereinstimmender Textteile. Bestimmte Abweichungen sind zulässig (*einmal* statt *eines Tages*, *erstaunt* statt *verblüfft*, Präteritum statt Perfekt, Redundanzen), für andere wird Punktabzug berechnet (*da* statt *eines Tages*, *Netz* statt *Fischernetz*, Tempuswechsel, Auslassung, Reihenfolge der „Sinneinheiten").

Als problematisch bei dieser Vorgehensweise ist zu vermerken:
– „Sinneinheiten" sind texttheoretisch nicht ausreichend definiert (Problem der Itemhomogenität).
– Beim mündlichen Erzählen gelten andere Regeln als für den geschriebenen (= vorgelesenen) Text (z. B.: transzendierende Referenzen: *da, das da* usw.: reihende Konjunktionen, Tempuswechsel, geringere Tempusstaffelung, Nachholen notwendiger Prädikationen usw.).
– Für ausgelassene Textteile darf nur unter besonderen Umständen Punktabzug erfolgen.

Zusammenfassend bleibt festzustellen, daß der Subtest „Textgedächtnis" einen ersten Versuch, die Dimension des Textes zu erfassen, darstellt. Eine stärkere texttheoretische Fundierung des Verfahrens wäre jedoch zu wünschen.

3. LEGASTHENIEDIAGNOSE. Die Diagnose der Lese-Rechtschreib-Schwäche ist seit Jahrzehnten der traditionelle Bereich der Sprachentwicklungsdiagnostik in der Schule. Ihr soll an dieser Stelle besonders wenig Raum gewidmet werden, da einschlägige Lehrbücher vorhanden sind (Schenk/Danzinger 1975, Angermaier 1976, Schwartz 1977, eine Kurzdarstellung vgl. Valtin 1976).

Die Entwicklung der Legastheniediagnostik zeigt jedoch eine grundsätzliche Erkenntnis, die im Zusammenhang aller spracherwerbsdiagnostischen Verfahren von Bedeutung ist. Störungen der sprachlichen Kompetenz lassen sich nicht ausreichend diagnostizieren, indem man mit Hilfe einiger Testaufgaben einige Fähigkeiten untersucht, um festzustellen, ein Klient sei Legastheniker. Eine umfassende Untersuchung enthält nach Linder/Grissemann (1972, S. 1) folgende Teilbereiche:

I. Heriditäre Abklärungen
II. Vergleiche der Lese-Rechtschreib-Leistungen mit den übrigen Leistungen
   a) Kenntnisnahme der Zeugnisnoten
   b) Einsatz von Schulleistungstests
   c) Feststellung des Intelligenzniveaus
   d) Einsatz von Lese- und Rechtschreibtests
III. Differentialdiagnostische und ätiologische Abklärungen
   a) Profilauswertung des Hamburg-Wechsler-Intelligenztests
   b) Bevorzugte Hand
   c) Raumorientierung (nach *Piaget*)
   d) Visuelle Differenzierungs- und Merkfähigkeit (nach *Benton*)
   e) Visuelle Gliederungsfähigkeit *(Hawik)*
   f) Akustische Gliederungsfähigkeit
   g) Akustische Differenzierungs- und Merkfähigkeit (nach *Mottier*)
   h) Dysphasisches Syndrom?
   i) Hirnschädigung?
IV. Die Abgrenzung anderer Lese- und Rechtschreibschwächen
Störungen der sprachlichen Kompetenz bedürfen einer umfassenden Diagnose der gesamten Persönlichkeit. Eine Beschränkung auf einzelne Bereiche sprachlicher Fähigkeiten ist ungenügend.

4. SPRACHERWERBSTEST IM SCHULUNTERRICHT. Im Rahmen kompetenztheoretischer Untersuchungen hat Pfaff 1975 ein Modell für Untersuchungen mit Hilfe von SE-Tests entwickelt. (Projektleitung K. Frank, Freiburg. Die Ziele sind zum Teil identisch mit den von Messelken 1971, S. 144 angegebenen Zielvorstellungen.) Folgende Ziele sollen verfolgt werden:
(1) Man will Einblick in die verschiedenen Soziolekte und Ideolekte erhalten.
(2) Schülern mit beträchtlicher Distanz gegenüber dem „Sollwert" (d. h. gegenüber dem Standard der Hochsprache, der in einer generativen Grammatik dargestellt wird) sollen sprachliche Stimuli gegeben werden, die ihnen helfen sollen, sich aus einer sozialspezifischen Sprachdetermination zu emanzipieren.
(3) Dem Lehrer sollen Anhaltspunkte gegeben werden, seine Sprachnormen im Unterricht so weit zu modifizieren, daß optimale Kommunikation mit *allen* Kindern seiner Klasse erreicht wird.
(4) Man will die Grundlage für eine gerechte Beurteilung der Lernfortschritte liefern (Pfaff 1975, S. 73).

Aufgabentypen:
(1) Beurteilung syntaktisch bzw. semantisch akzeptabler oder unakzeptabler Sätze im multiple-choice-Verfahren.
(2) Feststellung formaler Ähnlichkeit verschiedener Sätze.
(3) Feststellung von Bedeutungsähnlichkeit verschiedener Sätze.
(4) Herausfinden mehrdeutiger Sätze.
(5) Bilden möglichst vieler Wörter aus einer Reihe vermischter Morpheme.
(6) Bilden möglichst vieler Sätze aus einer Reihe von Morphemen, Wörtern und Konstituenten.
(7) Erkennen morphologischer Strukturen (z. B. Wortarten) an Hand semantisch sinnloser Wörter.
(8) Bilden komplexer Sätze nach Vorgabe mehrerer einfacher Hauptsätze.

Beim derzeitigen Stand der Entwicklung ist festzustellen, daß die Verfasser noch weit von ihrem Ziel entfernt sind, in den verschiedenen Bereichen der Kompetenz relevante diagnostische und therapeutische Anregungen für die sprachliche Arbeit in der Schule zu geben. Hinzu kommt, daß wegen der Beschränkung auf das Konzept der Generativen Transformationsgrammatik Chomskys die Gefahr einer isolierenden Symptom-Untersuchung droht (Vernachlässigung persönlichkeitsdiagnostischer Momente).

Ein sprachtheoretisch eng an Bühler (1934) angelehntes Testverfahren wurde von Messelken (1971) entwickelt und einer umfassenden faktorenanalytischen Auswertung unterzogen. Der Test umfaßt 13 Segmente (Subtests) mit je zehn Aufgaben:

Tabelle 2: Testsegmente nach Messelken (1971, S. 118)

Bereiche Ebenen	Hören	Lesen	Schreiben
Phonematik	(1)	(2)	(3)
Lexematik	(4)	(5)	(6)
Syntagmatik	(7)	(8)	(9)
Prosodie	(10)	–	(11)
Textematik	(12)	(13)	–

(1) = Segmentnummer

227

a) *Segment 1: Phonematik des Hörens*
Es sind die Reime kurzer Gedankenausschnitte zu analysieren. Die Versuchsperson muß in einem Testheft *ja* ankreuzen, wenn sich – wie in dem folgenden Textausschnitt – zweimal zwei Zeilen reimen:

„Ich bin ein armer Schneider nur,
hab weder Haus noch Acker,
doch freut mich jede Kreatur,
sogar der Spatz, der Racker."

b) *Segment 2: Phonematik des Lesens*
Die Versuchsperson hat die Rechtschreibfehler eines kleinen Brieftextes zu korrigieren.

c) *Segment 3: Phonematik des Schreibens*
In einem Lückentext sind fehlende Buchstaben einzusetzen,
z. B. *i – ie*

　　　Automob . . l

In den Zwischenraum ist *i* einzutragen.

d) *Segment 4: Lexematik des Hörens*
Aus einer Reihe von 5 Wörtern ist dasjenige herauszusuchen, das am besten zu einem Schlüsselwort paßt.
Z. B.: vereiteln (= Schlüsselwort)
(1) vereiteln
(2) putzen
(3) verreisen
(4) verhindern
(5) schmücken

e) *Segment 5: Lexematik des Lesens*
In ein verstümmeltes Telegramm sind fehlende Buchstaben oder Silben einzutragen.

f) *Segment 6: Lexematik des Schreibens*
In eine „Geschichte" sind fehlende Wörter einzutragen.

g) *Segment 7: Syntagmatik des Hörens*
Es werden einzelne Sätze vorgelesen. Die Versuchsperson muß der Betonung bestimmter Satzteile entnehmen, ob eine anschließend gestellte Frage mit *Ja* oder *Nein* zu beantworten ist.
Z. B.: „Ist *Vater* gestern *spät* nach Hause gekommen!"
Frage: Ist Vater gestern nach Hause gekommen?

h) *Segment 8: Syntagmatik des Lesens*
Aus „Wortsalat" sind korrekte Sätze zu bilden.
Z. B.: *Brigittes Turnen es Lieblingsfach wirklich stimmt ist daß.*

i) *Segment 9: Syntagmatik des Schreibens*

228

Es sollen fehlende Teile eines gestörten Telefongesprächs ergänzt werden.

k) *Segment 10: Prosodie des Hörens*
Eine Äußerung, die aus sinnlosen Wörtern besteht, soll im Hinblick auf ihren illokutionären Akt analysiert werden.
Z. B.: *Blekat klie spley da preus sugz?*
Es handelt sich um eine „aufgeregte Frage".

l) *Segment 11: Prosodie des Schreibens*
In einem Text sind alle fehlenden Kommas und Anführungszeichen einzusetzen.

m) *Segment 12: Textematik des Hörens*
Im Anschluß an den Vortrag einer kurzen Geschichte sind im multiple-choice-Verfahren einige Fragen über Absichten, Gedanken und Voraussetzungen der Handelnden zu beantworten.

n) *Segment 13: Textematik des Lesens*
Verfahren wie im Segment 12. Die Geschichte wird von der Versuchsperson still gelesen.

Alle 13 Aufgabenstellungen zeigen, daß der Test den Ansprüchen eines sprachtheoretisch und kommunikationspsychologisch fundierten Tests nicht standhält (Lückentext-Problematik, Systematik der Segmente, isolierte Betrachtung von Illokutionen, Schreiben ohne Schreibaufgaben usw.).

Die SE-Diagnostik ist im gegenwärtigen Stadium hauptsächlich mit Verfahren für Grund- und Vorschüler befaßt. SE-Tests für Jahrgangsklassen der Sekundarstufe sind bis heute kaum über das sprachtheoretische Niveau der zitierten Arbeit von Messelken (1971) hinausgelangt. (Vgl. Riemenschneider 1971; Technischer Wortschatztest, 7–9; Anger/Bargmann/Hylla: Wortschatztest (WST 5–6); Dies.: WST 7–8; Hylla/Süllwold/Wicht: Rechtschreibtest (RST 4+); Damm/Hylla/Schäfer: Rechtschreibtest (RST 8+); Anger/Bargmann/Voigt: Verständiges Lesen (VL 7–9).)

Im Anschluß an faktorenanalytische Untersuchungen sprachlicher Teile deutscher Intelligenzprüfverfahren (Horn 1972) hat Thurner (1977, S.120) gezeigt, daß die vorhandenen SE-Tests (Subtests von Intelligenzverfahren) einen Sprachfähigkeitsfaktor, einen Speedfaktor und einen Faktor der komplexen visuellen Wahrnehmung enthalten. Außerdem hat Thurner (1971) eine Aufgabenreihe zur Messung der grammatischen Kompetenz 10- bis 13jähriger Schüler aller Schultypen entwickelt (TGK). Es sollen Sprachverstehen und Sprechenkönnen, insbesondere Regelkenntnisse, Wortflüssigkeit und Schreibfertigkeit gemessen werden.

a) *Subtest „Wer ist wer?"*
Nach Vorgabe eines komplexen Satzes soll auf einer Abbildung angegeben werden, welchen Personen die im Satz vorkommenden Namen zugehören.
Z. B.: *Jens, der Klaus, der Heinz schlägt, helfen will, stürzt.*
        Auf einem entsprechenden Bild sind Jens, Klaus und Heinz zu zeigen.

b) *Subtest „Sätze bilden"*
In begrenzter Arbeitszeit sollen aus vorgegebenem Wortmaterial möglichst viele Sätze gebildet werden:
z. B.: *Morgen gibt es Eier.*
      Eier gibt es morgen.
      Gibt es morgen Eier?
      Es gibt morgen Eier.
      usw.

c) *Subtest „Wörter trennen" und „Wörter mit 4 Buchstaben finden"*
Es wird eine Folge von Großbuchstaben in gleichen Abständen vorgegeben. Die Versuchsperson soll diejenigen Buchstaben herausfinden, die zusammen ein sinntragendes Wort ergeben.
z. B.: DIE|E NTEN| SCHW IMMEN| AUF|D EM|SE E
      B|SACK |GSA |OFEN |IÖCF|LANG|MGA

d) *Subtest „Was möchtest du haben?" und: „Wieviele Wörter fallen dir ein?"*
Die Versuchsperson wird aufgefordert, eine Minute lang alles aufzuschreiben, was sie gern haben möchte, bzw. alle Dinge zu benennen, die ein bestimmtes Merkmal haben. Gemessen werden soll die „subjektbezogene" und die „gegenstandsbezogene" thematische Wortflüssigkeit. (An dieser Stelle wäre eine nähere Untersuchung der Persönlichkeitszüge einer Versuchsperson angebracht. Die isolierte Messung der Wortflüssigkeit ist problematisch; vgl. Eichler 1977, S. 191.)

e) *Subtest „Wie schnell kannst du schreiben?"*
Dieser Test dient zur Kontrolle einer Störvariablen und ist nicht für eine Beurteilung der Sprachkompetenz selbst heranzuziehen.

Hauptproblem des TGK ist die Isolierung weniger Momente der grammatischen Kompetenz ohne Berücksichtigung kommunikativer und persönlichkeitsdiagnostischer Faktoren. Nur im Bereich der Legastheniediagnostik hat sich bisher die Erkenntnis durchgesetzt, daß die Untersuchung der sprachlichen Kompetenz nicht auf einige wenige Sprachfähigkeiten beschränkt sein darf. Der TGK legt ein beredtes Zeugnis von der Unentwickeltheit komplexer Sprachtests für den Deutschunterricht ab.

Eichler (1977) schlägt im Anschluß an Diegritz/Rosenbusch (1976) und Altenrichter u. a. (1975) eine Untersuchung der sprachlichen Interaktionen im schülerzentrierten Unterrichtsgespräch vor.

Folgende Beobachtungskriterien sollen erhoben werden:

1) Wer wendet sich bei welchen Alternativen wem zu? (Beziehungsaspekt, Adressatenwahl)
2) Wird die Zuwendung nonverbal (analog) oder verbal (digital) ausgedrückt? Welches und wie viele verbale und nonverbale Mittel werden (funktional) eingesetzt?
3) Wieviel wird vom Kommentandum wieder aufgenommen? (Grad der Kommentierung)
4) Was wird wieder aufgenommen? (Inhalts-Beziehungsaspekt, Scheininhaltskommentierung)
5) Wie wird kommentiert? (direkt – indirekt, aktiver, reaktiver Dialog)
6) Wie sind Sympathien und Antipathien (Freundschaft, Attraktivität usw.) in der Gruppe verteilt bzw. organisieren sie sich?
7) Welche Rollen – Sozialstatus- und Sprecherrollen – nehmen die Kommunikationsteilnehmer zueinander ein? (Symmetrie und Asymmetrie der sozialen Verhältnisse) (Eichler 1977, S. 197)

Problem solcher Untersuchungen ist, daß man die Methode der klassischen Testtheorie vollständig aufgeben und soziographische Tabellen mit langen Interpretationen einzelner Interaktionen anlegen muß. Zu einer objektivierten Messung des Sprachentwicklungsstandes gelangt man auf diese Weise schwerlich.

Ein Versuch, den SE im Bereich komplexer Phänomene der schulischen Interaktion mit Hilfe eines Tests zu messen, wird zur Zeit vom Verfasser durchgeführt. (Zur Darstellung der in der Voruntersuchung verwendeten Aufgaben, vgl. Herrmann 1978.) Es werden Situationen der schulischen Kommunikation im Film vorgeführt. Die Versuchsperson soll in einem Testheft ankreuzen, ob bestimmte Voraussetzungen, Ziele verfolgt bzw. erfüllt werden oder nicht.

Z. B.: Zu Beginn der Pause fordert der Lehrer alle Schüler auf, aus dem Klassenzimmer auf den Hof zu gehen. Karl Meyer bleibt dennoch auf seinem Stuhl sitzen. Nach einigem Warten spricht ihn der Lehrer an: „Mein lieber Herr Meyer, würden auch Sie sich freundlicherweise hinausbemühen?"

a) Der Lehrer möchte Karl besonders freundlich bitten, hinauszugehen.
b) Im Gegensatz zu den anderen Schülern *muß* Karl nicht hinausgehen. Der Lehrer hat ihn ja nur darum *gebeten*.

c) Karl wird mit Nachdruck aufgefordert, dem Lehrer zu gehorchen.

d) Der Lehrer will Karl einen Vorwurf machen. Er meint, daß Karl schon längst hätte draußen sein sollen.

e) Der Lehrer glaubt, Karl wüßte nicht, daß alle Schüler auf den Hof gehen sollen.

Der Test soll zur Diagnose des SE von Paradoxien und Ironien in Klasse 3–5 verwendet werden. Er dient zur Untersuchung des Zusammenhangs familiärer und schulischer Einflüsse auf die Fähigkeit, implizit widersprüchliche Interaktion als regulär zu durchschauen. Im Rahmen einer Theorie der Standardsituationen aggressiver Interaktion im Schulunterricht wird dieser Bereich des SE als wesentliches Moment der sogenannten „kommunikativen Kompetenz" institutioneller Kommunikation angesehen. (Entsprechende Standardsituationen werden auch bei der Untersuchung des SE aggressiver Interaktion von Vorschülern und Schulanfängern verwendet; vgl. Herrmann 1977.)

→ **Fachdidaktik (eigensprachlich,) Kommunikation, Normen, Psycholinguistik.**

LITERATUR

G. Altenrichter et al.: Theorie des eigensprachlichen Unterrichts, Düsseldorf 1975.

R. Amthauer: Intelligenz-Struktur-Test (IST 70), Göttingen 1970.

H. Anger/R. Bargmann/E. Hylla: Wortschatztest (WST 5–6), Begabungstest für 5. und 6. Klassen, Weinheim 1965.

H. Anger/R. Bargmann/E. Hylla: Wortschatztest (WST 7–8), Begabungstest für 7. und 8. Klassen, Neubearbeitung von U. Raatz u. a., Weinheim 1965.

H. Anger/R. Bargmann/M. Voigt: Verständiges Lesen, Schulleistungs- und Begabungstest für 7. bis 9. Klassen, Weinheim ²1971.

M. Angermaier (Hg.): Legasthenie. Das neue Konzept der Förderung lese-rechtschreibschwacher Kinder in Schule und Elternhaus, Frankfurt/Main 1976.

M. Angermaier: Psycholinguistischer Entwicklungstest, Weinheim 1974.

J. Berko: „Das Erlernen der englischen Morphologie durch das Kind" in: W. Eichler/A. Hofer (Hg): Spracherwerb und linguistische Theorien. Texte zur Sprache des Kindes, München 1974, S. 215–242 (zuerst in: Word 14 (1958) S. 150–177).

K. Bühler: Sprachtheorie, Jena 1934.

H. Damm/E. Hylla/K. Schäfer: Rechtschreibtest (RST 8+), Schulleistungstest für 8. und höhere Klassen an Hauptschulen, Weinheim 1965.

Th. Diegritz/H. S. Rosenbusch: *Kommunikation zwischen Schülern. Schulpädagogische und linguistische Untersuchungen. Didaktische Konsequenzen*, München 1977.

W. Eichler: *Sprach-, Schreib- und Leseleistung. Eine Diagnostik für den Deutschlehrer*, München 1977.

L. Eley: *„Sprache als Sprechakt. Die phänomenologische Theorie der Bedeutungsintention und -erfüllung und die sprachphilosophische Theorie der Sprechakte"* in: J. Simon (Hg.): *Aspekte und Probleme der Sprachphilosophie*, Freiburg, S. 137–184.

J. Engelkamp: *Psycholinguistik*, München 1974.

G. Fischer: *Einführung in die Theorie psychologischer Tests. Grundlagen und Anwendung*, Bern etc. 1974.

J. H. Flavell: *Rollenübernahme und Kommunikation bei Kindern*, Weinheim etc. 1975 (*„The Development of Role-Taking and Communication Skills in Children"* 1968).

H.C.Goeppert (Hg.): *Sprachverhalten im Unterricht*, München 1977.

H. Grimm/H. Schäfer/M. Wintermantel: *Zur Entwicklung sprachlicher Strukturformen bei Kindern. Forschungsbericht zur Sprachentwicklung: Empirische Untersuchungen zum Erwerb und zur Erfassung sprachlicher Wahrnehmungs- und Produktionsstrategien bei Drei- bis Achtjährigen*, Weinheim etc. 1975.

P. Grundke: *Interaktionserziehung in der Schule. Modell eines therapeutischen Unterrichts*, München 1975.

H. J. Heringer: *Praktische Semantik*, Stuttgart 1974.

W. Herrmann: *„Therapeutische Sprachdidaktik. Eine Untersuchung zum Spracherwerb des Schulanfängers mit einem Unterrichtsmodell"* in: Goeppert, a.a.O., S. 357–399.

W. Herrmann: *„Paradoxien und Ironien bei der Lösung von Unterrichtskonflikten"* in: *Praxis Deutsch* 30 (1978) S. 19–21.

W. Herrmann: *„Über die Zuverlässigkeit von Tests mit Textaufgaben"* in: R. Schäfer (Hg.): *Festschrift Ursula Walz*, München 1979, S. 215–236.

A. Hofer: *„Die pädagogische, didaktische und psycholinguistische Problematik von Testverfahren zur Feststellung von Legasthenie"* in: Ders. (Hg.): *Lesenlernen. Theorie und Unterricht*, Düsseldorf 1976, S. 321–348.

E. Hylla/F. Süllwold/G. Wicht: *Rechtschreibtest (RST 4+), Schulleistungstest für 4. und höhere Klassen*, Weinheim ²1970.

W. B. Ihssen: *„Der Psycholinguistische Entwicklungstest (PET) aus linguistischer Sicht"* in: G. Peuser (Hg.): *Brennpunkte der Patholinguistik*, München, 1978, S. 95–114.

Illinois Test of Psycholinguistic Abilities, hg. von S. A. Kirk.

J. J. Mc Carthy/W.Kirk, Urbana 1968 (rev. Ed.).

K. Ingenkamp: *„Die diagnostische Problematik des Aufsatzes als Prüfungsinstrument und die Bemühungen zur Verbesserung der Auswertungsqualität"* in: O. Beck/F.J.Payrhuber (Hg.): *Aufsatzbeurteilung heute*, Freiburg 1975, S. 16–31.

E. Kasielke: „Zur Diagnostik des sprachlichen Entwicklungsstandes von Vorschulkindern. Teil I und II" in: Zeitschrift für Psychologie 174 (1967) S. 1–27 und 245–284.

Th. Lewandowski: „Kommunikative, grammatische und lerntheoretische Konzeptionen in Sprachwerken des Deutschen" in: Wirkendes Wort 27 (1977) S. 257–269.

M. Linder/Grissemann: Züricher Lesetest. Testverfahren zur Erfassung legasthenischer Kinder, Bern ²1972.

M. J. Mecham/J. L. Jex/J. D. Jones: Utah Test of Language Development, Salt Lake City 1973.

H. Messelken: Empirische Sprachdidaktik, Heidelberg 1971.

J. N. Paraskevopoulos/A. Kirk Samuel: The Development and Psychometric Characteristics of the Revised Illinois Test of Psycholinguistic Abilities, Urbana etc. 1969.

G. Petter: Die geistige Entwicklung des Kindes im Werk von Jean Piaget, Bern etc. 1966.

H. Pfaff: „Die Entwicklung eines Sprachtests im Rahmen einer linguistischen Theorie" in: Linguistische Berichte 35 (1975) S. 71–82.

H. Ramge: Spracherwerb. Grundzüge der Sprachentwicklung des Kindes, Tübingen ²1976.

L. Riemenschneider u. a.: Technischer Wortschatztest (TWT 7–9). Begabungstest für 7.–9. Klassen an Hauptschulen, Realschulen und Gymnasien, Weinheim 1971.

H. Salatas/J. H. Flavell: „Perspective Taking: The Development of Two Components of Knowledge" in: Child Development 47 (1976) S. 103–109.

A. E. Scheflen: Körpersprache und soziale Ordnung. Kommunikation als Verhaltenskontrolle, Stuttgart 1976.

L. Schenk-Danzinger: Handbuch der Legasthenie im Kindesalter, Weinheim etc. 1968.

E. Schwartz (Hg.): Legasthenie oder Lesestörungen? Pro und Contra, Frankfurt/Main 1977.

R. C. Stalnaker: „Pragmatics" in: J. S. Petöfi/D. Franck (Hg.): Präsuppositionen in Philosophie und Linguistik, Frankfurt/Main 1973, S. 389–408.

F. Thurner: Sprachsystemkompetenz. Untersuchungen verbaler Fähigkeiten von Schülern, Braunschweig 1977.

R. Valtin: „Legasthenie" in: K. Stocker (Hg.): Taschenlexikon der Literatur- und Sprachdidaktik Bd. 1, Kronberg/Ts. 1976, S. 191–195.

W. Wildgen: Kommunikativer Stil und Sozialisation. Ergebnisse einer empirischen Untersuchung, Tübingen 1977.

L. Wittgenstein: „Philosophische Untersuchungen" in: Ders. Schriften 1. Frankfurt/Main 1969, S. 59 ff.

D. Wunderlich: Grundlagen der Linguistik, Reinbek 1974.

WOLFGANG HERRMANN

Stilistik

1. STIL. Kaum eine linguistische Disziplin ist durch derart disparate Ansätze gekennzeichnet wie die Stilistik (S). Das betrifft bereits die Zuordnung der S zur Linguistik selber. Ganz gleich, ob eine Differenzierung in Stiltheorie für die *Produktionsseite* und S für die *Rezeptionsseite* als adäquat angesehen werden kann (Sanders 1973 u. 1977) oder nicht und ob funktional- oder individualstilistische Aussagen beabsichtigt sind, die Beschreibung und Bewertung des Stils sprachlicher Erzeugnisse ist eine Aufgabe der Linguistik. Aussagen über dichterischen Stil werden in der Literaturwissenschaft für interpretatorische Zwecke benötigt. Eine Disziplin sui generis (Ullmann 1972) ist die S jedenfalls nicht, denn sie befaßt sich in systematischer Weise mit Sprache. Als eine linguistische Teildisziplin hat die S einen virtuellen, die langue (Kompetenz) betreffenden und einen die parole (Performanz) betreffenden Aspekt (Abraham/Braunmüller 1971). Worin diese Aspekte zu sehen sind, läßt sich nur unter Bezug auf eine tragfähige Definition von Stil angeben.

Bei der Definition von Stil zeigen sich die gleichen Bestimmungsschwierigkeiten wie bei der Bestimmung von S, die immerhin über eine jahrhundertelange Tradition, meist angebunden an die Rhetorik, verfügt. „*Stilistiken*" sind bis heute stark durch normbezügliche präskriptive Aussagen (Vorschriften) für sprachliche Gestaltungen geprägt. Einer exakten Definition von Stil wird meistens ausgewichen, doch lassen sich aus den vorgeschlagenen, z. T. stark divergierenden Begriffsbestimmungen einige konstante Stilattribute herauslösen, die sich auf dem Hintergrund der linguistischen Einordnung der S zu einer Definition von Stil vereinigen lassen. In den meisten Bestimmungsversuchen begegnen positiv wertende Ausdrucksweisen („guter Stil"). Weiter wird Stil als Auswahl-Phänomen erkannt: Aus den in paradigmatischer Opposition stehenden sprachlichen Varianten werden solche ausgewählt, die kontextuell (syntagmatisch) eine bestimmte Wirkung hervorbringen. Stil ist einerseits normbezogen, andererseits werden bewußte Verstöße gegen die Norm, sofern sie eine gelungene Gestaltungsabsicht erkennen lassen, geradezu als „stilistisch" bezeichnet („Stilistika").

Die normbezogene Angemessenheit findet ihre fruchtbarsten Ausprägungen in der Theorie der *Funktionalstile* (vgl. Kapitel 3) und vergleichbaren Beschreibungszugängen, die das Phänomen Stil in bezug auf eine vorgegebene Klassifikation für die Bereiche der Sprachverwendung zu fassen versuchen (siehe *Textsortenstil*). Ausdrücke wie Epochenstil, Jugend- und Altersstil lassen erkennen, daß Stil auch über eine diachrone

Komponente verfügt. Da Stil linguistisch zu begreifen ist, ist das nur konsequent. Schließlich sind Stilbestimmungen vorgelegt worden, die den Ganzheitscharakter der Äußerung, auf die sie sich beziehen, betonen. Diese Auffassung geht bis auf Goethe zurück, der in seinem Aufsatz „Einfache Nachahmung der Natur, Manier, Stil" (nach Enkvist 1977, S. 13f.) „den Stil als ein höheres aktives Kompositionsprinzip ansieht, mit dem der Schaffende die innere Form seines Stoffes durchdringt und offenbart". Danach ist Stil ein Epiphänomen, eine zusätzliche Wirkungsmöglichkeit, gebunden an individuelle Gestaltungsabsichten des Emittenten (Sprechers/Schreibers), die der Rezipient (Empfänger) in dessen Sinne auffassen soll. Stil betrifft aber nicht nur ästhetische Texte, sondern Texte aller Textsorten. So läßt sich Stil wie folgt definieren:

Stil ist das auf paradigmatischer Opposition der Ausdrucksvarianten beruhende, syntagmatisch faßbare, effektive, einheitliche und je unverwechselbare Merkmal von Sprache in je bestimmten Funktionsbereichen.

Die einzelnen Bestandteile der Definition sind nun zu bestimmen. Vorweg ist der aus der Definition abzulesende Doppelcharakter des Stils, genauer, der stilistischen Wahl terminologisch festzulegen: Stilistische Eigenschaften von Texten, die auf der Vorgabe durch die unterschiedlichen Verwendungsbereiche der Sprachmittel beruhen, sollen natürliche *Stilwerte* heißen. Sie sind die kollektiv-sozial bestimmten primären Stilfärbungen. Dagegen sollen alle Abweichungen von der Vorgabe *Stileffekte* genannt werden. Diese gleichsam sekundäre Wahl ist stets individuellbewußt. Stilwerte und Stileffekte machen zusammen das stilistische Potential eines Textes, seine Stilmittel aus; sie sind vielfach nur analytisch zu trennen. Stets ist vorausgesetzt, daß Stilwerte und Stileffekte sachangemessen zu sein haben. Sie stehen im Dienste einer die Ebene der Sachverhaltsbezeichnung durchdringenden Steigerung der Aussageabsicht. Eine weitere Anforderung an die Stilmittel ist, daß sie Anschaulichkeit und Abwechslung bewirken sollen. Sachangemessenheit, Anschaulichkeit und Variation lassen sich als wichtigste Stilanforderungen oder Stilzüge auffassen.

Die für die S wichtige Theorie der *Funktionalstile* (vgl. Kapitel 3.) erfordert eine Anbindung an die Lehre von den *Textsortenstilen* (vgl. Kapitel 4.) und eine beide übergreifende oberste Erklärungsebene, die Theorie der *Darstellungsarten* (vgl. Kapitel 2.). Erst mit der Einbeziehung der *Stilistischen Aspekte des Wortschatzes* (vgl. Kapitel 5.) und der *Stilistischen Aspekte der Grammatik* (vgl. Kapitel 6.), sowie der verwendbaren *Stilfiguren* (vgl. Kapitel 7.) werden die instrumentalen

236

und auf Effektivität abzielenden Eigenschaften von Stil und die verschiedenen *Methoden der Stilistik* (vgl. Kapitel 8.) bewertbar.

2. DARSTELLUNGSARTEN *(Vertextungsstrategien)*. Im Hinblick auf die Ausweitung der Linguistik auf die Beschreibung von Texten ist es konsequent, wenn auch der Erklärungsrahmen für Stilphänomene möglichst weit gesetzt wird und die Beschreibung und Deutung auch der Stilmittel von allgemeinen Textgestaltungsprinzipien her erfolgt. Diese, als Texttypen (Werlich 1975), Vertextungsstrategien (Eroms 1978) oder Darstellens- bzw. Darstellungsarten (Heinemann in Fleischer/Michel 1975) unterschiedlich weit bestimmt, sind – als oberste Prinzipien der Vertextung – zunächst an der Wirklichkeit und deren zweckgerichteter sprachlicher Abbildung ausgerichtet. Sie gelten für alle Verwendungsbereiche der Sprache, wenn auch mit unterschiedlichen Schwerpunkten. Nach den mit der Versprachlichung verbundenen Zwecken lassen sich vom Emittenten her gesehen z. T. subjektive und objektive Varianten unterscheiden. Es sind vier Grundkategorien anzusetzen: *Erzählen, Argumentieren, Beschreiben, Anweisen*. Von ihnen aus läßt sich besonders gut die Einheitlichkeit von Stilwerten begründen.

Beim *Erzählen*, als neutraler Form (mit *Berichten* als objektiver und *Schildern* als subjektiver Variante), wird die Übermittlung einer Ereignisabfolge beabsichtigt. Beim Rezipienten soll eine Ereignischronologie evoziert werden. Das vorherrschende Tempus ist das Präteritum. Die Ausdruckswahl ist weitgehend durch direkten Bezug auf die Wirklichkeit vorgegeben und führt zu einer reichhaltigen natürlichen Stilfärbung. Das betrifft vor allem die Wahl der Verben. Es werden wenig stilistische Mittel benötigt, um die Effektivität des Erzählens zu erhöhen.

Zweck des *Argumentierens* ist es, den Rezipienten durch schrittweise Überzeugung (Persuasion) dazu zu veranlassen, sich der Meinung des Emittenten anzuschließen und entsprechend zu handeln. Das Argumentieren ist in seiner reinen Form durch verhältnismäßig unflexible Schemata gekennzeichnet. Es hat eine subjektive Variante *(Erörtern)*. Die Tempusbezüge sind simultan. Die Monotonie der Schemata erfordert vielfältige kompensatorische Maßnahmen. Vornehmlich für das wirkungsvolle Argumentieren ist in der Rhetorik die Fülle der Stilfiguren (vgl. Kapitel 7.) ausgebildet worden.

Das reine *Anweisen* verzichtet auf argumentative Schemata und verkettet Handlungsanweisungen (Tempus: Futur). Diese Vertextungsstrategie ist die eintönigste und erfordert zwangsläufig die stärksten kompensatorischen Maßnahmen. Dafür bietet sich die Mischung mit anderen Vertextungsstrategien an, vor allem die Verschränkung mit dem Argumentieren oder aber dem Beschreiben.

Das *Beschreiben* bezieht sich hauptsächlich auf lokale Koordinaten und ist durch die Verwendung von Zustandsprädikaten und Zeitlosigkeit (Tempus: Präsens) gekennzeichnet. Hier sind nun ebenfalls Umsetzungsmaßnahmen erforderlich, damit Monotonie vermieden wird. Vor allem werden Beschreibungen gerne mit Hilfe anderer Vertextungsstrategien gegeben, so werden Zustandsbeschreibungen oft in die Erzählung von Abfolgen umgesetzt, oder die zu beschreibenden Gegenstände werden als handelnde aufgefaßt (siehe Stilfiguren; insbesondere die Personifikation).

So zeigt sich bereits bei den grundlegenden Prinzipien der Versprachlichung, bei den Vertextungsstrategien, Stil als Wahlphänomen in seinen beiden Ausprägungen: vorgegebene Auswahl aus dem Gesamtsystem der Sprache, was zu gleichsam natürlichen Stilfärbungen (Stilwerten) führt, und individuelle Wahl aus Kompensationsgründen, wodurch sich Stileffekte ergeben.

3. FUNKTIONALSTILE. Die archetypischen Vertextungsstrategien führen zu universell gültigen Stilwerten und -effekten. Sie sind weitgehend erst in einem analytischen Prozeß aufzudecken. Sie manifestieren sich in soziokulturell bedingten Verwendungsbereichen, die sich von dominanten Sprachfunktionen mit bestimmten normbezogenen Stilzügen her beschreiben lassen. Ein Beschreibungsweg, der von den Kommunikationszwecken ausgehend Bezüge auf die jeweils gültige Sprachnorm vornimmt, findet sich in der Theorie der Funktionalstile. Diese in der tschechischen und sowjetischen Linguistik entwickelte Stiltheorie (vgl. Riesel/Schendels 1975) teilt die Verwendungsbereiche von Sprache in fünf (bzw. vier) Funktionsbereiche mit jeweils unterschiedlichen Zwecksetzungen ein: Danach dient die *Alltagssprache* der spontanen, vornehmlich mündlichen Kommunikation. Als Stilzüge werden genannt: Situationsbezug, Ungezwungenheit, Emotionalität, Bildhaftigkeit, Individualität. Kritisch läßt sich einwenden, daß die Alltagssprache nach der jeweiligen Situation noch stark zu differenzieren ist, denn die Stilmittel sind entweder natürlich, d. h. situationsbedingt oder sie wirken durch Übertragung aus anderen Situationen, in denen sie angemessen wären (siehe: Stilistische Aspekte des Wortschatzes).

Die *wissenschaftliche Sprache* bezweckt die Vermittlung von Erkenntnissen. Der Adressatenkreis ist eingeschränkt. Die Stilzüge der wissenschaftlichen Sprache sind: Abstraktion, Genauigkeit, Klarheit, vollständige Ausformulierung. Strategien der Persuasion sind zulässig.

Die Sprache der *Direktive* dient der Verhaltenssteuerung und läßt sich in verbindlich zu befolgenden Vorschriften (Gesetze, Verordnungen) und Aufforderungen, die weniger verbindlich sind (politische Rede, Aufruf) einteilen.

Presse und Publizistik (teilweise nicht als eigene Funktionalstile beschrieben) bezwecken Information und „Aufklärung" der Rezipienten und sind durch Allgemeinverbindlichkeit, Ausdrucksökonomie und persuasive Strategien gekennzeichnet.

Der letzte Funktionalstil, der der *Belletristik* umfaßt den gesamten literarischen Bereich. Dessen Mannigfaltigkeit läßt sich unter dem Gesichtspunkt des Kommunikationszwecks so bestimmen, daß er gegen alle anderen Gebrauchssprachstile einheitlich durch Fiktionalität gekennzeichnet ist. Er kann deswegen Elemente anderer Funktionalstile einbeziehen.

Sanders (1977, S. 89 ff.) rechtfertigt die Funktionalstile als Stilbereiche durch Zuordnung zu Kommunikationsbereichen, wobei er Alltagssprachstil durch den dominanten Bezug auf die kommunikative Situation, literarische Sprache durch die Bestimmung der formalen Ausprägung gegen alle anderen Sprachbereiche abhebt, die er als primär zweckgerichtete Gebrauchssprachen zusammenfaßt.

Während allgemeine textkonstitutive Bestimmungen den Stil nicht betreffen, weil das Prinzip der Wahl nicht besteht, führen die *Vertextungsstrategien* zu Stilphänomenen, die sich in den unterschiedlichen Verwendungsbereichen der Sprache funktionalstilistisch fassen lassen. Die Interdependenz von Darstellungsarten und funktionalen Gebrauchsbeschränkungen zeigt sich z. B. darin, daß sowohl in der Alltagssprache wie in Gebrauchssprachen (etwa in der Fachsprache der Geschichtswissenschaft) oder in der Literatursprache (Roman) erzählt werden kann. Ebenso kann in allen Funktionsbereichen argumentiert, beschrieben oder aufgefordert werden. Dieser Tatsache werden die Stilistiken, die unmittelbar bei den Funktionalstilen einsetzen, nicht gerecht. Denn die Funktionalstile sind die Stile, wie sie sich nach konventionellen Bereichen der Sprachverwendung ergeben. Sie manifestieren sich im einzelnen in den Textsortenstilen der einzelnen Textsorten (vgl. Kapitel 4.).

4. TEXTSORTENSTIL. Ein weiterer möglicher Beschreibungszugriff für Stilphänomene ist der direkte Bezug auf die *kommunikativen Einhei-*

ten, die Textsorten. Die für die Bestimmung von Stil dabei über die Theorie der Darstellungsarten und der Funktionalstile hinaus zu gewinnenden Erkenntnisse betreffen die Vielschichtigkeit der kommunikativen Regeln (vgl. exemplarisch für die Textsorte „Horoskop": Sandig 1978). So ist der Stil gebrauchssprachlicher Textsorten wie Wetterbericht, Rundfunknachricht, Heiratsannonce, Werbespot oder Wahlrede durch konventionelle Handlungsmuster bestimmt. Individuelle Variationen und damit Unterschiede im Stil werden vor allem durch Überlagerung der Handlungsmuster erzielt. Viele Stileffekte ergeben sich dadurch, daß die kommunikativen Intentionen indirekt zum Ausdruck gebracht werden. Für manche Textsorten scheint dies konstitutiv zu sein; hier sind jedoch noch weitere Untersuchungen nötig, um konventionelle und individuelle Anteile gegeneinander abgrenzen zu können.

5. STILISTISCHE ASPEKTE DES WORTSCHATZES.

Unter stilistischen Gesichtspunkten ist von einer Teilung des Wortschatzes einer Sprache in einen *unmarkierten* (neutralen) und in einen *funktional markierten* auszugehen. Der neutrale Wortschatz ist in allen Funktionalstilen verwendbar und weist keine Stilwerte oder -effekte auf. Er umfaßt u. a. die gängigen Bezeichnungen für die alltäglichen Dinge *(Kopf, essen, schmutzig)*. Die Komplementärmenge ist der in seiner Verwendung durch funktionale Vorgaben mit einer Stilfärbung versehene Wortschatz. Dabei ist die Überlappung mehrerer Funktionsbereiche als Normalfall anzusehen (z. B. alltagssprachlich, in umgangssprachlicher Schicht: *Rübe*, literatursprachlich und gebrauchssprachlich in der Textsorte „feierliche Rede" *Haupt*; umgangssprachlich *mampfen*, gebrauchssprachlich „gehoben" *speisen*; umgangssprachlich *saudreckig*, fachsprachlich *verdreckt*). Die Wahl des „treffenden Wortes" mit seiner natürlichen Stilfärbung ist funktional bedingt und konventionell geregelt.

Stileffekte der Wörter ergeben sich durch Übertragung aus anderen Verwendungsbereichen. Individuelle Stilwirkungen werden so ermöglicht. Die Einteilung des Wortschatzes in stilistisch neutrale und stilistisch markierte Wörter beruht nicht etwa auf einer Zuordnung der denotativen Bedeutung an die unmarkierten Wörter und der konnotativen an die stilistisch markierten, sondern auf „Verwendungsbeschränkungen" (Fleischer/Michel 1975, S. 70). Das gilt zunächst auch für die Synonymie als paradigmatisches Phänomen; strenge Bedeutungsgleichheit kann es deswegen nicht geben. Durch „kontextuelle Synonymie" wird dem allgemeinen Prinzip der Ausdrucksvariation Genüge getan. Die textuellen Regeln der Substitutionsbeziehungen, die weitgehend stilistisch neutral sind, mindern auch den stilistischen Effekt kontextueller Synonyme, falls sie nicht auffällige Stilfiguren (vgl. Kapitel 7.) darstellen.

Die stilistische Anforderung der *Einheitlichkeit* des Stils ergibt sich in hohem Grade durch die Konstanz des natürlichen Kolorits der verwendeten Wörter (Riesel/Schendels 1975, S. 64). Die häufig unterschiedenen „stilistischen Höhenlagen" der Wörter beruhen entweder auf funktionalen Selektionen und stellen insofern natürliche Stilfärbungen dar oder auf bewußten Abweichungen und sind dann Stilfiguren mit auffälligen Stileffekten.

Die den Wortarten zugeschriebenen *Basisfunktionen* (Verben als „dynamisch", Nomina als „begrifflich", Adjektive als „schmückend") sind besser von den Darstellungsarten und Funktionalstilen her zu deuten. Dies gilt wiederum in doppeltem Sinne: So kommen alle eindeutigen Fachtermini zunächst ihren jeweiligen Fachsprachen zu. Über ihre denotative Funktion hinaus haben fachsprachliche Bezeichnungen den Zweck, den Emittenten als kompetent zu legitimieren. Der beabsichtigte stilistische Effekt kann deswegen leicht ins Gegenteil umschlagen. Am „Behördenstil" wird u. a. die gehäufte Verwendung kompakter Nominalisierungen kritisiert, in anderen Fachsprachen die „Berufsjargonismen" als „Imponiergehabe".

Der zweite stilistische Aspekt, der auf vornehmlich individueller Wahl von Wörtern aus anderen Funktionsbereichen beruht, zeigt sich in auffälligen stilistischen Effekten: Die Verwendung von Fachtermini anderer gebrauchssprachlicher Bereiche und teilweise auch von Fremdwörtern erweckt den Anschein von Fachkompetenz, Archaismen geben Zeitkolorit, Anachronismen satirische Stileffekte, Modewörter, ferner Neologismen, in gewissem Sinne das Gegenteil der Anachronismen, lassen sich als „progressive", der Zeit vorauseilende, noch nicht in die jeweilige Norm integrierte Abweichungen auffassen. Die Verwendung alltagssprachlicher Wörter, besonders solcher mit starker Expressivität, in der Gebrauchssprache ergibt eine „Senkung der Stilebene", worunter eine pragmatisch zu bewertende Verstärkung der Aussageabsicht zu verstehen ist.

Diatopische (dialektale und regionale) Varianten haben natürlichen Stilwert, weil der Sprecher an die regionalen Sprachvarianten gebunden ist *(Roß/Pferd; Grüß Gott / Guten Tag)*. Sie können für die Koloritzeichnung verwendet werden. Für schichten- und rollenspezifische Gebrauchsweisen gelten analoge Bedingungen.

6. STILISTISCHE ASPEKTE DER GRAMMATIK.

Von den Stilfiguren (vgl. Kapitel 7.) abgesehen, lassen sich die *Stilwerte der grammatischen Mittel* wie beim Wortschatz durch den Bezug auf die Vertextungsstrategien und die Funktionalstile bestimmen. Ist beim Wortschatz die Kategorie der Synonymie Bewertungsgrundlage, so hier die der Paraphrase. Strenge Bedeutungsgleichheit ist auch hier gerade nicht gefordert. Die Stilwerte des Wortschatzes und der Grammatik sind interdependent. So lassen sich mit Hilfe des Valenzprinzips Aussagen über die Wortwahl und die Satzorganisation treffen; z. B. wird aufgrund der Vertextungsstrategien beim Erzählen die reich besetzte Klasse der Vorgangs- und Handlungsverben, beim Beschreiben die Klasse der Verben der Befindlichkeit, die nur wenige Verben enthält (*sein, sich befinden, angrenzen, bestehen aus* usw.) benötigt.

Es ist zu bezweifeln, ob es absolute, d. h. für alle Verwendungsbereiche gültige Stilwerte der grammatischen Kategorien gibt. Vielmehr ergeben sich die Stilwerte aufgrund der Vertextungsstrategien und der Funktionalstilbereiche. Das gilt bereits für Kürze oder Länge der Sätze: In Anweisungstexten herrschen kurze, in argumentativen lange Sätze vor. Kürze oder Länge der Sätze kann jedoch auch normativ gefordert sein (Belege bei Sowinski 1973, S. 90).

Vor allem die *Genera des Verbs* sind für eine gleichsam natürliche Angemessenheit der Verwendung in Anspruch genommen worden. So deuten Riesel/Schendels (1975, S. 131 ff.) das Aktiv als Ausdrucksweise zentrifugaler Geschehensrichtung (vom Agens zum Patiens), das Passiv als Bezeichnung zentripetaler Geschehensrichtung (vom Patiens zum Agens), dazu das Stativ (*sein*-Passiv) als Ausdruck der Inaktivität des Satzsubjekts. Da das Aktiv die natürliche Geschehensrichtung widerspiegele, müsse es als stilistisch neutral und das Passiv wegen der Änderung der Blickrichtung als stilistisch markiert aufgefaßt werden. Zweifellos kommen Passivstrukturen in der Sachprosa häufiger vor als in Erzähltexten. Doch sind dies Auswirkungen der Vertextungsstrategien. Diachron gesehen lassen sich Passiva sehr wohl als Kompensationen der lexikalisch einseitigen Ausrichtung des Wortschatzes der deutschen Sprache (und verwandter Sprachen) für Handlungsbezeichnungen auffassen. Das zeigen besonders die zweigliedrigen Passiva (*Das Buch wird gelesen*), bei denen die „Umkehrung der Blickrichtung" sekundär ist, und die zweifellos aus der Alltagssprache „aufgestiegenen" Dativpassivformen *(Er kriegt etwas gesagt)*, bei denen in allen „höheren" Funktionalstilen das Hilfsverb *kriegen* durch *bekommen* oder *erhalten* ersetzt wird.

Die *Tempuswahl* ist eindeutig aufgrund von Vertextungsstrategien geregelt. Abweichungen sind nur in geringem Maß gestattet und den Stilfiguren an die Seite zu stellen (Präsens historicum als „Tempusmetapher", vgl. Weinrich ³1977).

Bei der Anordnung der Wörter im Satz ist von einer *stilneutralen Wortstellung* auszugehen, die teils sprachtypologisch (Deutsch als tendenzielle Subjekt-Verb-Objekt-Sprache), teils textuell (aufgrund der Thema-Rhema-Gliederung) geregelt ist. Stilistische Effekte ergeben sich – das gilt für alle Funktionalstilbereiche – vor allem durch die davon abweichende Besetzung der Ausdrucksstelle im Satz (Platz vor dem finiten Verb) und die Ausklammerung. Diese Maßnahmen dienen der Hervorhebung. Alle wirklichen Abweichungen sind Stilfiguren (vgl. Kapitel 7.).

Die Wahl der *Konnektoren* (Hauptsatz-Konjunktionen und funktionsgleiche Adverbien) ist vornehmlich aufgrund der Vertextungsstrategien geregelt: Erzähltexte weisen wenige, argumentative Texte eine Fülle von Konnektoren auf. Stileffekte ergeben sich durch eine andere als die zu erwartende Verteilung. So können asyndetisch verbundene argumentative Texte apodiktisch (nachdrücklich), syndetische Erzähltexte weitschweifig wirken.

Wortbildungen sind ein Hauptmittel der Informationsverdichtung durch Ersparung von expliziten Sätzen und deswegen funktionalstilistisch und von den Vertextungsstrategien her zu bewerten. In Sachtexten sind sie häufiger als in Erzähltexten, weil hier die Prädikate für die Ereignischarakterisierung benötigt werden. Umgekehrt bewirkt in Beschreibungstexten die Verwendung von Handlungsverben den Eindruck von „Dynamik".

7. STILFIGUREN.
Das Wahlprinzip bei der Begriffsbestimmung von Stil wird bei den Stilfiguren als erlaubte Abweichungen im Dienste der Ausdruckssteigerung in Stileffekten faßbar. Stilfiguren sind nicht von Vertextungsstrategien her, sondern funktionalstilistisch oder textsortenspezifisch deutbar. Sie sind keineswegs auf literarische Texte beschränkt, sondern kommen auch in der Alltags- und in den Gebrauchssprachen vor. In der Rhetorik wurden nach der Häufigkeit und der Art der verwendeten Stilfiguren drei *genera dicendi* unterschieden: sermo humilis, genus mediocre, genus sublime. Die Stilfiguren lassen sich in Figuren des Ersatzes, der Hinzufügung, der Auslassung und der Anordnungsveränderung einteilen und entsprechen damit den vier gängigsten Transformationstypen der Generativen Transformationsgrammatik.

Die wichtigsten *Ersatzfiguren* sind: Ersatz des Gemeinten durch sein

243

Gegenteil, zugleich der vollständigste Ersatz: Litotes (*nicht schlecht* statt *gut*), in größerem Kontext und mit negativer Wirkung: Ironie; Wahl des übertriebenen Ausdrucks statt des treffenden (*miserable Arbeit*); Wahl des Oberbegriffs statt des Unterbegriffs oder umgekehrt: Synekdoche (z. B. Gattung für Art: *Dickhäuter* statt *Elefant*); umschreibende Bezeichnung: Periphrase (*schwarze Diamanten* für *Kohle*); auf semantischer Kontiguität beruhender Ersatz (z. B. Gefäß für Inhalt: *ein Gläschen trinken*); alle Arten der auf Vergleich beruhenden Ersetzung: Metapher (*der Fluch der Menschheit* für *Arbeit*). Das tertium comparationis ist dabei zu erschließen („Mühsal"); bei expliziten Vergleichen ist es dazugesetzt, bei der Allegorie summieren sich Vergleich und Personifikation (*Frühling läßt sein blaues Band wieder flattern durch die Lüfte*). Die letzte Gruppe bewirkt durch ihre Bildkraft Anschaulichkeit, neben der Sachangemessenheit der allen anderen Stilmitteln übergeordnete Stilzug.

Figuren der Hinzufügung: Diese Figuren lassen sich z. T. auch als Spezialfälle der Ersatzfiguren deuten: Wiederholung des einfachen Ausdrucks (*er will und will nicht*), Variation (die Reihung von Synonymen), die eine Steigerung enthalten kann: Klimax. Anapher und Epipher als Wiederaufnahmen sind gleichzeitig textgliedernde Mittel, ebenso der Parallelismus. Gegensatzfiguren sind: Oxymoron (*beredtes Schweigen*), Antithese und Paradoxon, bei denen die Gegensätze unmittelbar angeführt werden, im Chiasmus werden sie syntaktisch in umgekehrter Reihenfolge angeführt. Epitheta sind „schmückende Beiwörter", die auch pleonastisch verwendet werden können (*grauer Esel*).

Figuren der Auslassung und der Umstellung: Hierher sind die Ellipsen zu rechnen, weiter Ersparungsformen, die über die grammatisch zulässigen hinausgehen: Zeugma (*ich trage den Koffer und du die Verantwortung*), unvollständiger Satz: Anakoluth, Satzabbruch: Aposiopese, Vorwegnahme: Prolepse, Einschub: Parenthese, und der Nachtrag von Satzgliedern. Die Auslassungen sind besonders auffällige Figuren.

8. METHODEN DER STILISTIK. So unterschiedlich wie die Stildefinitionen sind die Methoden der *Stilanalyse*. Verbreitet ist das Verfahren, für die Analyse bei auffälligen Stilmerkmalen eines Textes anzusetzen. Von L. Spitzer ist es zur Methode erhoben worden, die dahin geht, markante Stileigenschaften als im Einklang mit anderen Gestaltungsmerkmalen eines Textes stehend zu erweisen.

Alle statistischen Verfahren müssen ebenfalls Auffälligkeiten (Abweichungen) registrieren, um sie für einen Interpretationsansatz bereitzustellen. Ihr Problem liegt in den Bezugsgrößen, denn statistische Untersuchungen setzen Normen, zumindest Vergleich mit ähnlichen Texten voraus.

Die bei Spillner (1974, S. 88 ff.) diskutierten Methoden der Informantenbefragung versuchen, die Aussagen über Stil intersubjektiv abzusichern. Das Verfahren von Riffaterre (1973) konstituiert als Bezugsgröße u. a. den „Archileser".

Eine eigenständige *Stilforschung* hatte sich in der frühen Konzeption der Generativen Transformationsgrammatik herausgebildet, wobei das Prinzip der Wahl an das Konzept der fakultativen Transformationen gebunden war (Ohmann 1964). Mit der Weiterentwicklung dieser Grammatikrichtung entfielen die Voraussetzungen für den gewählten Ansatz. In der Generativen Transformationsgrammatik hat sich jedoch die Auffassung, daß S gleichsam die Fortsetzung der Grammatik mit anderen Mitteln sei, gehalten, eine Stilauffassung, die unter diachronem Aspekt von L. Spitzer (1961, Bd. II, S. 517) mit der Aussage, Grammatik sei „gefrorene Stilistik", gefaßt ist.

Für den Bereich der normativen S mit ihren auf die Praxis bezogenen Ratschlägen für die stilistische Gestaltung, z. T. mit Bezug auf willkürlich gesetzte Stilideale, seien die Arbeiten von Reiners (1976, 1. Aufl. 1943), Schneider (1969) und Seiffert (1977) genannt.

Unter *didaktischem Aspekt* muß in der S die Interdependenz der die Stilzüge bewirkenden Instanzen beachtet werden. Zunächst müssen die Darstellungsarten als Grundlagen der Vertextung begriffen werden. Analysen von Funktionalstilen und Textsortenstilen können sodann zur Steigerung der Wirksamkeit des Ausdrucks in aktive Übungen umgesetzt werden.

Dabei sollte deutlich werden, daß für die individuelle Gestaltung der Texte Möglichkeiten vorhanden sind. Doch dürfen die so erzielbaren Stileffekte die funktionalen Vorgaben mit ihren Stilwerten nicht überwuchern. Stets müssen die obersten Stilanforderungen Sachangemessenheit, Anschaulichkeit und Variation gewahrt bleiben. Da verschiedene Funktionsbereiche durch die erst jetzt einsetzende Erforschung ihrer Regularitäten gegenwärtig eine Aufwertung erfahren, etwa die mündliche Alltagssprache, ist bei normativen Bewertungen Vorsicht geboten. Daß die Normbezüglichkeit besser abgesichert werden muß, gilt für alle Stilbereiche und ist ein Forschungsdesiderat der S.

→ **Grammatiktheorien, Kommunikation, Norm.**

LITERATUR

W. Abraham/K. Braunmüller: „Stil, Metapher und Pragmatik" in: Lingua 28 (1971) S.1–47.

N. E. Enkvist/M. Gregory/J. Spencer; Linguistik und Stil, Heidelberg 1972.

H. W. Eroms: „Die Arbeit am Text mit sprachwissenschaftlichen Methoden" in: Linguistik und Didaktik 34/35 (1978) S. 129–144.

W. Fleischer/G. Michel (Hg.): Stilistik der deutschen Gegenwartssprache, Leipzig 1975.

R. M. Ohmann: „Generative Grammars and the Concept of Literary Style" in: Word 20 (1964) S. 423–439, deutsche Übersetzung in: J. Ihwe (Hg.): Literaturwissenschaft und Linguistik I, Frankfurt/Main 1971, S. 213–233.

L. Reiners: Stilkunst. Ein Lehrbuch deutscher Prosa, München 1943, ungekürzte Sonderausgabe München 1976.

E. Riesel/E. Schendels: Deutsche Stilistik, Moskau 1975.

M. Riffaterre: Strukturale Stilistik, München 1973.

W. Sanders: Linguistische Stiltheorie. Probleme, Prinzipien und moderne Perspektiven des Sprachstils, Göttingen 1973.

W. Sanders: Linguistische Stilistik. Grundzüge der Stilanalyse sprachlicher Kommunikation, Göttingen 1977.

B. Sandig: Stilistik. Sprachpragmatische Grundlegung der Stilbeschreibung, Berlin/New York 1978.

W. Schneider: Stilistische deutsche Grammatik, Freiburg/Basel/Wien ⁵1969.

H. Seiffert: Stil heute. Eine Einführung in die Stilistik, München 1977.

B. Sowinski: Deutsche Stilistik. Beobachtungen zur Sprachverwendung und Sprachgestaltung im Deutschen, Frankfurt/Main 1973.

B. Spillner: Linguistik und Literaturwissenschaft. Stilforschung, Rhetorik, Textlinguistik, Stuttgart/Berlin/Köln/Mainz 1974.

L. Spitzer: Stilstudien. Erster Teil: Sprachstile. 2. Teil: Stilsprachen, München ²1961.

S. Ullmann: Sprache und Stil. Aufsätze zur Semantik und Stilistik. Deutsche Fassung von Susanne Koopmann, Tübingen 1972.

H. Weinrich: Tempus. Besprochene und erzählte Welt, Stuttgart/Berlin/Köln/Mainz ³1977.

HANS WERNER EROMS

Syntax

1. SYNTAX UND GEGENWÄRTIGE SATZLEHRE IN DER SCHULE. Woran denkt ein Deutschlehrer, wenn er das Wort Syntax (S) hört? Viele werden das Wort mit Linguistik assoziieren und damit sogleich Wertungen wie unverständlich und überflüssig verbinden. Mit der Linguistik Vertrautere werden das Wort als Synonym für „*Satzlehre*" verstehen und es mit formalen Beschreibungsmethoden für den Grammatikunterricht gleichsetzen. Niemand wird wohl S als ein didaktisches Angebot empfinden, das bei den Schülern dankbare Abnehmer finden könnte.

Gründe dafür zu nennen, fällt nicht schwer. Die neuen Methoden der modernen Linguistik, vornehmlich aus dem Bereich der strukturalen Sehweise, haben zwar für den Unterricht eine formal korrektere Behandlungsweise der Satzlehre gebracht, sie haben aber für den Unterricht die Perspektive, Satzlehre zu betreiben, nicht verändert. Das Klassifizieren in Wortart und Satzglieder blieb unverändert das Unterrichtsthema.

Zumeist löste die Rezeption Unsicherheit aus, weil mit den methodischen Neuansätzen zugleich klassifikatorische und terminologische Nuancierungen bzw. Neuerungen verbunden wurden. Das daraus resultierende Dilemma der *terminologischen Vielfalt* und der begrifflichen Überschneidungen ist hinlänglich bekannt. Daß sich diese Situation bald verändern könnte, ist nicht wahrscheinlich. Die linguistischen Schulen sind zu vielfältig, als daß eine so dominant werden und zu einer einheitlicheren Sehweise in der Sprachwissenschaft beitragen könnte.

Eine Linguistik, die von der Didaktik gemacht würde, wird zwar gefordert, sie zeichnet sich aber gegenwärtig nicht ab und kann wohl auch sinnvoll nicht ohne die Linguistik betrieben werden. Wenn etwas gegenwärtig Erfolg haben kann, dann wird man es in einem Angebot suchen müssen, das das Wahrnehmungsvermögen für Eigentümlichkeiten in der Sprache, in unserem Fall in der Satzlehre speziell, erhöht und das beiträgt zur Erweiterung der bisherigen Perspektive, unter der die Satzlehre abgehandelt wurde (Admoni 1970, Erben 1972, Grebe 1973, Jude/Schönhaar 1975, Jung 1973, Schmidt 1973, Schulz/Griesbach 1976).

Besieht man sich die Funktion der Satzlehre in der Schule, dann hat sie in der Grundschule eine Stützfunktion, vornehmlich in den drei ersten Jahren. Sie wird benötigt, um den Rechtschreibunterricht durchführen zu können. In der vierten Jahrgangsstufe weitet sich die Perspektive insofern, als jetzt die Satzlehre zum *Elementarkurs in Grammatik* wird. Dadurch wird oder soll das Erlernen der Fremdsprache in der weiterführenden Schule ermöglicht werden. Dort allerdings wird dann meist ein neuer Kurs begonnen, weil das Vorwissen der Schüler aus der Grundschule zu unterschiedlich ist. In die Satzlehre wird erneut eingeführt. Das geschieht jetzt systematischer und differenzierter. Das Schema Satzbeispiel, Analysevorführung, grammatischer Merksatz und Übung ist noch immer sehr oft in den Sprachbüchern vertreten. Es führt dazu, daß die Sprachbetrachtung auf die Satzbeschreibung reduziert und die Auswahl der Sätze so getroffen wird, daß das begriffliche und terminologische Rüstzeug als relevant und ausreichend empfunden werden kann, und der Schüler Sprachbetrachtung als Satzgliedbestimmung erlernt.

Wenn der Unterricht zum Lateinunterricht parallel verläuft, kann er zudem die Stützfunktion übernehmen, mit *grammatischen Eigentümlichkeiten der Fremdsprache* besser umgehen zu können. Wie in der Grundschule wird die Satzlehre zur besseren Beherrschung der Rechtschreibung und besonders zur Einübung in die standardsprachliche Norm benutzt. Hin und wieder läßt sich beobachten, daß die paradigmatische Beziehung, das ist die Möglichkeit, Worte, Satzglieder oder ganze Konstruktionen zu ersetzen, zur Erziehung zu sprachlicher Flexibilität ausgenutzt wird.

In den meisten Fällen aber beschränkt sich der Unterricht auf die stoffliche Vermittlung grammatischer Termini und ihre Anwendung, Klassen von Sprachausdrücken eines ausgewählten Sprachkorpus zu benennen. Das Resultat eines solchen Unterrichts hängt von der Fähigkeit des Lehrers ab, seine Schüler zu dieser Betrachtungsweise motivieren zu können. Die Sprachbücher lassen ihn hierbei meist im Stich.

Die Funktion zu erklären, daß der Satz eine *Äußerungsform* ist, die ein Sprecher zu einem bestimmten Zweck wählt – um etwas zu sagen oder eine Handlung zu bewirken oder sich selbst etwas klar zu machen –, bleibt unberücksichtigt.

Erklärt werden muß, daß es Ausdrucksmittel und -möglichkeiten bereits auf der Ebene des Satzes gibt, die man bewußt wählen kann, die man geschickt oder ungeschickt einsetzen und sogar falsch gebrauchen kann, wobei das „Falsch" nicht die Abweichung von der standardsprachlichen Norm bedeuten muß. Falsch kann auch bedeuten, daß das gewählte Mittel für den verfolgten Zweck unbrauchbar ist.

Diese Ausdrucksmöglichkeiten in der Sprache kennenzulernen, erlaubt dem Schüler, sensibel zu werden für *Ausdrucksvariationen*. Es ermöglicht ihm, sicherer mit Forderungen der Sprachnorm umzugehen, und kann ihm die Möglichkeit bieten, flexibler die Wahl der Ausdrucksmittel zu treffen, wobei Ausdrucksflexibilität nicht auf die Wahl des

Wortschatzes beschränkt bleibt. Die erklärende Betrachtungsweise kann dazu erziehen, überhaupt Sprache thematisieren zu können.

Wenn im folgenden in die S eingeführt wird, so wird dabei bewußt darauf verzichtet, systematisch in eine Theorie einzuführen, vielmehr wird das Gewicht darauf gelegt, zum Beobachten sprachlicher Eigentümlichkeiten anzuregen, die Beziehungen in und über den Satz hinaus herstellen. Der Begriff von der S als der Lehre von der Verknüpfung einzelner Worte zur Einheit Satz, wird bewußt weiter gefaßt. Erst aus der erweiterten Perspektive soll skizzenhaft in einige Theorien zur S des Deutschen eingeführt werden und ihre Reichweite, Sprache zu erklären, erörtert und ihre Möglichkeiten für den Unterricht besprochen werden.

2. DER SATZ UND SEINE DEFINITION. Wenn es Gegenstand der S ist, Beziehungen – man spricht auch von *Relationen* – der Teile im Satz zu untersuchen, zu charakterisieren und zu klassifizieren, dann wird bereits die Kenntnis dessen, was der Satz ist, vorausgesetzt. Umgangssprachlich bereitet der Gebrauch auch keine Schwierigkeiten. In der linguistischen Diskussion aber hat er zahlreiche Deutungen erfahren (Heringer 1972, S. 8–14; Ries 1931, Seidel 1935). Sucht man nach Gemeinsamkeiten, dann zeigt sich, daß als Satz die Klasse von sprachlichen Ausdrucksgestalten bezeichnet wird, die vom Sprecher als Einheit empfunden wird, eine gewisse Selbständigkeit besitzt und einen bestimmten Umfang hat.

Zu den voneinander oft stark abweichenden Interpretationen dessen, was ein Satz ist, kommt es, wenn die genannten Kennzeichen definiert werden.

Ihr Sohn studiert die Rechte?
Ja!
Will er Anwalt werden?
Nein! Boxer!

Wenn „Einheit" eine geschlossene grammatische Struktur bedeutet, die durch das Vorhandensein bestimmter grammatischer Teile gewährleistet wird, und diese Teile Subjekt und Prädikat genannt werden, dann enthält das Beispiel nur zwei Sätze.

Wenn „Einheit" verstanden wird als kommunikative Einheit, dann sind auch „Ja!", „Nein!" und „Boxer!" Sätze.

Die linguistische Praxis zeigt, daß der *Terminus „Satz"* für eine Kategorie benutzt wird, die im Rahmen der jeweiligen S-Theorie verstanden werden muß. Dieser Theorie entsprechend kann die Kategorie größer oder kleiner, aber auch ein- oder mehrdeutig gefaßt sein.

Für den Unterricht ist eine weitere oder engere Fassung der Kategorie nicht so bedeutsam. Entscheidend ist, daß die im Sprachbuch oder dem grammatischen Handbuch benutzte Kategorie erkannt und entsprechend konsequent verwendet wird.

3. DIE ÄUSSERUNG SATZ.

Als hilfreich hat sich im geschilderten Dilemma die Unterscheidung zwischen *Satz* und *Äußerung* erwiesen. Eine Äußerung ist das vorliegende Ergebnis aktueller Sprech- bzw. Schreibtätigkeit. Sie ist wahrnehmbar und in eine konkrete Situation eingebettet. Man kann eine Äußerung in ihren Teilen und deren kommunikativen Wirkungen beobachten. Man beschreibt daher, wenn man die Sprache beobachtet, Äußerungen derselben. Zur Beschreibung benutzt man, entsprechend der Festlegung bestimmter Kategorien, auch die Kategorie Satz (Engel 1977, S. 262–271).

Ohne daher eine bestimmte Definition der Kategorie Satz bereits zugrundelegen zu müssen, ist es möglich, Verknüpfungseigentümlichkeiten in Äußerungen näher zu erläutern und erst im nachhinein zu beobachten, wie diese in der Konzeption einer S behandelt werden können.

4. LINGUISTISCHE TESTS.

Als ein geeignetes Instrument zur Beobachtung der Beziehung von Äußerungsteilen haben sich in der Linguistik sogenannte *Tests* erwiesen. Ihre Funktionsweise beruht darauf, daß ein jeder seine Muttersprache so erlernt, daß er die Fähigkeit besitzt, eine Äußerung daraufhin beurteilen zu können, ob er sie als im Sprachgebrauch üblich oder davon abweichend einstufen kann. Man nennt diese Fähigkeit die *Kompetenz* eines Sprechers.

Ihre Wirksamkeit läßt sich am besten an einem kleinen Beispiel demonstrieren. Nehmen wir an, wir lesen in einem Schüleraufsatz: *Die Leute trugen Panzer von Schuhsohlen.* Man wird lächeln bei dieser Schüleräußerung und sie möglicherweise in die Sammlung der Stilblüten aufnehmen. Keine Reaktion hätte man gezeigt, hätte der Schüler geschrieben: *Die Leute trugen Panzer aus Schuhsohlen.* Mit dem Rotstift hätte man reagiert, wenn dort gestanden hätte: *Die Leute trugen Panzer dem Schuhsohlen.* Das Ersetzen eines einzigen Teiles der Äußerung bewirkte so drei sehr unterschiedliche Reaktionen beim Leser, die sich jetzt auf ihre Ursachen hin untersuchen ließen.

Es sind zahlreiche *Tests* entworfen worden. Die Reichweite ihrer Anwendung ist dabei oft sehr unterschiedlich und speziell. Als ausreichend und praktikabel für den gegenwärtigen Zweck erweisen sich drei:
– das Umstellen,

– das Ersetzen,
– das Weglassen.
Viele der anderen Tests lassen sich im übrigen auf diese drei zurückführen.

5. AUSDRUCKSGESTALTEN DER SPRACHSTRUKTUR. Äußerungen nehmen wir in der Regel als Einheiten wahr. Der Grund dafür ist, daß wir es gewohnt sind, Teile einer Äußerung miteinander sofort in Verbindung zu setzen. Das geschieht nicht willkürlich – wäre doch eine Verständigung in der gewohnten Form dann nicht mehr möglich –, sondern mit den Ausdrucksmöglichkeiten der Sprache. Zu diesem Zweck stehen ihr bedingt durch ihren speziellen Charakter verschiedene Möglichkeiten zur Verfügung. Grundlegend sind die Wortfolge, morphologische Mittel, lexikalische und auch prosodische Mittel wie das der Intonation.

Mit diesen Ausdrucksmitteln lassen sich die verschiedenen syntaktischen Funktionen wie Subjekt, Objekt, Prädikat, Attribut und Adverb darstellen und ermöglichen das, was man die *Sprachstruktur* nennt.

6. DIE WORTFOLGE. Sprache ist ein lineares Ereignis entweder als lautliches Kontinuum oder als Folge von Buchstaben. Es liegt daher nahe, die Beziehungen der Teile zueinander durch die Wahl ihrer Abfolge auszudrücken.

Norbert verspricht Cornelia ein großes Eis das ist köstlich beide sind begeistert man hofft daß der andere teilen wird.

Durch das Umstellen von Teilen der Äußerung lassen sich vier eigenständige Äußerungseinheiten erkennen:

Man hofft, daß der andere teilen wird.

Beide sind begeistert.

Das ist köstlich.

Norbert verspricht Cornelia ein großes Eis.

Sie wirken eigenständig, weil sie für sich genommen den Eindruck erwecken, über etwas eine Aussage zu machen. Ihre veränderte Folge zerstört aber das, was man umgangssprachlich den Sinn einer Äußerung nennen würde. Diese Zerstörung entsteht, weil jeder Äußerungsteil Bezug auf ein Ereignis in der Wirklichkeit nimmt, und die Folge der Äußerungsteile die logisch-temporale Folge der Ereignisse widerspiegelt.

Noch eines wird sichtbar, wenn wir die Veränderung in der Äußerungseinheit *Das ist köstlich* betrachten. Die Umstellung hat die Aussagebedeutung vollkommen verändert. Es ist nicht mehr von einer *köstlichen*

Portion Eis die Rede, sondern der Sachverhalt, daß beide begeistert sind, wird als köstlich empfunden. Der Äußerungsteil in der ersten Position nimmt auf die unmittelbar vorausgegangene Äußerungseinheit Bezug.

Durch die Wahl der Folge von Äußerungseinheiten kann der Sprecher eine *Ereignisfolge* im außersprachlichen Bereich als Folge von Äußerungseinheiten nachbilden.

Durch die Wahl der Folge von Äußerungseinheiten kann der Sprecher auf vorausgegangene Einheiten unmittelbar Bezug nehmen und so die Äußerungseinheiten miteinander verknüpfen.

Bei einer Folge von Äußerungseinheiten lassen sich innerhalb der Äußerungseinheit in den meisten Fällen zwei Teile voneinander unterscheiden. Der erste Teil, der meist identisch ist mit der ersten Position, wird durch einen sprachlichen Ausdruck besetzt, der auf etwas zuvor bereits erwähntes Bezug nimmt. Man nennt ihn dann das *Thema*. Der Rest der Einheit ordnet dem Bekannten neue Informationen zu. Ihn nennt man das *Rhema*. In Äußerungsfolgen entstehen auf diese Weise permanent Verknüpfungen zwischen Thema und Rhema (Der Umgang mit den Begriffen Thema – Rhema ist nicht unproblematisch, weil er sehr unterschiedlich verwendet wird. Dazu: Gülich/Raible 1977, S. 60–89 u. Dressler 1973, S. 52–55).

Im vorliegenden Äußerungsbeispiel thematisiert *das* entweder *ein großes Eis* oder die ganze Äußerungseinheit. Das kann ohne weiteren Kontext nicht eindeutig entschieden werden. *Beide* nimmt Bezug auf *Norbert* und *Cornelia, man* wiederum auf *beide.* Weil normalerweise aus einem Rhema nachfolgend ein Thema wird, spricht man von einer *thematischen Progression.*

Wenden wir uns den Folgeregularitäten innerhalb einer Äußerungseinheit zu. Durch das Umstellen innerhalb einer Äußerungseinheit wird sichtbar, daß diese wiederum aus frei beweglichen Teilen bestehen kann, denn die *Grammatikalität*, so wollen wir die Übereinstimmung eines sprachlichen Ausdrucks mit der Sprachnorm nennen, wird nicht beeinträchtigt.

Cornelia verspricht Norbert ein großes Eis.

Die Aussagebedeutung ist durch das Umstellen von *Norbert* und *Cornelia* völlig verändert worden. Nicht Norbert, sondern Cornelia ist jetzt die Handelnde und der Betroffene ist Norbert. Mit der Position der Äußerungsteile können bestimmte Rollen verbunden sein, die auch *semantische Rollen* genannt werden.

So kann man den Agenten, den, der eine Handlung auslöst, vom Objekt, dem Gegenstand, der einer Veränderung oder Bewegung unterzogen wird oder eine Empfindung auslöst, unterscheiden. Man unterscheidet den Experiencer, die Person, die einen psychologischen Vorgang wahrnimmt, als eigenständige Rolle. Das Instrument, womit einer etwas tut, Ort, Zeit und Ziel lassen sich als solche Rollen ansehen. Auch der Ursprung für etwas oder der auslösende Faktor, der außerhalb der Kontrolle des Handelnden liegt, spielt eine eigenständige Rolle. (Das zugrundeliegende Konzept wird im Abschnitt 14. *Kasustheorie und S* behandelt.)

Amüsant und für die Wirkungsweise der Rollen bezeichnend ist die Umstellung

Norbert verspricht ein großes Cornelia Eis.

Die Rolle der betroffenen Person ist in dieser Äußerung verschwunden, soll die Äußerung noch als grammatisch korrekt gelten. Der Äußerungsteil *Cornelia* ist mit *ein großes Eis* zu einer Einheit verschmolzen. Man kann ein besonderes Eisdessert dahinter vermuten.

Weitere Wirkweisen lassen sich durch das Umstellen innerhalb einer Einheit beobachten. Nehmen wir die Äußerungen:

Beide sind nicht begeistert.

Nicht beide sind begeistert.

Die Folgeveränderung des *nicht* hat ebenfalls einen Wandel in der Aussagebedeutung herbeigeführt.

Während ursprünglich keiner von der Idee begeistert ist, ist dann wenigstens einer davon begeistert. Die Position eines Äußerungsteils wie *nicht* innerhalb einer Äußerungseinheit entscheidet über seine *Reichweite*. Im ersten Fall wirkt es auf die ganze Äußerungseinheit ein, im zweiten bleibt die Wirkung auf einen Teil beschränkt.

Eine weitere Eigentümlichkeit der Folge von Teilen wird erkennbar bei der Permutation, wie man das Umstellen fachsprachlich nennt, wenn man das folgende Beispiel betrachtet:

Begeistert sind beide nicht.

Die Umstellung hat keinen Einfluß auf die Aussagebedeutung genommen. Weder ein Rollenwechsel noch die Reichweite der einzelnen Teile hat sich verändert. Trotzdem empfindet man einen klaren Unterschied zu der ursprünglichen Äußerungsform.

Die Veränderung der Folge hat bewirkt, daß ein Teil der Äußerung gegenüber den anderen an Gewicht zugenommen hat, er wird akzentuiert. Das ist nur erklärbar, wenn man annehmen kann, daß es eine normale Folge der Äußerungsteile gibt. Wird von dieser Normalfolge abgewichen, und die Umbesetzung der ersten Position ist eine besonders starke Abweichung, wirkt der umgestellte Teil den anderen gegenüber betont. Diese Technik beobachtet man besonders dann, wenn Teile zweier Äußerungseinheiten einander gegenübergestellt werden sollen. Man spricht daher in solchen Fällen von der *Kontraststellung.*

Sextus hatte eine Armee von zweitausend römischen Legionären. Vierhundert konnte Odoaker aufbieten.

Um das ungleiche Verhältnis der Heeresstärke zu unterstreichen, wird in der zweiten Äußerungseinheit von der Normalfolge, den Handelnden in der ersten Position zu nennen, abgewichen. (Über das Fehlerverhalten, das den Stilblüteneffekt auslöst, wird im Abschnitt 10. *Verknüpfung mit dem Wissen und elliptische Ausdrucksweisen gesprochen.*)

Die besondere Rolle der ersten Position wird auch bei der folgenden Umstellung deutlich.

Konnte Odoakcr vierhundert aufbieten?

Äußerungsteile gehören verschiedenen Wortarten an, wir werden diesen Aspekt noch näher erörtern. Rückt ein Verb in die erste Position, so bewirkt diese Umstellung eine Veränderung des *Aussagemodus.* Was vorher eine Behauptung, eine Feststellung einer Tatsache war, ist durch die Permutation des Verbs in die erste Position eine Frage geworden.

Auch bei Aufforderungen läßt sich beobachten, daß das Verb in die erste Position rückt.

Die Besetzung der ersten Position hat Einfluß auf den Aussagemodus einer Äußerungseinheit. Äußerungsteile, die Verben sind, können diesen Einfluß ausüben.

Die bisher durchgeführten Umstellungen haben eine Reihe von Veränderungen bewirkt, die dabei entstandenen Äußerungen verhielten sich doch immer im Rahmen des üblichen Sprachgebrauchs. Das muß aber nicht immer der Fall sein.

Norbert verspricht Cornelia Portion große ein Eis. Die ist ansehnlich. Begeistert nicht sind beide. Man, daß der andere teilen wird, hofft.

Bis auf die zweite Äußerungseinheit stehen alle anderen außerhalb der gewohnten Norm. Würde man die Stärke der Abweichung, man redet in einem solchen Fall vom Grad der *Akzeptabilität,* beurteilen müssen, dann weicht die erste und dritte Einheit stärker ab – die zwei miteinander verglichen, ist die erste wiederum schlechter. Wichtig für unseren Betrachtungszweck ist die Feststellung, daß es Äußerungsteile gibt, die verhältnismäßig frei innerhalb einer Einheit bewegt werden können, ohne dabei gegen den Sprachgebrauch zu verstoßen. Daneben gibt es Teile, deren Folge durch das *Sprachsystem* genau vorgeschrieben ist.

Odoaker bietet vierhundert auf.

Odoaker hat vierhundert aufgeboten.

254

Odoaker soll vierhundert aufgeboten haben.

Odoaker wird vierhundert aufgeboten haben müssen.

Die Abfolge der Teile des Verbkomplexes ist durch das Sprachsystem festgelegt. (Ein systematischer Beschreibungsversuch findet sich bei Bierwisch 1973, S. 66–78.) Als abweichend werden daher die folgenden Umstellungen empfunden:

Odoaker aufbietet vierhundert.

Odoaker hat aufgeboten vierhundert.

Odoaker soll haben aufgeboten vierhundert.

Odoaker wird müssen haben aufgeboten vierhundert.

Daß der Verbkomplex auf die zweite und letzte Position verteilt auftritt, bezeichnet man als *verbale Klammer*. Was außerhalb der verbalen Klammer liegt, wird als Vor- bzw. Nachfeld bezeichnet. Der Bereich in der Klammer wird Mittelfeld genannt. (Über die Besetzung dieser Felder versucht Engel eine Systematik; vgl. Engel 1977, S. 192–226.)

Durch das Sprachsystem bedingt ist auch die Folgeänderung im Nebensatz.

Man hofft, daß der andere teilen wird.

Professor Galletti behauptet, daß Odoaker vierhundert wird aufgeboten haben müssen, damit er die zweitausend römischen Legionäre hatte besiegen können.

Vergleichbar sind die Folgeregelmäßigkeiten des nominalen Komplexes.

Norbert verspricht eine sehr große Portion Eis.

Der schon beinahe rotblonde Norbert verspricht ein Eis.

Folgeordnungen dieser Art ist es eigentümlich, eine rechts- oder linksgerichtete Tendenz zur Einflußnahme auf die Äußerungsteile zu zeigen. Im nominalen Bereich herrscht die rechtsgerichtete Einflußnahme vor.

(Der)→((((schon)→beinahe)→rotblonde)→Norbert)

Im verbalen Bereich besteht die umgekehrte Tendenz.

verspricht←(feierlich)

Es gibt aber im Deutschen kein einheitliches System, das das Verhältnis von *Determinans* und *Determinandum* durch eine eindeutige Richtung festlegt.

7. MORPHOLOGISCHE MITTEL. Die Beziehung der Teile in einer Äußerungseinheit muß aber nicht durch die Position allein festgelegt werden. Im Deutschen kann die Beziehung der Teile zueinander durch ein weiteres Mittel hergestellt werden. Ein solches Mittel ist die *Kasusmorphologie*. Nehmen wir das Äußerungsbeispiel:

Henrike ärgert Thomas die ganze Stunde schon.

Durch die Position ist *Henrike* als die Handelnde und *Thomas* als der Betroffene gekennzeichnet. Ersetzen wir aber *Thomas* durch *der Junge*, dann werden die Rollen vertauscht. Durch eine erkennbare Kasusmarkierung, wie man die Kennzeichnung auch nennen kann, ergibt sich für den Sprecher die Möglichkeit, die Rolle aus der Position zu lösen. Ihre primäre Identifikation erfolgt durch den Kasus.

Im übrigen ist hier auch der Ort, der die Funktionsweise der Fragetests nach den Satzgliedern wie Subjekt und Objekt erklärt. So wie *Thomas* durch *der Junge* ersetzbar ist, könnte man auch *Thomas* durch den Ausdruck *wer* ersetzen.

Zur Identifikation der semantischen Rollen trägt aber nicht nur das Kasussystem bei, auch die *Flexionsmorphologie* hat Einfluß. Eine Ersetzung des Äußerungsteils *ärgert* durch *ärgern* erlaubt die Identifikation der Rolle des Handelnden. (Bei dieser Erscheinung, daß Numerus und Person zwischen Verb und Nomen im Nominativ übereinstimmen, spricht man von *Kongruenz*.)

Henrike ärgert den Jungen.
Henrike ärgern die Jungen.

Die morphologischen Möglichkeiten werden auch ausgenutzt, um eine Funktion wie die der näheren Erklärung eines Äußerungsteils gegenüber einem anderen, die attributive Funktion, auszudrücken.

Jungen verstecken die kleine Schwester Henrikes in Franks Keller.

Würde das Äußerungsteil *Henrikes* durch *Henrike* ersetzt, so ändert sich die Beziehung zwischen beiden Teilen. Während es sich im ersten Fall um eine Schwester von Henrike handelt, heißt im zweiten Fall die Schwester Henrike. Dieser Wechsel wird durch die Kasusmorphologie ermöglicht und erlaubt selbst in der Attributsfunktion Nuancierungen.

Bei der Beschreibung der Eigentümlichkeiten der Folgen hatte sich gezeigt, daß es innerhalb der freien Äußerungsteile strenge Folgevorschriften gibt. Die Ersatzprobe macht deutlich, daß es nicht nur die Folgeregularität innerhalb dieser Äußerungsteile gibt, sondern daß auch die Kasusmarkierung eines solchen Teiles gleich sein muß. Die Ersetzung von *kleine* durch *kleinen* ist nicht möglich, ohne gegen den Sprachgebrauch zu verstoßen.

Jungen verstecken die kleinen Schwester Henrikes.
Jungen verstecken die kleinen Schwestern Henrikes.

Sie wird zulässig, wenn zugleich eine Ersetzung von *Schwester* zu *Schwestern* erfolgt.

Die Kasusmarkierung dient so gesehen nicht nur, um die Beziehung zur semantischen Rolle herzustellen, sondern hat auch die Funktion, Teile, die zu dieser Position gehören, als dazugehörig zu kennzeichnen.

Die Flexionsmorphologie muß abschließend noch einmal erwähnt werden, weil sich ihre Funktion nicht nur auf die Identifikation der Erstposition beschränkt. Wie Ersatzproben schnell zeigen, kann sie eine Beziehung zum Sprecher herstellen und seine zeitliche und modale Beziehung zum Geäußerten einbeziehen.

Jungen versteckten die kleine Schwester.
Jungen, versteckt die kleine Schwester!

Vergleicht man die Morphologie des Deutschen mit anderen Sprachen, so fällt doch auf, daß die Kasusmorphologie nur noch schwach ausgebildet ist. Aber auch die Flexionsmorphologie spielt in der Kennzeichnung der Sprecherhaltung meist nur eine untergeordnete Rolle. An ihre Stelle sind andere sprachliche Mittel getreten, eigenständige Lexeme, die z. T. differenzierter die Beziehungen kennzeichnen können.

8. LEXIKALISCHE MITTEL.

Wir kommen damit zu einem weiteren Mittel, das die Beziehung der Teile in einer Äußerung herstellen kann. Bei der Darstellung der Folgeeigentümlichkeiten, aber auch bei der Behandlung der Morphologie hat sich gezeigt, daß die Äußerungsteile nicht von der gleichen Sorte sein können, sondern daß sie verschiedenen Typen von Ausdrucksgestalten angehören müssen. In der üblichen Redeweise würden wir sagen, daß die Äußerungsteile verschiedenen *Wortarten* angehören.

Durch die Zugehörigkeit zu einer bestimmten Wortart werden einem Äußerungsteil bestimmte Möglichkeiten mitgegeben, Beziehungen zu anderen Äußerungsteilen in oder über eine Äußerungseinheit hinaus aufzubauen. Das folgende Äußerungsbeispiel eines Schülers mag das verdeutlichen helfen.

Ein Römerpanzer ist ein Stück Holz und Leder mit Blech.

Läßt man das *ist* weg, verändert sich der Charakter der Äußerung vollständig. Aus einer stilblütenreifen Definition eines Römerpanzers wird eine reine Aufzählung von Gegenständen. Der weggelassene Äußerungsteil war es, der die Beziehung zwischen den genannten Objekten auf eine bestimmte Weise hergestellt hat. Er hat die anwesenden semantischen Rollen bestimmt.

Wenn man hingegen ein anderes Äußerungsteil wegläßt, dann bleibt die Position der semantischen Rolle erhalten. Sie ist aber unbesetzt, und die Äußerung wirkt daher unvollständig.

Ist ein Stück Holz und Leder mit Blech.

Ein Römerpanzer ist und Leder mit Blech.

Äußerungsteile, die *Verben* sind, und z. T. gilt das auch für die Adjektive, haben, bedingt durch die Zugehörigkeit zu dieser Wortart, die Möglichkeit, einen Rahmen für andere Äußerungsteile zu setzen. Eine Äußerungseinheit wird als Einheit besonders dann empfunden, wenn der von einem Verb bedingte Rahmen voll besetzt ist.

Die Klasse 7d verreiste mit einem Bus nach Kulmbach.

Die Klasse 7d verreiste mit einem Bus.

Die Klasse 7d verreiste.

Die Füllung eines solchen Rahmens kann sich aber auch über mehrere Äußerungseinheiten verteilt ereignen.

Die Klasse 7d verreiste. Mittags war man endlich in Kulmbach. Das Gepäck war schnell aus dem Bus geholt und auf den Zimmern verstaut.

Dabei ist auch nicht auszuschließen, daß bestimmte Rollen unbesetzt bleiben, wenn der Sprecher davon ausgeht, daß sie durch das Wissen des Hörers beispielsweise besetzbar sind.

Daß die Verben innerhalb eines solchen von ihnen gesetzten Rahmens Einfluß auf die morphologische Markierung – man spricht in diesem Fall fachsprachlich von der *Rektion* des Verbs – ausüben, ist aus dieser Perspektive nur logisch. Die enge Beziehung wird dadurch noch erhöht. Diese Rahmen setzende Fähigkeit der Wortart Verb wird in der Linguistik als *Valenz* oder *Wertigkeit* bezeichnet. (Wörterbücher, die diese Fähigkeit des Verbs beschreiben, sind: Engel/Schumacher 1976, Helbig/Schenkel 1969.)

Aber nicht nur Verben können Beziehungen herstellen, die Äußerungsteile zueinander ordnen. Auch die *Adjektive* treten mit einer bestimmten Funktion eng verbunden auf, nämlich mit der des näheren Erklärens einzelner Teile. (Ein Wörterbuch, das die Valenz der Adjektive beschreibt, ist: Sommerfeldt/Schreiber 1974.)

Für den Sprachgebrauch äußerst wichtig sind die Äußerungsteile, die wir den *Konjunktionen* zuordnen. Sie können Beziehungen zwischen Äußerungsteilen zum einen und ganzen Äußerungseinheiten zum anderen herstellen, indem sie diese in einer bestimmten Weise aufeinander zuordnen.

Die Klasse war im Direktorat verschrien, denn sie führte die Rangliste der Ordnungsmaßnahmen an.

Die Weglaßprobe für das *denn* würde zeigen, daß ohne diesen Ausdruck zwei eigenständige Äußerungseinheiten verbleiben würden. Durch das Mittel der Konjunktion wird aber das Verhältnis zwischen zwei Äußerungseinheiten näher bestimmt.

Die Konjunktion erlaubt, in die Position einer semantischen Rolle eine eigenständige Äußerungseinheit einzufügen. Das gilt besonders für die Rolle der Zeit-, Ortsumstände und das Kausal.

Weil der Schüler wieder Lärm im Klassenzimmer hörte, kletterte er vorsichtig, nachdem er die Schranktür von innen geöffnet hatte, aus dem Wandschrank heraus.

Die Besetzung der Objektrolle durch eine mit *daß* eingeleitete Äußerungseinheit ist zwar auch konjunktional verbunden. Hier wirkt aber die Wertigkeit des Verbs, die bei den Verben des Sagens und Denkens in dieser Rolle eigenständige Äußerungseinheiten nahelegt.

Er glaubte nämlich, als er den Lärm hörte, daß es bereits zur Pause geläutet hat.

Äußerungseinheiten mit nominalen Äußerungsteilen zu verknüpfen, ist die Funktion der *Relativpronomen*. Sie stellen eine weitere Möglichkeit dar, ein attributives Verhältnis auszudrücken.

Der Irrtum, der allerdings ohne größere Folgen blieb, war dem Schüler sehr peinlich, weil er dem Lehrer, der rein zufällig vor dem Schrank gestanden hatte, in die Arme gefallen war.

Kommt den Konjunktionen in erster Linie die Verknüpfung von Äußerungseinheiten zu, so üben die *Präpositionen* einen wichtigen Einfluß auf die Beziehung der Äußerungsteile untereinander aus. Es läßt sich im Deutschen beobachten, daß sie vielfach an die Stelle der Kasusmorphologie treten und die Identifikation der semantischen Rollen oder die attributive Beziehung ausdrücken. (Ohne daß wir weiter darauf eingegangen sind, ist auch der Artikel im Grunde als ein lexikalisches Mittel anzusehen, das die Kasusmorphologie des Nomens überflüssig macht.)

Der Bruder von Cornelia schreibt an ihre Freundin.
Der Bruder Cornelias schreibt ihrer Freundin.

Die Tendenz, durch eigenständige Lexeme – so werden die Ausdruckseinheiten des Wortschatzes benannt – die Beziehungen in einer Äußerungseinheit zu ordnen, läßt sich aber nicht nur bei den Präpositionen beobachten.

Bestimmte Lexeme haben die Funktion übernommen, Äußerungsteile, ohne daß diese umgestellt werden müßten, gegenüber den anderen Teilen in einer Einheit *hervorheben* zu können. Sie treten besonders oft in der gesprochenen Sprache auf.

Thomas ist besonders in der letzten Stunde verschwatzt. Bloß der Lehrer ist daran schuld. Die Stunde nimmt überhaupt kein Ende.

Der Weglaßtest zeigt, daß die Äußerungsteile *besonders, bloß* und *überhaupt* keinen Einfluß auf die Aussagebedeutung der jeweiligen Äußerungseinheit nehmen. Sie verändern die Äußerung aber insofern, als die besondere Akzentuierung der Teile beim Wegfall verloren geht. (In den beiden letzten Jahren ist diesen Ausdrücken besondere Aufmerksamkeit gewidmet worden durch Weydt 1977.)

Die Beziehung zwischen dem Geäußerten und der Haltung des Sprechers dazu ist, wie bereits besprochen wurde, durch morphologische Mittel ausdrückbar. Häufiger, vor allem in der Umgangssprache, wird sie durch eigenständige Lexeme hergestellt. (Der Versuch einer systematischen Aufarbeitung findet sich in: Isenberg 1976.)

Der Lehrer sei daran schuld.

Der Lehrer ist vermutlich daran schuld.

Die Wahl bestimmter Lexeme, die man allgemein als Pro-Formen bezeichnet, erlaubt, Beziehungen zu Äußerungsteilen oder -einheiten herzustellen, die an früherer Stelle oder unmittelbar zuvor gesagt worden sind. Man nennt diese Möglichkeit der Beziehung die *anaphorische Funktion* (im Überblick dargestellt bei: Dressler 1973, S. 20–34).

Eine solche Beziehung wird im obigen Äußerungsbeispiel von *daran* hergestellt. Dadurch wird die Äußerungseinheit mit der vorausgehenden verknüpft. Das Mittel der Positionswahl, womit auch Verflechtungen zum Vorausgegangenen möglich waren, wird durch die lexikalische Ausdrucksmöglichkeit entlastet und erheblich erweitert.

Ohne mit dem bisher Gesagten einen Anspruch auf Vollständigkeit erheben zu wollen, hat sich eines gezeigt, daß nämlich die Leistung, Beziehungen zwischen Äußerungsteilen aufzubauen, in einem sehr hohen Maße von den lexikalischen Möglichkeiten ausgeht, und im Deutschen grundsätzlich die Tendenz besteht, morphologische Mittel durch lexikalische zu ersetzen.

9. PROSODISCHE MITTEL. Möglichkeiten ganz anderer Art, die zur Verknüpfung einer Äußerungseinheit beitragen können, sind die *Interpunktion* und in der gesprochenen Sprache der *Tonverlauf* während einer Äußerungseinheit.

Eine junge Lehrerin beugt sich interessiert über die Schulaufgaben. Von Frank werden mit einem Mal die Augen immer größer. Eine junge Lehrerin beugt sich interessiert über die Schulaufgaben von Frank. Werden mit einem Mal die Augen immer größer.

Das Äußerungsbeispiel zeigt, wie die Interpunktion die Aussagebedeutung verändern kann. Innerhalb einer Äußerung werden, wenn sie mehrere Äußerungseinheiten umfaßt, diese durch eine bestimmte Tonhöhe voneinander abgesetzt. Ist eine Äußerungseinheit abgeschlossen, so wird das durch ein Absinken der Stimme kenntlich gemacht, vorausgesetzt, es handelt sich nicht um eine Frage. Hier wird der Stimmton am Ende angehoben. Ist eine Äußerungseinheit gegliedert, d. h. enthält sie eingebettete Äußerungseinheiten, so werden die zusammengehörenden Teile ebenfalls durch eine Modulation in der Stimmführung angedeutet (Grebe 1973, S. 637–66).

Am auffälligsten ist das Mittel der Stimmführung, wenn Äußerungsteile voneinander abgehoben werden sollen. Der abgehobene Teil wird mit einem besonderen Akzent versehen. Oft ist er dabei mit der Kontrastfunktion verbunden.

Claudia hat den *Roman gelesen. Was Blöderes hat ihr wohl auch nicht einfallen können.*

Eine weitere Erscheinung nennt man Junktur. Auch sie erfüllt eine wichtige Aufgabe bei der Verknüpfung von Äußerungsteilen. Sie trägt zur Identifikation der Grenzen einzelner Lexeme bei.

Dirk hat versprochen, daß er das Ei nehmen wird.

Dirk hat versprochen, daß er das einnehmen wird.

Als ein beliebter Test im Bereich der Intonation gilt die *Klangprobe.* Sie wird vornehmlich zur Identifikation der Grenzen von Äußerungseinheiten benutzt.

10. VERKNÜPFUNG MIT DEM WISSEN UND ELLIPTISCHE AUSDRUCKSWEISEN.

Wenn man die letzten Beispiele genauer besieht, dann wirken sie für den allgemeinen Sprachgebrauch nicht typisch. Sicherlich ist es auch kein Zufall, daß man oft die Mehrdeutigkeit nicht einmal auf Anhieb erkennt. Daß das so ist, hat seinen Grund in der Tatsache, daß Äußerungen immer mit konkreten Situationen verbunden sind. Wenn der Hörer eine Äußerung wahrnimmt, dann steht ihm das Wissen aus dem bisher Gesagten oder seine allgemeine Erfahrung zur Verfügung. Für eine Äußerung wie die folgende wird er daher auch automatisch gegen die Konvention der Folge als die Handelnden *die Leute* identifizieren.

Kirchenmäuse in großer Zahl fanden die Leute.

Die Erfahrung besagt, daß normalerweise Leute Mäuse suchen bzw. finden können. Eine umgekehrte Situation bedarf eines zusätzlichen besonderen Kontextes.

Die Technik, das aktuelle Wissen oder die allgemeinen Kenntnisse in eine Äußerung mit einzubeziehen, fördert auch das Verhalten zur *Verkürzung* von Konstruktionen in Äußerungseinheiten.

Sabine hofft, daß sie Zeit für einen Besuch bei Elke finden wird.

Sabine hofft, Zeit für einen Besuch bei Elke zu finden.
Verkürzende Formen wie diese sind im Sprachsystem angelegt. Das gilt auch für die folgende kleine Stilblütensammlung aus Schüleraufsätzen: *Die Römer schlugen die Kelten und flohen über den Rhein in ihre schützenden Wälder.*
Der Schüler lernte erstmals einen Zoo, sein Bruder seine zukünftige Frau kennen.
Friedrich und Thomas ärgerten den Handwerker, auch er sich.
Der Bus fuhr mit der Klasse auf die Plessenburg, die war dieses Mal sehr schnell im Bus beisammen.

Wenn zwei Äußerungseinheiten ein gemeinsames Element haben, sei es, daß der Handelnde identisch ist oder das Objekt, dann besteht die Möglichkeit, das identische Glied in der zweiten Einheit wegzulassen. Das setzt allerdings voraus, daß Verwechslungen innerhalb der Konstruktion nicht möglich sind.

Die Mehrdeutigkeit der Schüleräußerung beruht auf der Unklarheit, ob *die Römer* oder *die Kelten* die Fliehenden sind. Von der Konstruktion her sind beide Möglichkeiten offen.

Bei mehrgliedrigen Verben ist es durchaus üblich, alle Äußerungsteile, die durch die Wertigkeit festgelegt werden, ins Mittelfeld zu schieben, auch wenn es sich um eine Reihung handelt, die durch das Wiederholen derselben Rolle entsteht.

Die Komik des vorliegenden Beispiels liegt in der Ungleichartigkeit der Besetzung der semantischen Rolle durch *Zoo* und *zukünftige Frau.*

Daß man ein Verb in einer Äußerungseinheit wegläßt, ist nicht ungewöhnlich, wenn zweimal auf einen Handlungstyp Bezug genommen wird, der sich nur in der Rolle der Handelnden und Betroffenen unterscheidet. Der exotisch anmutende Eindruck in der Schüleräußerung wird bedingt durch die Fehleinschätzung der semantischen Rollen in beiden Einheiten. Während es im ersten einen Handelnden und einen Betroffenen gibt, gibt es im zweiten nur einen, der etwas an sich selbst erlebt. Es wäre die Rolle des Experiencer, nicht die des Agent. Der Gebrauch des Artikels als Pronomen ist ein wichtiges Mittel zur Verkürzung und Verflechtung von Äußerungseinheiten. Er ist aber nur möglich, wenn die Beziehung eindeutig herstellbar ist. Diese Eindeutigkeit ist im Schülerbeispiel nur durch das allgemeine Wissen gewährleistet, weil die Folgeregel das *die* mit *Plessenburg* verknüpft.

Neben den genannten Formen, Konstruktionen zu verkürzen, gibt es im allgemeinen Sprachverhalten eine Vielzahl von *Reduktionstechniken.* Äußerungseinheiten, deren Folgelogik als klar eingeschätzt wird, werden nicht durch zusätzliche Lexeme, wie z. B. Konjunktionen, verknüpft. Wenn semantische Rollen aus den nachfolgenden Äußerungseinheiten besetzt werden können, bleiben sie oft unbesetzt. Häufiger ist noch zu beobachten, daß einmal genannte Rollen im weiteren Verlauf unbenannt bleiben. Eine solche Auslassung nennt man dann eine *Ellipse*.

Stehen die Gesprächspartner in Sichtkontakt miteinander, werden Äußerungsteile durch Gesten oder die Mimik ersetzt. Besonders auffällig ist das verkürzende Verhalten, wenn man z. B. die Kommentierung eines Fußballspiels im Fernsehen analysiert (Klein 1977).

11. SYNTAXTHEORIE UND THEORIEBEGRIFF.

Nachdem auf die Ausdrucksmittel und die damit verbundenen Funktionen im Satz eingegangen worden ist, stellt sich jetzt die Frage, wie diese Vielfalt der Verknüpfungsmöglichkeiten und vor allem ihre Mehrschichtigkeit in einer Theorie der S behandelt und widerspruchsfrei dargestellt werden kann.

Bevor einzelne theoretische Ansätze zur S vorgestellt werden, ist es nötig, den Begriff „Theorie" etwas näher zu erörtern. Die Linguistik unterscheidet zwei Gebrauchsweisen des Wortes: „Theorie" im Sinn der *alltagssprachlichen Theorien* und „Theorie" im Sinn der *kunstsprachlichen Theorien*. (Eine Auseinandersetzung zwischen *all*tagssprachlichen und kunstsprachlichen Theorien findet sich in: Weber 1977, S. 20–39.)

Zu den alltagssprachlichen Theorien wird die herkömmliche Satzlehre gezählt. Sie benutzt Begriffe aus der Alltagssprache und stützt sich auf stark intuitive Methoden. Das Begriffsinventar wirkt durch den engen Bezug zur Alltagssprache vage, und die Methoden sind wenig operationalisierbar. Ihr markantestes Kennzeichen ist, daß sie dem Benutzer nicht als Theorie erscheint.

Kunstsprachliche Theorien, wie sie modernen S-Theorien zugrundegelegt werden, benutzen eine künstliche Beschreibungssprache, die es erlaubt, Begriffe eindeutig zu definieren und Aussagen widerspruchsfrei zu machen. Sie benutzen Methoden, die jederzeit überprüfbar und ggf. widerlegbar sind. Sie beschränken sich nicht darauf, nur die Sprache zu beschreiben, sondern versuchen, über Vorgänge in der Sprache Aussagen zu machen, die auch Voraussagen über das Verhalten der Sprache ermöglichen.

Sie setzen allerdings vom Benutzer eine intensive und oft befremdlich wirkende Einarbeitungsphase voraus. Das, was sie leisten, wird leicht durch den formal-technischen Aufwand verdeckt oder ist für einen Laien schwer abzuschätzen. Für den Unterricht scheinen diese Theorien wenig geeignet, zumal sie auch dazu nicht konzipiert worden sind. Alltags-sprachliche Theorien scheinen dagegen den Vorzug zu haben, sofort verständlich zu sein.

Doch die Gegenüberstellung von alltagssprachlicher und kunstsprach-licher Theorie ist wenig erfolgversprechend, wenn die didaktische Bedeu-tung der kunstsprachlichen Theorie geklärt werden soll. Zu leicht wird übersehen, daß die Vermittlung einer alltagssprachlichen Theorie mit einer großen Zahl von Schwierigkeiten verbunden ist. Die Vagheit der Begriffe erzeugt nämlich nicht nur Schwierigkeiten innerhalb der Theo-rie. Ihr größtes Problem liegt bereits in der Verständigung über diesel-ben. Jeder knüpft eigene Vorstellungen an die Begriffe, und nur eine Vielzahl von Beispielen hilft in den meisten Fällen zu einer Verständi-gung über den gemeinten Gegenstand. Ein Gleiches läßt sich zu den Methoden sagen. Auch hier hilft in den meisten Fällen nur das Demon-strieren anhand zahlreicher Beispiele.

Sicher ist, daß eine Reihe moderner S-Theorien für den Sprachunter-richt ungeeignet sind. Sicher ist aber auch, daß der Didaktiker an ihnen für seinen Sprachunterricht lernen kann. Die klare Trennung zwischen den Kategorien einerseits und den für sie benutzten Namen andererseits kann vielen die Angst vor der terminologischen Vielfalt nehmen, weil nicht die Vermittlung der Terminologie, sondern die der Kategorien im Mittelpunkt des Unterrichts stehen sollte. Die Objektivität der Kriterien, mit denen die Kategorien definiert werden, erleichtert auch dem Schüler den Umgang mit den Kategorien. Ihm kann gezeigt werden, ob er ein Kriterium falsch angewendet oder es nicht verstanden hat. Durch die Objektivierung der Kriterien gewinnen die Kategorien an Homogenität. Sie werden nicht durch eine Vielfalt von unterschiedlich wirksamen Kriterien vage und oft sogar widersprüchlich in ihrer Gestalt. Das erlaubt eine didaktisch gradlinigere Vermittlung. Wenn die Kunstsprachen in den Unterricht einbezogen werden sollen, dann wird das von ihrer schnellen Erlernbarkeit abhängig zu machen sein. Ihr Vorteil kann die klarere Beschreibung sein. Werden sie aber zu komplex, geht dieser Vorteil schnell verloren. Das verstellt den Blick für die zu beschreibende Sprache und wird damit zum Problem der Beschreibungssprache.

12. SYNTAX IN DER PHRASENSTRUKTURGRAMMATIK. Eine S-Theorie, die bereits Eingang in die schulische Unterrichtspraxis gefun-den hat, ist die *Phrasenstrukturgrammatik*. (Ein regelrechter Kurs findet sich in *Sprache und Sprechen*. Allgemeine Einführungen bieten: Bartsch/ Lenerz/Ullmer-Ehrich 1977, Weber 1977.) Die Kategorien für die Gram-

matik werden durch die *Konstituentenanalyse* gewonnen. Ihre Funktionsweise beruht auf der Erfahrung, daß man die Zusammengehörigkeit der Äußerungsteile in einer Äußerungseinheit als hierarchisch geordnet nachvollziehen kann. Das wird besonders deutlich, wenn man die Äußerungseinheit teilt und sich dabei auf eine Zweiteilung je Stufe beschränkt.

(Die Schüler tranken Bier)
(Die Schüler)   (tranken Bier)
(Die)   (Schüler)   (tranken Bier)
(Die)   (Schüler)   (tranken)   (Bier)

Nennen wir den jeweiligen Äußerungsteil einer Ebene eine Konstituente, dann läßt sich durch die Ersatzprobe testen, welche Ausdrücke an dieser Stelle möglich sind. Die Konstituente *(die Schüler)* könnte ersetzt werden durch *(die kleinen Schüler), (sie)* oder einfach *(Schüler)*. Auch die Ersetzung durch *(viele Leute)* ist möglich, ohne daß die Grammatikalität des ganzen Ausdrucks betroffen würde, und ohne daß sich die Beziehung der Konstituente zur Konstituente *(tranken Bier)* verändert.

Mit den Mitteln der Tests lassen sich Regelmäßigkeiten von Äußerungsteilen innerhalb der Konstituenten auf den verschiedenen Konstituentenebenen beobachten und beschreiben. Wenn die Konstituenten nicht mehr teilbar sind, ist die Ebene erreicht, auf der Wortarten aufgrund ihrer Konstituentenumgebung bestimmt werden können. Dann spricht man von der distributionellen Definition der Wortarten.

Jede auf diese Weise gefundene Konstituente kann terminologisch benannt werden. Die oberste Konstituente nennt man „Satz", die von ihr abhängenden zwei weiteren „Nominalphrase" und „Verbalphrase". Die Nominalphrase endet in den nicht mehr teilbaren Konstituenten „Artikel" und „Nomen". Die Verbalphrase wird in „Verb" und „Nomen" ggf. in „Nominalphrase" zerlegbar.

Diese Namen für die Konstituenten der unteren Ebene fungieren zugleich als Namen für die Wortarten.

Äußerungsteile, die als unmittelbare Konstituenten von der Nominalphrase nach einem Artikel stehen können, gehören zur Wortart „Nomen". „Verben" werden die Äußerungsteile genannt, die nach der Konstituente Nominalphrase stehen.

Eine grammatische Beschreibung für das Äußerungsbeispiel kann dann die Form haben:

Satz			
Nominalphrase		Verbalphrase	
Artikel	Nomen	Verb	Nomen
Die	*Schüler*	*tranken*	*Bier*

Diese Beschreibung würde auch für Äußerungen wie *Der Junge sägt Holz, Die Frau backt Kuchen, Die Kinder jagen Hunde* gelten. Mit einem solchen Verfahren lassen sich z. B. *Kernsatztypen* des Deutschen erarbeiten. (Einen Überblick über die Kernsätze des Deutschen bietet: Weber 1977, S. 85.)

NP	Verb		*Der Junge schläft.*
NP	Verb	NP	*Das Mädchen begrüßt seinen Vater.*
NP	Verb	NP NP	*Das Kind schenkt dem Jungen einen Ball.*
NP	Verb$_{sein}$ Adj		*Die Kirche ist schön.*
NP	Verb$_{sein}$ NP		*Der Bub ist ein Schlitzohr.*

Will man über die bloße Klassifikation hinauskommen, ist eine zusätzliche Verallgemeinerung notwendig. Es ist nötig, eine formale Regel zu finden, die diese Regelmäßigkeiten beschreiben kann. Als ein Regeltyp bietet sich die Ersetzungsregel an, fachsprachlich *Phrasenstrukturregel* genannt. Ihre Wirkungsweise besteht darin, umfassende Kategorien in Teilkategorien zu gliedern bis zu nicht mehr teilbaren Kategorien hin. Dabei ist es wichtig zu berücksichtigen, daß es nicht Regeln zur Konstituentenanalyse sind, sondern generative Regeln. Sie sollen das Erzeugen von Äußerungseinheiten, die Sätze sind, ermöglichen.

Nehmen wir an, unsere Sprache bestünde nur aus den Lexemen:

Nomen	*Mädchen, Kaninchen, Orchester, Pferd, Monster, Kind*
Artikel	*das*
Verb	*jagte, verärgerte, begrüßt, unterhält, beschimpfte*

Die Phrasenstrukturregel erlaubt nun, aus diesen Lexemen Äußerungsteile und -einheiten zu erzeugen, die als normalsprachliche Äußerungen verstanden werden.

Phrasenstrukturregeln

1: S → NP + VP
2: VP → V + NP   → : ersetze durch
3: NP → Art + N   + : verbinde mit

Eine Konvention, die vor allem wegen ihres höheren Veranschaulichungscharakters sehr beliebt geworden ist, ist die Darstellung in einem sogenannten *Baumgraph:*

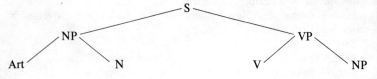

Ordnet man die entsprechenden Lexeme zu, so entstehen Äußerungen, die als normale Äußerungen des Deutschen identifiziert werden können.

Das Mädchen verärgerte das Orchester.
Das Kaninchen jagte das Pferd.
Das Kind begrüßte das Monster.

Bei der Darstellung durch einen Baumgraphen lassen sich *Knoten* und *Kanten* unterscheiden. Die Knoten werden durch die Kategorialsymbole „S", „NP", „VP" usw. gekennzeichnet, die Kanten, das sind die Verbindungsstriche zwischen den Knoten, können als Funktionen gedeutet werden.

NP	S	Subjekt von
VP	S	Prädikat von
NP	VP	Objekt von

Erst jetzt können wir sagen, wann ein Äußerungsteil bzw. eine -einheit als Satz, Subjekt oder Prädikat zu bewerten ist. Der Unterschied zwischen Wortart und Satzglied kann als Unterschied zwischen den Kategorien Nominalphrase, Verbalphrase, Nomen, Verb und Artikel und deren Funktionen erklärt werden. Bedenken wir, was einleitend gesagt worden ist, dann zeigt sich eine gewisse Nähe der Subjekt-Prädikat-Deutung zu der Thema-Rhema-Gliederung. Die morphologischen Markierungen ließen sich sicherlich problemlos ergänzend einfügen (*ein* Darstellungsversuch dazu in: Bechert/Clement/Thümmel/Wagner 1970, S. 137–160). Die anderen Beziehungen, so die lexikalischen Möglichkeiten oder die textlinguistischen, bleiben außerhalb der Darstellungsmöglichkeiten. (Durch die Erweiterung um die Subkategorisierungsregeln wird auch dieser Aspekt darstellbar, allerdings in einer sehr komplexen Weise: Bechert et al., a.a.O., S. 64–81). Dafür wird die Möglichkeit gewonnen, eine Erklärung für die Dynamik der Satzbildung durch die Wirksamkeit der Phrasenstrukturregel zu finden. Einen weiteren Beitrag dazu kann auch die Erweiterung der Phrasenstrukturregel um die Möglichkeit der *Rekursivität* leisten.

Sie erlaubt, daß im Rahmen der Phrasenstrukturregeln ein rechts vom Pfeil stehender Ausdruck erneut links verwendet werden darf.

Phrasenstrukturregeln

1: S → NP + VP
2: VP → V + NP
3: NP → Art + N
4: NP → S

Der Junge sagt, das Kind verspricht, der Ball gehört dem Mädchen.
Der Mann meinte, die Dame besucht das Theater.

Damit wird es möglich, wiederholt auftretende Konstruktionen ökonomisch zu beschreiben.

Bereits kleinere Erweiterungen der zu beschreibenden Sprache zeigen die Grenzen der bisherigen Theorie. Problematisch ist, und das wird besonders bei der Baumdarstellung sichtbar, die Stellung einzelner Äußerungsteile durch Phrasenstrukturregeln zu erfassen. Besonders die zur Konstituente Verb zuzuordnenden Äußerungsteile bereiten Schwierigkeiten, weil sie im Deutschen meist mehrgliedrig sind und diese wiederum über den Satz verteilt auftreten. Das machte die Einführung der *Transformationsregeln* notwendig. Auf diese Weise wird es möglich, eine Struktur durch die Phrasenstrukturregel zu erzeugen und die Endsymbole durch Transformationsregeln so zu ordnen, daß Äußerungseinheiten abgebildet werden können, die der Sprachnorm entsprechen.

Jürgen hat eine aufblasbare Puppe mitgebracht.

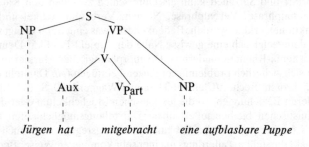

Transformation

SB	1	2	3	4	Strukturbeschreibung
SV	1	2		4	3 Strukturveränderung

So wie die Regeln zuvor definitorisch genau festgelegt worden sind, geschieht dies auch mit den Transformationen. Auch sie werden klassifiziert, man unterscheidet zwischen der Umstell-, der Einfügungs- bzw. Adjunktionstransformation, der Substitutions- und Tilgungstransformation. Ferner versucht man, ihre Reihenfolge festzulegen, wenn Transformationen mehrfach notwendig sind. (Ein Überblick dazu findet sich bei Hundsnurscher 1973, S. 206–208.)

Dieser Punkt erweist sich als didaktisch höchst problematisch. Transformationen, das haben die einleitenden Beobachtungen gezeigt, werden im Sprachgebrauch tatsächlich benutzt. Sie sind dort aber mit bestimmten

Funktionen verknüpft. Sie werden benötigt, um die Thema-Rhema-Struktur zu bilden, um bestimmte Teile hervorzuheben, um Konstruktionen zu verkürzen oder den Aussagemodus auszudrücken.

Im Rahmen der vorgestellten Theorie sind die Transformationen ein „Trick", um eine Schwäche eines Theorieteiles auszugleichen. Der mit Transformationen verbundene Erfahrungshorizont eines Sprechers bleibt unberührt. Er kann sogar in der Theorie gar nicht angemessen berücksichtigt werden. Die Transformationsregeln haben nicht die erklärende Kraft, die z. B. die Phrasenstrukturregel besitzt.

Daran hat auch die veränderte Sehweise von Transformationen als Erklärungsprinzip von Konstruktionszusammenhängen nichts geändert.

Mit der Einführung der Transformationsregeln eng verbunden ist die Einführung der Unterscheidung in *Oberflächenstruktur,* die tatsächliche Struktur einer Äußerung, und *Tiefenstruktur,* ihre semantische Struktur. Das wiederum hat zu einer neuen Konzeption der Transformationsregeln überhaupt angeregt, Transformationen nicht mehr nur zur Entlastung der Phrasenstrukturregeln und zur Bereinigung von Oberflächenphänomenen zu benutzen, sondern sie zur Erklärung syntaktisch unterschiedlicher Konstruktionen mit semantisch identischer Aussage zu verwenden. Das Verhältnis der Aktiv-Passivkonstruktionen sollte so transformationell erklärt werden (Bartsch/Lenerz/Ullmer-Ehrich 1977, S. 141–189 u. Huber/Kummer 1974).

Sieht man einmal von den Schwierigkeiten ab zu begründen, welche Konstruktion einer anderen zugrundeliegt, so verlangt die Sehweise vom Schüler eine starke Abstraktion von seiner eigenen Erfahrung mit der Sprache. Erwartet wird nicht ein Einfühlungsvermögen in die Wirkweise der Sprache, sondern in die Funktionsmechanismen einer Theorie.

Vorteilhaft für die Unterrichtspraxis ist sicherlich die Übersichtlichkeit der Darstellung, die Möglichkeit einer weitgehend simultanen Behandlung verschiedener grammatischer Phänomene. Unbefriedigend bleibt bei der Darstellungsweise, daß die Beziehungen zwischen den Konstituenten vielschichtiger sind und mit den Konstituentenklassen NP und VP nur sehr oberflächlich beschrieben werden können. Die Wirksamkeit der lexikalischen Mittel, die durch sogenannte Lexikonregeln zwar auch im Rahmen der Theorie berücksichtigt werden können, kann in ihrer eigentlichen Bedeutung vom Schüler kaum erkannt werden.

13. VALENZTHEORIE UND SYNTAX. Es verwundert daher nicht, daß in der Schule eine andere Theorie größere Aufnahmebereitschaft gefunden hat. Heringer hat eine Konstituentengrammatik vorgeschla-

gen, die zwar auch von der Zentralkonstituente Satz ausgeht, deren Konstituenten aber durch das Verhältnis zum Prädikatsteil, dem Verb, festgelegt werden. (An der Wertigkeit des Verbs orientierte neuere grammatische Handbücher sind: Engel 1977, Heringer 1972 u. 1978, Helbig/Buscha 1977.) Grundsätzlich kennt auch seine Theorie verschiedene Regeltypen. Er benutzt zum Aufbau dieselben Konstitutionsregeln und Lexikonregeln. Die Lexikonregel ist so organisiert, daß sie der nicht weiter ableitbaren letzten Konstituente eine Liste von Lexemen oder von Morphemen zuordnet. Die Konstitutionsregeln sind hierarchisch geordnet und haben als Ausgangskategorie ebenfalls die Kategorie Satz. Er nennt sie SF, für Satzform, und unterteilt sie in den Prädikatsteil PT, das Verbalmorphem VM, Ergänzungen E und Angaben A. Die Unterscheidung der Konstituenten E und A leitet er aus der Beobachtung ab, daß die Konstituente A für die Satzbedeutung eine andere Rolle spielt.

Am Beispiel

Er verzichtet auf Verdacht.

läßt sich zeigen, daß *auf Verdacht* zwei verschiedene semantische Rollen annehmen kann. Entsprechend verändert sich die Aussagebedeutung:

Er verzichtet, überhaupt Verdacht zu schöpfen.

Er verzichtet auf eine bloße Vermutung hin.

Bei der ersten Lesart würde die Rolle durch das Verb *verzichten auf* bedingt, im zweiten handelte es sich um einen freieren Äußerungsteil, der in viele Äußerungseinheiten eingefügt werden kann.

Damit wird eine Deutung der Abhängigkeit der Konstituenten in die Theorie eingeführt. Äußerungsteile, die durch den Rahmen des Verbs gesetzt werden, ordnet er der Konstituente *Ergänzung* zu und Äußerungsteile, die in allen Äußerungseinheiten unabhängig von der Semantik des Verbs auftreten, kategorisiert er als *Angabe*. Als Kriterium für die Bewertung, ob eine Zugehörigkeit zu E oder zu A vorliegt, wird der Weglaßtest verwendet. (Zur Unterscheidung von Ergänzung und Angaben: Engel 1977, S. 98–105 u. Engel/Schumacher 1976, S. 17–26).

Satz ist eine Äußerungseinheit, die wenigstens aus Äußerungsteilen besteht wie Prädikat und davon bedingte Ergänzungen. Die Konstituenten Prädikat und Ergänzungen bzw. Angaben sind Satzglieder, die für sich aus verschiedenen Wortarten und der ihnen eigenen Morphologie aufgebaut sind. So lassen sich Ergänzung und Angabe auf unterer Ebene nach lexikalischen und morphologischen Gesichtspunkten klassifizieren und das solange, bis schließlich die Konstituenten nicht mehr teilbar sind und der letzten Konstituente durch die Lexikonregel eine Liste von Lexemen bzw. Flexions- oder Kasusmorphemen zugeordnet wird.

Der Lehrer erzählte in der ersten Stunde tolle Witze.

Mit Transformationsregeln ließe sich diese Struktur entsprechend der normalsprachlichen Äußerungsform umwandeln.

Die Schule hat diesen Ansatz weitgehend unter dem Aspekt der Wertigkeit des Verbs rezipiert. Die Darstellungen stellen entsprechend das Verb ins Zentrum, und so findet sich in den meisten Sprachbüchern ein Graph vom Typ:

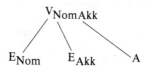

(Hierbei sollte man sich nicht irritieren lassen, wenn statt des Verbs vom Satzkern oder Aussagekern die Rede ist. Das entscheidende Kriterium ist, ob die Satzgliedfunktion durch die Abhängigkeit zum Verb bestimmt wird, und das Verb das zentrale Glied ist.)

Ob man nun diese oder die andere Darstellungsweise wählt, vorteilhaft ist, daß eine sehr weitreichende Klassifikation von Äußerungen möglich ist. Die Übersichtlichkeit ist bei beiden Darstellungsweisen gleich gut. Die Nachvollziehbarkeit der Klassifikation wird gestützt durch die besondere Leistung des Verbs, semantische Rollen zu bedingen und die Kasusmorphologie festzulegen. Das konstitutive Element der Ergänzungen gewinnt dadurch eine große Plausibilität.

Eine Gefahr hat die Sehweise allerdings für die Schule mit sich gebracht. Der Aspekt der Wertigkeit wurde primär als Mittel zum Drill der Kasusmorphologie aufgenommen. Die Beherrschung von Dativ- und Akkusativmorphemen bereitet Schülern, wenn sie von ihrem Heimatdialekt stark beeinflußt werden, oft große Schwierigkeiten. Die Satzbeschreibung wurde so vielfach auf das Einüben der Verbrektion beschränkt.

Als keineswegs so eindeutig hat sich in der Unterrichtspraxis die Unterscheidung von Angaben und Ergänzungen erwiesen. Wie in der Einleitung ausgeführt worden ist, besteht grundsätzlich die Tendenz, bei Äußerungen Verkürzungen vorzunehmen. Die Feststellung, ob eine Äußerungseinheit mit dem einen oder anderen Äußerungsteil eine vollständigere Einheit darstellt, fordert normalerweise eine sehr starke Abstraktion vom Einfluß des Kontextes. (Zusätzliche Differenzierungen in obligatorische und fakultative Ergänzungen, können, berücksichtigt man sie im Unterricht, die Unsicherheit um ein noch erheblicheres Maß verstärken.) Durch die Erweiterung um die sogenannten semantischen *Operatoren* und Operatoren für das sprachliche Handeln wird ein Weg aufgezeigt, semantische, textlinguistische und pragmatische Bezüge über den Satz hinaus herstellen zu können (Heringer 1978, S. 118–145). Diese Operatoren nehmen in einer bestimmten Weise Einfluß auf die Prädikatskonstituente. Der Operator „Umkehrung" wird als Operation bezeichnet, „die aus einem Satz einen anderen Satz macht und dabei nur die Ergänzungen vertauscht und deren Namen ändert".

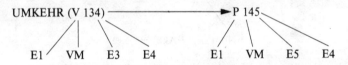

Cornelia schenkt dem Kleinen einen Ball.
Der Kleine bekommt von Cornelia einen Ball geschenkt.
Wenn einmal davon abgesehen wird, welchen theoretischen Status solche Operatoren haben sollen, und wenn man außer acht läßt, daß sie für sehr verschiedenartige Erscheinungen als Erklärung benutzt werden, dann zeigt sich für eine Rezeption in der Schule vor allem das Problem, daß sie zu abstrakt sind. Damit ist gemeint, daß sie den Erfahrungshorizont des Sprechers mit seiner Sprache nicht berühren.

Eine Operation wie die der Umkehrung ist nicht dadurch erklärt, daß ein Wandel in der Wertigkeit gezeigt wird. Textverflechtung und die Absicht des Sprechers, etwas in den Vordergrund zu stellen, d. h. das konkrete Bedürfnis nach Ausdrucksvarianz, bedingen den Wunsch nach Konstruktionen, die zwar auf denselben Sachverhalt Bezug nehmen, aber eine andere Perspektive z. B. durch die Umbesetzung der semantischen Rollen ermöglichen.

14. KASUSTHEORIE UND SYNTAX. Auf das Phänomen, daß nominale Konstituenten Rollen in der Äußerungseinheit übernehmen, die einen inhaltlichen Charakter haben, wurde schon mehrfach hingewiesen. Eine Theorie, die eine S auf dieser Basis aufbaut, ist die *Kasusgrammatik*. Auch sie benutzt dazu die üblichen Regeln, Phrasenstruktur-, Transformations- und Lexikonregeln (Stockwell/Schachter/Partee 1973, S. 1–32). Ihre zentrale Konstituente ist der Satz. Der entscheidende Unterschied liegt in der Auswahl und Begründung der Konstituenten.

Grundlegend ist die Beobachtung, daß die nominalen Konstituenten in bestimmten Beziehungsverhältnissen zueinander stehen. Diese Beziehungen inhaltlich zu fassen und in ihrer allgemeinen Zahl festzulegen, bemüht sich die Kasustheorie (Zur Diskussion der damit verbundenen Probleme: Nilsen 1973). Die Konstituente Satz wird unterteilt in zwei Konstituenten: *Modalität* und *Proposition*. Beiden Konstituenten werden eine bestimmte Anzahl von Kasus zugeordnet, die als Tiefenkasus bezeichnet werden, weil sie an der Oberflächenstruktur morphologische unterschiedliche Kasus haben können.

Der propositionale Kasus Agent kann als Nominalphrase im Nominativ oder als Präpositionalphrase mit „von" ausgedrückt werden.

Ein Hund (Agent) beschnüffelt ihn.

Er wurde von einem Hund (Agent) beschnüffelt.

Ein anderes Beispiel mag der Kasus Instrumental sein.

Der neue Wagen (Instrument) fährt ihn bedeutend sicherer.

Er strapaziert den neuen Wagen (Instrument) ganz schön.

Neuerdings fährt er doch wieder mit dem neuen Wagen (Instrument).

Der Instrumental wird als Nominalphrase im Nominativ, im Akkusativ und als Präpositionalphrase verwendet.

Das gilt für alle Tiefenkasus, so auch für die Kasus, die der Konstituente Modalität zugeordnet werden, wie z. B. Temporalität.

Dieses Jahr (Temporalität) hat kein Badewetter gehabt.

Ich habe dieses Jahr (Temporalität) sehr geschätzt.

Martina war während des ganzen Jahres (Temporalität) zweimal paddeln.

Didaktisch erscheint dieser Ansatz interessant, weil besonders im Bereich der Grundschule zu beobachten ist, daß die Äußerungsteile in ihrer inhaltlichen Relation leichter erkannt werden als auf Grund morphologischer Markierung. Eine Nominalphrase im Nominativ und als Agent wird schneller erkannt als dieselbe NP durch einen Instrumental oder Objektkasus besetzt.

Beobachtungen zum Verhältnis von Tiefenkasus und Kasus der Ober-

flächenstruktur können die Textanalyse im Unterricht anregen. Durch
das Verb wird ein bestimmter Rahmen von Tiefenkasus gesetzt. Der
Sprecher kann diesen normal auffüllen, d. h. durch Lexeme, die die
Rollen des Rahmens erfüllen können. Der bewußte Verstoß gegen diese
Besetzung semantischer Rollen hat besondere stilistische Effekte zur
Folge.

Die Zeit wandert langsam auch hier ins Tal.
Die Zeit verlangt eine baldige Entscheidung in der Sache.

Das Verb würde ein Lexem erwarten lassen, das eine handelnde Person
bezeichnet. An seine Stelle wird aber ein Ausdruck gesetzt, der sich
normalerweise mit dem Kasus Temporalität verbindet. Es tritt der Effekt
einer metaphorischen Redeweise ein.

Die Reaktionen auf die Theorievorschläge einer S auf der Basis der
Tiefenkasus waren fachwissenschaftlich zurückhaltend bis kritisch (Finke
1974). Im Bereich der Fachdidaktik gilt ähnliches. (Zu einer positiven
Einschätzung kommt die Arbeit von Fink 1977. Bei einer Durchsicht der
Sprachbücher ist mir nur eines aufgefallen, das die Möglichkeit der
Kasusgrammatik zur Textbetrachtung aufgreift.) Die Ursachen für die
Zurückhaltung liegen in der Schwierigkeit, die Kasuskonstituenten be-
friedigend zu definieren. Es ist schwer, Anzahl und Art der Kasus mit
objektiven Kriterien zu begründen.

15. KATEGORIALGRAMMATIK UND SYNTAX. Eine Theorie, die
im Anspruch auf Explizitheit am weitesten gehen kann, wurde im Rahmen der Kategorialgrammatik in der letzten Zeit entwickelt. (Bartsch/
Lenerz/Ullmer-Ehrich 1977, S. 205–272, Löbner 1976). Auf Anhieb
wirkt sie auf die Didaktik wenig attraktiv, weil ihre Beschreibungssprache
sehr komplex ist und das, was sie an der Sprache erklären kann, dadurch
verstellt erscheint. Sie ist aber eine Theorie, die die semantische Komponente in die grammatische Beschreibung einbeziehen kann, was ihr die
didaktische Aufmerksamkeit abverlangt.

Auch für sie spielt die Interpretation der Beziehung zwischen den
Konstituenten eine besondere Rolle. Sie versucht aber keine inhaltliche
Deutung der Beziehung, sondern sieht diese als eine Operator-Operand-
Beziehung an. Das Verhältnis der Konstituenten kann so als eine Art
Bestimmungsverhältnis zueinander angesehen werden, in dem eine Kon-
stituente die andere beeinflußt.

Ute liebt Sascha.

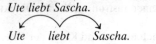

Ute   liebt   Sascha.

Hierbei besteht grundsätzlich die Möglichkeit, Operatoren anzunehmen, die mehrstellig sind. Das Verb „lieb-" könnte daher auch als ein zweiwertiger Operator beschrieben werden.

Ute   liebt   Sascha

Die Konstituentenklassen werden durch die Bestimmung des *Operator-Operand*-Verhältnisses gewonnen. Dabei werden zwei Basiskategorien angenommen, weil sie keine Beziehung ausdrücken. Es ist die Kategorie der Namen, N, und die des Satzes, S. Als Regel benutzt man ein Verfahren, das dem Dividieren ähnelt. Mit den beiden genannten Basiskategorien und mit der einen Regel lassen sich eine Vielfalt von Kategorien definieren.

Wenn *Ute* und *Sascha* der Kategorie der Namen zuzuordnen sind, dann erweist sich *liebt* als Ausdruck einer Kategorie, der wir die Beschreibung geben können:

lieb- ist ein Operator, der zwei Ausdrücke aus der Kategorie N nimmt und mit ihnen einen Ausdruck bildet, der zur Kategorie S gehört.

lieb- (Ute, Sascha)

S/NN · NN = S

Attribut und Adverb-Beziehungen werden durch Kategorien wie

N/N

S/N/S/N

beschreibbar. Das Attribut ist eine Kategorie, die einen Ausdruck aus der Kategorie der Namen nimmt und einen Ausdruck derselben Kategorie erzeugt. Auch das Adverb zeigt diese Leistung. Äußerungsteile, die auf die gesamte Äußerungseinheit einwirken, lassen sich einer Kategorie zuordnen, die

S/S

genannt wird. Es sind Ausdrücke, die den Satz nehmen und einen neuen Satz daraus bilden. Wenn man das Inventar der Basiskategorien um die Basiskategorie C für Gattungsbezeichnungen erweitert, läßt sich beispielsweise die Funktionsweise des Artikels mit der Kategorie

N/C

nimmt einen Ausdruck der Kategorie der Gattungsbezeichnungen und macht einen Ausdruck mit der Wirkung, wie sie Ausdrücke der Kategorie der Namen enthalten.

erklären.

Ein Übungsbeispiel wie *Der dicke Mops hopst heute hoch* könnte dann mit der folgenden Beschreibung versehen werden, wenn man die Kategorie für Adjektivattribute durch Ausdrücke bestimmt, die aus Gattungsnamen wieder Ausdrücke erzeugen, die den Effekt von Gattungsnamen haben, kurz C/C:

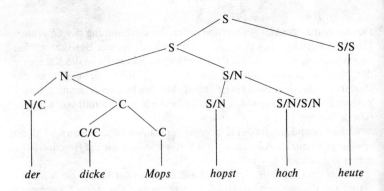

Die Kategorien orientieren sich an *semantischen Wirkungen,* die ihre sprachlichen Ausdrücke bewirken. Das hat dazu angeregt, die syntaktische Beschreibung mit einer semantischen Interpretation zu verbinden. Ermöglicht worden ist das durch die Entwicklung der Typenlogik.

Die syntaktischen Kategorien für die sprachlichen Ausdrücke werden so angelegt, daß sie mit Hilfe von Übersetzungsregeln, um die wir uns hier im einzelnen nicht weiter kümmern müssen, in semantische Kategorien übersetzt werden können. Diese semantische Übersetzung erlaubt dann die Anwendung der Regeln der Logik. Diese interpretiert die Bedeutung der Ausdrücke, indem sie den Individuennamen Individuen und den Prädikaten Wahrheitswerte zuweist.

Eine Äußerung wie *Ute liebt Sascha* wird dann beschreibbar durch Kategorien des Deutschen

Eigennamen (N)

Satz (S)

transitive Verben (S/NN) bzw. auch schreibbar als ((S/N)N)

und die dazugehörigen Typen aus der Typenlogik

Entität e

Wahrheit t

zweistelliges Prädikat (e,(e,t))

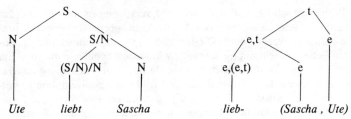

Durch die Einbeziehung der intensionalen Semantik, einer Weiterentwicklung der Prädikatenlogik, wird es möglich, auch Äußerungen mit fiktionalem Charakter in die Beschreibung auf der semantischen Seite einzubeziehen.

Für eine Didaktik ist diese Sehweise anregend, weil sie veranschaulicht, wie aus dem Zusammenspiel der Kategorien Äußerungsteile zu Bezeichnungseinheiten umgeformt werden.

Obwohl in der Darstellung der Gesamttheorie die verschiedenen Ebenen, Phänomene der Oberflächenstruktur wie Wortstellung und Morphologie, syntaktische Kategorien und semantische Interpretation sorgfältig voneinander unterschieden und eigenständig beschrieben werden, ermöglichen die Zuordnungsregeln der jeweiligen Ebene eine Zusammenschau.

Die erklärende Kraft dieser Sehweise liegt darin, eine Beschreibungssprache nicht unnötig um der Einheitlichkeit einer Theorie willen zu belasten. Die Morphologie beispielsweise muß nicht mit demselben Regeltyp dargestellt werden wie die Wortstellung. Die Einheitlichkeit der Perspektive wird durch die *Ausrichtung auf die Semantik* gewährleistet. Gezeigt werden soll, wie durch die Ausdrucksmittel der Sprache auf außersprachliche Sachverhalte Bezug genommen werden kann.

So läßt sich denken, daß eine Weiterentwicklung pragmatischer und textlinguistischer Gesichtspunkte so weit gelingt, daß auch sie sich in die Theorie einbeziehen lassen, so daß der Weg ausgehend von einer Definition der Intention des Sprechers über die pragmatischen, textlinguistischen bis hin zu den syntaktischen und lexikalischen Implikationen erfaßt werden kann. Hier läge dann der Ort für die Sprachbeschreibung und -betrachtung, die im Erfahrungsfeld des Sprechers und d. h. auch des Schülers liegt.

Die Vielzahl der in der Einleitung beschriebenen Möglichkeiten würde sich in dieser Perspektive als ein wohl geordnetes Repertoire erweisen, das das Operationsfeld sprachlichen Handelns, wenn nicht unbedingt erklären, so doch zu interpretieren erlauben würde.

Problematisch ist, und das darf nicht verschwiegen werden, daß für eine didaktische Realisation des Ansatzes eine geeignete Semantiksprache gefunden werden muß. Die formale Logik, im Rahmen der wissenschaftlichen Beschreibung sinnvoll, würde den Schüler irritieren. Ein erster Versuch in diese Richtung wurde mit dem Vorschlag gemacht, die semantische Realisation durch eine Bildwelt-Repräsentation zu versuchen (Sucharowski 1977/1978). Zu überprüfen wäre ferner, auf welcher Ebene Modus und Tempus zu behandeln sind und ob sie mit Kategorien zu beschreiben wären, wie die Kategorien S und N. Dieser Vorschlag, sie so zu behandeln, führt leicht zu einer Vermischung ganz unterschiedlicher Ebenen und kann didaktisch gesehen zu Verunsicherungen im Umgang mit den rein syntaktisch wirksamen Kategorien führen.

16. DIDAKTISCHE BEWERTUNG. Wie die Ausführungen zeigen, kann S sehr verschieden betrieben und die S der Sprache sehr unterschiedlich beschrieben werden, ohne daß einer vom anderen behaupten könnte, daß das, was er macht, falsch ist.

Entscheidend ist, ob das, was er dort macht, die Eigentümlichkeiten der Sprache beschreibt und besser erklärt als die andere Theorie. Für den Didaktiker bedeutet erklären, ob die Beschreibung so angelegt ist, daß sie konkrete, alltägliche und unmittelbare *Erfahrungen* eines Sprechers mit seiner Sprache *objektiv* faßbarer machen kann.

Es ist bezeichnend für die Didaktik der S, daß sich in den Sprachbüchern sogenannte *Mischmodelle* gebildet haben. Die Satzbeschreibung orientiert sich an dem Konstituenten-, Phrasenstruktur- und Dependenzkonzept, z. T. werden auch Elemente der Transformationsgrammatik beider Versionen aufgegriffen. Auch traditionelle Sehweisen werden einbezogen, z. B. bei der Beschreibung von Thema-Rhema-Strukturen. Die Ursache für dieses Verhalten ist, erinnert man sich der einleitenden Ausführungen, leicht zu erkennen. Jede der beschriebenen theoretischen Ansätze konzentriert sich auf eine Beziehung im Satz, die für die Bildung der Einheit bedeutsam ist. Alle anderen Erscheinungen, die ebenfalls zur Bildung der Einheit beitragen, werden diesem Prinzip untergeordnet, wenn sie sich überhaupt einordnen lassen. Die Integration kann oft sehr schwerwiegende theoretische Darstellungsprobleme erzeugen, so daß sich der Theorieaspekt immer stärker in den Vordergrund der Beschreibung schiebt.

Für die Didaktik steht aber die *Vermittlung der Eigentümlichkeiten der Sprache* im Zentrum des Interesses – im Fall der S, der Elemente, die verknüpfende Funktionen ausüben. So liegt es nahe, daß entsprechende Ansätze aufgegriffen und zum Unterrichtsgegenstand gemacht werden. Als problematisch erweist sich hierbei, daß nicht die bestimmte Beziehung, sondern in den meisten Fällen zugleich die kategorialen Bedingungen und z. T. das terminologische Umfeld mit rezipiert werden und dadurch zu einer methodischen und terminologischen Heterogenität beitragen, die auf den Schüler und den Lehrer zugleich verunsichernd wirkt.

Hinzu kommt, wodurch das Unbehagen noch verstärkt wird, daß die *Methoden*, die eine größere Eindeutigkeit im Umgang mit den Kategorien ermöglichen sollen, zum primären Unterrichtsgegenstand werden. Um sie auch sicher demonstrieren und geschickt beim Schüler einschleifen zu können, wird die Sprachbetrachtung zusätzlich eingeschränkt auf ein künstlich zusammengestelltes Sprachkorpus, das meist aus einzelnen mehr oder minder komplexen Strukturen besteht.

Was letztlich im Rahmen der Satzlehre vermittelt wird, beschränkt sich bei der herkömmlichen Betrachtungsweise auf eine Sammlung von Termini und eine Reihe unstrittiger Kategorien aus dem Bereich der Satzglieder und Wortarten. Sie erlauben den Umgang mit fremden Sprachen.

Wenn moderne Theorien berücksichtigt werden, können sie z. T. Verständnis für Probleme der Klassifikation sprachlicher Eigenschaften wecken und so zur Fähigkeit einer distanzierteren Sprachbetrachtung erziehen.

Daß Sprachbetrachtung – das beginnt bereits bei der Satzlehre – erklären soll, wie und wodurch die Äußerung zu ihrer Bedeutung kommt, und welche Funktionen diese ermöglichen, wird bisher in der schulischen Praxis nicht verwirklicht. In der Didaktik zeichnet sich mit der Forderung nach der *situationsorientierten Grammatik* eine Tendenz ab, die dies erkannt hat. Eine Umsetzung dieser Forderung in konkreten Unterricht kann aber nur gelingen, wenn auch ein theoretisches Angebot vorliegt, das den Aspektreichtum freilegt und geordnet darzustellen erlaubt. Unbefriedigend bleibt, wenn die Forderung nur verstanden wird, um weitere theoretische Ansätze, wie z. B. die Sprechakttheorie in die Kapitel der Sprachbücher zu „schmuggeln" und mit Kategorien aus irgendeiner Grammatik zu mischen.

→ **Grammatiktheorien, Fachdidaktik (eigensprachlich, fremdsprachlich), Normen, Pragmalinguistik.**

LITERATUR

W. Admoni: Der deutsche Sprachbau, München 1970.

J. Aßheuer/M. Hartig: Aufbau einer Schulgrammatik auf der Primar- und Sekundarstufe, Düsseldorf 1976.

R. Bartsch/J. Lenerz/V. Ullmer-Ehrich: Einführung in die Syntax, Kronberg/Ts. 1977.

J. Bechert/D. Clement/W. Thümmel/K. H. Wagner: Einführung in die Transformationsgrammatik, München 1970.

M. Bierwisch: Grammatik des deutschen Verbs. Studia grammatica II, Berlin 1973.

W. Boettcher/H. Sitta: Der andere Grammatikunterricht, München 1978.

W. Boettcher/H. Sitta: „Grammatik in Situationen" in: Praxis Deutsch 34 (1979) S. 12–21.

W. Dressler: Einführung in die Textlinguistik, Tübingen 1973.

W. Eichler/K.-D. Bünting: Deutsche Grammatik, Kronberg/Ts. 1976.

U. Engel: Syntax der deutschen Gegenwartssprache, Berlin 1977.

U. Engel/H. Schumacher: Kleines Valenzlexikon deutscher Verben, Tübingen 1976.

U. Engel/S. Grosse: Grammatik und Deutschunterricht. Jahrbuch des Instituts für Deutsche Sprache 1977, Düsseldorf 1978.

J. Erben: Deutsche Grammatik. Ein Abriß, München 1972.

Ch. Fillmore: „Plädoyer für Kasus" in: W. Abraham (Hg.): Kasustheorie, Frankfurt/Main 1971.

St. R. Fink: Aspects of a pedagogical grammar, Tübingen 1977.

P. Finke: Theoretische Probleme der Kasusgrammatik, Kronberg/Ts. 1974.

Funkkolleg: Sprache 1. Eine Einführung in die moderne Linguistik, Frankfurt/Main 1972.

W. Gewehr: „Brauchen wir eine neue Grammatikkonzeption? Überlegungen zur Neugestaltung des Grammatikunterrichts" in: W. Gewehr (Hg.): Sprachdidaktik. Neue Perspektiven und Untersuchungsvorschläge, Düsseldorf 1979, S. 40–60.

P. Grebe: Duden. Grammatik, Mannheim/Wien/Zürich 1973.

E. U. Große: Text und Kommunikation, Stuttgart 1976.

E. Gülich/W. Raible: Linguistische Textmodelle, München 1977.

G. Helbig/J. Buscha: Deutsche Grammatik, Leipzig 1977.

G. Helbig/W. Schenkel: Wörterbuch zur Valenz und Distribution deutscher Verben, Leipzig 1969.

W. Hartmann/H. H. Pütz/P. Schefe: Sprachwissenschaft für den Unterricht, Düsseldorf 1978.

H. J. Heringer: Wort für Wort. Interpretation und Grammatik, Stuttgart 1978.

H. J. Heringer: Deutsche Syntax, Berlin 1972.

W. Huber/W. Kummer: Transformationelle Syntax des Deutschen I, München 1974.

F. Hundsnurscher: „Syntax" in: Lexikon der germanistischen Linguistik, Bd. I, Tübingen 1973, S. 184–220.

H. Isenberg: „Einige Grundbegriffe für die linguistische Texttheorie" in: Probleme der Textgrammatik. Studia grammatica XI, Berlin 1976, S. 47–145.

W. K. Jude/R. F. Schönhaar: Deutsche Grammatik, Braunschweig 1975.

W. Jung: Grammatik der deutschen Sprache, Leipzig 1973.

W. Klein: Reguläre Ellipsen im Deutschen, Nijmegen 1977.

S. Löbner: Einführung in die Montague-Grammatik, Kronberg/Ts. 1976.

D. L. F. Nilsen: The instrumental case in English, Janua Linguarum. Ser. Minor 156, The Hague/Paris 1973.

J. Ries: Was ist ein Satz, Prag 1931.

P. Schefe: „Der syntaktische Aspekt der Sprache" in: W. Hartmann/H.-H. Pütz/ P. Schefe (Hg.): Sprachwissenschaft für den Unterricht, Düsseldorf 1978, S. 49–97.

W. Schmidt: Grundfragen der deutschen Grammatik, Berlin 1973.

D. Schulz/H. Griesbach: Grammatik der deutschen Sprache, München ¹⁰1976.

H. Schumacher (Hg.): Untersuchungen zur Verbvalenz, Tübingen 1976.

E. Seidel: Geschichte und Kritik der wichtigsten Satzdefinitionen, Jena 1935.

K.-E. Sommerfeldt/H. Schreiber: Wörterbuch zur Valenz und Distribution deutscher Adjektive, Leipzig 1974.

B. Stadler: Sprechhandeln und Grammatik. Bd. 2: Sprechhandlungsorientierte Grammatik, München 1978.

R. P. Stockwell/P. Schachter/B. Hall Partee: The major syntactic structures of English, New York 1973.

W. Sucharowski: „Kategorialgrammatik und Grammatikunterricht" in: Linguistik und Didaktik 34/35 (1978) S. 109–128 und 36 (1978) S. 303–323.

H. Weber: Kleine generative Syntax des Deutschen. I. Traditionelle Syntax und generative Syntaxtheorie, Tübingen 1977.

E. Werlich: A text grammar of English, Heidelberg 1976.

H. Weydt: Aspekte der Modalpartikel. Studien zur deutschen Abtönung, Tübingen 1977.

WOLFGANG SUCHAROWSKI

Weiterführende Literatur zu den einzelnen Stichwörtern (kommentiert)

zu: CURRICULA

G. Beck et al.: „Lehrerausbildung im Fach Deutsch" in: Diskussion Deutsch 27 (1976) S. 2–66. – Vorstellen eines sprachdidaktisch-curricularen Konzepts zur Deutschlehrerausbildung vom Universitätsstudium bis zur Lehrerfortbildung.

K. Behr et al.: Folgekurs für deutschlehrer: Didaktik und methodik der sprachlichen kommunikation, Weinheim 1975. – Ausführliche „begründung und beschreibung des projekt-orientierten deutschunterrichts" mit vielen Materialien und Literaturhinweisen.

W. Boettcher et al.: Lehrer und Schüler machen Unterricht. München ²1978. – Sprachdidaktische Voraussetzungen und Folgerungen für die Planung und Durchführung von Sprachunterricht nach dem Konzept „offener Curricula".

W. Borsum et al.: Lehrpläne und ihre Verwirklichung. Unterricht in der Grundschule I, Frankfurt/Main 1975. – Unter anderem Beispiele zur „Lehrplanarbeit" und zur „Planung von Curriculumbausteinen in der Schulpraxis" (Rechtschreibunterricht) auf der Primarstufe.

F. von Cube: „Der kybernetische Ansatz in der Didaktik" in: D. C. Kochan (Hg.): Allgemeine Didaktik. Fachdidaktik. Fachwissenschaft, Darmstadt 1970, S. 143–170. – Kurze Einführung in die didaktisch-theoretischen Voraussetzungen der Lehrprogramme.

I. Haller/U. Schurig/H. Wolf: „Curriculum" in: E. Dingeldey und J. Vogt (Hg.): Kritische Stichwörter zum Deutschunterricht. München 1974, S. 46–61. – Einführung in die Diskussion zum Begriff Curriculum vor 1974.

K. Heinen/H. Heuschen/B. Kaiser (Hg.): Lehrer ausbilden – aber wie? Düsseldorf 1979. – Entwürfe und Berichte zu einem erprobten Konzept der Referendarausbildung auf der Basis „offener Curricula", nicht nur im Fach Sprache/Deutsch.

H. von Hentig: Cuernavaca oder: Alternativen zur Schule? Stuttgart/München 1971. – Kritische Diskussion des curricular-deterministischen Ansatzes der Lehrplanentwicklung und Vorstellung alternativer Schulkonzepte einschließlich des Konzepts der „Entschulung der Schule".

W. Ingendahl: „Lehrprogramm" in: E. Nündel (Hg.): Lexikon zum Deutschunterricht, München 1979, S. 227–228. – Sehr kurze, aber gelungene Einführung mit wenigen gezielten Literaturangaben.

D. Knab: „Ansätze zur Curriculumreform in der BRD" in: betrifft: erziehung 2 (1971) S. 15–28. – Kundiger Überblick über die Curriculumforschung und Erläuterung der Revisionsansätze auf der Basis der Robinsohn'schen Theorie.

J. Kreft: „Affirmative Curriculum-Theorie" in: Informationen zur Deutschdidaktik 6 (1978) S. 8–11. – Ausführliche Rezension der Arbeiten Zabel 1977 und Zimmermann 1977 unter kritischer Würdigung des Curriculum-Ansatzes im Fach Deutsch.

Ch. Möller: Technik der Lernplanung. Methoden und Probleme der Lernzielerstellung, Weinheim ⁴1973. – Entwicklung des Konzepts der radikalen Operationalisierung von Lernzielen und einer Entscheidungstheorie zur Lernzieldeduktion.

H. Müller-Michaels: „Lehrplan" in: E. Nündel (Hg.): Lexikon zum Deutschunterricht, München 1979, S. 224–226. – Kurze Einführung in wichtige Aspekte der Curriculumtheorie.

S. B. Robinsohn: Bildungsreform als Revision des Curriculum, Neuwied 1967. – Grundlegung der Curriculum-Diskussion in der BRD.

K.-H. Schäfer: „Emanzipatorische und kommunikative Didaktik" in: K. Schäfer/

K. Schaller: Kritische Erziehungswissenschaft und kommunikative Didaktik, Heidelberg 1971. – Entwicklung des Begriffs der kommunikativen Didaktik als emanzipatorisches Unterrichtskonzept in kritischer Auseinandersetzung mit Heimans empirischem Ansatz der „Didaktischen Analyse".

H. J. Tymister: Didaktik: Sprechen, Handeln, Lernen, München 1978. – Entwicklung eines handlungstheoretisch und kommunikativ orientierten Unterrichtskonzepts und Vorstellen eines Minimalcurriculums für dieses Konzept.

H. J. Tymister: „Schule – Lernzielbestimmung oder eigene Zielwahlmöglichkeit" in: G. Brandl (Hg.): Vom Ich zum Wir. München 1979, S. 144–154. – Erläuterung wichtiger Voraussetzungen der Mitbestimmung von Schülern bei Lernzielentscheidungen auf der Basis der Individualpsychologie.

D. Wunderlich: „Lernziel Kommunikation" in: Diskussion Deutsch 23 (1975) S. 263–277. – Erläuterung des Themas anhand der Kritik an dem Sprachbuch „Sprache und Sprechen".

H. Zabel: Deutschunterricht zwischen Lernzielen und Lehrplänen, Düsseldorf 1977. – Versuch einer ausführlichen Darstellung des Themas vor dem Hintergrund des curriculum-theoretischen Ansatzes Robinsohns.

H. Zabel: „Curriculum-Diskussion – Lehrplankritik" in: D. Boueke (Hg.): Deutschunterricht in der Diskussion, Bd. 1, Paderborn ²1979, S. 49–75.

J. Zimmer: „Curriculumforschung: Chance zur Demokratisierung der Lehrpläne" in: F. Achtenhagen/H. L. Meyer (Hg.): Curriculumrevision – Möglichkeiten und Grenzen, München 1971, S. 178–196. – Möglichkeiten der Beteiligung der Betroffenen an der Curriculumentwicklung.

W. Zimmermann et al.: Von der Curriculumtheorie zur Unterrichtsplanung, Paderborn 1977. – Ausführliche Einführung in die Theorie der Curriculum-Entwicklung und Modelle von Teilcurricula (Sprache, Literatur).

J. Zinnecker (Hg.): Der heimliche Lehrplan, Weinheim 1975. – Erörterungen zur Frage nach den tatsächlichen Lernergebnissen der Unterrichtspraxis und den Abweichungen vom offiziellen Curriculum.

zu: ERZIEHUNG ZUR KOMMUNIKATIONSFÄHIGKEIT

Arbeitsgruppe kommunikativer Unterricht: Handbuch zum kommunikativen Sprachunterricht. Dokumentation von Lerneinheiten für den Sprachunterricht in Vorschule und Primarstufe, nach Lernzielen geordnet, Weinheim/Basel 1978. – Dokumentation von Sprachbüchern entnommenen und nach sprachlichen Operationen geordneten Lerneinheiten zur Förderung der Kommunikationsfähigkeit.

D. Baacke: Kommunikation und Kompetenz, Stuttgart 1973. – Theorie der kommunikativen Kompetenz als einer nicht-determinierenden, sondern Möglichkeiten eröffnenden Regelstruktur.

K. Beyer/H.-D. Kreuder: Lernziel: Kommunikation. Linguistik für die Schule, Stuttgart 1975. – Überlegungen zur Theorie und Praxis der Ausbildung kommunikativer Kompetenz (mit einer Aufgabensammlung).

B. S. de Boutemard: Schule, Projektunterricht und soziale Handlungsperformanz. Eine wissenssoziologische und handlungstheoretische Untersuchung mit einem

Vorwort von Joachim Matthes, München 1975. – Analyse der im Unterricht bestehenden Möglichkeiten zur Ausbildung „sozialer Handlungsperformanz".

W. Einsiedler/H. Härle (Hg.): Schülerorientierter Unterricht, Donauwörth [2]1976. – *Didaktik eines schülerorientierten Unterrichts auf anthropologischer, lernpsychologischer und sozialpsychologischer Grundlage.*

K. O. Frank: Sprachförderung durch Unterricht. Grundlagen und Analysen. Fallbeispiele und praktische Vorschläge, Freiburg 1977. – *Fallbeschreibungen (vornehmlich aus den Schuljahren 2–6) werden auf ihre sprachfördernde Funktion hin analysiert, Alternativen vorgestellt.*

P. Grönwoldt: „Unterricht als Sprachlernsituation. Symmetrische Kommunikationsbeziehungen und Identitätsbalance im Unterricht" in: H. C. Goeppert (Hg.): Sprachverhalten im Unterricht, München 1977, S. 344–356. – *Entwurf einer situationsorientierten Kommunikationsdidaktik.*

A. Gutt/R. Salffner. Sozialisation und Sprache. Didaktische Hinweise zu emanzipatorischer Sprachschulung, Frankfurt [5]1973. – *Fußend auf einer Kritik an den Theorien zur „kompensatorischen Sprachförderung" werden eine Konzeption „emanzipatorischer Sprachschulung" und deren unterrichtliche Realisation vorgestellt.*

E. Haueis/O. Hoppe: Aufsatz und Kommunikation. Zwei Untersuchungen, Düsseldorf 1972. – *Verbindung einer Analyse des Aufsatzunterrichts und des Versuches, eine Didaktik der Textrezeption zu umreißen.*

W. Ingendahl (Hg.): Projektarbeit im Deutschunterricht. Theorie und Praxis einer lebenspraktisch orientierten Spracherziehung, München 1974. – *Beiträge zur Begründung eines schülerorientierten Deutschunterrichts und Erfahrungsberichte.*

W. Ingendahl: Sprechen und Schreiben. Studienbuch zur Didaktik der sprachlichen Äußerung, Heidelberg 1975. – *Versuch einer Didaktik der Einübung in soziale Emanzipation durch Sprachhandeln.*

A. Kaiser/F.-J. Kaiser (Hg.): Projektstudium und Projektarbeit in der Schule, Bad Heilbrunn 1977. – *Nachweis von sich aus Erfahrungen in der Praxis ergebenden Grundproblemen des Projektstudiums und -unterrichts.*

D. C. Kochan/W. Wallrabenstein (Hg.): Ansichten eines kommunikationsbezogenen Deutschunterrichts, Königstein/Ts. [2]1978. – *Beiträge zur kommunikationstheoretischen Grundlegung, Zielbestimmung und Methodik eines kommunikationsorientierten Deutschunterrichts.*

J. Lehmann (Hg.): Stimulations- und Planspiele in der Schule, Bad Heilbrunn 1977. – *Beiträge zur Theorie und Praxis der Simulation von Lebenswirklichkeit im Unterricht.*

W. Pielow/R. Sanner (Hg.): Kreativität und Deutschunterricht, Stuttgart 1973. – *Teilantworten auf die Frage, wie sprachliche Kreativität als Prozeß und Produkt beschreibbar ist.*

P. M. Roeder/G. Schümer: Unterricht als Sprachlernsituation. Eine empirische Untersuchung über die Zusammenhänge der Interaktionsstrukturen mit der Schülersprache im Unterricht, Düsseldorf 1976. – *Analyse des Einflusses der Sprachlernsituation auf die Ausbildung der Fähigkeit zum kommunikativen Handeln.*

zu: FACHDIDAKTIK, EIGENSPRACHLICH

K. Abels/K. O. Frank/P. Kern (Hg.): Sprachunterricht, Bad Heilbrunn 1978. – Sammlung von Aufsätzen, die wichtige sprachdidaktische Positionen der letzten 25 Jahre repräsentieren.

H. P. Althaus/H. Henne/H. E. Wiegand (Hg.): Lexikon der Germanistischen Linguistik, Tübingen 1973. – Nachschlagewerk mit umfassenden und detaillierten Einzelbeiträgen zu allen Bereichen neuerer Linguistik.

K. Behr/P. Grönwoldt/E. Nündel/R. Röseler/W. Schlotthaus (Hg.): Grundkurs für Deutschlehrer. Sprachliche Kommunikation, Weinheim und Basel 1972. – Loseblattsammlung im Ordner, mit knappen Einführungen in einige sprachwissenschaftliche und sprachdidaktische Problemfelder und mit Auszügen aus der Fachliteratur als Begleittexten.

K.-D. Bünting: Einführung in die Linguistik, Frankfurt/Main ³1972. – Elementare Einführung in Grundbegriffe, Methoden und Analysetechniken freilich nur der Phonetik, Phonologie, Morphologie, Syntax und Semantik.

J. Erben: Deutsche Grammatik. Ein Abriß, München ¹¹1972. – Systematische Gesamtdarstellung der Grammatik der deutschen Gegenwartssprache auf der Basis einer offenen und funktionalen Grammatiktheorie.

W. Friederich: Moderne deutsche Idiomatik, München 1966. – Systematisches Wörterbuch deutscher Redewendungen mit Definitionen der Bedeutungen und Textbeispielen.

H. Helmers: Didaktik der deutschen Sprache, Stuttgart ⁸1975. – Systematische Darstellung der Ziele und Methoden des Deutschunterrichts vom 1. bis 13. Schuljahr, auf Grund der umwälzenden Veränderungen in der Didaktik der 70er Jahre mehrfach umgearbeitet, insgesamt aber eine ältere Position vertretend.

J. Lyons: Einführung in die moderne Linguistik. Aus dem Englischen übertragen von W. und G. Abraham, München 1971. – Überblick über die wichtigsten Strömungen strukturalistischer Sprachwissenschaft, recht ausführlich.

F. Kluge: Etymologisches Wörterbuch der deutschen Sprache. Bearbeitet von Walther Mitzka, Berlin ²⁰1967. – Etymologisches Standardwerk.

Th. Siebs: Deutsche Aussprache, hg. v. H. de Boor, H. Moser, Ch. Winkler, Berlin ¹⁹1969. – Phonologische Darstellung des Systems der reinen und gemäßigten deutschen Hochlautung sowie Wörterverzeichnis mit verbindlicher Ausspracheregelung.

B. Sowinski (Hg.): Fachdidaktik Deutsch, Köln und Wien 1975. – Sammlung von Beiträgen zu den wichtigsten Voraussetzungen, Problemen, Bereichen und Begriffen eines fachdidaktischen Studiums „Deutsch".

W. Ulrich: Linguistik für den Deutschunterricht, Braunschweig ²1980. – Sammlung motivierender Beispieltexte für sprachwissenschaftliche Untersuchungen zu allen wichtigen Teildisziplinen, mit Einführungen und Arbeitsaufträgen zu jedem Text.

W. Ulrich: Wörterbuch – Grundbegriffe des Deutschunterrichts. Sprachdidaktik und Literaturdidaktik, Kiel 1979. – Rasch informierendes Nachschlagewerk zu allen Bereichen der Fachdidaktik und Methodik des Deutschunterrichts, mit mehr als 700 Stichwörtern.

W. Ulrich: *Wörterbuch linguistischer Grundbegriffe, Kiel 1972, ³1981. – Nachschlagewerk zur schnellen Orientierung in der oft unzugänglichen linguistischen Fachterminologie, mit Definitionen und vielen deutschsprachigen Beispielen.*

E. Wolfrum (Hg.): *Taschenbuch des Deutschunterrichts. Grundfragen und Praxis der Sprach- und Literaturpädagogik, Baltmannsweiler ²1976.– Umfassende Sammlung sehr verschiedenartiger Beiträge zur Sprachwissenschaft, Literaturwissenschaft, Sprachdidaktik und Literaturdidaktik, mit ausführlichen Literaturangaben.*

zu: FACHDIDAKTIK, FREMDSPRACHLICH

U. Bliesener/K. Schröder: *Elemente einer Didaktik des Fremdsprachenunterrichts in der Sekundarstufe II, Frankfurt/Main 1977. – Umfassende Behandlung von Fragen des Curriculum, der Planung und Erstellung von Kursen und der Lernzielkontrolle.*

K. Detering/R. Högel (Hg.): *Englisch auf der Sekundarstufe I, Hannover 1978. – Aufsatzsammlung mit neuen Beiträgen zu Fremdsprachenlernpsychologie, Fertigkeiten, Kommunikationsfähigkeit, Methodik, Literaturdidaktik.*

J. Firges/M. Pelz (Hg.): *Innovationen des audiovisuellen Fremdsprachenunterrichts, Frankfurt/Main 1976.– Aufsatzsammlung mit Beiträgen zur Entwicklung der AV-Methode und praktischen/lehrwerkgesteuerten Anwendung.*

H. Heuer: *Lerntheorie des Englischunterrichts, Heidelberg 1976. – Systematische Einführung in Probleme der Lernersprache, Sprachlernforschung, der didaktischen Modellierung der Zielsprache.*

J. Kramer (Hg.): *Bestandsaufnahme Fremdsprachenunterricht, Stuttgart 1976. – Kritische Auseinandersetzung mit der Geschichte der Fremdsprachendidaktik, dem Lernziel der kommunikativen Kompetenz, der AV-Methode und hochschuldidaktischen Fragen.*

K. Lorenzen (Hg.): *Theorie und Praxis des Englischunterrichts, Bad Heilbrunn 1977. – Repräsentative Aufsatzsammlung zu den meisten traditionellen Aspekten der Fremdsprachendidaktik.*

R. Nissen: *Kritische Methodik des Englischunterrichts, Heidelberg 1974. – Systematische und umfassende Einführung in die unterrichtsrelevanten Teilgebiete der Fremdsprachendidaktik unter methodischem Vorzeichen.*

H.-E. Piepho: *Kommunikative Didaktik des Englischunterrichts, Sekundarstufe I, Limburg 1979. – Systematische Einführung in lerntheoretische, sprachtheoretische, erziehungswissenschaftliche, fachdidaktische und methodische Aspekte der kommunikativen Fremdsprachendidaktik.*

W. Preibusch: Frühbeginn des Englischunterrichts als didaktisches Problem, Weinheim 1979. – Kritischer Forschungsbericht zur Situation des Fremdsprachenunterrichts auf der Primarstufe am Beispiel des Englischen.

K. Schröder/T. Finkenstaedt (Hg.): Reallexikon der englischen Fachdidaktik, Darmstadt 1977. – Prägnanter Überblick über die Teilbereiche der Fachdidaktik Englisch.

I. C. Schwerdtfeger: Gruppenarbeit im Fremdsprachenunterricht, Heidelberg 1977. – Darstellung der pädagogischen und fachdidaktischen Problematik unter besonderer Berücksichtigung der Realisierbarkeit.

G. Walter: Englisch für Hauptschüler, Königstein Ts. 1979. – Systematische Darstellung der Probleme des Fremdsprachenlernens und -lehrens in der Hauptschule unter besonderer Berücksichtigung des lernschwächeren Schülers.

G. Zimmermann: Grammatik im Fremdsprachenunterricht, Frankfurt/Main 1977. – Allgemeiner Überblick über Grammatiktheorien und ihre didaktische Anwendung, Entwicklung einer Methodik des Grammatikunterrichts unter Berücksichtigung der lernpsychologischen Prozesse.

zu: GRAMMATIKTHEORIEN

W. Bechert et al.: Einführung in die GTG, München 1970 und weitere Neuauflagen. – Standardwerk der Einführung in die GTG.

J. Berko: Das Erlernen der englischen Morphologie durch das Kind, 1958, dt. in: W. Eichler und A. Hofer (Hg.): Spracherwerb und linguistische Theorie, München 1974, S. 215–242. – Klassische Untersuchung des Wortformerwerbs auf der Basis des linguistischen Strukturalismus.

K. D. Bünting/D. C. Kochan: Linguistik und Deutschunterricht, Hamburg ²1976. – Im ersten Teil Erörterung einer Grammatik auf strukturalistischer und GTG-Basis.

C. Chomsky: The Acquisition of Syntax in Children from 5 to 10, Cambridge Mass. 1969. – Untersuchung über den Besitz der komplexen Transformationen auf der Basis der GTG.

N. Chomsky: Aspekte der Syntaxtheorie, 1965, dt. Frankfurt/Main 1969. – Theorie der GTG, Fortsetzung zu „Syntaktische Strukturen".

W. Eichler/K.-D. Bünting: Schulgrammatik der deutschen Gegenwartssprache, Hannover 1978. – Umfassende Darstellung des Sprachsystems auf der Basis der traditionellen und Konstituentenstrukturgrammatik mit Teilen der Sprechakttheorie und Semantik.

W. Eichler: Sprachdidaktik Deutsch, ein kommunikationswissenschaftliches und linguistisches Konzept, Hannover 1974, ²1980. – Im zweiten Teil Darstellung eines schulpraktischen Transformationsmodells auf der Basis der GTG sowie strukturalistische Verfahren für die Arbeit in der Sekundarstufe II.

Funkkolleg Sprache, eine Einführung in die moderne Linguistik, Frankfurt/Main

1972. – Darstellung der Linguistik ab Strukturalismus über die GTG bis zur Sprechakttheorie.

H. *Glinz: Die innere Form des Deutschen, Bern–Basel 1954 und weitere Auflagen. – Darstellung des Sprachsystems als operationale Grammatik.*

H. *Glinz et al.: Deutsche Grammatik, 4 Bde., Frankfurt/Main 1970ff. – Nachfolgewerk zu der „Inneren Form".*

G. *Helbig/J. Buscha: Deutsche Grammatik, Leipzig ²1972. – Grammatik auf der Basis des Valenzmodells.*

H. J. *Heringer: Deutsche Syntax, Berlin 1970. – Darstellung der Konstitutionsgrammatik.*

R. *Jakobson: Kindersprache, Aphasie und allgemeine Lautgesetze (1943), Frankfurt/Main ²1960. – Darstellung des Lauterwerbs und -verlusts auf der Basis des Strukturalismus.*

W. *Kühlwein: Artikel „Sprachdidaktik": in: Lehrgang Sprache, in 5 Lieferungen, Lieferung 3, Weinheim 1974. – Hinweise auf die Entwicklung einer kontrastiven didaktischen Grammatik für den Fremdsprachenunterricht.*

D. *Mc Neill: „Über Theorien des Spracherwerbs" (1968), dt. in: W. Eichler/A. Hofer (Hg.): Spracherwerb und linguistische Theorien, München 1974, S. 50ff. – Diskussion verschiedener strukturalistischer und GTG-Ansätze in der Spracherwerbsforschung.*

P. *Menyuk: „Syntaktische Strukturen in der Kindersprache" (1963), dt. in: W. Eichler/A. Hofer (Hg.): Spracherwerb und linguistische Theorien, München 1974, S. 296–304. – Untersuchung über den Besitz der wichtigsten Transformationen (komplexe Konstruktionen) auf der Basis der GTG.*

L. *Tesnière: Les Eléments de Syntaxe Structurale, Paris ¹⁰1965. – Darstellung der Dependenzgrammatik.*

L. *Weisgerber: Von den Kräften der Deutschen Sprache, 4 Bde. Düsseldorf 1950ff. – Darstellung der inhaltsbezogenen Sprachwissenschaft.*

zu: KOMMUNIKATION

P. *Berger/T. Luckmann: Die gesellschaftliche Konstruktion der Wirklichkeit, Frankfurt/Main 1972. – Soziologische Darstellung der Struktur und Verteilung gesellschaftlichen Wissens.*

A. V. *Cicourel et al.: Language Use and School Performance, New York 1974. – Untersuchungen über die Rolle des Sprachgebrauchs bei der Beurteilung von Schülern im Klassenzimmer und bei Tests.*

A. V. *Cicourel: Sprache in der sozialen Interaktion, München 1975. – Untersuchungen zur Rolle kognitiver und linguistischer Prozesse in sozialer Interaktion.*

D. *Efron: Gesture, Race and Culture, Den Haag 1972 (1941). – Eine der ersten Untersuchungen über kulturelle Unterschiede im Gebrauch von Gestik (jüdische und italienische Einwanderer in New York).*

J. J. Gumperz: Sprache, lokale Kultur und soziale Identität, Düsseldorf 1975.
J. J. Gumperz/D. Hymes (Hg.): Directions in Sociolinguistics: The Ethnography of Communication, New York 1972. – Reader mit ethnographischen Untersuchungen von Kommunikationsereignissen.
W. Kallmeyer/F. Schütze: „Konversationsanalyse" in: Studium Linguistik 1 (1976) 1–28. – Einführung in verschiedene Schulen der ‚Konversationsanalyse'; Bibliographie der wichtigsten Arbeiten.
H. Sacks: „Das Erzählen von Geschichten innerhalb von Unterhaltungen" in: R. Kjolseth/F. Sack (Hg.): Zur Soziologie der Sprache. Kölner Zeitschrift für Soziologie, Sonderheft 15 (1971), 307–315.
J. Searle: Sprechakte, Frankfurt/Main 1971. – Grundlegendes Werk der Sprechakttheorie.
A. Scheflen: Körpersprache und soziale Ordnung, Stuttgart 1976. – Eine umfassende, gut illustrierte Darstellung der Funktion nicht-verbalen Verhaltens (Proxemik und Kinesik) in der Organisation zwischenmenschlicher Interaktion.
A. Scheflen: „Die Bedeutung der Körperhaltung in Kommunikationssystemen" in: M. Auwärter/E. Kirsch/K. Schröter (Hg.): Seminar: Kommunikation, Interaktion, Identität. Frankfurt/Main 1976, 221–253. – Auch die anderen Artikel in diesem Band vermitteln gute Einsichten in die gegenwärtige soziologische Interaktionsforschung.
D. Wunderlich: Studien zur Sprechakttheorie, Frankfurt/Main 1976. – Sammlung von Arbeiten des wichtigsten deutschen Vertreters der Sprechakttheorie.

zu: NORMEN

U. Ammon: „Hochsprachliche Norm in der Sprachbehindertenpädagogik" in: G. Lotzmann (Hg.): Sprach- und Sprechnormen, Heidelberg 1974, S. 85–98. – Darstellung der Normproblematik unter soziolinguistisch-dialektologischen und sprachheilpädagogischen Gesichtspunkten.
K. Bayer/B. Seidel: „Gesprochene Sprache" in: Praxis Deutsch 24 (1977) S. 11–20. – Basisartikel zum Thema „gesprochene Sprache", der u. a. das Verhältnis der gesprochenen Sprache zur Sprachnorm zu erklären versucht.
W. Besch/H. Löffler/H. Reich (Hg.): Dialekt/Hochsprache – kontrastiv. Sprachhefte für den Deutschunterricht, Düsseldorf 1976/1977/1978. – Überblick über mundartbedingte Normabweichungen für die Hand des Lehrers.
N. Dittmar: „Kommentierte Bibliographie zur Soziolinguistik" in: Linguistische Berichte 15 (1971) S. 103–128 und Linguistische Berichte 16 (1971) S. 98–126.– Kurzer Überblick über Ergebnisse der Sprachbarrierenforschung.
N. Dittmar: Soziolinguistik. Exemplarische und kritische Darstellung ihrer Theorie, Empirie und Anwendung, Frankfurt/Main 1973. – Ausführlicher und systematischer Überblick über Theorie und Ergebnisse der Sprachbarrierenforschung.

K. *Gloy: Sprachnormen. Probleme ihrer Analyse und Legitimation, Konstanz 1974. – Kritische Bestandsaufnahme der bisherigen Diskussion des Normproblems innerhalb der Sprachwissenschaft.*

K. *Gloy/G. Presch (Hg.): Sprachnormen I. Linguistische und soziologische Analysen, Stuttgart – Bad Cannstatt 1975.*

K. *Gloy/G. Presch (Hg.): Sprachnormen II. Theoretische Begründungen außerschulischer Sprachnormenpraxis, Stuttgart-Bad Cannstadt 1976 (=1976a).*

K. *Gloy/G. Presch (Hg.): Sprachnormen III. Kommunikationsorientierte Linguistik-Sprachdidaktik, Stuttgart – Bad Cannstatt 1976 (= 1976b). – Beiträge verschiedener Autoren zum Thema Sprachnorm unter linguistischen, kommunikativen, sprachdidaktischen und soziologischen Aspekten, die in etwa den derzeitigen Diskussionsstand widerspiegeln.*

R. *Küchler/S. Jäger: „Zur Sanktionierung von Sprachnormverstößen" in: Gloy/ Presch 1976a, S. 125–139. – Kurzer, mit pointierten Thesen versehener Überblick zum Kapitel Sprachnormsanktionen.*

H. *Moser: Sprache – Freiheit oder Lenkung? Zum Verhältnis von Sprachnorm, Sprachwandel, Sprachpflege, Mannheim 1967. – Darstellung und Wertung verschiedener Kriterien zur Normgewinnung.*

P. *v. Polenz: „Sprachnorm, Sprachnormung, Sprachnormenkritik" in: Linguistische Berichte 17 (1972) S. 76–84. – Komprimiert-systematische Zusammenfassung wichtiger Aspekte der gegenwärtigen Sprachnormendiskussion.*

V. *Reitmajer: Der Einfluß des Dialekts auf die standardsprachlichen Leistungen von bayerischen Schülern in Vorschule, Grundschule und Gymnasium, Marburg 1979. – Empirische Untersuchung zum Problem mundartbedingter Normverstöße verbunden mit einer sprachdidaktischen Reflexion.*

H. *Rupp: „Sprachgebrauch, Norm und Stil" in: H. Rupp/L. Wiesmann: Gesetz und Freiheit in unserer Sprache, Frauenfeld 1970, S. 7–43. – Kritische Auseinandersetzung mit traditionellen Normbegründungen und Versuch eines Neuansatzes unter Einbeziehung sprachdidaktischer Aspekte.*

W. H. *Veith: „Soziolekt und Aufsatzbeurteilung an Gymnasien" in: Zeitschrift für Dialektologie und Linguistik 1 (1975) S. 1–26. – Bericht über eine empirische Untersuchung zum Problem Normverstöße im Aufsatz unter soziolinguistischen Gesichtspunkten.*

zu: PRAGMALINGUISTIK

J. L. *Austin: Zur Theorie der Sprechakte (How to do things with words), Stuttgart 1972. – Späte Arbeit Austins, Grundlagenwerk der Sprechakttheorie.*

K. *Bühler: Sprachtheorie. Die Darstellungsfunktion der Sprache, Frankfurt/ Main/Berlin/Wien 1978 (Neudruck). – Grundlegende sprachpsychologische Arbeit, auf dem Organonmodell aufbauend.*

E. *Feldbusch: Sprachförderung im Vorschulalter. Eine kontrastive soziolinguisti-*

sche Analyse zur Überprüfung des Einflusses vorschulischer Maßnahmen auf das Sprachverhalten von Unterschicht-Kindern, Marburg 1976. – Umfassende theoretische und empirische Untersuchung zur Soziolinguistik.

E. Feldbusch/J. Ziegler: *„Schwierigkeiten mit dem Sprachgebrauch – Zum Verhältnis von Sprache und Kognition in soziolinguistischer Theoriebildung" in: G. Simon/E. Straßner (Hg.): Sprechen – Denken – Praxis. Zur Diskussion neuer Antworten auf eine alte Frage in Praxis, Wissenschaft und Philosophie, Weinheim und Basel 1979, S. 107–134. – Kritische Auseinandersetzung mit den zentralen Positionen der Soziolinguistik.*

E. Feldbusch: *„Sprachkompensatorische Erziehung: Realisierung ‚gesellschaftlicher Chancengleichheit' oder ‚Symptomkorrektur'?" in: Linguistik und Didaktik 31 (1977) S. 182–193. – Auseinandersetzung mit der Defizit- und der Differenztheorie, Ansatz zu einer alternativen Soziolinguistik.*

J. Habermas/N. Luhmann: *Theorie der Gesellschaft oder Sozialtechnologie. Was leistet die Systemforschung? Frankfurt/Main 1971. Darin: J. Habermas: Vorbereitende Bemerkungen zu einer Theorie der kommunikativen Kompetenz, S. 101–141. – Entwickelt Ansätze zu einer Theorie der kommunikativen Kompetenz (Universalpragmatik) und einer Konsensustheorie der Wahrheit.*

F. Kainz: *Psychologie der Sprache, Bd. 1: Grundlagen der allgemeinen Sprachpsychologie, Stuttgart 1962. – Grundlagenwerk der Sprachpsychologie, entwickelt in einer Wissenschaftslehre der Sprachpsychologie die methodischen und thematischen Grundlagen der Disziplin und sucht durch die Beantwortung der Fundamentalfragen nach Wesen, Leistung und Ursprung der Sprache Ausgangserkenntnisse für die weitere sprachpsychologische Forschungsarbeit zu gewinnen.*

G. Klaus: *Die Macht des Wortes. Ein erkenntnistheoretisch-pragmatisches Traktat, Berlin ⁶1972. – Versuch einer materialistisch begründeten Pragmatik; untersucht werden wichtige erkenntnistheoretische Kategorien unter semiotisch-pragmatischen Gesichtspunkten.*

A. A. Leontjew: *Psycholinguistik und Sprachunterricht, Stuttgart/Berlin/Köln/Mainz 1974. – Versuch einer Antwort auf die Frage nach der Struktur und den Bedingungen der sprachlichen Äußerung sowie nach den Möglichkeiten, einen Sprachunterricht aufzubauen, der die Sprechäußerung als Sprechhandlung auffaßt und Schüler und Studierende als agierende Subjekte in einer Umwelt begreift, in der die Sprechhandlung, wie jede andere Handlung, Motive und Ziele hat.*

U. Maas/D. Wunderlich: *Pragmatik und sprachliches Handeln. Mit einer Kritik am Funkkolleg „Sprache", Frankfurt/Main ²1972. – Der „Neuen Wissenschaft von der Sprache", wie sie nach Maas/Wunderlich das Funkkolleg Sprache repräsentiert, versuchen Maas/Wunderlich eine „emanzipatorische Wissenschaft" entgegenzusetzen, die Sprache maßgeblich als gesellschaftliches Handeln begreift.*

Ch. W. Morris: *Grundlagen der Zeichentheorie, München 1972 (Erste Auflage 1938). – Enzyklopädischer Artikel, der grundlegenden Stellenwert hat für eine allgemeine Theorie der Semiotik. Versucht wird eine Synthese zwischen dem wissenschaftstheoretischen Ansatz des amerikanischen Pragmatismus und dem deutschen logischen Empirismus.*

Ch. W. Morris: Pragmatische Semiotik und Handlungstheorie, Frankfurt/Main 1977. – Auswahl wichtiger Schriften Morris', die die Frage nach den Beziehungen der drei wesentlichsten Themenkomplexe der Morris'schen Arbeit behandeln, der Zeichentheorie, der Werttheorie und der Handlungstheorie.

Ch. W. Morris: Zeichen, Sprache und Verhalten, Düsseldorf 1973 (erste Auflage 1946). – Systematisierung des verhaltenstheoretischen Ansatzes, den Morris der semiotischen Trias zugrundelegt.

B. Schlieben-Lange: Linguistische Pragmatik, Stuttgart/Berlin/Köln/Mainz 1975. – Übersichtliche, einführende Darstellung in die zahlreichen pragmalinguistischen Ansätze.

J. R. Searle: Speech Acts, Cambridge 1969, dt. Sprechakte, Frankfurt/Main 1971. – Grundlagenwerk der Sprechakttheorie.

L. Wittgenstein: „Philosophische Untersuchungen" in: L. Wittgenstein, Schriften 1, Frankfurt/Main 1969 (Erstausgabe 1958), S. 279–544. – Hauptwerk der Theorie des späten Wittgenstein.

zu: PSYCHOLINGUISTIK

G. Augst (Hg.): Spracherwerb von 6–16, Düsseldorf 1978. – Der Band befaßt sich mit dem schulischen Spracherwerb.

H.-M. Gauger: „Psycholinguistik" in: Lexikon der germanistischen Linguistik, Tübingen 1973, S. 299–303. – Der Artikel berücksichtigt die Psychoanalyse.

S. Goeppert/H. C. Goeppert: Sprache und Psychoanalyse, Reinbek b. Hamburg 1973.

S. Goeppert/H. C. Goeppert: Redeverhalten und Neurose, Reinbek b. Hamburg 1975. – Beide Bände dokumentieren den Forschungsstand der Psychopathologie des Sprechens und erarbeiten auf der Grundlage der Sprechakttheorie und des Konzepts von Übertragung und Gegenübertragung neue Analysemethoden für verschriftete therapeutische Dialoge.

C. F. Graumann: „Psycholinguistik" in: Handbuch der Linguistik, München 1975. – Gute Darstellung von psychologischer Seite.

H. Hörmann: Psychologie der Sprache, Berlin ²1970. – Standardwerk der Psychologen.

G. Kegel: Sprache und Sprechen des Kindes, Reinbek 1974. – Gute Einführung in die Kindersprache.

H. Leuninger/M. H. Miller/F. Müller: Psycholinguistik. Ein Forschungsbericht, Frankfurt/Main 1972. — Chomsky verpflichtete Darstellung der psychologischen Fundierung linguistischer Regeln; Ontogenese der Sprache unter Einschluß der biologischen Grundlagen (Universalienproblem).

A. Lorenzer: Sprachzerstörung und Rekonstruktion, Frankfurt/Main 1970. – „Pri-

vatistische Wortsymbole" als Ausdruck privatisiert-isolierter Interaktionsform. Ziel der Therapie ist die Korrektur der Privatsprache im Hinblick auf „öffentliche Bedeutungen".

M. *Miller: Zur Logik der frühkindlichen Sprachentwicklung. Empirische Untersuchungen und Theoriediskussion, Stuttgart 1976.* – Detaillierte Darstellung verschiedener Ansätze und zahlreicher Untersuchungen.

F. *Müller: „Erstspracherwerb: Theoretische Ansätze, Methoden, Untersuchungen"* in: *Studium Linguistik 4 (1977) S. 1–24.* – Gute Forschungsübersicht mit Ausblicken.

J. *Piaget: Sprechen und Denken des Kindes, Düsseldorf 1972 (französisches Original 1925).* – Standardwerk der Entwicklungspsychologie.

H. *Ramge: Spracherwerb und sprachliches Handeln. Studien zum Sprechen eines Kindes im 3. Lebensjahr, Düsseldorf 1976.* – Sozialpsychologisch orientiertes Modell: die „Sprechhandlungskompetenz" des Kindes wird durch Themenwiederholung und Handlungsmuster vermittelt und gefördert.

B. F. *Skinner: Verbal Behavior, New York 1957.* – Standardwerk der klassischen Lerntheorie.

D. J. *Slobin: Einführung in die Psycholinguistik. Kronberg/Ts. 1974.* – Besonders empfehlenswert Kapitel 5 zu Sprache/Sprechen und Denken.

zu: SEMANTIK

L. *Antal (Hg.): Aspekte der Semantik. Zu ihrer Theorie und Geschichte 1662–1969, Frankfurt/Main 1972.* – Sammlung von für die Geschichte der Linguistik wichtigen Aufsätzen (u. a. Bréal, Weisgerber, Trier, Bloomfield, Benveniste, Nida, Ullmann, Hjelmslev, Katz, Bolinger, Weinreich, Chomsky).

Autorenkollektiv: Probleme der semantischen Analyse, Berlin (DDR) 1977. – Umfassender Überblick aus materialistischer Sicht über den gegenwärtigen Stand der Diskussion zur Analyse nach semantischen Merkmalen.

W. *Boettcher/H. Sitta: Der andere Grammatikunterricht, München und Wien 1978.* – Praxisbezogene Auseinandersetzung mit dem traditionellen Grammatik-Unterricht und Skizze eines situationsorientierten Unterrichts (Sprachreflexion und sprachliches Handeln, Sprachreflexion als Sprachkritik, situative Anlässe für Grammatik-Unterricht usw.).

E. *Coseriu: Probleme der strukturellen Semantik, Tübingen 1973.* – Vorlesungsnachschrift mit ausgeprägt methodologischem Interesse, behandelt den Strukturbegriff in Grammatik und Wortschatz, gibt eine Charakterisierung der Struktur des Wortschatzes, abschließend Anmerkungen zur Methodik der Untersuchung lexikalischer Strukturen.

W. *Dressler (Hg.): Textlinguistik, Darmstadt 1978.* – Sammlung wichtiger Aufsätze, die die Entwicklung von den ersten satzübergreifenden bis zu den textlinguistischen Analyseansätzen dokumentieren (u. a. Harris, Hartmann, Harweg, Thümmel, Daneš, Wunderlich, Petöfi, Kummer, Weinrich).

W. *Dressler (Hg.) Current trends in textlinguistics, Berlin – New York 1978. – Sammlung von Aufsätzen, die den derzeitigen Stand der Diskussion in Sachen Textgrammatik dokumentieren (u. a. Rieser, Nöth, Petöfi, Schmidt, van Dijk, Grimes, Wienold, Enkvist, Longacre).*

A. J. *Greimas: Strukturale Semantik. Methodologische Untersuchungen, Braunschweig 1971: Diskutiert die Bedingungen einer wissenschaftlichen Semantik, behandelt dann auf sehr abstrakter Ebene die elementaren Strukturen von Bedeutung in der Rede (Isotopiemodell). Im letzten Kapitel Anwendung auf das Redeuniversum von Bernanos.*

F. *Hundsnurscher: Neuere Methoden der Semantik, Tübingen 1971. – Einführung in Methoden semantischer Analyse auf Merkmalbasis.*

W. *Kallmeyer et al.: Lektürekolleg zur Textlinguistik, Frankfurt/Main 1974. – Einführung in die Textlinguistik (Bd. 1) und Sammlung wichtiger textlinguistischer Arbeiten mit kurzen Einführungstexten.*

F. *Kiefer (Hg.): Semantik und generative Grammatik, Frankfurt/Main 1972. – In zwei Bänden Sammlung wichtiger Aufsätze zur Rolle der Semantik in der TG (u. a. Bellert, Bierwisch, Chomsky, Fillmore, Katz, Lakoff, MacCawley, Weinreich).*

J. *Lyons: Semantics, Cambridge 1977. – Das umfangreiche zweibändige Werk gibt einen Überblick über linguistische Themenstellungen und geht in Kap. 8, 9 auf die strukturale Semantik ein.*

B. *Rank: „Der Sprachunterricht und die Theorie der Sprechtätigkeit" in: Linguistik und Didaktik 31 (1977) S. 171–181. – Thesen zu einem sprechhandlungsfundierten Sprachunterricht.*

A. W. *Read: „An account of the word ‚semantics'" in: Word 4 (1948) 78–97. – Wortgeschichtliche Untersuchung zu ‚Semantik' und Nachbarbegriffen.*

G. *Saße/H. Turk (Hg.): Handeln, Sprechen und Erkennen, Göttingen 1978. – Sammlung von neueren Aufsätzen zum sprachlichen Handlungsbegriff, zu Problemen der pragmatischen Sprachanalyse und zu Fragen der Abgrenzung von Semantik und Pragmatik.*

S. J. *Schmidt: Texttheorie, München 1973. – Überblick über die verschiedenen textlinguistischen/texttheoretischen Ansätze. Formuliert aus texttheoretischer Sicht Prinzipien für Gegenstandsbestimmung und Theoriebildung in der Linguistik.*

S. *Ullmann: Semantik. Eine Einführung in die Bedeutungslehre, Frankfurt/Main 1973. – Behandelt den Bedeutungsbegriff auf Wortebene, Synonymie, Polysemie, den Bedeutungswandel und im Abschlußkapitel die Gliederung des Wortschatzes.*

S. *Ullmann: Grundzüge der Semantik. Die Bedeutung in sprachwissenschaftlicher Sicht, Berlin–New York 1972. – Kapitel III, IV, V befassen sich mit historischer Semantik, während Kapitel I eine kurze Geschichte des Begriffs und der Disziplin gibt und Kapitel II die deskriptive Semantik behandelt.*

D. *Wunderlich: Studien zur Sprechakttheorie, Frankfurt/Main 1976. – Sammlung teils unveröffentlichter Arbeiten aus den letzten Jahren zur Sprechhandlungstheorie. Untersuchung von Sprechakten (Fragen, Behaupten) und Diskussion methodologischer Grundsätze.*

zu: SEMIOTIK

M. Bense: Semiotische Prozesse und Systeme in Wissenschaftstheorie und Design, Ästhetik und Mathematik, Baden-Baden 1975. – Semiotische Analysen in unterschiedlichsten Anwendungsbereichen.

R. L. Birdwhistell: Kinesics and Context. Essays on Body-Motion Communication, Harmondsworth 1975. – Aufsatzsammlung zur körpersprachlichen Kommunikation.

U. Eco: Einführung in die Semiotik, München 1972. – Grundlegende Einführung in die wesentlichsten Fragen der Semiotik.

W. A. Koch: Varia Semiotica, Hildesheim 1971. – Der Band enthält strukturale Analysen, die sich über die sprachliche Kommunikation hinaus mit Bereichen wie z. B. Ballett, Musik, Malerei beschäftigen.

W. Köller: Semiotik der Metapher, Stuttgart 1975. – Untersuchungen zur grammatischen Struktur und Funktion von Metaphern.

W. Nöth: Semiotik, Tübingen 1975. – Eine Einführung in die Semiotik mit Beispielen für Reklameanalysen.

W. Nöth: Literatursemiotik, Tübingen 1980. – Anwendung semiotischer Fragestellungen auf literarische Phänomene mit Analysen zu Lewis Carrolls Alice-Büchern.

E. Walther: Allgemeine Zeichenlehre, Stuttgart 1974. – Kenntnisreiche Einführung in die Semiotik.

G. Wienold: Semiotik der Literatur, Frankfurt/Main 1972. – Transfer semiotischer Ansätze auf literaturwissenschaftliche Fragestellungen.

zu: SOZIOLINGUISTIK

B. Bernstein: Class, Codes and Control, London 1971. Ins Deutsche übersetzt unter dem Titel: Studien zur sprachlichen Sozialisation. Düsseldorf 1972. – Zusammenstellung der wichtigsten Aufsätze von Bernstein.

R. Brown/A. Gilman: „The pronouns of power and solidarity" in: T. A. Sebeok (Hg.): Style in Language, Cambridge/Mass. 1960. Ins Deutsche übersetzt in: U. Wenzel/M. Hartig (Hg.): Sprache – Persönlichkeit – Sozialstruktur, Hamburg 1977, S. 245–270. – Wichtige Pionierarbeit zum Verhältnis von sozialem Sprachgebrauch und Sprachstruktur.

N. Chomsky: Aspects of the Theory of Syntax, Cambridge/Mass. 1965. Deutsch: Aspekte der Syntax-Theorie, Frankfurt/Main 1969. – Eine der wesentlichsten Arbeiten der modernen Linguistik.

S. P. Corder: Introducing Applied Linguistics, Harmondsworth 1973. – Umfassender Ansatz zur angewandten Linguistik.

Ch. Ferguson: „Diglossia" in: Word, vol. 15 (1959) S. 325–340. – Wesentliche Untersuchung zum Verhältnis von Sprachvarietäten in einer Gesellschaft.

J. Fishman: The Sociology of Language, Rowley/Mass. 1972. – Einführung in die Soziolinguistik.

J. Goossens: Deutsche Dialektologie, Berlin 1977. – Einführung in die Dialektologie.

H. Hoijer (Hg.): Language in culture, Chicago 1954. – Umfassender Reader zu den Sapir-Whorf-Hypothesen.

W. Labov: The Social Stratification of English in New York City, Washington 1966. – Eine der wichtigsten soziolinguistischen Untersuchungen.

W. Labov: „The logic of nonstandard English" in: Georgetown Monographs on Languages and Linguistics, vol. 22 (1969) S. 1–43. – Wichtige Arbeit zur Differenzkonzeption.

D. Spanhel: Die Sprache des Lehrers, Düsseldorf 1971. – Untersuchung zur Lehrersprache.

D. Spanhel (Hg.): Schülersprache und Lernprozesse, Düsseldorf 1973. – Reader zum Problemfeld Unterrichtssprache.

P. Watzlawick/J. H. Beavin/D. D. Jackson: Menschliche Kommunikation, Bern/Stuttgart 1969. – Wichtige Arbeit zur Kommunikationsforschung.

zu: SPRACHERWERB

M. Angermaier: Psycholinguistischer Entwicklungstest, Weinheim 1974. – Einer der zwei zur Zeit führenden Sprachentwicklungstests Deutschlands. Grundkonzept nicht mehr auf dem gegenwärtigen Stand der Linguistik.

W. Eichler: Sprach-, Schreib- und Leseleistung. Eine Diagnostik für den Deutschlehrer, München 1977. – Bietet umfassende Information über diagnostische Materialien und Untersuchungsansätze.

J. H. Flavell: Rollenübernahme und Kommunikation bei Kindern, Weinheim 1975. – Im Anschluß an Piagets Konzept der Entwicklung werden einschlägige Untersuchungen zur Rollenübernahme dargestellt und ausgewertet.

H. Grimm/H. Schäfer/M. Wintermantel: Zur Entwicklung sprachlicher Strukturformen bei Kindern, Weinheim 1975. – Forschungsbericht zur Sprachentwicklung: Empirische Untersuchungen zum Erwerb und zur Erfassung sprachlicher Wahrnehmungs- und Produktionsstrategien.

P. Grundke: Interaktionserziehung in der Schule. Modell eines therapeutischen Unterrichts, München 1975. – Nach eingehender Diskussion psychoanalytischer und sozialpsychologischer Theorie schulischer Interaktion werden einige Unterrichtsprojekte detailliert und praxisnahe dargestellt.

Heidelberger Sprachentwicklungstest HSET, hg. von H. Grimm et al., Braunschweig 1978. – Zur Zeit führender deutscher Sprachentwicklungstest mit ersten Ansätzen zur Diagnostik der sogenannten „kommunikativen Kompetenz".

W. Hermann: „Therapeutische Sprachdidaktik. Eine Untersuchung zum Spracherwerb des Schulanfängers mit einem Unterrichtsmodell" in: H. C. Goeppert (Hg.): Sprachverhalten im Unterricht, München 1977, S. 357–399. – Im Anschluß an

eine Erörterung der Grundsätze eines Spracherwerb thematisierenden Deutsch-
unterrichts werden die Ergebnisse einer Voruntersuchung zum Erwerb des Lügens
im ersten Schuljahr und eine Reihe von Unterrichtsvorschlägen diskutiert.

W. B. Ihssen: „Der Psycholinguistische Entwicklungstest (PET) aus linguistischer
Sicht" in: G. Peuser (Hg.): Brennpunkt der Patholinguistik, München 1978, S. 95–
114. *– Verdeutlicht, in welchen Punkten das Konzept des PET linguistisch überholt*
ist.

H. Ramge: Spracherwerb. Grundzüge der Sprachentwicklung des Kindes, Tübingen
²1976. *– Standardwerk der Sprachentwicklungsforschung der 60er und frühen*
70er Jahre in Deutschland.

F. Thurner: Sprachsystemkompetenz. Untersuchungen verbaler Fähigkeiten von
Schülern, Braunschweig 1977. *– Ergebnisdarstellung umfangreicher Applikation*
von Sprachentwicklungstests. Anwendung multipler statistischer Auswertungsver-
fahren.

W. Wildgen: Kommunikativer Stil und Sozialisation. Ergebnisse einer empirischen
Untersuchung, Tübingen 1977. *– Richtungweisende Untersuchung von Schulauf-*
satztexten auf der Grundlage eines linguistischen Konzeptes.

zu: STILISTIK

B. Asmuth/L. Berg-Ehlers: Stilistik, Düsseldorf 1974. *– Einführung in die Stilistik*
mit Bezug auf Textlinguistik und Rhetorik.

H. W. Eroms: „Die Arbeit am Text mit sprachwissenschaftlichen Methoden" in:
Linguistik und Didaktik 34/35 (1978) S. 129–144. *– Enthält Vorschläge für die*
Textanalyse mit verschiedenen methodischen Zugriffen.

W. Fleischer/G. Michel (Hg.): Stilistik der deutschen Gegenwartssprache, Leipzig
1975. *– Umfassendes Lehrbuch der Stilistik.*

L. Reiners: Stilkunst. Ein Lehrbuch deutscher Prosa, München 1943, ungekürzte
Sonderausgabe 1976. *– Stillehre mit durchgehendem Bezug auf normativ be-*
stimmte Stilideale.

E. Riesel/E. Schendels: Deutsche Stilistik, Moskau 1975. *– Funktional begründete*
umfassende Stillehre der deutschen Sprache.

W. Sanders: Linguistische Stiltheorie. Probleme, Prinzipien und moderne Perspektiven des Sprachstils, Göttingen 1973. *– Vereinigung verschiedener Forschungsan-*
sätze zu einer einheitlichen Konzeption von Sprachstil.

W. Sanders: Linguistische Stilistik. Grundzüge der Stilanalyse sprachlicher Kommunikation, Göttingen 1977. *– Kommunikativ orientiertes linguistisches Modell*
der Stilistik.

B. Sandig: Stilistik. Sprachpragmatische Grundlegung der Stilbeschreibung, Berlin/
New York 1978. *– Handlungstheoretisch begründetes Konzept zur Stilanalyse.*

W. Schneider: Stilistische deutsche Grammatik, Freiburg/Basel/Wien ⁵1969. *– Be-*
schreibt „die Stilwerte der Wortarten, der Wortstellung und des Satzes".

H. Seiffert: Stil heute. Eine Einführung in die Stilistik, München 1977. – Sprachkriti-
sche Einführung in die Stilistik.
B. Sowinski: Deutsche Stilistik. Beobachtungen zur Sprachverwendung und
Sprachgestaltung im Deutschen, Frankfurt/Main 1973. – Breit angelegte Stilistik
des deutschen Wortschatzes und der deutschen Grammatik.
B. Spillner: Linguistik und Literaturwissenschaft. Stilforschung, Rhetorik, Textlin-
guistik, Stuttgart/Berlin/Köln/Mainz 1974. – Methodenkritische Einführung in
die gegenwärtige Stilforschung.
L. Spitzer: Stilstudien. Erster Teil: Sprachstile. Zweiter Teil: Stilsprachen, München
²1961. – Klassische Stilstudien der hermeneutischen Methode.
H. Weinrich: Tempus. Besprochene und erzählte Welt, Stuttgart/Berlin/Köln/Mainz
³1977. – Grundlegende Untersuchung über Tempus unter textlinguistischen Ge-
sichtspunkten.
Grundlegende Untersuchung über Tempus unter textlinguistischen Gesichts-
punkten.

zu: SYNTAX

J. Aßheuer/M. Hartig: Aufbau einer Schulgrammatik auf der Primar- und Sekun-
darstufe, Düsseldorf 1976. – Gut lesbare Darstellung mit Hinweisen auf die
Altersstufenadäquatheit einzelner grammatischer Themen.
J. Bender: Zum gegenwärtigen Stand der Diskussion um Sprachwissenschaft und
Sprachunterricht, Frankfurt/Main 1979. – Der Band zeigt die Entwicklungslinien
der fremdsprachlichen Unterrichtsmethodik seit den 60er Jahren und setzt sich
kritisch mit der didaktischen Rezeption der Transformationsgrammatik ausein-
ander.
W. Boettcher/H. Sitta: Der andere Grammatikunterricht, München 1978. – Im
Überblick werden traditionelle Grammatik, Konstituenten-, Dependenz- und
Transformationsgrammatik in grundsätzlichen Vorstellungen skizziert.
U. Döhmann: Untersuchungen zum Grammatikunterricht, Tübingen 1977. – Die
generative Transformationsgrammatik wird mit der traditionellen Grammatik in
ihrer didaktischen Effektivität empirisch verglichen.
U. Engel/S. Grosse: Grammatik und Deutschunterricht. Jahrbuch des Instituts für
deutsche Sprache 1977, Sprache der Gegenwart Bd. 44, Düsseldorf 1978. – Das
Buch ist eine Sammlung der Referate zur Jahrestagung des Instituts für deutsche
Sprache 1977 zum Thema „Anwendungsorientierte Grammatik".
W. Hartmann: Grammatik im Deutschunterricht. Didaktische Überlegungen auf
generativer Grundlage, Paderborn 1975. – Die Darstellung ist aufschlußreich für
die Art und Weise, wie die Transformationsgrammatik Mitte der 70er Jahre noch
als mögliches didaktisches Konzept diskutiert worden ist.
W. Menzel: Die deutsche Schulgrammatik. Kritik und Ansätze zur Neukonzeption,
Paderborn ³1975. – Hier werden im Überblick die verschiedenen Modelle von der
traditionellen über die konstituentenstrukturelle bis zur Transformationsgramma-

tik vorgestellt. Die didaktische Auseinandersetzung führt dahin, daß keines der Modelle für sich die Notwendigkeiten einer Grammatik im Unterricht erfüllt.

G. *Reuschling: „Sprachbücher für die Primarstufe." in: Diskussion Deutsch 51 (1980) S. 23–46. – Hier wird der Versuch gemacht, Sprachbücher nach ihrer Konzeption zu typologisieren und ansatzweise die neue Verstehensweise von Sprache in Schulbüchern herauszuarbeiten.*

P. *Schefe: „Der syntaktische Aspekt der Sprache" In: W. Hartmann/H.-H. Pütz/ P. Schefe: Sprachwissenschaft für den Unterricht, Düsseldorf 1978, S. 48–97. – Dieser Beitrag ist eine systematisch angelegte Einführung in die Beschreibungsmöglichkeiten syntaktischer Strukturen einer Sprache.*

B. *Switalla: „Thesen zur Sprachreflexion und Sprachanalyse in der Primarstufe" in: Diskussion Deutsch 51 (1980) S. 6–23. – In dem thesenartig aufgebauten Artikel wird auf kritische Weise am Beispiel einer Aufgabenstellung im Grundschulunterricht aufgezeigt, wie vielschichtig die Probleme unverdächtig erscheinender Aufgabenstellungen einer grammatischen Lerneinheit sein können.*

R. *Ulshöfer: „Funktionaler Grammatikunterricht. Überlegungen zu einem vordringlichen Untersuchungs- und Arbeitsprogramm" in: Der Deutschunterricht 29 H. 1 (1977) S. 5–20. – Der Beitrag beginnt mit einem interessanten Versuch, den Grammatikunterricht in Abhängigkeit von gesellschaftlichen und wissenschaftstheoretischen Implikationen zu sehen. Es werden programmatische Vorstellungen zu einem Konzept entwickelt, das sich an der funktionalen Grammatik W. Schmidts orientiert.*

H. *Vogel: „Das Problem der grammatischen Terminologie in den Lehrplänen der Bundesländer. Exemplarisch behandelt anhand der Deutschlehrpläne und Sprachbücher für die Grundschule" in: Der Deutschunterricht H. 3 (1978) S. 60–69. – In verschiedenen Übersichten werden hilfreiche Hinweise auf die unterschiedlichen Termini dargeboten, besonders brauchbar ist die Lehrplansynopse.*